JN412199

동아시아 주자학 비교 연구

■ **著者 略歷**

이동희 李東熙(호 솔바람; 蘇亭野隱)

1947년 부산에서 출생, 생장(~1967년)
1972년 성균관대학교 유학대학 졸업(문학사)
1980년 동대학 대학원 동양철학과 석사학위
1990년 동대학 대학원 동양철학과 박사학위

1976년 재단법인 민족문화추진회 근무(~1983년 2월)
1983년 계명대학교 인문과학대학 국민윤리학과 전임강사
이후 조교수, 부교수를 거쳐 2013년 정년
현재 인문외국학대학 철학윤리학과 명예교수

박사학위 논문 「주자학의 철학적 특성과 그 전개양상에 관한 연구」
연구 업적 별첨 「저자의 논저 목록」 참조

동아시아 주자학 비교 연구 (개정판)

개정판 1쇄 발행일 2018년 3월 31일

지은이 | 이동희
발행인 | 최원필
발행처 | 심산출판사
주 소 | 서울시 은평구 불광로 13가길 18, 101호
전 화 | 02-357-0633
팩시밀리 | 02-357-0631
E-mail | simsan@korea.com
등록번호 | 제1-2114호(1996년 11월 28일)

ISBN 978-89-94844-56-5 93150

＊책값은 뒤표지에 표시되어 있습니다.

동아시아 주자학 비교 연구

(개정판)

이동희 지음

심산

● 머리말

본서는 한 · 중 · 일 삼국의 주자학의 특성을 비교한 것이다. 주자학은 중국 송대라는 중세의 유학 사상으로 그 위상이 서양의 중세 신학과 유사하다. 중국은 그 후 원 · 명을 거쳐 청대에 이르기까지 주자학이 관학의 지위를 유지해 왔으므로 비록 중간에 양명학이나 고증학의 학풍이 시대적 요구로 유행했지만, 모두 주자학과의 연관을 무시하고 논할 수 없다. 그만큼 철학이나 사상으로서는 주자학이 중심을 이루었다. 한국의 경우 주자학이 고려 말에 들어와 조선조 500년 동안 정치 이념은 물론 학술과 문화활동의 지침으로, 그뿐만 아니라 생활규범으로까지 기능하여 오히려 중국보다 더 철저화되었다.

본서에서 주자학을 논하면서 양명학도 다소 언급하였는데, 기본적으로 주자학에서 양명학으로의 전개—안티 테제로서 전개보다 발전적, 심화적 전개—를 전제로 하고 있다. 즉 거시적으로 '송명리학' 의 공통점을 중요하게 생각하였다. 그다음 소위 '철학' 이나 '사상' 으로서의 주자학의 본질적 규명이 이루어져야 주자학에 대한 문화적 측면도 이해하기가 쉬운데, 여기에는 아무래도 서양철학 위주의 보편철학적 관점에서 보지 않을 수 없다. 전통적인 방법인 한문학적, 고전해석법으로는 현대적 이해가 완전하지 못하기 때문이다.

그렇다면 철학 사상으로서의 주자학이란 과연 핵심 내용이 무엇인가? 동양사상은 그 속에 철학적인 내용과 정치 및 윤리 · 종교적인 내용이 미분화된 채로 들어 있어 철학 사상만 말하기가 어려운 경우가 많다. 그러나 현대 학문의 분류법을 원용한다면 성리학이나 주자학의 경우 철학적 연구 대상은 '우주론' 과 '도덕론' 이 될 것이다. 도덕론은 우리가 잘 아는 바와 같이 성선설, 오륜의 윤리, 개인 수양론 등으로 말할 수 있는데, 그 도덕론을 다시 천명론(天命論)이나 우주론과 연관시키면 종교적 연구 대상으로 확대되기도 한다. 도덕론은 다시 그 근거로서 우주론을 요청하는데, 그 우주론은 理와 氣 및 태극의 개념(범주)을 사용하여 형이상학의 체계로 구성되어 있다. 그러므로 주자학 이해를 위해서는 이 우주론에 대한 해명이 매우 중요하다. 여기에는 주자학의 우주론과 유사한 현대 유기체 철학인 화이트헤드(A. N. Whitehead)의 과정철학(process philosophy)과 비교하는 것이 매우 효과적이다. 본인의 다른 저술이 여럿 있으므로 참고 바란다.

이러한 기초작업 위에서 본서는 먼저 주자 철학이 원, 명대 및 조선조에서 어떻게 전개되고 어떤 영향을 끼쳤는지 차례로 살펴보았다. 먼저 조선 전기와 명나라 초엽 간의 문화적 교류에서 나타나는 유사성을 살펴보았다. 명대 초엽 주자학의 성행은 조선조 중기까지 영향을 미쳤는데, 퇴계와 율곡 사상도 이와 무관하지 않다. 주자학에서 양명학으로의 심화 전개의 관점에서 보면 퇴계와 양명이 비교되고, 율곡과 나흠순이 비교된다. 특히 퇴계는 양명학을 배척했기 때문에 직접적 영향이 아니고 사상사적으로 두 사람의 위상이 비교된다는 것이다. 양명과 동시대의 나흠순의 경우 그의 사후 간행된 저술 『곤지기』를 통하여 율곡에게 직접 영향을 주었다는 것이 특기할 만하다. 이러한 사상사적, 문화사적 비교 연구는 매우 중요한데 그동안 우리나라에서는 별로 활발하지 못하였다.

주자학에서 리와 기는 우주론의 범주로써 사용될 뿐만 아니라 도덕론에서는 선-악 가치 판단의 중요한 '상징언어(부호)'로 사용되기도 하였다. 더 나아가 이 세계를 해명하는 '사고의 패러다임'으로 쓰이기도 하였다. 이러한 상징적 적용의 경우 동아시아 유교 문화권 특유의 도덕론적 세계관이 형성되었다. 한국에 있어서 도덕론적 논쟁이라 할 수 있는 '사칠리기논쟁(四七理氣論爭)'에 얽힌 맥락도 모두 이 상징언어로 전화된 리기 개념 속에 도사리고 있는 존재와 가치의 이중적 혼재(충돌)에 있다고 해도 과언이 아니다. 이 분석은 현대 윤리학(일상언어학파)의 메타윤리학적 방법을 이용하여 분석해 보는 것도 하나의 유효한 방법이다. 중국 고대의 명가의 논리, 도가나 묵가의 사상 속에도 그런 사고방식의 원형이 이미 있었다. 특히 조선조 주자학사에서 사단칠정의 도덕론에 대한 이론 전개는 많은 부분을 차지하고 있으므로 주자학의 이 도덕론 해명은 퇴계와 율곡 사상 이해를 위한 기초 작업으로 매우 중요하다.

일본에는 일본 나름의 주자학의 특징이 있다. 일본 주자학 전체는 논하지 못하고 막부시대 주자학 수용 양상으로 「일본 막부(幕府)에서의 주자학 수용과 일본식 해석」으로 요약하였는데, 대략 그 특징을 서술하였다(제2부 제7장 동양 삼국의 문화적 토양과 주자학의 특성). 또 퇴계 사상의 수용 역시 일본 주자학의 중요 부분인데, 이 부분은 이미 일본 학자들이 한국의 퇴계학회에 와서 많은 발표를 하여 우리도 대략 알고 있는 바이다. 그러한 일 단면을 임진왜란 때 일본에 잡혀간 수은 강항의 일본에서의 활약상을 보면 퇴계사상의 일본에의 전파를 또한 살필 수 있다.

조선조 주자학 수용과 전개는 중국이나 일본(막부시대)과는 성격이나 넓이가 다르다. 조선조에서는 주자학이 치국의 이념이고 학술적 활동은 물론 모든 문화적 활동과 사고방식까지 지배한 그야말로 단일하고 절대적인 권위를 가진 이념이었다. 조선조 모든 선비들의 학술활동의 집합체인 문집을 보면 어느 것 하나 주자학과 관련 없는 것이 거의 없다. 이런 것은 일본에는 유례가 없으니 그 넓이에 있어 다르다고 할 수 있다. 그렇다고 문화적 폭을 중국의 〈사고전서〉와 비교할 수는 물론 없다. 조선조 주자학이 중국 것을 받아들였고, 학문 활동 자체가 '한문'으로 했을 뿐만 아니라 학문 방식이 성인(聖人)의 말씀을 바꾸지 않는 '술이부작(述而不作)' 스타일이었기 때문에 중국 것과 별 차이가 없고 오히려 조선조 사상은 중국의 아류나 모방이라고 쉽게 말한다. 일본 식민지 시대 다카하시(高橋亨)가 그런 인식을 심어주었다(제10장 참조).

그렇다면 과연 조선조 주자학의 특성이나 창의성은 없을까 물어보고 싶지 않겠는가. 이런 생각을 가지고 쓴 글을 제3부에 2편 실었다. 제8장의 「동아시아 주자학의 보편성과 특수성」이라는 글은 동아시아 주자학을 논할 때 한국(조선조) 주자학의 성과를 함께 논해야 한다는 것, 즉 주자학의 보편성이 조선조에 들어와 토착화하면서 드러난 특성이 있다는 것을 말하였다. 또 제9장 「조선조 주자학의 철학적 아포리아」는 조선조 주자학 전개 과정에서 주자학에 내포된 중세 신학으로서의 한계, 철학적 근본 문제가 드러났다는 것을 논하였다. 다시 말하면 조선조 주자학자들의 사유와 논쟁에서 드러난 이러한 주자학의 아포리아는 조선조 주자학의 독창성이나 우수성을 말한다고 해도 과언이 아니라는 것을 강조했다. 마지막 제10장은 사실 '부록'의 성격인데, 조선조 주자학을 독창성이 없는 사상으로 폄하한 일제 식민시대 일본 어용학자 다카하시의 생각이 잘못되었다는 것을 현대 '철학적' 관점에서 논파한 것이다. 다카하시의 조선조 유학사(주자학사) 분석과 서술은 매우 근대적이라는 장점을 띄고 있지만, 오늘날 관점에서 보면 한계가 있고, 그 이유는 조선조 유학사의 서술 이전에 기초적으로 주자학적 사유의 '철학적' 의미 분석의 결여에서 온 것이라는 것을 밝혔다.

본서는 2005년도에 나온 『동아시아 주자학 비교 연구』(계명대출판부)를 개정한 것이다. 당시 급하게 출판한다고 국한문 혼용체 그대로 하고 교정이 철저하지 못하여 오탈자가 간혹 있어 늘 마음에 걸렸다. 개정판은 원판의 제1부 주자철학의 본질 /제1장 주자 형이상학과 화이트헤드의 과정철학, 제2장 주자 우주론에 대한 과정철학적 분석—이 부분은 제외하였다. 이 책 전체가 화이트헤드 과정철학과 비교한 주자 철학(우주형이상학)이 기저에 놓여 있기 때문에 맨 앞에 이 논문을 먼저 실었는데, 2012년 정년을 한 해 앞두고 『주자학 신연구 - 동아시아 중세 종교철학의 현대적 해석』(문사철 출판사, 2012)을 출간하면서 주자학에 관한 연구를 다 모을 때 이 논문 2편도 넣었으므로 여기서는 제외하였다. 원판에 부록으로 붙인 「성리학의 환경철학」도 마찬가지 경우이다.

본서는 그동안 써놓은 글을 모은 것이라 체계적 저술은 아니나, 단편적으로 흩어져 있어 바로 참고하는 데 불편하였던 점을 조금 해소할 수 있을 것 같다. 계명대학교에서 본인 나름의 동양철학에 대한 깊은 문제의식을 느끼지 못한 채 그때그때 청탁을 받아 쓰거나 아니면 연구 업적을 위해 단기적으로 이것저것 주제를 잡다 보니 양적으로는 제법 축적이 되었으나, 잡다하고 계통적인 연구가 되지 못하였다(뒤에 첨부한 저자의 〈논저목록〉 참조). 다만 동아시아 주자학의 철학적 이해에 도움이 된다면 다행이겠다.

2018년 2월

솔바람 이 동 희

目次

제2부 동양 삼국의 주자학 비교

제3부 한국 주자학의 철학적 사유의 독창성과 우수성

일러두기

* '理' 는 '철학적 용어' 로 나올 때는 한글 표기의 경우 특별히 '리' 로 표기하였다.
* 서지사항에서 특별히 '출판지' 표시가 없는 것(국내서)은 '서울' 이다.
* 번역서의 경우 원저자 다음에 일일이 '저' 라고 표시하지 않았다.
* 주자, 양명, 퇴계, 율곡의 경우 관습상 호(혹은 존칭)를 이름 대신 그대로 썼다.
* 한적 전거 표시의 '면(面)' 은 한적 '판심면(版心面)' 이다.

제1부

주자 사상의 전개와 영향

제1장

원대(元代) 및 명초(明初) 주자학의 전개 양상

1. 도덕적 실천주의의 경향으로

송대 주자에 의해 완성된 주자학이라는 자연법적 사상체계는 송대 이후 붕괴되어 명대의 심학(양명학)과 청대의 실학(고증학)으로 분화되어 갔다고 할 수 있다. 주자학은 주지적(主知的)인 '궁리(窮理)' 와 주체적인 체인(體認), 즉 '거경(居敬)' 이라는 두 가지 방법으로 존재와 인간 주체의 양상을 체계적으로 규명하려고 하였다. 그 반면에 양명학은 주체에 철저하고, 주자학의 주지적 궁리를 배제하려 하였다. 그러나 양명학을 주자학과 연계하여 말하면 '도덕적 주체' 의 확립이라는 면에서는 주자학의 발전적 전개라고 할 수 있다.

명 중기의 양명학 흥기에 앞서 이러한 시대사조를 선도한 명초의 주자학은 심(心)과 경(敬)을 중시하는 '도덕적 실천주의' 의 방향으로 전개되고 있었다. 이러한 경향은 주자 사후 문인에 의해서도 나타났다. 문인의 입장은 주자학의 이론적 완결을 존숭하고 그것을 계승하면서 주자의 가르침을 충실히 실천하는 길밖에 없었기 때문에 이러한 경향은 자연스러운 것이었다.

원대는 이민족의 지배라는 특수한 상황이 전개되었으므로 주자학도 이 시대 상황에 많이 제약되지 않을 수 없었다. 원대는 실용적인 기술학이 일정하게 발전하여 주자학의 형이상학적 이론이나 '격물치지설'과 같은 학문 방법론은 크게 주목되지 못했다. 또 이민족 치하였으므로 문화 전반이 고양되지 못하는 상황이 연출되었고, 이에 따라서 학문도 주자학을 신봉하고 이를 도덕적으로 실천하는 경향을 띠지 않을 수 없었다. 그러므로 주자와 쌍벽을 이루었던 육구연(陸九淵)(象山; 1139~1192)의 심학풍도 주자학을 보완하는 수단으로 받아들임으로써 두 사상은 이론보다 개인 수양이나 교육에 있어서 상호 절충적으로 융화되었다.

원대의 이러한 도덕실천적 경향은 명초의 '주자학의 심학화' 경향과 무관하다고 할 수 없다. 물론 명초의 주자학이 말하는 심학풍은 육왕의 '심즉리(心卽理)' (혹은 '치양지')의 심학과는 다른 면이 있다. 즉 주자학의 심학은 거경과 궁리를 병행한다든가, 심 · 성 · 정을 구분한다든가, 또 리기론이나 태극론 등 소위 형이상학적 우주론에도 일정한 관심을 둔다든가 하는 등 주자학 기본 전제 위에서 도덕적 실천을 강조하는 것이었다. 그러므로 주자학적 심학을 양명 심학과 구별한다는 의미에서 '거경의 심학'이라 말해도 좋을 것이다. 실은 '도덕실천주의'와 '심학화'는 같은 의미가 있다. 왜냐하면 주자학에서 양명학으로의 사상적 전개는 도덕주체의 강조요, 심이 일신의 주재자이고, 경이 심의 수양방법이기 때문이다.

송 이후 원, 명대 주자학의 전개를 살펴보는 것은 조선조 전기의 주자학 연구에 많은 도움을 줄 수 있다. 우선 한원당(寒暄堂) 김굉필(金宏弼) 등 조선 초기 주자학자의 『소학(小學)』 존신이라든가 조선 중기(전기 말) 퇴계(退溪) 이황(李滉)의 주자학 성격 등을 규명하는 데 매우 유효하다. 퇴계 주자학 수용의 ‘심학화’ 경향도 원, 명대의 이러한 사조와 결코 무관하지 않은 것이다.

다만 여기서는 지면 관계상 원대 주자학을 주로 서술하고, 명대의 주자학은 개괄적으로 다루었다. 명초 주자학은 다른 졸고가 있으므로 참고하기 바란다.

2. 원대의 주자학 실천주의

1) 원대 시대 상황과 문인 황간(黃榦)의 주자학 전파

원대는 주자학이 성행하였던 시대로 주자학의 ‘도덕적 실천주의’가 강조되던 때였다. 원대 주자학자는 모두 주자학의 계승자요 해설자로서 이론적으로는 새로운 면을 보이지 못하였다. 그리고 당시는 또 주자학의 권위에 위배되는 것은 정치적으로 허용되지 않았으므로 자연히 주자학을 실천하는 소위 ‘(도덕적) 실천주의’로 흐르지 않을 수 없었다.[1)]

이와 같이 실천주의를 주장한 나머지 원대 주자학은 육구연의 학풍과도 유사함을 보여주었다. 다시 말하면 이러한 실천주의의 풍조는 주자학과 육학(陸學)의 차이를 넘어 시대사조에 깊이 침투되어 있었다. 그러므로 거기에서는 주자학과 육학의 명확한 구별이 곤란하였다.

원대의 이러한 실천주의의 학풍은 원대의 과거 제도에서 주자의 『사서집주(四書集註)』가 텍스트로 채택된 것과 밀접한 관련이 있다. 그리고 이러한 주자학 실천주의는 ‘도통설(道統說)’의 강조로 나타났다.

---

1) 陳榮捷, 「元代之朱子學」, 『朱學論集』, 臺北: 學生書局, 1982 참조.

원대의 주자학은 조복(趙復)(江漢; 생몰미상)에 의해 북방에 전해졌다. 금(金)의 자고사(資庫使)였던 요추(姚樞)(敬齋・雪齋; 1203~1280)는 몽고군 막부에서 포로의 신분을 가려내는 일을 맡고 있었다. 1234년 몽고군이 남송의 덕안(德安)을 공략하였을 때 요추는 조복을 설득하여 연경(燕京)으로 동행함으로 말미암아 북방에서는 이때 비로소 정주(程朱)의 책을 접할 수 있었다.

조복이 연경에 이르자 몽고의 권신 양유중(楊惟中)은 요추와 상의하여 태극서원(太極書院)을 건립하고, 주돈이(周敦頤)의 사당을 세워 이정자(二程子), 장재(張載), 양시(楊時), 유초(游酢), 주희(朱熹) 등의 육군자(六君子)를 배향하고, 유서(遺書) 8천여 권을 선정하고, 조복을 청하여 그곳에서 강의토록 하였다. 그 후부터 그의 학문은 허형(許衡)(魯齋; 1209~1281), 학경(郝經; 1223~1275), 유인(劉因)(靜修; 1249~1293) 등에게 큰 영향을 주었다.

조복이 태극서원에서 강의한 내용은 주자학을 정통으로 하는 '도통(道統)' 을 강조하는 것이었다. 황종희(黃宗羲)(梨洲; 1610~1695)는 이 사실을 다음과 같이 기록하고 있다.

> 선생은 주정(周・程) 이후 그들의 책이 널리 퍼졌으나, 학자가 아직 잘 알지 못하므로 복희, 신농, 요, 순(羲・農・堯・舜)이 계천입극(繼天立極)하고, 공자・안자(안회)・맹자가 수세입교(垂世立敎)하고, 주정장주(周・程・張・朱)가 계승 발전시킨 것을 가지고 『전도도(傳道圖)』를 만들었다.[2)]

원대에 유행한 주자학은 전적으로 주자의 문인 황간(黃幹)(勉齋; 1152~

2) 黃宗羲, 『宋元學案』(下) 권90.

1221)이 전한 것이므로[3] 먼저 황간이 주자를 어떻게 보았는가를 살펴보는 것이 중요한 일이다. 그는 도통을 매우 강조했다. 황간은 「주문공행장(朱文公行狀)」 끝 절에서 "선생이 나옴으로써 주나라 이래 성현이 전한 도는 하루아침에 환하게 밝아져 마치 해가 중천에 떠 있는 것과 같이 되었다."라고 하였다.[4]

황간 생각에 주자의 최대 공헌은 도통의 전승이라고 보았다. 실제 주자는 도통이라는 말을 처음 사용한 사람인데,[5] 원래 이 도통설은 주자 당시만 해도 시비가 끊임없이 일어났고,[6] 송 말기까지 도전을 받았다. 그것이 원대에 와서 실천이념으로 굳어진 것은 조복을 중심으로 한 소위 강한학파(江漢學派)가 송학을 높이 받들고,[7] 또 한편으로는 주자의 『사서집주』가 과거의 필수과목으로 채택되었기 때문이다.

황간의 영향 중 지적할 것은 이 도통설 외에 또 그가 하학지교(下學之教)에의 관심이 많았던 점이다. 물론 황간이 상달지학(上達之學)인 태극

---

3) 朱子學의 전파에 있어서 황간의 元 · 明代에 걸쳐서의 영향력이 특히 두드러진다. 조복이 전한 북방의 주자학이 비록 황간을 언급하고 있지 않지만, 원대에 유행한 朱子學은 전적으로 황간이 전한 것이다. 주자학의 전승 관계를 나타내면 다음과 같다. (1) 福建系; 建陽-蔡元定 · 蔡淵 · 蔡沈, 閩縣-黃榦-金華系, 龍溪-陳淳, 浦城-詹元善-眞德秀 (2) 浙江系; 永嘉-陳埴(黃榦 傳), 義烏-徐文清(黃榦 傳), 崇德-輔廣(黃榦 傳)-熊禾(閩) · 魏了翁(川) · 黃震(浙), 金華系-何基 · 王柏 · 金履祥 · 許謙(金華四先生) (3) 江西系; 鄱陽系-饒魯-吳澄(黃榦 傳), 吉州系-歐陽守道-文天祥. 浙江系인 金華四先生 이후 朱子學을 宋 · 元代에 전하고, 나아가 明代에까지 전한 것은 황간이 제일 오래도록 그 영향을 주었다. 예를 들면 元儒 柳貫 · 黃溍 · 吳萊와 明儒 宋濂 · 方孝孺 등이 모두 이 계통에서 전해졌다. 이것이 약 400여 년 동안 계속되었다.

4) 『勉齊集』 권36, 「朱子行狀」.

5) 『中庸章句』 序: 「雖於道統之傳, 不敢妄議…」라고 朱子는 말하였다.

6) 예를 들어, 永嘉學派의 한 사람인 葉適 같은 이는 孔子 이후 道는 끊어졌다고 했다. 『中國歷代思想家』(6), 「葉適」, 臺北: 商務印書館, 1978.

7) 조복은 江漢學派의 개산조이며, 이 파의 영수는 許衡이며, 이 학파를 도와 학문을 고취한 이로는 姚樞, 竇默, 張文謙, 劉因 등이었다.

개념 같은 것을 소홀히 한 것은 아니다. 오히려 그는 주자의 뜻을 따라 시종 태극 개념을 중요시했으므로 원유(원나라 학자들)에게 깊은 호기심을 불러일으켰다.[8] 그러나 그 자신 태극 개념에 대해 주자보다 학설상 진보한 면을 보이지 못했고, 원나라 학자들도 허형의 영향으로 태극 · 무극 등에 관해서 이전과는 다르게 참신성을 보이지 못했다.

사실 원유들은 전반적으로 경세실무(經世實務)에 편중하여 형이상학적인 면의 '상달지학' 에 대한 관심은 도덕 실천만큼 강하지 못했다고 할 수 있다. 공자의 하학 · 상달의 뜻을 받들어 주자는 그 균형에 힘썼고, 황간도 주자의 뜻을 받들어 그렇게 하려고 노력은 했으나, 황간의 관심은 철학적 탐구보다는 오히려 도덕적 수양에 더 있었다. 따라서 상달지학인 리 · 기 · 궁리 등에 대한 설명이 거의 없었다. 황간은 "고인의 학문은 대개 먼저 몸과 마음에서 노력을 기울인다."라고 하였고,[9] 또 "사람들로 하여금 몸과 마음을 점검하여 '존천리(存天理), 거인욕(去人欲)' 하게 하려는 것뿐이다."라고 하였다.[10]

황간의 영향으로 하기(何基)(北山; 1188~1268)의 가르침도 도덕의 효과를 특히 중시했다.[11] 이로써 보면, 만송(晩宋) 주자학자가 원유에게 영향을 준 것이 무엇인지 분명히 알 수 있다. 김이상(金履祥)(仁山; 1232~1303)은 하기의 문인 왕백(王柏)(魯齋; 1197~1274)에게서 입지거경(立志居敬)의 가르침을 받았다. 왕백의 가르침은 언제나 『대학』으로부터 시작하여 『대

8) 宋晩元代 太極에 관한 저술을 들면 다음과 같다. 조복이 연경에 갔을 때 楊惟中이 세운 서원이 太極書院인 점도 먼저 유의해야 한다. 郝經(학경)의 『太極演源』, 何基의 『通書發揮』, 王柏의 『太極通書講』『太極衍義』, 饒魯의 『太極三圖』, 程若庸의 『太極洪範圖說』, 吳澄의 『無極太極說』, 劉因의 『太極圖說後』 등이 있다.

9) 『勉齊集』 권17, 「復饒伯輿書」.

10) 同上.

11) 『宋元學案』 권82, 「北山四先生學案」: 何基所教, 乃特重道德之效.

학』의 수제치평(修齊治平)의 가르침을 강조하였으며, 김이상 역시 주경독행(主敬篤行)의 입장을 견지했다. 결국 원유들은 주자학을 하나의 절대적 이념으로 신봉하고 이를 철저히 실천하려 했으므로 도통설을 굳게 믿었고, 이 도의 실천을 위하여 도덕적 수양, 즉 하학지교에 관심을 많이 가졌던 것이다.

원대 사상을 대표했던 허형을 보면 이 점은 더욱 분명하다.

2) 허형(許衡)의 주자학 실천주의

하학지교를 학문의 주요 목표로 삼은 사람은 허형이다. 당시 허형은 이미 원대 학술계를 지배하고 있었기 때문에 원대 사상의 경향은 허형에 의해서 결정되었다고 해도 과언이 아니다. 그의 주장과 논저는 거의 덕성함양(德性涵養)과 인륜관계에 관한 것이 대부분을 차지하고 있고, '격물궁리', '형상형하', '리일분수의 설' 등에 대한 논변은 조금 있을 뿐이다. 허형은 이 점에 대하여 다음과 같이 말하였다.

> 옛날에 치평(治平)의 일어남은 반드시 소학(小學)과 대학(大學)의 가르침에 근본하였다.[12)]

소위 소학의 가르침은 일상의 쇄소응대진퇴지절(灑掃應對進退之節)을 가리키고, 대학의 가르침은 『대학』의 가르침을 말한다. 그의 신도비에서는 아래와 같이 기록하고 있다.

---

12) 『許遺書』 권3, 「大學要略」.

그의 학문은 체용(體用)을 밝히는 것을 위주로 하였고, 그의 수양(修養)은 존심양성(存心養性)으로 요점을 삼았고, 그의 사군(事君)은 책난진선(責難進善)으로 책무를 삼았고, 그의 교인(教人)은 쇄소응대진퇴(灑掃應對進退)로 시작을 삼고 정의입신(精義入神)으로 끝을 삼았다.[13]

물론 이러한 하학지교가 중요시된 것은 허형 외에도 요추(姚樞)와 유인(劉因)의 활동도 무시할 수 없다. 요추는 특히 주자서(朱子書)를 간행하면서도 『소학』을 함께 간행하였다. 즉 그는 『소학』서가 크게 유포되지 못함을 알고 제자를 시켜 『소학』(沈氏活版)을 유포하도록 했다. 또 유인은 『소학어록(小學語錄)』을 짓기도 하였다. 이것을 보면 그는 이러한 초학지서(初學之書)에 대해 관심을 두고 토론하였음을 알 수 있다.[14]

그러나 그 명성으로 보아 허형의 공헌이 제일 컸던 것은 물론이다. 그는 원대 사상계에서 종주(宗主)였으므로 당시에 그에 의한 『소학』의 영향을 짐작할 수 있다. 허형은 주자서를 초록하여 휘주(輝州)에 돌아가 문제자에게, 내 이전의 학문은 잘못되었고, 이제야 공부하는 순서를 알았다. 지금부터는 이전의 장구지습(章句之習)을 버리고 『소학』의 쇄소진퇴의 가르침에 종사하도록 하라. 그렇지 않으면 다른 스승에게 가보라고 말하기도 하였다. 그리하여 문인들은 이 가르침을 따랐으며, 허형 자신도 『소학』을 조석으로 정독하고 몸소 실천했다고 한다.[15]

허형은 『소학대의(小學大義)』를 지어 그 취지와 구조를 설명했고, 가르침은 반드시 『소학』으로 먼저 했다.[16] 또 허형이 국자감승(國子監承)으로

13) 『圭齊文集』 권9, 「神道碑」; 『許遺書』 卷末, 「神道碑」.
14) 『元史』 권171, 「劉因傳」: 經常討論此初學之書.
15) 『許遺書』 卷首 「考歲略」; 『牧庵集』 권15, 「神道碑」; 『新元史』 권170, 「許衡傳」.
16) 同書, 卷末: 撰小學大義, 以說明此書之旨與其結構. 其教人也, 必先之以小學.

불려갔을 때도 제자들을 『소학』으로 먼저 가르쳤다.[17] 우집(虞集)이 「송이확서(送李擴序)」 중에서 "그러므로 문정공(文正公)이 주자 『소학』 한 책을 표장하여 그것으로 먼저 공부할 것으로 삼으니, …… 이름있는 경·대부들이 모두 그 문인이었다."라고 하였다.[18] 또 허형은 이 점을 아래와 같이 강조하였다.

> 문공의 『소학』 『사서』는 차제와 본말이 구비되었으므로 제왕이 일어나면, 반드시 이것으로 모범을 삼을 것이다.[19]

라고 강조하고 있다. 또 허형은 아들에게 보내는 편지에서도 이 점을 강조하고 있다.

> 『소학』 『사서』를 나는 신명처럼 공경히 받든다.[20]

> 너희들은 어릴 때부터 이 책을 배워 얻는 바가 있도록 기대하면, 다른 책은 비록 배우지 않아도 유감이 없을 것이다.[21]

이와 같이 허형은 『소학』을 일상생활상의 덕성 수행에 있어서 중요하다고 확신하고 있었다. 다시 말하면, 그의 학문이 주지주의적인 도문학(道問學)보다는 실천주의적인 존덕성(尊德性)에 편중되었음을 알 수 있다. 이는 그의 문도가 몽고인이나 서역인이므로 그들에게 『소학』이 쉬웠기

---

17) 『元史』 권171, 「吳澄傳」; 『新元史』 권170, 「許衡傳」: 以小學授第子爲先.

18) 虞集, 『道園學古錄』(四庫備要本) 권5, 「送李擴序」.

19) 『許遺書』 권2, 「語錄下」.

20) 同書, 권9, 「與子師可」.

21) 同上.

때문이고,[22] 또 고담준론을 하여 분규를 만들고, 이 때문에 정치적 논의에 휘말려드는 것을 사전에 피하기 위해서 그렇게 한 것이다. 또 다른 한편으로는 『소학』으로 자신의 도통을 세우려고 그렇게 하였던 것이라고 생각된다. 어떻든 허형은 본인이나 그 자제, 그 문인들에게 『소학』으로 덕성 수양의 기본 경전으로 삼았다는 것을 알 수 있다.

허형은 이와 같이 『소학』을 먼저 제시하고, 다음에는 『사서』를 공부하라고 했다. 송 말기에 이르러 주자의 『사서집주』는 유학의 기본 자료가 되었다. 조복이 유가 저작을 가지고 북방에 갔을 때도 물론 그 속에 『사서』가 있었다.[23]

허형은 『사서』를 원대 사상의 주류로 만들었다. 그가 요추의 거처에서 주자 주석의 여러 책을 초록할 때도 『사서』를 신명과 같이 받들었고, 그 후 『대학직해(大學直解)』 『대학요략(大學要略)』 『중용직해(中庸直解)』 『중용설(中庸說)』 등을 지었다.[24] 그리하여 교육은 전적으로 『소학』과 『사서』로 했던 것이다.

이러한 『사서』의 통행은 인종 황경 2년(1313)에 『사서』 『오경』을 국가의 선비 선발의 정규 교본으로 삼는다는 조서를 내리게 했고, 또 다음 해 다시 주자의 『사서장구집주』를 국가의 표준 주석으로 한다고 발표하게 했다.[25] 그리하여 명대에 와서는 성조 영락 12년(1414)에 『사서대전』의 편찬이 칙명으로 내려졌다.

---

22) 同書, 권14, 「虞氏邵庵語」.

23) 何基는 『四書』를 가장 중요시하였고, 『大學發揮』와 『中庸發揮』를 지었다(『宋史』 권438, 「何基傳」). 姚樞는 楊惟中 때문에 『四書』를 간행하여 사방에 퍼뜨렸다. 金履祥과 劉因에게도 『四書』에 관한 저술이 있어 더욱 퍼졌다(『元史』 권189, 「金履祥傳」). 許謙은 『讀四書章句集注』를 지었다(『元史』 권189, 「許謙傳」).

24) 『許遺書』 권3 · 4 · 5. 『大學直解』와 『中庸直解』는 『四庫全書提要』에 의하면 教科書的인 啓蒙書임을 알 수 있다.

25) 『元史』 권81, 「選擧志 1」.

주자의 도통설과 연관되는 중요한 일은 주자의 편저인 『근사록(近思錄)』인데, 이것이 원대에는 특히 허형에게는 중시되지 않았다. 허형의 저술 중에는 『근사록』에 대해 언급한 곳이 하나도 없다. 그것은 원유(元儒)가 숭상한 것이 주자이지 송의 다른 학자가 아니었다는 의미가 되고, 또 허형의 주자존신의 한 중요한 척도도 된다.

원대에서 『사서』와 『소학』이 『근사록』을 제친 이유는 쉽게 알 수 있다. 주자는 "의리정미(義理精微)는 근사록에 상세하다."라고 했는데,[26] 원유는 대체로 말하면, 정미한 의리에 대해서는 좋아하지 않았다. 태극학설이 발전하지 못한 것도 이 『근사록』이 중요시되지 않은 데서 온 것이다. 『소학』과 『사서집주』는 주자의 편저나 저작이지만 『근사록』은 송의 여러 학자의 어록을 집록한 것이므로 이것이 원유가 숭상하지 않은 또 다른 이유이다.

이상에서 논한 바와 같이 『소학』과 『사서』를 중심으로 한 허형의 하학지교, 즉 실천주의의 학풍은 곧바로 그의 주자존신의 정신에서 나온 것이라고 할 수 있다. 주자를 송대 제유 중 최고의 지위에 올려놓은 것은 바로 그였는데, 그의 존주(尊朱)의 사례를 한번 들어보면 다음과 같다. 그의 「연보」에 의하면 다음과 같이 기록하고 있다.

> 공(公)이 평생에 주자를 좋아함은 기갈(飢渴) 정도 이상이었다. 학자에게 가르치는 것은 거의 주자를 위주로 했고, 혹 다른 책을 질의해 오면 그에게 한 주제를 전문으로 하라고 했다.[27]

또 「신도비」의 찬어(贊語)에는 아래와 같이 기록하고 있다.

---

26) 『朱子語類』 권105, 「修身」條: 義理精微, 近思錄詳之.

27) 『許遺書』 卷首, 「考歲略」.

허노재(許魯齋)는 시종 주자를 존신하였다.[28]

선생의 학문은 한결같이 주자의 말을 스승으로 삼았다.[29]

그러므로 그의 입신행기(立身行己), 입조사군(立朝事君), 후진 교육 등은 모두 주자를 귀결처로 삼았던 것이다.[30] 즉 허형의 학은 주자를 존신하는 데서부터 발전되어 나온 것이라고 할 수 있다.

명초의 대표적 주자학자 설선(薛瑄)(敬軒; 1389~1464)은 주자 사후 주자의 심학을 얻은 자는 허노재 한 사람뿐이라 했고,[31] 왕위(王威)는 도학의 진정한 계승은 주자 이후 허형이 하였다고 했고,[32] 진강(陳剛)도 이렇게 말하고 있다.

허문정공(許文正公)이 나옴에 학자가 그를 종사로 모셨다. 그의 학은 주자를 존신하여 염락(濂洛; 주돈이와 정호 형제)의 도가 밝아졌다. 모든 사람으로 하여금 모두 주자의 책을 배워야 함을 알도록 하여 오늘에 이른 것은 공의 힘이다.[33]

허형은 병이 심해지자 주자의 시 한 수를 외우며 죽었다고 한다.[34]

허형은 이처럼 주자를 최고의 권위에 두었다. 그러므로 어떤 의미에서

---

28) 同書, 卷末, 「神道碑」.

29) 同上.

30) 同上 : 先生之學, 一以朱子之言爲師.

31) 同書, 卷末附錄: 自朱子歿, 得朱子之心學者, 許魯齊一人而已.

32) 同上 : 道學之眞傳, 朱子之後, 許衡繼之.

33) 同上.

34) 同書, 卷首, 「考歲略」.

는 허형 이후의 주자학자가 논한 주자의 말이나 주자를 위한 행사는 실로 의미가 없다고 할 정도로 그의 주자존신은 대단한 것이었고 그 영향 또한 컸던 것이다.

3) 원대 주자학과 육학

원대 사상이 주자를 종주로 하였으나, 그 반대파인 육구연의 사상도 침투해 있었다. 학자들은 원대의 중요한 사상적 발전은 주 · 육의 절충, 또는 조화라고 보는데, 오징(吳澄)(草廬; 1249~1333)과 정옥(鄭玉)(師山; 1298~1358)에게서 그러한 면을 볼 수 있다. 이는 사상적으로는 매우 흥미 있는 문제로서 주자학의 그 이후 실천주의로의 전개에 새로운 방향을 제시한 것으로 보인다.

오징은 존덕성을 첫째 일로 삼았다. 그러나 그는 도문학으로 계속 연결시켜야 된다고 했다. 그는 「송진홍범서(送陳洪範序)」에서 두 가지를 함께 다 중시하였다.

> 대저 주자의 교육은 반드시 먼저 독서강학으로 시작하고, 육자(陸子; 육구연)의 교육은 반드시 먼저 진지실천을 하게 한다. 독서강학하는 자는 원래 진지실천하는 경지를 생각하고, 진지실천하는 자 또한 반드시 독서강학에서 공부를 시작한다. 두 스승의 교육은 그러므로 하나다.[35)]

또 그는 「존덕성도문학재기(尊德性道問學齋記)」에서 주자 문인이 언어문자의 지엽적인 것에 편중됨을 비난하여 다음과 같이 말하였다.

---

35) 『吳文正集』 권27, 「送陳洪範序」.

이미 속된 유학자가 기송사장을 속학으로 여기는 데도 그들(朱門)의 학문이 또한 언어문자의 지엽을 벗어나지 못한다. 이는 가정(중국 연호) 이후 주문 말학의 폐단인데, 능히 그 폐단을 구할 사람이 아직 없다.[36)]

그러나 그의 학문의 요점은 양자의 기본 정신에 두었다. 즉 그는 주·육의 차이는 사람의 재질에 따라 가르침을 달리한 것으로 생각했고, 기본 방향은 주자에 두었다. 그러므로 전조망(全祖望)은 "초려(草廬)는 쌍봉(雙峰, 饒魯)에서 나왔으니, 틀림없이 주자학이다. 그 후 육학(陸學)을 겸하였다.… 그러나 초려의 저술은 결국 주자에 가까웠다."라고 적절히 평하였다.[37)]

오징 역시 주자를 존신했으면서도 주자의 중요한 학설인 격물궁리(格物窮理)에 대해서는 중요시하지 않았다. 그는 소옹(邵雍)의 상수학(象數學)에 언급하면서 "상수가 모두 나에게 구비되어 있다〔象數皆備于我〕."라고 했다.[38)] 즉 오징에 있어 궁리의 뜻은 '신독(愼獨)'이었다.[39)] 그리하여 그의 학문은 경(敬)을 중시하고 있음을 보게 된다.

평소의 독서궁리 같은 것은 모두 경을 위주로 한다.[40)]

여기에서 말한 바와 같이 그는 거경(居敬)에 편중되었다. 그는 경에 대해 "경이란 성학의 요점이다."라고 하고,[41)] 또 "경 한 자는 성인이 되는 계

---

36) 同書, 권40, 「尊德性道問學齋記」.
37) 『宋元學案』 권92.
38) 『吳文正集』 권1, 「邵子敍錄」.
39) 同書, 권30, 「贈成用大序」.
40) 同書, 권4, 「敬齊記」; 권5, 「主敬堂說」.
41) 同上.

단이다."라고 하였으며,[42] 또 "경이란 인심의 주재이고 성학의 바탕이다."라고 했다.[43] 그리하여 사람의 직책은 "경으로써 그 마음을 보존하고" "내 마음의 인(仁)을 보존하는 것"이었다.[44] 오징은 경과 심을 강조함으로써 명대 심학의 첫걸음이 되었다.

정옥 역시 주자를 존숭하였지만, 또한 육학으로 교육의 방침을 삼았다. 그는 주학과 육학을 비교하여 그 장단점을 이렇게 말하였다.

> 육자(陸子)의 고명은 간단함을 좋아하였고, 주자의 독실은 치밀함을 좋아하였다. 각기 그 자질에 따라 공부의 길이 달랐던 것이다. 그러나 궁극에 가서의 인의의 도덕은 어찌 다르겠는가? 육씨의 학은 그 폐단이 석씨의 설공설묘(說空說妙)와 같아 혼잡과 혼란에 떨어져 치지(致知)의 공부를 할 수 없고, 주자의 학은 그 폐단이 속유(俗儒)의 문자와 서책에만 매달려 생기 없이 시들어 버리니 실천의 공효를 거둘 수 없다. 그러나 이것이 어찌 두 선생의 가르침의 죄이겠는가. 학자들의 말폐인 것이다.[45]

즉 정옥은 육학으로 교육을 하였다. 그리하여 만약 공부를 생략하거나 공부의 선후가 없으면 자기 수양에는 좋으나, 배우는 자에게는 폐단이 생기기 때문에 배우는 자는 마땅히 주자학으로써 시작해야 한다 하면서, 그러나 육구연을 비난하지는 말라고 했다.[46]

그런데 오 · 정 두 사람이 주 · 육 절충을 시도했지만, 다만 실천에 있어 양자의 장점을 말하고, 교인에 있어서의 양자의 선후를 논하였을 뿐이고,

---

42) 同書, 권5, 「主敬堂說」.

43) 同上.

44) 同書, 권45, 「精虛精舍記」: 敬以存其心 . 敬以存吾心之仁.

45) 『師山集』 권3, 「送葛子熙序」.

46) 同書, 권3, 「與汪眞卿」.

철학 이론상에의 조화의 노력은 별로 없었다.

그러나 이들이 육학으로써 주학을 보완하려 하고, 또 주학의 폐단을 지적한 것은 그들의 실천주의 학풍을 잘 보여주는 것이다. 특히 오징이 경과 심을 강조한 것은 명초에 들어와서 주자학이 심학화하는 방향을 암시하는 것이기도 하다. 그리하여 명대에 들어와서는 4인의 주자학자가 그 뒤를 밟아 심과 경(심의 함양과 거경)의 설을 발전시켰고, 그것이 나중에 왕양명의 심학 흥기에 큰 자극을 주게 되는 것이다. 이러한 맥락에서 보면 원대 학자들이 명대 심학사상의 흥기를 선도했다고 볼 수 있다.

3. 명초의 주자학 실천주의

1) 실천주의화와 심학화

주자학의 '성즉리'의 입장에서는 성의 형이상학적 규정 때문에 심성론이 관념화되기 쉬운 것이다. 그러므로 주자 이후 도덕적 실천주의가 나타난 것이다. 이 도덕적 실천주의는 도덕의 주체를 문제 삼게 되고, 도덕주체는 다시 심(의 함양)을 문제 삼게 된다. 그러므로 주자학의 도덕 실천주의를 다른 한편으로는 '주자학의 심학화'라고 하는 것이다. 이러한 도덕주체의 강조라는 측면에서는 주자학적 도덕 실천주의와 육왕(陸王)의 심학은 취지가 같다고 볼 수 있다.

그러나 육구연(陸九淵)(象山, 1139~1192)이 '심즉리(心卽理)'라고 할 때는 리와 이미 일체화된 심을 말하는 것이다. 이때의 심은 성인의 심과 같이 이상적인 심이지, 주자가 말한 보편적인 인간의 현실적인 심을 말한 것이 아니다. 육구연에게는 인간 주체의 자각이 바로 인간 존재의 리가 된다는 것이다. 그러므로 그는 주자처럼 처음부터 도덕 주체인 이 심을 심, 성, 정의 구조로 굳이 구분할 필요가 없었고, 인간 존재요 도덕 주체인 심을 강조하여 리라고 했던 것이다. 그러므로 '심즉리' 라고 할 때 육구연에게 있어서는 심은 도덕의 근원, 도덕의 본체라는 의미를 말하고자 한 것이다.

양명(陽明; 王守仁, 1472~1528)의 '심즉리' 도 이것을 더 발전시킨 것인데, 양명의 심즉리는 주자 격물치지설을 비판하면서 성립되었기 때문에 주자의 리, 즉 외부 사물의 리를 부정하는 입장이 두드러지게 된 것이다. 양명에 있어서는 격물이 바로 '성의(誠意)' 였다. 이는 인간의 도덕 주체, 다시 말하면 윤리학에서 말하는 소위 도덕적 직각력을 강조한 것이다. 그러므로 이때 양명의 심 역시 주자처럼 심과 성, 정, 또는 심과 외부의 리를 구분할 필요성을 느끼지 못하였던 것이다. 그러므로 양명의 '심즉리' 는 가치규범이 이 마음에서 생겨난다는 뜻이다. 양명은 그런 의미에서 이 심을 '양지(良知)' 라고 한 것이다.

육구연이나 양명이 심즉리를 주창한 것은 결국 주자처럼 심과 리를 두 가지로 구분하면 리가 내 마음과 관련 없이, 또는 그 위에서 초월적으로 군림하여 도덕 주체의 직각력이나 실천력을 떨어뜨린다는 것이다. 물론 두 사람이 이렇게 의식한 것은 아니지만, 그 취지는 이와 같은 것이다. 그러므로 심즉리는 매우 유심론적인 성격을 갖고 있는 것이다. 이 우주 생명과 호흡을 같이하는 중국 전통의 유기체적 우주론(자연관)에서는 이러한 발상이 충분히 가능하다고 볼 수 있다. 특히 양명의 남진(南鎭)에서의 '산중화문답(山中花問答)' [47]을 보면 인식론적으로 이러한 유심론적 성격을 볼 수 있다. 정확하게 말하면 원래부터 양명에서는 존재와 인식이 분

47) 『陽明全書』 권3, 「전습록」 하, 79면.

리되지 않고 통일되어 있었다고 할 수 있다.

그 반면에 주자에 있어서는 먼저 심과 리를 구분하여, 인식론적으로 말하면 인식 주체와 외부 사물의 리를 구분하였다. 또 심 · 성 · 정을 구분하여 심은 현실적으로 인간의 육체적 기질과 관련된 몸의 주재자, 도덕의 주체 기능으로 보았고, 그 심의 본체는 성이고, 그 심의 작용은 정이라고 분석하였던 것이다. 이러한 분석이 심의 주체적 기능을 없애거나 감소시키려는 의도가 있었던 것은 아니다. 이는 주자가 「인설(仁說)」에서 인(仁)의 체인을 매우 강조하고 있는 데서도 증명이 된다. 그러나 심과 외부의 리를 구분한 것과 함께 생각하면, 아무래도 리는 추상성을 면할 수 없고, 따라서 그 사물의 리가 송학에서 과학적 탐구 대상인 사물의 리라기보다 각종 인사(人事; 인간 삶)에 관한 리라 하더라도, 격물의 공부가 그런 것에 치중하게 되면 자연히 도덕 주체의 직각력이나 실천력이 현저히 감퇴됨을 면할 수 없다. 즉 도덕 이론의 강세는 도덕 주체의 망각으로 이어질 가능성이 큰 것이다. 육왕, 특히 양명의 주자 비판은 이런 주자학의 말폐에 있었던 것이다.

그러나 주자학은 그 나름대로 도덕 실천의 방법을 갖고 있다. 그것은 '거경궁리'의 '거경(居敬)'이다. 따라서 주자학을 도덕 실천주의로 전개시켰다고 할 때, 주자학의 위와 같은 이론 체계(구조)를 그대로 유지하면서 주자의 수양방법인 거경에 치중하는 것을 말하는 것이다. 즉 심 · 성 · 정 구분이라든가, 심과 물을 구분하는 전제에 서 있는 격물치지설 등 이론의 변경 없이 도덕적 수양에 매진하는 것이다. 그러므로 이들은 주자의 이론은 이미 주자가 다 밝혀내었으므로 더 밝힐 것은 없고 남은 것은 주자의 이론을 잘 실천만 하면 되는 것이라고 생각했다.

이와 같은 도덕 실천에의 치중은 자연히 주자학의 이론 중 어떤 면을 소홀히 하거나 관심을 갖지 않게 만들었다. 즉 외부 사물의 리를 탐구하는 일이라든가, 그 중에서도 특히 우주론의 추상적 이론인 리기론이나 태극론 같은 형이상학적 이론에 대한 탐구라든가, 또는 심, 정, 정 구조에 관한 이론이라든가 하는 데 대한 관심은 줄어들고, 오히려 심이나 경이 중요한 관심 대상이 되었다. 특히 실천은 주체의 기능인 심의 강조로 나타나게 되었다. 그러므로 이 주자학적 도덕 실천주의를 '주자학의 심학화'라고 부르는 것이다. 이렇게 되면 육왕 심학과 주자학의 심학화는 학문 취지가 거의 같게 된다. 그러나 주자학의 이론 체계 자체를 부정한 것은 아니므로 주자학 도덕 실천주의를 양명 심학과 구분한다면 '주자학적 심학' 이라 하든가, 아니면 '거경의 심학' 으로 불러도 좋을 것이다. 이제 명초의 이 '거경의 심학', 즉 '주자학적 도덕 실천주의' 에 대해 살펴보고자 한다.

위에서 살펴본 바와 같이 주자학 실천주의와 양명의 심학이 취지가 같다면 명대 초기의 주자학은 시대사조로서 양명 심학이 일어날 것을 예측할 수 있는 그런 방향성을 갖고 있었다고 할 수 있다. 이것은 종래 송대 주자학과 명초 주자학은 아무 관련이 없고, 양명 심학은 자생적으로 일어났다고 보는 관점과는 다른 관점이다. 명대 심학이 자생적이고 또 그런 면에서 독창적이라 보는 것은 명초 주자학이 주자학의 계승이라는 큰 테두리를 벗어나지 못하였고, 또 심학에 비해서 뚜렷한 특이성을 보이지 않았기 때문이기도 하지만, 사실 명대 사상의 독립성을 좀 더 강조하려는 의도에서 나온 것이다.[48]

대체로 명초 주자학자는 북방(北方)의 하동학파(河東學派)의 조단(曹端)(月川; 1376~1434)과 설선(薛瑄)(敬軒; 1389~1464), 남방(南方)의 숭인학파(崇仁學派)의 오여필(吳與弼)(康齋; 1391~1469)과 그 제자 호거인(胡

48) 明初 朱子學과 心學과의 사상적인 연관성에 대해서는 陳榮捷, 「早期明代之程朱學派」, 전게 『朱學論集』 참조.

居仁)(敬齋; 1434~1484) 4인이 대표한다. 이 4인은 주자학을 새로운 방향으로 전개해 새로운 학풍을 조성, 진헌장(陳獻章)(白沙; 1428~1500)과 왕양명 사상의 홍기에 도움이 되었다. 이 새로운 방향이란 존양(存養=德性涵養)과 거경(居敬) 위주의 소위 실천주의다.[49)]

이러한 실천주의는 형이상학 문제에 별로 큰 관심을 갖지 않고, 또 객관적인 지식의 문제보다 존양이나 심의 문제에 관심을 많이 갖는 특색이 있다. 다시 말하면, 주자학에서 중요한 논제였던 리기론, 태극론 등 소위 형이상학, 우주론에 대한 문제는 이 4인에게 별로 중요하게 토론되지 않거나 다루어지지 않았다.

존양과 거경 위주의 실천주의는 또 심학의 대가 육구연과의 연관을 자연 생각하게 되지만 명초의 주자학은 육구연의 영향을 받은 것이 아니다. 주 · 육의 주요 논쟁은 하나는 심과 리이고, 하나는 태극설인데, 명초 주자학자는 이 문제를 계속 논하지 않았다. 또 육구연은 경에 대한 논의가 별로 많지 않다. 그리고 또 육학(陸學)은 양간(楊簡, 호 滋湖; 1140~1228) 이후 전하는 사람이 없었고, 원대에는 오징과 정옥이 주 · 육 절충을 시도하기도 했으나, 영향력 없이 종언을 고하였다. 그러므로 명초 신유가(新儒家)는 모두 주자학파였다.

그렇다면 명대에 왜 주자학이 성행하게 되었는가? 그 시대적 배경은 무엇인가? 다음 몇 가지를 그 이유로 들 수 있다.[50)]

---

49) 明初 사상계에 대한 일반적 인식은 다음과 같은 것이다. 예를 들면 마루야마(丸山眞男)의 말을 빌리면, 명초에는 사상계가 극도로 활기를 잃고 있었고, 그것도 주자학 일색이었다. 또 그렇게 활기가 없었던 것은 진리는 일찍이 朱子에 의해 다 밝혀졌으므로 남은 것은 실천뿐이라고 생각했기 때문이다. 또 주자학이 지나치게 엄밀하고 또 완성된 체계를 갖추고 있기 때문에 그 학파로부터 독창적인 학자가 배출되기는 어렵다—라고 지적하였다. 丸山眞男, 『日本政治思想史硏究』; 島田虔次, 김석근 외 역, 『朱子學과 陽明學』(도서출판 까치, 1986), pp. 144-145에서 재인용.

50) 陳榮捷, 전게 논문 「早期明代之程朱學派」, 『朱學論集』, pp. 341-342.

2) 심학화의 시대적 배경

첫째, 당시인은 일반적으로 육학이 선(禪)에 너무 가깝다고 생각하였고, 그리하여 유학과 잘 부합되지 못한다고 생각했다. 그뿐만 아니라 육학에는 교육에 이용 가능한 기초가 될 만한 저작이 없었다.

둘째, 조정의 주자학 장려를 들 수 있다. 황경 2년(1313) 조정은 주돈이 · 이정 형제 · 장재 · 주자 및 기타 송 신유가를 공자묘에 배향하도록 반포했는데, 거기에 육구연은 들어있지 않았다. 또 정주의 경전주석이 과거의 필독서가 되도록 하였다. 이는 몽고의 원대를 거쳐 한족이 다시 천하를 통일하여 민족주의 고취와 함께 중국 고유의 사상과 종교를 부흥할 필요가 있었는데, 주자학이 거기에 적합하였다.

셋째, 원대에는 천문학, 산학(算學), 의학(醫學), 공정학(工程學; 技術學) 및 기타 실학(實學)이 발전했고, 명대에서도 계속 그것이 발달 과정에 있었는데, 거기에는 주자학과 같은 철학이 가장 적합하였다.

넷째, 새로운 왕도 건설에서 정주학이 공헌했고, 더욱이 사회와 정치 방면에서 그러하였다. 명태조 때의 개국공신이었던 송염(宋濂)은 중요 국사를 위임받아 새 왕조를 위해 문물제도를 많이 제정하였는데, 그는 열렬한 주자 신봉자였으며, 그의 제자 방효유(方孝孺)도 유학자 고관으로서 정주학의 전통을 더욱 파급시켰다. 그리하여 정주학은 명 개국 시에 이미 중국 사상을 장악하고 있었다.

이와 같이 역사적 상황이라는 외부적 조건을 보아도 명초의 학문은 주자학일 수밖에 없었다. 그렇다면 이 명초의 주자학이 왜 도덕적 실천에 치중하게 되었을까? 육구연에게서 온 것인가? 명초의 주자학 실천주의 학풍은 육구연에게서 온 것이 아니고, 주자학의 역사적 전개에 있어서 그 자체가 가진 필연적인 요인이 있다. 주자학의 이 사상 내재적 변동 요인은 다음과 같이 지적할 수 있다.[51)]

첫째, 송대 신유가가 일종의 형이상학을 발전시킨 것은 노불(老佛)과의 대결 때문이었는데, 명초에는 이미 그러한 도전이 없었다. 즉 송대 신유가의 형이상학은 불교의 공(空)과 도가의 무위(無爲)에 답하기 위해서 자신의 우주론과 형이상학을 건설해야만 했으므로 태극 · 리 · 기 등의 개념을 창출하였다. 그러나 명초에는 노불의 도전이 없었기 때문에 명대 주자학파는 그런 문제에 관심이 그렇게 고조되지 않았다.

둘째, 송대 신유학은 새로운 형이상학을 가지고 노불로부터 비판 받았던 유학의 세속성을 초월하였는데, 소위 '극고명이도중용(極高明而道中庸)' '천인합일(天人合一)' 의 경지가 바로 그런 것이다. 그러나 이러한 이론은 송대에 이미 다 연구되어 명대에 와서는 새로운 영역의 개척이 요청되었다. 명대 주자학자는 자신의 문제에서 그것을 해결하고자 하였으며 그 문제는 결국 심과 경의 수양문제로 귀착되었다.

셋째, 격물궁리 문제인데, 명대에 이르기까지 이 문제를 탐구한 지가 이미 수백 년에 이르렀다. 그런데 순수한 과학적 전통이 있었다면 이러한 탐구는 하나의 새로운 지식의 영역으로 나아갔을 것이다. 그러나 이러한 전통이 없었기 때문에 격물궁리설은 더 발전하지 못하고 점차 쇠퇴하여, 명초 주자학자도 그 문제를 더 논의할 흥미를 느끼지 못하였다.

넷째, 원대의 실무(實務) 정신은 약간의 과학적인 분야의 발전을 가져왔으며, 이러한 새로운 삶의 취향은 자연히 일상적인 실천과 덕성 함양을 일어나게 했다.

---

51) 陳榮捷, 위 논문, 『朱學論集』, pp. 342-343.

다섯째, 명초 주자학을 실천주의로 나아가도록 한 역사적 요인이 또 있다. 영락 13년(1415) 호광(胡廣) 등이 칙명에 의해 『성리대전(性理大全)』을 편찬하였다. 이 거대한 책에는 정주학파(程朱學派)의 주요 저작과 송·원 신유가의 어록(語錄)이 포함되어 있다. 이 책의 편찬은 신유가 학설의 발양이 아니라, 단지 신유학에 흠정(欽定; 국가공인)의 외투를 입힌 것이었다. 그리하여 주자학은 국가 이데올로기가 되었다. 더욱이 이것을 공부하는 것은 사회 진보나 개인 수양이 목적이 아니라, 과거 진출을 위한 것이었다는 점에 문제의 심각성이 있었다. 여기에서 창의적이고 비판적인 유학자는 이러한 흠정 외투를 거부하고, 과거도 또한 거부하고, 도덕적 실천에서 자유를 추구하였다.

여섯째, 그리고 또 방효유(方孝孺)의 순난(殉難)은 유학자의 도덕적 수양에 큰 영향을 주었다. 친왕(親王)이 반란을 일으켜 혜제(惠帝)가 자결하였을 때, 친왕은 왕위 찬탈을 합리화하기 위해 당시 큰 학자였던 방효유를 불러 조서(詔書)를 초하도록 했으나, 그는 거부하고 순사하였던 것이다. 방효유의 이러한 순난은 유학자로 하여금 정신적 각성과 긴장을 하게 만들었다. 그리하여 비현실적인 지성적 탐구보다는 도덕적 결단을 해야 한다고 생각하게 하였다. 이러한 풍토에서는 도덕적 실천주의가 일어날 수밖에 없는 상황이었다.

이제 명초의 대표적인 주자학자 4인의 주자학적 실천에 대해 간략하게 언급하면 다음과 같다.[52)]

52) 陳榮捷, 위 논문, 『朱學論集』, pp. 331-340 ; 졸고, 「명초 주자학과 조선 전기의 주자학」, 계명대 동서문화연구소, 『동서문화』 제20집, 1988 참조.

3) 명초 4인의 주자학자

조단은 충실한 주자학자로서 그 실천에 힘쓴 자인데, 심과 경을 강조하였다. 황종희는 "선생은 심의 수행을 위주로 하여 실천이 매우 확실하였다. 기본을 '경' 에 두고 '무욕' 에서 체험하였다. 그는 모든 일마다 마음에서 노력해야 하고, 이것이 공자 학문에 들어가는 길이라고 했다."라고 묘사하였다. 그는 또 리를 실체화하여 리가 기를 움직이게 하는 것이라고 하였다.[53] 또 주자가 태극은 사람, 음양은 말에 비유하여 말이 사람을 태우는데, 이 때 말이 출입하면 사람도 따라 출입한다고 한 데[54] 대하여 "그러면 사람은 죽은 사람이 되어 만물의 영장이 되기에 부족하다."라고 하여[55] 주자와 달리 해석하며 리를 강조하였다. 그는 또 경서(經書)를 성현(聖賢)의 조박(糟粕, 찌꺼기)이라는 생각을 가지고 있었는데, 이러한 말은 육구연이나 왕양명에게도 있다.[56] 이러한 것은 주자학풍의 충실한 계승과 무관하지 않다. 그의 인품은 엄정하고 독실하여 제자에게 인격적 감화를 크게 주었다.

설선은 명대 유학자로서는 처음으로 참 유학자로 인정되어 문묘에 종사되었다. 그는 『독서록』을 저술하였는데, 그 속에서 태극, 리기설 등 이론은 주자의 설을 그대로 따랐고, 격물설에도 언급했으나 리가 사물에만 있는 것이 아니라 나의 마음에도 있다고 하여 주자의 주지적인 격물설은 다소 희박해졌다. 그렇다고 육구연처럼 심과 리를 하나로 보지도 않았다.

---

53) 『曺月川先生遺書』, 「太極圖說述解」 '辨戾'.

54) 『朱子語類』 권94, 問動條.

55) 『曺月川先生遺書』, 「太極圖說述解」 '辨戾'.

56) 육구연은 "학문은 근본을 알면 六經은 모두 나의 주석이다."라고 했고(『象山全集』 권34, 「語錄」 上), 왕양명은 "六經은 나의 마음의 기록이다."라고 하였다(『陽明全書』 권7 (文錄 4), 「稽山書院尊經閣記」).

그는 수양방법으로 '복성(復性)'을 강조하였다. 이것은 주자의 거경과 통하는 것으로 그 역시 심과 경을 중요시하여 주자학을 도덕적 실천학으로 단순화시킨 것이다. 경의 수양법 강조는 주자학자의 공통된 경향이지만, 그가 경을 강조함으로써 이것이 특별한 시대사조로서 의미가 있게 되었다. 그가 호를 '경헌(敬軒)'이라고 한 것도 그런 취지였다.

오여필의 청년 시절에는 영락제의 왕위 찬탈로 인한 많은 사대부의 죽음으로 스승으로 삼을 만한 사람이 조야에 없었다. 그 결과 고인을 벗 삼아 독학하는 수밖에 없었다. 오여필은 명대 전반기 인재 부족으로 침체한 학술 문예계에 생기를 불어넣은 선구자였다. 형해화한 주자학을 원점으로 되돌려 자기 생명의 원천으로 흡수하고 주자학도로서 살아감으로써 주자학을 소생시킨 실천자였다. 그는 태극, 리기설 등에는 별로 흥미가 없었고, 심에 내재하는 리를 말하는 등 경과 심의 존양을 강조하였다. 그는 "오륜은 각기 리(理)가 있고, 리는 내 마음에 갖추어져 있는데, 나면서부터 그 리가 있게 되었다."라고 하고,[57] 또 "사람은 반드시 마음을 정돈하여 깨끗하고 각성하도록 해야 한다. 이것이 경이직내(敬以直內)이다."라고 하였다.[58] 그는 몸소 밭을 갈고 살았으며 정치에는 관심을 두지 않았다. 그의 철학은 실천을 지식 탐구보다 더 중요하게 여겼다. 그에게 3명의 유명한 제자가 있는데, 루양(婁諒)(一齋; 1422~1491), 진헌장(陳獻章), 호거인(胡居仁) 등이 그들이다. 이 중 두 사람이 양명학 발전에 공헌하였는데, 이것은 그의 학풍으로 보아 우연한 일이 아니다.

호거인은 도리는 관념적으로 파악해서는 안 되고 성현의 정신을 실천해야 한다고 강조하고, 그것은 『소학』 『사서』 『근사록』 등을 매개로 하여야 한다고 하였다. 그는 실천 방법으로서 역시 경을 중시하였고, 궁리설

57) 『康齋先生文集』 권8, 「吳節婦傳」.
58) 同書, 권11, 「日錄」.

에서도 심을 중요시하였다. 즉 그는 "천지만물의 리는 바로 내 마음이 갖추고 있는 것이다."라고 하고,[59] 또 "내 몸에서 직접 궁리를 행한다."라고 하여[60] 궁리와 존양을 연관시켰다. 또 그는 "심이 정밀하고 밝음은 경의 공효다. 마음을 집중하면〔主一하면〕 정밀하고 밝아진다."라고 하여[61] 역시 경을 중시하였다.

이상 명초 주자학자 4인은 주자학의 체계와 논리를 계승하고 있지만, 거경 방면에 치중하고 있음을 알 수 있다. 궁리나 치지의 방면은 주자를 답습하거나 아니면 관심이 없거나 하였고, 학문의 종지는 항상 거경과 심의 함양에 두었다. 결국 이들의 학풍은 주자학을 실천하는 도덕 실천주의화(심학화)의 경향성을 갖고 있었다.

이러한 것은 원대의 주자학이 보인 실천주의화 경향과 맥을 같이 한다고 할 수 있다. 그뿐만 아니라 이러한 시대사조는 조선조 주자학풍과도 매우 유사한 것이라고 할 수 있다. 조선 초 김굉필(金宏弼)의 소학풍(小學風)의 주자학 실천주의 경향이라든가 조선 중기 퇴계의 심학풍의 주자학 수용 등을 보면 대체적인 흐름의 유사성을 발견할 수 있다.

4. 결어

이상 살펴본 바와 같이 송대 이후 주자학의 전개는 도덕적 실천주의, 즉 도덕적 심학화의 경향을 강하게 띠었다. 그리하여 원대에 와서는 육상산 심학과도 실천 방법에서 절충적인 조화가 이루어지기도 했다. 특히 오

59) 『居業錄』 권2, 「學問 第2」.

60) 同上.

61) 同書, 권1, 「心性 第1」.

초려(오징)는 원대 주자학의 대표자로서 주자 존중이 신앙에 가까울 정도였는데, 도덕적 실천에 치중한 나머지 『소학』을 기본서로 삼을 정도였다. 오히려 『근사록』보다 이 『소학』과 『사서』로 학문과 교육에 임하였다.

원대의 이러한 경향은 거슬러 올라가면 주자 문인 황간(黃榦)의 영향이 크다. 그는 도통설을 강조하며 주자학의 확산에 힘썼으며, 특히 '상달지학(上達之學)' 보다 '하학지교(下學之敎)' 에 치중한 것이라든지, 태극론이나 리기론은 주자를 답습하면서 오히려 도덕적 수양에서 주자학의 정신을 찾으려는 태도는 이후 원대 주자학의 방향을 결정지었다. 오징과 정옥(師山)에게 있어서는 주 · 육 절충적인 태도를 보였다. 그리하여 오징은 주자의 주지적 격물치지의 측면에는 관심이 없고, 거경을 중시하였고, 정옥은 육학은 자기 수양에는 좋으나 주학은 배우는 자에게 좋다고 하여 교육에 이용하였다.

원대의 이러한 주자학 실천 학풍이 일어난 것은 이민족 통치라는 특수한 시대적 여건이 있었다. 기술학이라는 실용적인 학문이 발전하고, 문화 전반의 수준이 낮아져 철학적 이론의 추구는 별로 흥미를 끌지 못하였다. 또 주자학이 너무 완벽하여 더 이상 창조적 학설을 수립하기가 어려웠고, 따라서 자연히 주자학 실천의 길로 갈 수밖에 없었다.

원대의 이러한 실천주의 주자학은 왕조가 바뀌어 명대에 와서도 그대로 이어져 이때의 실천주의를 주자학의 심학화라고도 할 정도로 내면주의화해 갔다. 거경의 수양법이 그만큼 보편적으로 실천된 것을 말한다. 이러한 시대사조 속에서 주자학을 넘어서려고 한 것이 양명학인데, 여기에서 '내면주의' 의 극치를 이루었다. 그러므로 양명학이 주자학에 비해 매우 유심론적인 사상 경향을 보였다고 하는 것이다. 명대에 와서도 학술의 기초를 주자학으로 하지 않을 수 없는 여러 가지 시대적 사정이 있었지만, 원대의 주자학적 유산을 결코 무시할 수 없었을 것이다. 물론 중요한 이유는 원, 명대 공통으로 주자학을 관학으로 삼았던 데에 있다.

원대의 허형의 『소학』풍의 주자학 실천은 조선 초 김굉필의 『소학』 존신과 비교가 되고, 명초 주자학의 심학적 경향(도덕적 실천주의)은 조선 중기 주자학의 대가 퇴계의 심학풍과도 비교가 된다. 이와 같이 원대, 명대의 주자학의 성격을 검토하는 것은 크게는 주자학이 주자 이후 어떻게 전개되었는가 하는 점이나 또는 주자학과 양명학의 연계성을 볼 때 신유학이 왜 양명학으로 갈 수밖에 없었는가 하는 매우 흥미 있는 문제를 풀 수 있고, 작게는 원, 명과 여말 및 조선 전기의 우리나라 주자학 수용 양상을 살펴보는 데 중요한 비교 수단이 되기 때문이다.

제2장

조선 전기 주자학

1. 심성론에의 관심과 심학

일반적으로 조선조 성리학의 특징을 '사칠심성론(四七心性論)'을 주제로 삼은 데 있다고 한다. 그것은 다시 말하면 인간학 내지 윤리학적인 문제에 관심을 많이 두었다는 말이다. 즉 중국의 성리학이 리기론 · 우주론적 발달을 보았다고 한다면 한국 성리학(특히 퇴계의 성리학)은 사칠심성론과 같은 도덕적 형이상학 내지 인간학에 큰 관심을 두었다는 것이다.[1)]

그러나 이것을 중국 근대 사상사에서 주자학에서 양명학으로 전개되는 사상의 한 흐름에서 보면 명초(明初)의 주자학이 '도덕적 실천주의화' · '심학화' 해 간 사실과 긴밀한 연관성이 있음에 주목하지 않을 수 없다. 이것은 주자학의 성격으로 보아서도 사상적 추이의 필연적 귀결이라고 보지 않을 수 없다. 송대(宋代)의 리기론 · 우주론이 불교와의 대항에서 나타났던 것인데, 명대(明代)에는 이미 그런 시대적 요구가 소멸하였

---

1) 柳承國, 『東洋哲學硏究』(槿域書齋, 1987), p. 207 및 p. 216 참조.

으며, 거기에 따라 명대 주자학은 주자학에의 충실한 귀의는 다름 아닌 주자학의 도덕 실천화였으며, 그 바탕으로서 내면적 성찰의 강조, 자기응시의 철저화, 즉 '심학화'(=내면화)의 경향으로 갔던 것이다.[2] 거기에 조·명(朝明) 간의 동시대성을 고려할 때 명대의 이러한 주자학의 심학적 전개는 당연히 조선조 주자학에도 영향을 미쳐 심학화로 가지 않을 수 없게 만들었고, 그것이 사칠심성론에의 관심으로 표출된 것이 아니겠는가.

조선조 성리학에서 초기의 토착화 단계, 즉 계몽의 단계에서부터 이 사칠심성의 문제를 반드시 다루었으며, 이것을 선하로 하여 그다음 시대인 조선 중기(전기 말) 퇴계 시대에 와서는 사칠논쟁(四七論爭)이 벌어지게 되었다. 물론 초기 화담(花潭) 서경덕(徐敬德, 1489~1546)의 기론(氣論)과 회재(晦齋) 이언적(李彦迪, 1491~1553)의 '태극논쟁(太極論爭)'이 있지만, 조선 전기 주자학 내지 성리학의 대세는 심성론과 이에 따른 수양론(도덕실천)이었다고 말해도 과언이 아니다.

고려 말 원(元)으로부터 수입된 주자학은 조선조 정치 이데올로기로서 채택되었을 뿐만 아니라 관학(官學)으로서 보호되는데다 조선 전기 조·명 간의 정치·문화적 긴밀성으로 말미암아 사림 간에 크게 보급되었는데, 당시 정치적 상황과도 맞물려 사림파의 수양학으로 기능을 하였다. 조선 전기 양촌(陽村) 권근(權近, 1352~1409)에 의해 주자학이 이론적으로 소개되고 보급되면서부터 세조정난·사화 등을 거치면서 당시 학계는 선비로서의 도덕적 각성과 『소학(小學)』적 실천과 내면적 응시에 치중하였다. 그것이 사칠론의 도덕론과 경(敬)의 수양법의 강조로 나타났다. 김

2) 明初 朱子學과 陽明 心學의 사상적인 연관에 대해서는 陳榮捷, 「早期明代之程朱學派」, 陳榮捷, 『朱學論集』, 臺北: 學生書局, 1982 참조. 友枝는 주자학에 충실한 心性論的 이해를 주자학의 '主體的 철저화'라고 하였다. 友枝龍太郎, 『朱子の思想形成』(東京: 春秋社, 1969), p. 244.

굉필(金宏弼)(寒暄堂, 1454~1504)에 있어서는 『소학』의 일상적 실천에 주력했고 조광조(趙光祖)(靜庵, 1482~1519)는 특히 이것을 정치적으로 표출하였다.

이러한 풍이 퇴계 이황(1501~1570)에 와서는 더욱 분명히 드러났다. 퇴계의 주자학은 심학이며 거경의 수양학이었다. 그는 경의 실천을 스스로 보여줌으로써 그의 학문 자체의 성격을 '경의 심학' 이라고 할 정도로 만들었다. 그의 존재론의 '주리(主理)', 사칠론의 '호발(互發)', 격물설(格物說)의 '리도(理到)' 등의 이론은 그의 경의 실천과 표리관계를 이룸은 물론이다.

명초 주자학에서 양명 심학까지의 기간은 조선 건국에서 퇴계까지의 조선조 전기에 대략 해당한다. 그러므로 여기에서는 조선 초기와 중기 전반에 해당하는 퇴계까지 넣어 조선 전기로 잡고[3], 조선조의 '주자학의 심학화' 경향, 즉 '실천주의화' 를 일별하여 조 · 명의 문화적 상응성에 비추어 두 나라의 주자학의 사상적 추이를 비교하고, 이로써 조선 전기 주자학의 성격을 근원적으로 또 역사적으로 파악해 보려고 한다.

3) 조선조의 경우 중기 전반 퇴계까지 넣지 않으면 안 되는 것은 주자학의 충실한 이해와 수용은 퇴계에 의해 이루어졌고, 그 후는 율곡에 의해 이에 대한 비판적 전개로 나아갔기 때문에 사상사에서는 퇴계를 분기점으로 삼는 것이 보다 편리하다. 朴忠錫, 『한국정치사상사』, 삼영사, 1982 참조.

2. 조선 전기 주자학의 형성과 그 성격

1) 조선 초기 주자학의 심학화

조선 초의 주자학은 절의(節義)를 숭상하는 반왕조적(反王朝的)인 사림파와 현실적인 왕조 권력과 결합한 훈신적(勳臣的)인 관학파(官學派)의 분화에서 출발, 관학파의 경세적(經世的)인 주자학에 대해 사림파의 존양적(存養的) 도학(道學)으로 분화되었다.

세종조 성균관과 집현전을 중심으로 재야 학자들은 천거에 의해 등용됨으로써 조선 초 주자학의 대립상은 일단 해소되었다. 그것은 이 때 『성리대전』의 전래와 간행으로 주자학의 이론적 심화와 체계화가 진행되었기 때문이다. 이때 주자학적 이념이 국가 이데올로기로 정착되었다.

그러나 세조정난(世祖靖難)과 연산조 이후의 사화로 주자학적 대립상은 당시 원상태로 돌아갔다. 그리하여 왕조의 정통론을 존중하고 절의를 숭상하는 송학의 전통은 더욱 존중되어 사림파와 훈신파의 대립적 기풍은 더욱 조성되었다.

성종조 유교적 문치주의나 제도 정비기에 김종직(金宗直)(佔畢齋, 1431~1492) 일파가 등용되어 재화합에 노력했음에도 불구하고 연산조의 무오·갑자사화에 김종직 등 영남사류들이 희생되어 노력의 결실을 맺지 못하였으며, 이것이 마침내 조광조에 의해 '유교적 지치주의(至治主義)'를 새로이 추진케 만들었으며, 그 과격성과 조급성으로 다시 기묘사화를 낳아 좌절되고 말았다. 그 후 후속되는 을미·정미사화로 인하여 기묘사화 후 소생되어 가던 사풍(士風)이나 도학풍이 다시 위축되어 갔다. 이로 인하여 주자학의 궁리적(窮理的) 방향을 퇴화시킨 대신 존양(存養)의 실천적 방향을 더욱 강조하였다. 다시 말하면 리학적 주자학은 중종·명종

대의 역사적 과정을 통하여 점차 심학적인 주자학으로 전화되어 갔다. 그 주역이 조광조를 정점으로 하는 기묘명현과 그 후속 사림들이었다.

그들이 의거하던 텍스트에 있어서도 중점이 달라졌다. 『소학』은 기묘사화 전부터 사림파 사이에서 존중되었고, 기묘사화를 겪으면서 『심경부주(心經附注)』와 아울러 존중되었다. 조선조 전기의 주자학의 실천주의화 내지 심학화는 명대 초기 · 중기의 그러한 방향과도 상응되는 것이었다. 명에 있어 영락제(永樂帝)의 정난(靖難)과 『성리대전(性理大全)』의 편찬, 영락제의 주자학적 사상통제 이후에 출현한 하동학파(河東學派)와 숭인학파(崇仁學派)의 존양과 반궁실천을 강조하던 기풍, 그리고 백사학파나 양명학파의 심학 고취는 조선조 사류들에게 무관할 수 없었을 것이다. 이러한 때 정민정(程敏政)의 『심경부주』가 출현하였고(1492년 刊, 백사학과 거의 같은 시기), 이것이 조선에 전래하여 김안국(金安國, 호 慕齋, 1478~1543)에게 존신되고, 이어 퇴계에게는 심학의 안내 역할을 하게 된 것이다.

조선 왕조에도 세조정난(世祖靖難)이 있었고, 사화는 일종의 사상적 통제 기능을 하였다. 그 결과 사림의 분열이 이루어지고, 그러한 분위기에서 사림의 기풍은 존양위주의 실천주의를 강조하지 않을 수 없었던 것이다. 김굉필의 『소학』 존신, 퇴계의 『심경부주』 존신과 설선을 명대 제일의 도학자로 보고 칭송하는 것[4] 등 모두 약간의 시차는 있지만 조 · 명 간의 사상과 문화의 상관성과 동질성을 잘 말해주고 있다.[5]

조선조 주자학의 실천주의는 사림파 김굉필과 그 제자 조광조 및 기묘명현, 그리고 그에 후속하는 김안국 형제들이며, 나아가 그것이 더욱 철

---

4) 『退溪全書』, 「言行錄」의 異端條.

5) 이상의 조선 초기의 朱子學의 心學化에 관해서는 尹南漢, 『朝鮮時代의 陽明學硏究』(集文堂, 1982), pp. 18-23 참조.

저화되어 명종 년간의 퇴계의 주자학적 심학이 형성되었다고 할 수 있다. 그러므로 퇴계의 주자학적 심학은 마치 명대 중기의 왕양명의 심학과 같은 역사적 위치에 비견될 수 있다.

그러나 조선 초기 이러한 학풍의 싹은 권근(權近)의 『입학도설(入學圖說)』과 유숭조(柳崇祖, 호 眞一齋, 1452~1512)의 저술 속에서 사칠리기론(四七理氣論)의 심성론으로 이미 나타났었다.

2) 권근과 유숭조의 심성론

권근(1352~1409)의 자는 달가(達可)이고, 호는 양촌(陽村)이다. 그는 일찍이 관직에 나아가 34세 때 고려 왕조에서 성균관 대사성(大司成)을 지내고, 조선 왕조 태조 2년(1385)에 다시 대사성에 임명되었다. 그는 문장과 학문에서 한 시대를 대표할 만큼 비중이 컸으며, 특히 조선조 도학의 체계에 중대한 업적을 남겼다. 그의 대표적인 저술인 『입학도설(入學圖說)』과 『오경천견록(五經淺見錄)』은 조선 왕조 건립 직전에 익주(益州; 전북 益山)에서 유배생활을 하던 시기와 유배에서 풀려나 충주(忠州) 양촌(陽村)에 돌아와 지내던 시기에 이루어진 것이다.

『입학도설』은 그가 학생들에게 성리학(도학)의 체계를 간결하게 설명하기 위해 편찬한 입문서로 40편의 도설(圖說)로 구성되어 있다. 그 중 「천인심성합일지도(天人心性合一之圖)」와 「천인심성분석지도(天人心性分釋之圖)」가 그의 성리설을 가장 잘 나타낸 대표작이다. 이 도설은 도설의 비조로서 그 후에 준 영향이 심대하였다.[6)]

이 도설은 주돈이(염계)의 『태극도설』과 주자의 『중용장구』의 설을 인

---

6) 조선과 일본에서 5~6차 간행되었고, 權採(1399~1438)의 『作聖圖』, 鄭之雲의 『天命圖說』 작성에도 영향을 미쳤다.

간 심성에서 리기선악(理氣善惡)으로 분석한 것인데, 주자학의 본령을 잘 나타내었다. 유교 및 성리학의 '천인합일(天人合一)' 의 기본관념에 기초하여 천(天) · 인(人) · 심(心) · 성(性) 4자로 도설을 만들었다. 심성을 논하면서 '리지원(理之源; 性理)' '기지원(氣之源; 心)' 으로 나누고, 전자에서 '사단지정(四端之情; 純善無惡)' 후자에서 '가선가악지칠정(可善可惡之七情)' 을 연역해 내었다. 또 수양법으로 경으로써 존양 성찰하는 방법을 제시하였다. 이 도설은 후에 정지운(鄭之雲, 호 秋巒, 1509~1561)의 『천명도설』 및 퇴계와 기대승(奇大升, 호 高峰, 1527~1572)의 사칠논쟁의 원인이 되었다. 이 도설의 핵심은 「천인심성합일지도」이며, 여기에서 논리적으로 천인합일의 기본 관념을 바탕으로 하였지만, 결국 핵심은 '경의 수양방법' 이다. 그뿐만 아니라 사단과 칠정을 리기로 나누어 설명한 것은 실제 수양이라는 실천에서 주자의 '알인욕-존천리(遏人欲, 存天理)' 의 논법과 같은 것임을 쉽게 알 수 있다.

유숭조는 자가 종효, 호는 진일재(眞一齋), 또는 석헌(石軒)이다. 그는 연산군에게 간쟁하기도 했으며, 갑자사화 때는 원주로 귀양 갔다가 중종반정 후 경연참찬관 등을 지내면서 중종의 신임을 받았다. 그는 성리학은 물론 『역』 · 『예기』 · 천문역상(天文曆象) 등에도 통달하여 혼천의(渾天儀)를 만들기도 했으며, 『칠서언해(七書諺解)』를 짓기도 하였는데, 『칠서언해』는 경서 풀이로는 우리나라 처음이었다.

그는 『성리연원촬요(性理淵源撮要)』에서 정향(程逈, 本文에는 程復心이라 했는데 틀린 것 같다)의 리기설을 기재하였는데, 그중에 '리발은 사단이고 기발은 칠정이다(理發爲四端, 氣發爲七情).' 라는 구절이 있었다. 또 정복심(程復心)의 리기설을 기재하였는데, 그중에 '감통(感通)의 정에 있어서 사단이라는 것은 리의 발이고 칠정이라는 것은 기의 발이다(感通之爲情, 則四端者理之發, 七情者氣之發).' 라는 구절이 있었다. 정지운과 퇴계 이전의 '사칠리기분대(四七理氣分對)' 의 견해로 주목되는 구절이다.

또 유숭조는 『대학잠(大學箴)』의 「명명덕잠(明明德箴)」 중에서 '정(情)이 성(性)하면(發하면) 순선하고 잡되지 않다. 의(義)가 심에서 발하면 선과 악의 두 갈래 길이다. 리가 동(動)하여 기가 거기에 끼이면 이는 사단의 정이고, 기가 동하여 리가 거기에 따르면 이는 칠정의 싹이다(情動於性, 純善無雜, 意發於心, 幾善與惡, 理動氣挾, 四端之情, 氣動理隨, 七情之萌).' 이라고 했다. 이것은 권근의 『입학도설』 속의 「천인심성합일지도」의 내용과 같은데, 역시 '사칠이기분대' 의 설이다.

이와 같은 설이 모두 그가 인용한 중국인 학자의 말이지만, 그가 성리학의 요점으로서 '사칠리기분대설' 을 든 것은 주목해 둘 필요가 있다. 그러나 아직까지 권근이나 유숭조의 겨우 존양 위주의 뚜렷한 학풍의 특색이나 개인적인 취향을 나타낸 것은 아니었다. 모두 성리학의 계몽서로서 저술된 것이기 때문에 존재론으로서의 리기설이나 태극설과 심성론 및 수양론은 균형을 유지하고 있었다. 그러나 김종직 일파의 사림파, 특히 김굉필, 조광조 및 기묘명현에 오면 상황은 변하여 '도학 실천주의' 의 학풍이 비로소 나타나게 된다.

3) 김굉필의 『소학』풍의 실천주의

김굉필의 자는 대유요, 호는 한훤당(寒暄堂)으로 김종직의 문인이다. 그는 무오사화 때 김종직의 문인이라는 이유로 희천에 유배되었고, 다시 전남 순천으로 유배된 뒤 갑자사화 때 유배지에서 참형을 받았다. 그의 사후 후인들이 그의 행적을 편찬하여 『경현록(景賢錄)』을 간행하였다.

그는 스스로 '소학동자' 로 자처하였다. 스승인 김종직으로부터 『소학』의 중요성을 교시받은 후 『소학』을 거의 손에서 놓지 않았으며, 사람들이

국사(國事)를 물으면 반드시 "소학동자(小學童子)가 대의를 어떻게 알겠는가?"[7]라고 하였다. 또 "글공부를 하고서도 아직 천기(天機)를 알지 못하다가 『소학』 책 안에서 어제의 잘못을 깨달았네."[8]라고 하였다. 이 시에 대해 김종직은 "이 말이 성인이 되는 바탕이니 허노재(許魯齋; 許衡, 元代人) 이후에 그 사람이 없으랴!"라고 격려하였다고 한다.[9] 또 『경현록』에 의하면 김굉필은 회헌(晦軒) 안향(安珦, 1243~1306)의 '향등처처(香燈處處)'의 시(詩)[10]를 외우면서 탄식했다고 한다.

그가 반우형(潘佑亨, 호 玉溪, 성종 때의 文臣, 1474년 문과 급제)에게 써 준 「한빙계(寒氷戒)」의 주요 내용도 수신정심(修身正心)에 대한 것이었다. 거기에서 그가 강조한 것은 '통절구습(痛絶舊習)' '징분질욕(懲忿窒慾)' '안빈수분(安貧守分)' '거사종검(去奢從儉)' '지경존성(持敬存誠)'의 내용이었다. 그는 말하기를 "금일 당연지리(當然之理)를 행하고 내일 또 당연지리를 행하고, 그리하여 날마다 행하는 것이 당연지리 아닌 것이 없다면 날이 가고 또 해가 가서 인(仁)이 쌓이고 의(義)가 모이게 되는데, 마지막에 가서는 강물을 터놓으면 막지 못하는 것과 같이 된다."[11]라고 하였다. 여기서 당연지리를 행한다는 것이 바로 성리학적 실천임은 물론이다.

기대승은 그의 행장에서 이렇게 말하였다.

> 선생은 날마다 『소학』 『대학』을 외워 그것으로 학문 체계를 삼았다. 육경(六經)을 탐구하고 성경(誠敬)을 유지하기에 노력하였다. 존양성찰로 체(體)를 삼

---

7) 『景賢錄』, 「事實記」 및 「行狀」.

8) 同上: 業文猶未識天機, 小學書中悟昨非.

9) 玄相允, 『朝鮮儒學史』(玄音社, 1986), p. 35에서 재인용.

10) 安珦의 詩는 "香燈處處皆祈佛, 簫管家家盡事神, 獨有數間夫子廟, 滿庭春草寂無人"이라는 것이다.

11) 『景賢錄』(附錄), 「寒氷戒」.

았고 수제치평으로 용(用)을 삼아 성인의 경지에 이르는 것을 목표로 하였다. 닭이 울면 새벽에 일어나 반드시 세수하고 머리 빗고는 의관을 정제하고 석고상처럼 단정히 앉았다. 학자들의 강론을 인용할 때 치심(治心)의 요체를 게을리하지 않았다. 이렇게 30여 년을 하였다. 이러한 진정한 노력이 오래되어 그 학문은 박학하나 잡되지 않았으며, 두루 통했으나 번잡하지 않아 확고하고 독실하였다. 그래도 오히려 부족한 듯이 여겼다.[12]

여기에서 『소학』『대학』을 중시하여 그것으로 학문의 체계를 세웠다는 것이나, 치심의 요체를 주의 깊게 인용하였다는 것은 그의 성리학적 실천학문의 면모를 보여준다. 조식(曹植, 호 南冥, 1501~1572)도 『사우록』에서

선생은 도학을 창도하는 것을 자기 임무로 여겼다. 선생은 근세의 유종(儒宗)이다. 『소학』으로써 근본을 배양하고 『대학』으로써 체계를 세웠다. 힘써 성경을 유지하고 육경의 뜻을 발휘하여 성현의 경지에 이르는 것을 기약하였다. 이것이 선생 학문의 대략이다.[13]

라고 하였는데, 앞의 글과 내용이 부합된다. 다만 여기서는 성리학적 실천학문을 '도학' 이라고 지칭하였다.

4) 조광조의 지치주의의 도학과 심학

중종은 즉위 후 연산군 시대의 폐정을 혁신하려고 노력하였다. 특히 문치를 다시 일으키므로 사기가 소생하고 진정한 수기치인의 학문을 하려

12) 玄相允, 前揭書, p. 36에서 재인용.
13) 同上.

는 사람들이 계속 나타났다. 유숭조가 그 최초의 사람이요, 조광조와 그 동지들이 그 뒤를 이었다.

조광조는 자가 효직이고 호는 정암(靜庵)이며 본관은 한양이었다. 그는 타고난 자질이 우수하였고, 젊은 시절부터 정의감이 강하였다. 소시에 한훤당 김굉필에게 배웠는데, 김굉필은 소위 사림파의 정맥이었다. 중종 5년(1510) 생원시에 합격하여 태학에 들어갔는데, 이 때 유숭조가 대사성의 자리에 있으면서 도학을 강구하던 때라 조광조 역시 그의 영향을 받았을 것이다. 그는 태학에 적을 두고 있으면서 입산하여 공부하였는데 중종 10년(1515) 정승 안당의 천거로 특별히 6품직을 받자, 그는 "내가 작록을 구하지 않았는데, 이와 같은 관직을 받았으니 그럴 바엔 차라리 과거에 응하겠다." 하고 그해 가을 별시에 응하여 합격, 옥당에 들어갔다. 그의 성격의 일단을 잘 말해주는 처신의 일례다. 그리하여 중종 13년 대사헌에 나아간 뒤부터는 더욱 임금의 신임을 받아 그와 동지들은 평소에 마음속에 가졌던 유교의 이상 정치, 즉 '지치' 를 실현하고자 했다.

지치는 '도학 정치' 로서 도학의 이념이며 도학자의 경세의 목표라고 할 수 있다.[14] 도학은 공맹의 이념을 실현하고자 하는 성리학의 다른 이름으로서 도, 즉 유교의 참다운 정신을 실현하려는 일종의 이념이다. 그것은 내성외왕의 도며 수기치인의 도로서 비단 정치에만 국한된 것이 아니다.[15]

---

14) 至治는 '至極한 政治' 라는 뜻이다. 『呂覽』에는 "至治之世, 其民不好空言虛辭" 라고 했고, 『漢書』에는 "蓋聞上古至治…" 라는 전거가 있다(『大漢和辭典』 卷9, 426면). 조광조가 사용한 예는『靜庵集』(附錄) 卷 1 「事實」에 "經席之上, 每以崇道學, 正人心, 法聖賢, 興至治之說, 反覆啓達" 이라고 한 것이다. 그러므로 至治는 다른 말로 표현하면, '道學政治, 哲人政治' 이다.

15) 元代에 『宋史』를 편찬할 때 「儒林傳」 외에 별도로 「道學傳」을 두어 性理學者를 주로 열거하였다. '道學' 이라는 말은 유교의 참다운 전통(진리)을 계승한다는 의미가 내포되어 있다. 그러므로 매우 이데올로기적이라고 할 수 있다. 그들이 道統(道의 역사

조광조의 지치주의의 표방인 숭도학(崇道學)·정인심(正人心)·법성현(法聖賢)·홍지치(興至治) 등은 군자·소인을 엄별하던 주자학적 명분론이 전제된 것이며, 그러므로 그 학의 지향처는 제왕학이었고, 제왕의 심법(心法)을 강조한 것이었으므로 이는 위기지학(爲己之學)으로서의 심성 수양을 강조하는 심학이었다. 다시 말하면 지치를 위한 격군심(格君心)은 정치적 행위지만, 그것을 주창하는 선비로서는 자기 자신에 대한 도덕적 수양을 반대급부로 강하게 요구하지 않을 수 없으므로 수기치인에서 수기의 면을 보면 그것은 성리학적 존양 내지 거경이며 그 학풍은 심학이라고 할 수 있다. 그러므로 지치는 심학의 정치적 실천이라고도 볼 수 있다.

그는 지치의 실현방법으로 군주의 심을 밝히는 것을 역설하였다.

> 일심(一心)이 광명한 후에야 군자와 소인을 분별할 수 있으니 임금의 격치성정(格致誠正)의 공이 이르지 못하면 혹 군자를 소인이라 하고 소인을 군자라 하기도 합니다. 소인이 군자를 공격할 때 언행이 자기들과 다르다든가 아니면 우리들이 명예를 얻으려 그렇게 한다고 비난합니다. 군자와 소인은 빙탄과 같이 서로 용납하지 못합니다.[16)]

군자와 소인의 분별은 '존천리-거인욕' 이라는 주자학적 도덕 수양론의 외적 표현이다. 방법으로서 임금의 격치성정을 논하였는데, 그것은 『대학』에서 인용한 것으로 상투적인 것이긴 하지만, 그 의미는 제왕의 심법과 연결되어 있다. 제왕의 심법은 조광조 자신에게로 돌리면 그의 주체

적 전통)을 강조하는 데서도 알 수 있다. 栗谷은 "道學이란 格物致知로써 善을 밝히고 誠意正心으로 몸을 닦아서 몸에 은축하면 天德이 되고 政事에 베풀면 王道가 된다." 라고 했다. 『栗谷全書』 권 15, 「東湖問答」.

16) 『靜庵集』 권3, 「參贊官時啓」 14.

의 심법과 다름없다.[17] 그것은 조광조의 위와 같은 지치주의 이념을 가지고 실제로 행한 정치실천을 보면 잘 알 수 있다. 즉 그 지치주의적 정치적 실천에는 정치적 비타협성이라는 지나친 '이상주의'가 나타나 있는데, 그것은 개인의 수양으로 말하면 지나친 도덕적 엄숙주의, 즉 일종의 교격(矯激), 결수(潔修), 강직(剛直)의 풍[18]과 표리관계를 이루는 것이다.

그가 행한 정치적 개혁은 소격서 혁파, 현량과 설치, 교화사업, 선유(先儒)의 표창, 위훈(僞勳)의 삭제 등이었다.[19]

이 사실은 역사적으로 잘 알려져 있으므로 자세한 것은 생략하더라도 그 개혁의 취지와 조광조의 태도를 일별할 필요가 있다. 소격서는 도교적인 초제(도교의 제사)를 지내는 곳으로 그 혁파는 유교와 도교의 이념 투쟁의 결과다. 그것도 왕이 허락하지 않았으나 동료 관료와 같이 여러 번 입대하여 성취시켰다.

현량과 설치는 종전의 과거가 사장(문학) 위주였으므로 그러한 과거 출신자들이 올바른 이상적인 정치를 할 수 없다는 생각에서 건의한 것이다. 즉 인재 등용에서의 개혁이었다. 교화사업은 조광조 일파인 김안국(金安國, 호 慕齋, 1478~1543)과 김정국(金正國, 호 思齋, 1485~1541)의 치적인데, 김안국은 경상도 관찰사로 있으면서 『소학』과 『이륜행실(二倫行實)』 등을 간행하였고 각 지방 향교생에게 학문을 권장하였으며, 김정국은 황해도 관찰사로 있으면서 「경민(警民)」 21조, 「학령(學令)」 24조를 지

17) 朱子學은 원래 理의 보편성에 근거한 보편적 도덕주의를 본질로 하고 있다. 그런데 정치는 관료사대부층에 의해 주체적으로 담당되지 않으면 안 되었다. 그것은 그렇게 함으로써 민중교화에 기반을 두는 향촌의 안정, 나아가 체제의 안정이 얻어질 수 있기 때문이다. 그러므로 황제의 心法 강조와 사대부의 도덕적 각성은 동일한 연장선상에 있는 것이다. 戶川芳郎 外, 『儒教史』(東京: 山川出版社, 1987) pp. 300-301 참조.

18) 同上, pp. 273-275.

19) 이병도, 『한국유학사』(아세아문화사, 1987), pp. 168-171에서 제목을 참조하였다.

어 학자들을 권면하였다. 또 중종 14년(1519)에는 조광조, 김정(金淨) 등이 『여씨향약(呂氏鄕約)』의 반포를 건의하여 시행을 보았는데, 우리나라 향약 실시의 효시가 된다. 그 외 기묘명현들이 각종 교화사업에 진력하였다. 이때의 교화 사업의 주요 치적 중에 『소학』을 학교 교화는 물론 사회 교화 전반에 걸쳐 필수 교재로 삼았다는 사실에 유념할 필요가 있다. 이 『소학』의 중시는 물론 그것이 초학의 단계이므로 향교나 사회 교화에 유용하기도 하였겠지만, 이는 원대 실천유학 이래의 주자학적 이념이었음을 우리는 앞에서 보았다.

선유의 표창과 위훈의 삭제에서는 조광조 등 기묘명현의 도학적인 교격성과 강직성 및 '도통의식' 이 잘 나타나 있다. 중종 13년 조광조는 김굉필·정여창의 포상을 청하여 두 사람에게 우의정을 추증하고 그 자손들을 기용하게 하였다. 그해에 또 성균관 유생들이 조광조의 부탁으로 정몽주·김굉필의 문묘종사를 상소하자 여러 대신들이 어렵다고 왕께 아뢰었는데, 조광조 등은 두 사람 외 또 정여창을 아울러 문묘에 종사해야 한다고 주장하였다. 그러나 왕은 대신들의 의논에 따라 정몽주만을 종사하게 하였다. 조광조의 이러한 주장은 그가 김굉필을 사사하였고, 김굉필과 정여창은 모두 김종직 문하에서 배웠으며, 김종직의 학은 그 부친 김숙자(金叔滋)에게서 받았고, 김숙자의 학은 길재에게서 나왔고, 길재는 정몽주의 문인이었기 때문이다. 이것은 정몽주를 동방리학(東方理學)의 조(시조)로 보아 자기까지 도의 전수 전통을 세우려는 소위 도통의식의 발로이다.

위훈의 삭제는 중종반정 공신 중 공을 지나치게 인정받은 76인의 공훈(靖國功臣)의 소급삭제를 말한다. 사실 중종반정 시 공 없이 공신 칭호를 받은 사람이 많았고, 그중에는 또 연산군의 총신도 많았다. 이에 조광조는 대간을 이끌고 궁문 밖에 엎드려 주청하였다. 그러나 왕은 현실적으로 어렵다고 여겨 허락하지 않았는데, 요청이 강경하였기 때문에 결국 그 의

견에 따르고 말았다. 이 일을 계기로 왕은 조광조를 싫어하게 되었고, 또 훈신파와 사림파의 반목이 격화되었다. 그것이 나중에 기묘사화를 일으켜 조광조 등 소위 기묘명현은 귀양 가거나 사사되어 결국 지치주의는 실패로 돌아가게 한 원인이 되고 말았다.

조광조의 지치주의의 실패는 역사에서 그들이 젊고 성격이 급한 사람들이라 조예가 깊지 못하고, 이상은 풍부하였으나 현실에는 어두워 일만 크게 벌여 놓으려는 급진성과 과격성이 그 원인이라고 하였다.[20] 그러나 이것은 성리학의 관점에서 보면 도학의 교격과 결수에서 유래하는 것이다. 이것은 달리 말하면 주자학의 수용이 깊이 진척되면서 주자학풍이 심학적 내지 실천주의적 방면으로 전개된 것을 말한다.

당시 성균관사로 있던 훈신파의 대표 남곤(南袞, 1471~1527)은 조광조 일파를 비난하면서 중종의 하문에 답하기를

> 신이 학문을 한 이후 심학을 하는 자가 없었는데, 다만 김굉필 · 정여창이 김종직에게 배워 심학이 결국 실천의 요체가 된다고 생각했습니다.[21]

라고 하여 김종직의 심학과 조광조의 심학을 구별하고, 이어서

> 그러나 신은 다만 그 (심학의) 말은 들었으되, 그 일(事)은 보지 못했습니다. 폐조(연산조) 이후 심학을 하지 않았는데 근래 혹 하는 자가 있습니다. 그러나 (심학을) 말하기만 하는 것은 쉽지만 치심(治心)하기는 어렵습니다. 그러므로 심학을 하는 자는 많지만 성현의 지름길을 바로 들어갈 줄은 모릅니다. 따라서

20) 그들의 지나친 이상주의, 또는 비현실적인 급진성과 과격성의 사례는 역사에 언급되어 있다. 이병도, 전게서. pp. 172-173 참조.

21) 『中宗實錄』 권29, 12년 丁丑, 8월 30일 條.

좋은 스승이 있어서 바로 잡아주면 좋겠습니다.[22]

라고 하여 김종직·김굉필의 심학에 대하여 조광조 등의 심학이 거짓학문이라 비난하였다. 또 육상산의 학문에 언급하여

대저 성명지학은 미묘한 데 이르면 정도에 들어가기가 어렵습니다. 송나라 때는 문운이 융성할 때이므로 육구연의 학문이 참다운 유학이 될 수 없었던 것이 우연이 아닙니다. 참다운 유학은 말로써 되는 것이 아닙니다. 지금은 선비들이 교만하고 불공스러우니, 모든 사람들로 하여금 말은 충성스럽고 행실은 공경스럽게 하도록 하면 교화가 크게 펼쳐져 비로소 참다운 유학을 바랄 수 있을 것입니다.[23]

라고 하여 심학풍을 육상산의 학과 같이 거짓 학문으로 보았다.

이상의 인용은 훈신파이면서 사장파인 남곤이 당시 조광조 도학파 일파를 어떻게 보았는가를 말해주는 자료이지만, 여기에서 당시 사류들이 도학은 심학이라고 보았던 사실을 잘 알 수 있다. 즉 조광조의 지치주의는 도학의 정치적 표출이며, 이는 당시의 주자학이 심학화, 실천주의화하였음을 입증하는 것이라고 말할 수 있다.

3. 퇴계의 주자학적 심학

이때까지 살펴본 바와 같이 조선조 주자학자의 주된 관심은 사칠론적

---

22) 同上.

23) 同上.

수양론에 있었음은 틀림없다. 물론 그것이 하나의 체계상 주돈이의 『태극도설』류의 우주론 내지 존재론과 병행하여 논의하고 있지만, 주된 관심은 거경함양의 수양론에 있다고 할 수 있다. 이것은 명·선조대로 갈수록 사칠론이나 인심도심론과 같은 심성론 논쟁이 본격적으로 전개된 것만 보아도 알 수 있다. 사실 이러한 조선 전기 주자학의 성격은 양촌 권근의 『입학도설』의 '천인심성합일'의 사상에서 그 기본 방향이 정해진 것이 아닐까 한다. 왜냐하면 여기에서 말한 사칠리기분대의 설과 경의 수양론이 그 후 줄곧 조선조 주자학의 관심거리로 남았기 때문이다.

조광조 이후 학자로는 먼저 서경덕과 이언적을 들어야 한다. 그런데 서경덕은 기론자(氣論者)로 그의 철학에서 보면 중국의 장재(橫渠)와 같은 유의 우주론자라고 할 수 있는데, 그에게 도덕 주체에 대한 관심은 없었다. 다만 그는 처사로서 일생을 사색하며 보낸 것이 특이하다.

이언적의 사상은 젊은 시절 태극에 대한 논변과 『대학』에 대한 연구, 그리고 『중용구경연의』(미완)로 체계화하려 했던 경세관 세 가지로 요약할 수 있다. 그러나 그에게서 존양의 면을 특별히 강조한 면은 볼 수 없다.[24] 그러므로 조선 주자학의 체계적 수용이 이루어진 퇴계 이황의 학설을 살펴봄으로써 조선 전기 주자학의 심학화 대세를 논증할 수 있을 것이다.

이황은 자가 경호, 호가 퇴계 또는 퇴도(退陶)·도옹(陶翁)이라고도 한다. 그는 28세에 진사시에 합격하고 5년 뒤 문과에 급제하여 벼슬길에 나아갔다. 그 후 여러 번 벼슬을 받았으나 사양하고 나아가지 않았다. 그의 전반 인생은 전원을 동경하고 시를 사랑한 시인이었다. 특히 만년에는 주자학의 연구와 교육을 자기의 임무로 여겨 주자학에 관한 많은 저술을 하였다. 그가 주자를 사숙하여 그 학문에 정력을 쏟기 시작한 것은 40대 중

24) 퇴계가 그를 칭찬한 것은 忘齋·忘機堂과의 無極太極論辨이었다. 그의 만년의 연작인 『大學章句補遺』와 『續大學或問』은 고증적인 저술이다.

반부터였다.

퇴계학의 본질은 송학(宋學)의 우주와 인생에 대한 포괄적인 이론 가운데서도 심성론적인 사칠론이나 인심도심론 등 소위 인간학적인 데 깊이 천착한 것이 특징이다. 이는 바로 주자학의 주체화, 즉 주체적으로 실천하여 체험화하고, 내면화하는 것이다. 그 결과 존재론에서도 리를 기보다 더 높이는 가치 지향성을 강하게 나타내었고 수양론에서도 사단과 칠정, 인심과 도심을 엄격하게 구분하고자 했다. 이는 존재론에서의 주자의 리기이원적인 주리론(主理論)을 충실히 계승한 것임은 물론이다. 그의 가치 지향의 '주리적' 철학은 주체(의 체험)의 강조였고, 그것은 자연 수양에 치중하도록 하였다. 그리하여 수양의 구체적인 방법으로 송학의 '거경'의 방법을 매우 강조하였다. 경이 송학의 보편적인 수양법이지만 퇴계가 이것을 강조함으로써 퇴계 및 조선조 주자학사에서 특별한 의미를 갖게 되었다.

따라서 퇴계의 거경의 주자학의 주체화는 주자학을 비판 극복하여 치양지학(致良知學)으로 나아간 왕양명의 심학과 주자학의 내면화(주체화)에서는 다를 바 없는 것이다. 다만 양명학이 주자학을 비판 극복하여 새로운 사상을 전개한 반면 퇴계는 주자학을 계승하면서 그것을 주리적으로 철저화하여 천착 내지 심화시킨 것이 다를 뿐이다. 그러므로 퇴계에게 양명의 심학은 이단 사상으로 배척 대상이 된 것이다. 즉 퇴계의 심학은 '거경의 수양론'이며 이는 주자학을 충실히 해석하고 실천하려는 실천주의였다.

먼저 퇴계학의 성격을 고찰하는 데 있어 그의 『심경부주』 애독에 유의해 둘 필요가 있다. 퇴계는 30대 초에 이 책을 접하고 그에 대한 발문(후론)을 쓴 것이 60대이므로 약 30여 년 동안 애독한 셈이 된다. 그는 「심경후론」에서

황이 소시에 한양 태학에 있을 때 비로소 이 책을 여관에서 보고 구하였다. 이 일에 대해 처음 마음에 감발흥기된 것은 이 책의 힘이다. 그러므로 평생 이 책을 존신하기를 『사서』나 『근사록』 밑에 두지 않았다. 허노재(許衡)가 일찍이 말하기를 "나는 『소학』에 대해 공경하기를 신명과 같이하고 높이기를 부모와 같이한다."라고 했는데, 나 역시 『심경』에 대해서 그렇다.[25]

라고 하였다. 이것을 보면 퇴계는 주자학의 주체적 · 심학적 측면을 중시하였음이 분명하다. 또 그가 심혈을 기울인 것이 『주자서절요』인데, 그 서문에서

마음의 은미한 곳에 조그마한 악도 용납함이 없고, 이치를 탐구하는 데 있어 조그마한 차이를 나 홀로 먼저 밝힌다. 그리하여 학문의 규모가 광대하고 마음가짐이 엄밀하며 조심하여 일에 임하기를 잠시도 놓치지 않으며, 잘못을 회개하여 고치기를 아직도 부족한 듯 노력하면 강건 독실하여져 날로 그 덕을 새롭게 밝힐 수 있다.[26]

라고 하였다. 이로써 보면 퇴계의 주자학 수용이 현저하게 체인적(체험적) · 실천적임을 알 수 있다. 또 그의 「연평답문발」을 보면 연평(延平) 이동(李侗, 1093~1163)에서 주자로 이어진 학문을 어떻게 보고 있는가가 명료하게 나타나는데, 그는 말하기를

무릇 회암(晦庵)이 여러 책을 절충하여 천하에 도를 크게 밝힌 것은 모두 선생(延平)에서부터 길이 열렸는데, 그 주고받은 心法의 묘가 이 책에 다 실려 있

25) 『退溪全書』 권41, 「심경부주」.

26) 同書, 권42, 「朱子書節要序」.

다.[27)]

라고 하였다. 그가 이 책을 얻어 본 것이 53세 때이고 발문을 쓴 것은 54세 때인데, 이로써 보면 주자학적 심학 측면을 강조하여 수용하고 있는 점이 분명하다. 이러한 퇴계의 학문 성격은 기대승과의 사단칠정론쟁에서 가장 잘 드러나 있다.

『심경부주』의 첫머리가 「대우모」의 '인심유위(人心惟危), 도심유미(道心惟微), 유정유일(惟精惟一), 윤집궐중(允執厥中)' 이며, 주자의『중용장구』 서문에도 인심(人心)을 '생어형기지사(生於形氣之私)', 도심(道心)을 '원어성명지정(原於性命之正)' 이라고 하여 이분법(二分法)을 가지고 인간 마음을 분석하였다. 그러므로 『심경부주』를 존신한 퇴계가 사단칠정을 이분(二分)하여 보려는 것은 사고체계상 당연한지도 모른다. 뿐만 아니라 이것은 그가 존재론에 있어서 주자의 리기이원적 주리론 측면을 충실히 계승한 것과 일맥상통한다.

추만(秋巒) 정지운(鄭之雲, 1509~1561)이 지은 『천명도설(天命圖說)』 중에 '사단은 리에서 발하고 칠정은 기에서 발한다' 라는 글귀가 있었는데, 퇴계는 정지운의 『천명도(天命圖)』를 새로 그리고 그 위에 위의 글귀를 고쳐 "사단은 리의 발이요, 칠정은 기의 발이다."라고 하였다.[28)] 이에 대해 나중에 기대승이 「비사단칠정분리기변(非四端七情分理氣辯)」을 지어 질문하였는데, 그의 생각은 사단과 칠정은 모두 인간의 공통적인 정이고, 칠정이 그 정의 총칭이고 사단은 그중에 선한 것만 지칭하여 말하는 것이므로 사단 · 칠정을 리 · 기에 분속시킬 수 없다는 것이었다. 이에 대해 퇴계는 리 · 기가 서로 떨어질 수 없는 것이 사실이나 사단과 칠정을 그 근

---

27) 同書, 권43, 「延平答問跋」.

28) 同書, 권41, 「天命圖說後序」.

원처(所從來)와 성격(所主 · 所重)을 보아 나누어 말할 수 있다고 하였다. 그리하여 기대승의 설을 다소 수용하여 자기설을 수정, "사단은 리가 발하여 기가 따르는〔隨〕 것이요, 칠정은 기가 발하여 리가 타는〔乘〕 것이다."라고 하였다. 기대승이 3, 4차 논변이 오고간 후 「사단칠정후설」을 지어 자기 견해가 미흡했다 하고 퇴계 견해를 수용한 듯하였으나 완전한 결말은 나지 않은 채 논쟁을 그쳤다. 그 후 퇴계는 『성학십도』「심통성정도」에서도 "사단은 리가 발하여 기가 따르는〔隨〕 것이요, 칠정은 기가 발하여 리가 타는〔乘〕 것이다."라고 하여 자기 견해를 이것으로 정론으로 삼았다. 앞의 리의 발, 기의 발의 문구와는 다르나 '사칠분대(四七分對)' 의 생각은 변함이 없었다.

퇴계에게 있어 이러한 이분법적 발상은 절대가치를 가진 리 · 도심 · 사단과 상대가치를 가진 기 · 인심 · 칠정의 두 세계는 혼동되어서는 안 된다는 생각, 나아가 전자의 세계는 후자의 세계보다 더 우위에 있어야 한다는 가치관의 투영으로 후자의 타락을 경계하고자 하는 것이었다. 그는 다음과 같이 말하였다.

> 천하에 리 없는 기 없고, 기 없는 리 없지만, 사단은 리가 발하여 기가 따르는〔隨〕 것이요, 칠정은 기가 발하여 리가 타는〔乘〕 것이다. 리로서 기수(氣隨)가 없다면 리가 나올 수 없고, 기로서 리승(理乘)이 없다면 이욕(利欲)에 빠져 금수(禽獸)가 된다.[29]

여기에서 '기' 와 '이욕' 을 연관시킨 것을 보면 퇴계가 리기로 사단과 칠정을 해석하고자 하는 의도가 어디에 있는가가 분명하다.

---

29) 同書, 권36, 「答李宏仲問目」.

이것은 그의 존재론에서의 '리동설(理動說)' 및 '리존기천관(理尊氣賤觀)' 과도 밀접한 관련이 있다. 그는 문인 이공호(李公浩)가 "태극이 동하여 양을 생하고 정하여 음을 생한다 하지만 주자가 리는 무정의 · 무조작(無情意 · 無造作)한다 하였으니 태극이 음양을 생할 수 없을 것 같습니다."[30]라는 질문에 대해 퇴계는 주자의 "리에 동정(움직임)이 있으므로 기에 동정이 있다. 리에 동정이 없으면 기에 어떻게 동정이 있겠는가?" 라는 말을 인용하여 대답하고, 또

> 리에 스스로 작용이 있으므로 자연히 양을 생하고 음을 생하는 것이다.[31]

라고 하였다. 이로써 보면 퇴계는 리를 형이상학적 실체로서 그 초월성을 강하게 강조하였음을 알 수 있다. 그는 또

> 리는 귀하고 기는 천하다. 그러나 리는 무위(無爲)하나 기는 유욕(有欲)하다. 그러므로 천리(踐理; 리를 실천함)를 중요시하는 자는 양기(養氣)는 그 가운데 있게 되니 성현이 그런 사람이요, 양기에 기울어진 자는 반드시 본성을 천대(賤待)하게 되는데, 노장(老莊)이 이들이다.[32]

라고 하였다. 이로써 보면 그의 존재론(理氣論)에서의 '주리적' 사고와 사칠론에서의 '리발설(호발설)' 은 같은 논리라고 할 수 있다. 그리하여 사칠론을 통하여 퇴계의 인간 성정에 대한 깊은 통찰과 도덕 실천 의지를 읽을 수 있는 것이다. 그러므로 퇴계는 경을 매우 중시하였다. 앞에서도

30) 同書, 권39, 「答李公浩問目」.

31) 同上.

32) 同書, 권12, 「與朴澤之」.

말한 바와 같이 '경'의 수양법은 성리학의 보편적인 것이지만 퇴계에게 있어서는 그가 특히 강조함으로써 특별한 의미가 있게 된 것이다. 그는 말하기를

> 리기를 겸하고 성정을 통섭하는 것은 심이다. 그런데 성이 발하여 정이 될 때가 일심의 기미와 만화의 추요와 선악의 구분이 되는 때이다. 이 때 학자가 참으로 경을 한결같이 지녀 리와 욕의 구분에 어둡지 않고 더욱 삼갈 수 있으면, 미발(未發)에는 존양의 공부가 깊고 이발에는 성찰의 훈련이 능숙하게 된다. 이렇게 진실하게 오래도록 노력하면, 소위 정일집중(精一執中)의 성학(聖學)과 존체응용(存體應用)의 심법(心法)을 밖에서 구하기를 기다리지 않고 여기서 얻게 될 것이다.[33]

라고 하였다. 이 글의 요점은 존양과 성찰의 두 가지 공부 모두에 경이 바탕이 된다는 것이다. 퇴계의 경 중시는 인간의 순수한 도덕적 가치를 높이려는 그의 근본사상에서 나온 것이다. 그리하여 퇴계는 또 이 경에 바탕을 둔 궁리(窮理)를 말하였다. 그는

> 경을 위주로 하여 모든 사물에서 소당연의 법칙과 소이연의 까닭을 궁구하고 그것을 침잠 · 반복 · 탐구 · 체험하기를 지극히 하여 세월이 오래되고 공부가 깊어지게 되면 하루아침에 자기도 모르게 시원스레 풀려 활연관통하는 곳이 있게 된다.[34]

라고 하였다. 이와 같이 궁리도 경이 바탕이 된다고 하여 경을 매우 중시

33) 同書, 권7, 「聖學十圖」, 心統性情圖.

34) 同書, 권6, 「戊辰六條疏」.

하였다. 이것은 주자학의 거경과 궁리의 두 가지 수양법 중 거경 방면을 더욱 중시한 것이다. 경의 중시는 곧 심의 중시다. 그러므로 퇴계는 주자학의 심학적 측면을 수용한 것이며, 이는 주자학 체계 내에서 명의 왕양명과는 다른 입장에서 '주리적 심학'을 형성한 것이다.

4. 결어

명초 주자학의 '실천주의' 성격과 비교해 볼 때 조선조 전기의 '주자학의 심학화' 현상은 서로 유사함을 알 수 있다. 명초 주자학은 명 중기 왕양명의 소위 심학 성립의 가교 역할을 하였다고 할 정도로 주자학의 전개가 '거경'과 '함양'에 치우쳤다. 조선조에서는 명초의 이러한 존양 위주의 주자학의 영향으로 초엽부터 사칠론과 경의 수양을 중요하게 다루었고, 일상에서 주자학적 실천에 충실하려는 기풍을 조성하였다. 사실 명초 주자학의 영향은 조·명 간의 문화교류에서 그것을 말할 수 있지만, 그 외에도 양국의 건국 초기의 정치적 상황이 비슷한 점도 한 배경이 되며, 더욱 중요한 것은 주자학에서 양명학으로의 사상의 내재적 전개의 필연성에서도 그렇게 말할 수 있다. 즉 조선의 주자학적 심학화는 명에서의 양명학의 출현과 서로 조응한다고 말할 수 있다.

명초의 네 사람의 주자학자—조단, 설선, 오여필, 호거인—는 모두 주자학을 덕성과 존양위주의 소위 '실천주의' 방향으로 전개하였는데, 이들의 공통점은 경의 중시다. 그러나 진헌장이나 왕양명은 경을 중시하지 않았다. 그러므로 당시 네 사람에 의한 이 경에 의한 존양으로 나아가는 일반적 추세는 심학 발전에 방향설정과 선도 역할을 하였다.

조선 전기의 주자학은 권근의 『입학도설』에서 사단칠정과 경의 수양법을 가지고 천인심성을 설명한 데서 대체로 그 수용의 성격과 앞으로의 전개 방향이 정해졌다고 해도 과언이 아니다. 양촌이 이 도설에서 사칠을 리기로 분대하여 설명하고, 경의 수양법을 제시하였다. 이 도설은 도설의 비조로서 그 후 영향이 심대하였으며, 인간 심성에 대한 '사칠분대'의 설명방식은 퇴계 시대의 사칠논쟁에 그대로 원용되었다.

유숭조의 경우도 성리학의 요점은 권근과 마찬가지로 '사칠리기분대'로 받아들였다. 그러나 권근과 유숭조는 아직 존양 위주의 뚜렷한 학풍을 나타내지는 않았다.

김굉필은 『소학』의 실천을 강조함으로써 '주자학적 실천' 경향을 뚜렷이 보여주었다. 그를 알 수 있는 자료가 많이 없으므로 그의 학문을 자세히 논할 수는 없으나 그의 '소학동자'의 실천법은 명초의 실천 주자학과 유사하다고 볼 수 있다. 다만 당시 조선조에서는 이러한 학풍을 '도학'이라고 일반적으로 불렀다는 것이 특이하다.

조광조의 '지치주의'는 그것이 비록 정치적 실천으로 나타났으나 그 저변에는 사대부 자신의 도덕적 수양을 강하게 요구하고 있는 것이므로 그 토대는 역시 성리학적 이념임이 틀림없다. 이 주자학의 이념에 바탕을 둔 지치주의는 정치적으로는 지나친 이상주의를, 도덕적으로는 지나친 엄숙주의를 나타내었다. 이것은 소위 주자학이나 도학이 갖는 결수(결백)·강직의 풍으로서 왕왕이 비현실성과 과격성 및 흑백논리의 한계성을 노출한다. 그러므로 이것은 주자학의 지나친 내면화의 결과며, 그런 의미에서 지치주의는 주자학적 심학의 정치적 표현이라고 할 수 있다. 그것은 당시 도학에 반대했던 사장파들이 조광조 일파의 도학을 심학이라고 이해했던 데서도 이를 증명할 수 있다.

퇴계 이황의 시대에서는 주자학이 이론 면이나 실천 면에서 완전히 수용되어 토착화되는 단계가 되었다. 그러나 명에서는 이미 명초 심학적 주자학을 거쳐 왕양명에 의해 심학이 성립되어 그 제자들에 의해 천하를 풍미하였다.

퇴계의 주자학의 이해는 매우 '거경적' 이고 '존양적' 이었다. 그는 『심경부주』를 애독했으며 사칠론에서는 사칠의 엄격한 구분을 통하여 '사단=리' - 절대적 가치를, '칠정=기' - 상대적 가치보다 더 우위에 두고자 하였으며, 존재론에서는 주자의 리기이원론을 충실히 계승하면서 주자와는 달리 '리선기후' 를 더 철저히 하여 리의 작용성까지 주장하였다. 존재론에서의 이러한 '주리적' 경향은 심성론(사칠론)에서의 '리기호발설' 과 상응되며, 이는 기본적으로 그의 철학이 '주자학적 심학' 임을 말해 준다. 그의 '주리철학' 은 주자학 본래의 '물리(物理)=도리(道理)' 의 구조에서 존재론에의 가치론(도덕론)의 투영이라는 기본 성격의 가감 없는 계승이며 그 철저화라고 할 수 있다. 그러므로 퇴계의 이러한 주리철학과 실천면에서의 심과 경의 중시는 일맥상통하는 것이다. 그는 여러 저술에서 경을 중시했고, 주자학의 심학 측면을 몸소 실천을 통하여 잘 계승하였다. '경' 이 성리학의 보편학설이지만 그것을 퇴계가 강조함으로써 조선조 주자학에서 '경' 은 특별한 의미가 있게 되었다.

명초 주자학과 조선 전기 주자학의 '심학화' 내지 '실천주의화' 방면에서의 공통되는 것은 주자학이 주자 이후 이러한 방향으로 전개될 수밖에 없는 사상 내적인 필연성에 있는 것이라 하겠다. 특히 명대에는 중기에 가서 양명 심학이 형성되었는데, 이것을 보더라도 이러한 추정은 충분히 성립될 수 있다. 주자학에서 양명학으로의 전개, 이것은 주자학의 주체화(내면화, 심학화, 실천주의화)라는 실천에서의 주자학의 철저화로 볼 수 있는 것이다. 이러한 사상비교를 통하여 명대 심학이 성했을 때 조선에서는 퇴계에 의해 주자학의 심학적 이해가 왜 절정을 이루었는가가 이해되고, 또 퇴계가 양명학에 대해 혹심하게 이단으로 간주 배척한 그 이

유에 대해서도 이해된다. 즉 도덕적으로 비유하면 주자학 체계라는 큰 테두리 안에서 명대의 양명학과 조선조의 퇴계학은 '실천 도덕학'으로서 그 역사적 위상이 흡사한 것이 아닐까?

제3장

주자 리기론의 형이상학적 함의와 그 전개 양상

1. '리기불상리잡' 에서 '주리론' 까지

정이(程頤, 호 伊川)는 화엄철학의 '화엄법계관(華嚴法界觀)' 에서 '사사무애관(事事無礙觀)' 으로 나아가지 않고 '리사무애관(理事無礙觀)' 에 그쳤다. 리사무애관의 리와 사의 관계는 리기론의 리와 기의 관계와 유사하다. 그러므로 정이는 리사무애관을 빌려 '체용일원(體用一源)', '현미무간(顯微無間)' 을 논하였다. 이는 상(象; 현상)과 리(理; 본체)의 관계가 밀접하다는 것을 말한 것이다. 그러므로 그는 이것으로 『역(易)』을 설명하였다. 그러나 리와 기의 관계는 화엄의 리·사와는 좀 다른 점이 있다. 즉 리의 위상이 다르다.

정이에게 있어 리는 형이상학적 원리로서 기와 전연 다른 실재로 생각되었다. 이것이 도덕론에 가서는 물론 '가치 실재' 가 된다. 그리하여 결국 리사무애관에서 리기론의 힌트를 받았지만, 정이는 한걸음 더 발전하여 하나의 형이상학적 체계를 구성하였고, 따라서 리와 기는 형이상학적 개념이 되었다. 그 후 주자학에 와서는 여기에 리 중의 리로서의 '태극'이 상정되었다. 그리하여 이 세 개념으로 모든 현상에 대한 형이상학적 설명을 시도하였다. 태극이 비록 유신론의 신과 같은 것은 아니지만, 위상은 비슷하여 태극론은 종교철학적 함의도 갖고 있다.

또 성리학은 존재와 당위를 일치시켜 보는 중세적인 자연법 사상체계이므로 리가 규범의 근거가 되고 있다. 이 점에서 아직 중세적인, 즉 전근대적인 사상으로서의 성격을 갖고 있다고 할 수 있다. 그러나 한편 리기의 형이상학 체계나 비유신론적인 태극론으로 보아서는 이미 중세적인 비합리성을 상당히 불식하고 있다고 볼 수 있다. 그러므로 이 점에서는 다소 중세적인 신학이론의 잔재가 있으나, 근대로 향하는 '근세적인' 성격을 인정할 수 있다. 주자 리기론의 사상사적 의의는 여기에 있다고 할 수 있다.

성리학의 리 · 기 개념 및 리기론은 정호(程顥, 호 明道)의 '도즉기, 기즉도(道卽氣, 氣卽道)' 나 정이의 '체용일원, 현미무간' 에 비해 주자에 오면 훨씬 세련된 형이상학적 체계와 논리를 갖춘다. 그러므로 주자 리기론은 리와 기로써 우주와 인간을 설명하는 우주형이상학의 성격을 갖고 있는 것이다. 원래 형이상학은 하나의 연역적 체계이므로 추상적 구성을 필요로 한다. 따라서 그 표현에 어려움이 자연히 따른다. 그럼에도 주자는 리기론에서 '주리적(主理的) 발언', '주기적(主氣的) 발언' 양자의 균형을 이루려고 하였다. 그러한 리기 관계의 언표를 요약하면 '리기불상리불상잡(理氣不相離不相雜)' 으로 나타낼 수 있다. 또한 '이합간(離合看)' 이라는 시각을 제시하기도 하였다. 주자 리기론을 이해하기 어렵게 하는 또 하나의 이유는 그의 리가 '소이연(所以然)-소당연(所當然)' 이라는 이중구조로 이루어져 있기 때문이다.

이것은 주자학이 존재와 당위를 일치시켜 보는 '자연법적 사상' 이기 때문이다. 이는 근대 이전의 동서양 공통의 종교철학이요 신학체계이다. 그러므로 후세 주자 리의 해석에는 '주리적 해석', '주기적 해석', 혹은 '리기혼일적(理氣渾一的) 해석', 또는 '소이연에 치중한 해석', '소당연에 치중한 해석' 등 다양한 양상을 보이게 된다. 여기 주자 이후 몇 사람을 선택하여 주자의 리기론 중 특히 '리' 에 대한 해석의 스펙트럼을 살펴보고자 한다. 다만 명대와 조선조에만 한정하고 일본의 퇴계학 해석에는 미치지 못하였다.

그리고 여기서 리의 '실재화(實在化)', 리의 '실체화(實體化)' 는 구분하여 사용하였다. 즉 '실재화' 는 종래 일반적으로 언급하였던바, 리를 소위 '본체' 로 보는 것을 말한다(본체를 실체로 본다는 것과는 다르다). 다시 말하면 리가 형이상학적 실재임을 의미한다. 반면에 '실체화' 는 '초월화' 와 같은 의미로 썼다. 왜냐하면 리를 기와의 긴밀한 관계에서 보지 않는 것은('理先氣後' 처럼) 리를 고립적이고 불변적인 어떤 '실체(substance)' 로 본 결과 때문이다. 리기론의 우주형이상학은 기본적으로 유기체 우주론으로서 존재는 '과정' 으로 보고, 소위 '이데아' 와 '현상' 과의 관계(아리스토텔레스적 의미의 '형상' 과 '질료' -방편적으로 비교하면), 즉 리와 기는 '초월과 내재' 의 독특한 관계에 있다고 보기 때문이다.

물론 그 반대로 '리기혼일적 관점' 은 리를 기의 내재 법칙으로 보듯이 지나치게 '내재성' 에 치우쳐 그 형이상학적 '실재성' (원리성; 아리스토텔레스적 의미의 형상성)을 도외시하는 결과를 낳는다. 이러한 유기체 우주론에 바탕을 둔 형이상학 체계는 리기론과 화이트헤드(A. N. Whitehead)의 과정철학(process philosophy)이 그러하고, 둘은 유사하다. 과정철학은 서구 전통의 '실체적' 존재론을 부정하고, 존재는 (생성) 과정에 있다고 보았으므로 그 이데아에 해당하는 '영원적 객체' (eternal object)는 실체적인 것이 아닌 것이다. 이 점은 리가 기와의 유기적인 관계에 있는 리기론의 사유방식과 유사하다.

그리고 첨언하여 둘 것은 원래 인물의 시대 순을 말하면 퇴계 다음에 율곡을 두어야 하나, 나흠순과 율곡과의 긴밀한 관계의 서술과 이 논문의 제목이 시사하는 바와 같이 퇴계 주리론이 주자학사에서 차지하는 의의를 강조하기 위하여 퇴계를 마지막에 다루었다.

2. 주자 리기론의 형이상학적 본질

주자 리기론의 리와 기의 개념은 모든 존재를 설명하는 도구이지만, 인간론에는 리는 성(性; 본성)이 되고 기는 기질(氣質)이 되며, 도덕 규범을 말할 때는 리는 인의예지의 덕이 되기도 하고 기는 악의 요소인 욕망(지나친 욕망)이 되기도 한다. 이렇게 리기 개념은 전화하여 폭넓게 상징화되어 쓰인다. 그러나 그 중요한 역할은 형이상학적 개념으로 모든 존재에 대한 포괄적, 연역적 설명을 하는 것이 목적이다. 그런데 중국 전통에는 관념적 리의 개념과 같은 것이 전연 없었던 것이 아니다. 천(天; 天命)이나 도라고 하는 개념이 많이 쓰였는데, 이것은 추상적 개념으로서 리와 동질성이 있다. 그러나 도는 '도리(道理)' 등으로 매우 포괄적 의미로 쓰였고, 천(천명) 개념은 실제 인간 도덕 원리를 설명하는 등 비교적 단순하게 쓰였다.

송대에 와서 도나 천 대신에 리라는 개념이 보편화하였고, 따라서 리는 기와 함께 형이상학적 개념으로 쓰이면서 여기에 한층 추상성이 요구되었다. '리기동정(理氣動靜)' 이나 '리기선후(理氣先後)' 등의 문제가 생기는 것은 바로 그 때문이다. 그러므로 리의 이해에는 천이나 도에 대한 이해보다 더 깊은 형이상학적 시각이 요구된다.

주자는 말하기를 "천지지간에 리가 있고 기가 있다. 리라는 것은 형이상의 도로서 물(物; 만물)을 낳는 근본이다. 기라는 것은 형이하의 그릇으로서 물(만물)을 낳는(만드는) 도구이다. 그러므로 사람과 물이 생겨남에 이 리를 받은 후에 성(본성)이 있고, 이 기를 받은 후에 형체가 있다. 그 성과 형체가 일신을 벗어나지 않지만, 도와 기 사이에는 경계가 분명하여 혼란시킬 수 없다."라고 하여 리와 기를 형이상의 도와 형이하의 기로, 즉 형이상학적 개념으로 규정하였다.[1] 리기선후 등 양자의 관계에 대해 주자는 제자들로부터 수없이 많은 질문을 받았다.

이는 형이상학에 대한 표현과 이해의 어려움을 말한다. 주자는 "리는 일찍이 기를 떠나지 않았다〔理未嘗離乎氣〕."라고 하고,[2] 그 이유로 "이 기가 없으면 이 리는 의지할 곳이 없다."고 하였다.[3] 이는 리와 기의 밀접한 관련성을 말한 것이다. 한편 주자는 리와 기를 하나로 보아서는 안 된다고 하여 "아직 이 기가 있지 않지만 이미 이 性(=理)은 있다. 기는 있지 않지만, 성은 오히려 언제나 있다. (그 성이) 기 중에 있을 때라도 기는 기이고 성은 성이다. 서로 섞이지 않는다〔不相夾雜〕."라고 하였다.[4] 이러한 리와 기의 서로 섞이지도 않으면서 서로 떨어지지도 않는 관계를 설명하기 위하여 주자는 사람이 말을 탄 것에 비유하였다. 즉 "리가 음양에 타고 있는 것은 사람이 말을 타고 있는 것과 비슷하다. 말이 출입하면 사람도 더불어 출입한다."라고 하였다.[5]

---

1) 『朱子大全』(이하 『대전』이라 약함) 권58, 「答黃道夫」.

2) 『朱子語類』(이하 『어류』로 약함) 권1.

3) 동상. 주자는 '의지할 곳' 이란 의미로 '掛搭處' 또는 '所附着' 이라고 표현하였다.

4) 『대전』 권46, 「答劉叔文書2」.

5) 『어류』 권94.

그러므로 이러한 이해하기 어려운 관계에 있는 리와 기를 올바로 알기 위해서는 '이합간(離合看)' 이라는 방법을 사용해야 한다고 했다.[6] 그리하여 "형이상과 형이하는 다만 형태로 드러난 곳〔形處〕에서 이합분별(離合分別; 離看하든지 合看하든지)해야 된다. 이것이 바로 경계선〔界至處〕이다. 그렇지 않고 만약 (형이상하를) 위에 있고 밑에 있다고만 말하면 바로 둘로 나누어져 버린다."라고 하여[7] 이중적 관점이 필요하다고 역설하였다.

주자는 이에 대해 거듭 말하기를 "소위 리와 기는 결단코 두 개의 물건〔二物〕이다. 다만 물(物)에서 보면 두 가지 물건이 섞여 있어〔渾淪〕 각기 어느 한 곳에 있도록 나눌 수 없다. 그러면서 두 가지 물건이 각기 한 가지 물건인(물건이 되는) 것을 해치지 않는다. 만약 리에서 보면 비록 물이 없으나 이미 물의 리는 있다. 그러나 다만 그 리만 있을 뿐 일찍이 이 물이 있은 적이 없다. 대체로 이러한 곳을 볼 때는 분명하게 보아야 한다. 또 처음과 끝을 겸해야 한다. 그래야 틀리지 않는다."라고 하였다.[8] 여기서 처음과 끝을 겸해야 한다는 것은 역시 이중적으로 보아야 한다는 뜻일 것이다.

주자의 이러한 형이상학적 리기론은 리기 관계를 명확히 표현하는 것이 중요한데, 주자의 글을 보면 균형을 유지하려고 고민한 흔적이 역력하다. 그런데 그 요점은 '리와 기는 서로 떨어지지도 혼잡 되지도 않는다〔理氣不相離雜〕' 으로 명제화할 수 있다. 그런데 이 우주를 기의 생성과 변화로 설명하는 방식은 중국에서 역사가 오래되어 쉽게 이해가 될 수 있지만, 형이상적 '원리' 로서의 리라는 형이상학적 개념에 대해서는 불교의

---

6) 동서, 권74. "(문): 일음일양을 도라 하는데, 음양을 어떻게 도라 할 수 있습니까? (답): (그것은) 분리해서 보기도 하고 합쳐서 보기도〔離合看〕 해야 한다."

7) 동서, 권94.

8) 『대전』 권46, 「答劉叔文書1」.

영향을 한번 거쳤다고 하지만, 이해하기가 용이하지 않았을 것이다. 형이상학적 개념으로서의 리는 추상적 개념임은 물론인데, 그 점이 더욱 이해를 어렵게 한다. 주자는 리에 대해 "리는 마음〔情意〕도 없고, 헤아림〔計度〕도 없고, 만듦〔造作〕도 없다. 이 기의 응결처에 리가 있다. 천지간에 사람과 사물, 그리고 금수초목이 생겨남에 종류〔種〕가 없을 수 없다. …… 리는 하나의 형이상의 깨끗하고 텅 빈 세계〔淨潔空闊底世界〕로서 형태나 자취가 없다. 그것은 무엇을 만들지 못하나, 기는 술을 빚듯 응결하여 물을 만들어낸다."라고 하였다.[9] 한편 주자는 철저하지 못한 점이 약간 있었다. 그는 기의 조리로서 리를 말하기도 했다. 즉 "음양오행이 서로 섞일 때 조리(법칙성)를 잃지 않는 것이 리이다."라고 했다.[10] 그러나 이것으로 주자 리기설 전체의 맥락을 손상시킬 수는 없다.

리에 대한 이해의 어려움은 리기 선후 문제에서 더욱 가중된다. 주자는 리와 기의 밀접한 관계를 말했지만, 리가 기보다 앞선다고 자주 말하였다. 주자는 말하기를 "천지가 있기 전에 반드시 이 리가 먼저 있었다."라고 하고,[11] 또 "만일 산하대지(山河大地)가 모두 없어져도 리는 오히려 그곳에 있다."라고 하였다.[12] 이러한 리는 한 사물의 존재 원리를 넘어서서 천지창조나 우주 탄생의 근거와 같은 것 같다. 유신론의 체계가 없는 데서 태극과 같은 형이상학적 최고 궁극자의 요청이 여기서 필요하게 된다. 이 외에도 주자는 제자들로부터 리기 선후에 대해 수많은 질문을 받았다.[13] 이에 대해 주자는 선후를 말할 수 없지만, 그 근본을 추리해 보면 리가 먼저라고 하지 않을 수 없다고 하였다.[14]

---

9) 『어류』 권1.

10) 동상.

11) 동상.

12) 동상.

13) 『어류』 권1 참조.

리에 대한 이해를 더 어렵게 만드는 것에는 또 '리유동정(理有動靜)' 문제 때문이기도 하다. 물론 주자는 기본적으로 리는 동정(움직임; 작용)이 없고 기의 동정에 따라 움직인다고 보았다. 즉 그는 말하기를 "(『태극도설』에서) '양은 움직이고, 음은 고요하다' 고 한 것은 태극이 동정한다는 말이 아니다. 다만 리에 동정이 있다는 것인데, 그러나 리는 볼 수 없고, 음양이 있은 다음에 알 수 있다. 리가 음양에 타고 있는 것은 마치 사람이 말을 타고 있는 것과 같다."라고 하였다.[15] 또 "태극은 리이고, 동정은 기이다. …… 태극이 사람과 같다면 동정은 말과 같다. …… 움직이든지 고요하든지〔動靜〕 간에 태극의 미묘함이 없었던 적이 없다."라고 하였다.[16]

여기서 말과 사람의 비유만 보면 리(태극)는 기의 움직임에 따라 움직인다는 듯이 설명된 것 같지만, 사실은 양자의 밀접한 관계를 말한 것이다. 사실 리기론의 근원인 『태극도설』 원문에는 '태극이 동하여 양을 낳고, ……' 라고 하여 마치 태극(리)이 움직이는 것처럼 표현되어 있다. 이렇게 주돈이가 '혼연한 하나의 기' 처럼 생각한 '태극' 을 주자는 '리' 로 해석하여 형이상의 도로 보았다. 주돈이의 『태극도설』 해석에서 주자는 그의 형이상학적 안목을 유감없이 발휘하였다.

그러나 주자는 이렇게 말하기도 하였다. 즉 "리에 동정이 있으므로 기에도 동정이 있다. 만약 리에 동정이 없다면 기는 어디서부터 동정이 있겠는가?"라고 하였다.[17] 그러나 주자의 다른 여러 발언을 종합하면, 이것은 리에 동정이 있다는 뜻이 아니라 기의 동정에 리의 동정이 밀접히 관련되어 있다는 것을 의미한다. 예를 들면 "이 동의 리가 있으므로 동하여

---

14) 동상.

15) 『어류』 권94.

16) 동상.

17) 『대전』 권56, 「答鄭子上」.

양을 낳고, 이 정의 리가 있으므로 정하여 음을 낳는다. 이미 동하였으면 리는 동 중에 있고, 이미 정하였으면 리는 정 중에 있다."라고 하였다.[18]

후세 주자를 해석하는 사람들이 종종 이 리의 동정 문제에 혼란을 일으켰다(특히 퇴계의 '주리론'). 이는 주자 형이상학에 대한 이해의 부족, 즉 리에 대한 이해의 부족에서 유래하지만, 그럴 만한 사유 또한 없지 않다. 주자학의 체계가 존재와 당위를 일치시켜보는 중세적 자연법사상이므로 도덕에서는 리는 당위규범, 그 근거로서의 가치 실재의 모습으로 나타나므로 리를 결코 무위한 존재로 볼 수 없었던 것이다. 특히 리가 고대의 천(천명)이나 도의 다른 이름이라면 더욱 리의 존재와 작용에 주목하지 않을 수 없었을 것이다. 또 성리학자들은 자연을 유기체로 보았으므로 '필연'의 관점에서 많이 관찰하였다. 자연현상은 '원래 그러하다'는 필연성으로 언제나 귀착되었다. 이는 근대 자연과학적 자연 탐구방법이 나오기 이전에는 동서 보편적 자연관찰법이었다. 그러므로 성리학은 중세 신학적 성격이 있다고 하는 것이다.

이때 '원래 그러하다'고 하는 것을 '이치상 그러하다(理……)'라고 흔히 말하였다. 물론 '이치상'이라는 표현과 '리'라는 개념은 서로 다르지만, 발상은 같은 것이다. 그런 점에서 주자학의 일면만 보면 마치 '범리론(汎理論)'처럼 보이게 된다. 주자가 모든 사물에 리가 있다고 한 것을 보면 '물성(物性)'이라는 자연계의 필연성을 두고 한 말 같은데, 이는 귀납적 과학과는 달리 리를 가지고 만물을 설명하는 연역적 방법이다. 동시에 그 물은 그러한 성(性; 본질)이 있으니까 '마땅히' 그렇게 있어야 한다는 당위성까지 포함하고 있다. 즉 그는 말하기를 "계단의 벽돌에는 벽돌의 리가 있고, 대나무 의자에는 대나무 의자의 리가 있다."라고 말하였다.[19]

---

18) 『어류』 권94.
19) 동서, 권4.

또 "무생물〔無情之物〕에도 리가 있는데, 배는 물에서만 운항하고, 수레는 뭍에서만 다니는 것과 같은 것이 그것이다."라고 하였다.[20] 그러나 주자 리기론은 분명 형이상학적 관점에서 해석해내어야 정확하게 이해할 수 있음은 물론이다.

주자의 리를 이해하기 위해서는 주자가 이 우주를 어떻게 보았는가 하는 점도 고려되어야 한다. 그는 이 우주는 종말이 없다고 보았다. 이것 역시 리와 기로써 설명할 수 있다. 그는 말하기를 "(문) : 세상이 생긴 지 1만 년이 되지 않았는데, 그 이전은 어떤지 모르겠습니다. (답) : 그 이전에도 틀림없이 지금처럼 한 차례 개벽했을 것이다. (문) : 천지(우주)가 무너지기도 합니까? (답) : 무너지지 않는다. 다만 사람들이 매우 도가 없으면 한꺼번에 쌓였다가 한 차례 뒤섞여서 사람과 외물이 모두 없어지겠지만, 다시 새롭게 태어난다."라고 말하였다.[21] 『역』에서 말한 바와 같이 천지의 큰 역할은 이 우주가 끊어지지 않게 하는 것이다. 즉 '생생불식(生生不息)' 하는 것이다. 이것이 기의 역할이고, 따라서 리 또한 영원하다고 본 이유이다. 이 우주에 대한 이러한 낙관적 견해는 그 배후에 당연히 리의 무궁함을 상정하지 않을 수 없다. 이 리의 포괄자가 태극이 되는 것이다. 그러므로 태극론은 주자 형이상학에 있어 최고 궁극자를 다루는 종교적 영역을 이루고 있는 것이다. 마치 화이트헤드(A. N. Whitehead) 철학에서 신의 요청과 비교된다.

주자의 이와 같은 형이상학은 오늘날 현대의 형이상학의 금자탑을 세운 화이트헤드의 '과정철학' (process philosophy)과 비교해서 읽는다면 많은 도움이 될 것이다. 간략하게 말한다면, 주자의 리와 기, 그리고 태극의 중요한 세 개념은 각각 과정철학의 '영원적 객체' (eternal object)와

20) 동상.

21) 동서, 권1.

'현실적 존재' (actual entity), 그리고 '神' (God)과 비교해서 읽는다면 주자의 수많은 난해한 형이상학적 언표를 오해 없이 읽을 수 있다. 이제 이렇게 이해하기 어려운 주자의 형이상학 체계를 후세 그의 후계자들이 어떻게 이해하고 오해하였는지 살펴보기로 한다. 특히 '리' 를 중심으로 살펴보기로 한다.

3. 명대 조단의 '인과마(人跨馬)' 의 해석

조단은 주자의 '사람이 말을 타고 있는 것과 같다' 는 비유에 대해 비판적 의견을 개진하였다. 즉 그는 말하기를 "『어록』(주자의 『어류』 - 필자)을 살펴보면 '리가 기에 편승하는 것은 마치 사람이 말을 탈 때 말이 출입함에 따라 사람도 함께 출입한다는 것과 같다' 고 말하였다. 그러하다면 사람은 죽은 사람과 같아서 만물의 영장이 되기에 부족하고, 리도 죽은 리와 같아서 만물의 근원이 되기에 부족하다. 리가 어떻게 숭고하겠으며, 사람이 어떻게 존귀하겠는가? 만일 살아 있는 사람이 말을 탄다면, …… 사람이 말을 어떻게 부리느냐에 달려 있을 것이다. 살아 있는 리〔活理〕도 이와 같을 것이다."라고 하였다.[22] 주자가 리와 기(태극과 음양)의 관계를 사람이 말을 탄 것에 비유한 것은 양자의 관계를 구체적 사례를 들어 비유한 것이다. 그러므로 주자에게 있어 산 사람과 죽은 사람의 두 상황이 엄밀히 구분된 것은 아니다.

그렇다면 조단의 주자 비판의 의도는 어디에 있을까? 조단의 의견은 물론 태극이 동정한다는 것이 아니라 태극이 기의 동정의 '소이연' 으로서

---

22) 『曹月川先生遺書』「태극도설술해」.

의 능동적 역할을 강조하고자 한 것이다. 이때 그에게 있어서 주자의 (리가 기에) '탄다〔乘〕' 는 표현으로서는 부족하다고 생각하였던 것이다. 조단은 심(心)과 경(敬)을 강조한 명초 주자학자로 주자학 실천에 주력한 사람이다. 그의 이러한 학풍과 리의 강조는 물론 관련이 있다. 그러나 한편 조단의 주자 비판은 주자 언표에 너무 집착한 것일 뿐 주자 형이상학에 대한 진정한 이해라고 보기는 어렵다.

4. 설선의 '새와 햇빛' 의 비유

설선은 주자의 리의 중요성을 부각시킨 조단의 설을 계승하였는데, 그는 태극의 동정에 대해 "천명이 유행한다면 어찌 태극에 동정이 없겠는가? 주자는 '태극이란 본래 그러한 오묘함이고 동정이란 태극이 편승하는 기틀이다' 라고 말했다. 그렇다면 동정은 비록 음양에 속하지만, 동정할 수 있게 하는 것은 태극이다. 만일 태극에서 동정을 없앤다면 태극은 무용지물이 되고 말 것이다. 어떻게 조화의 중추가 되고 만물의 근거가 될 수 있겠는가? 이러한 사실로 볼 때 태극이 동정할 수 있음은 분명하다." 라고 하였다.[23] 여기서 설선이 말한 '태극의 동정' 은 앞 뒤 문맥을 보아 태극 자체의 동정을 말한 것은 아니다. 다만 태극의 역할의 중요성, 즉 능동성을 부각시키려고 한 의도를 읽을 수 있다. 그러나 문장의 논리는 역시 엄밀하지 못하다. 주자설의 부연이기 때문일 것이다.

그러면서 한편으로 설선은 주자의 '천지가 있기 전에 그 리가 먼저 있었다' 는 설, 즉 리선기후설을 부정하고 기의 취산(聚散)에 의한 우주의 부

23) 『周子全書』(萬有文庫本) 권6; 陳來, 안재호 역, 『송명성리학』(예문서원, 1997), p. 323 참조.

단한 연속성을 강조하고 있다. 즉 그는 말하기를 "어떤 사람이 말하기를 '천지가 있기 전에 그 리가 먼저 있었다' 고 말한다. …… 내가 생각할 때는 리와 기는 선후를 말할 수 없다. 천지가 생기기 전에 천지의 기는 형성되지 않았더라도 천지를 이루는 근거로서 기는 혼연한 상태로 끊기거나 멈추지 않았으며, 리는 기 속에 함유되어 있다."라고 하였다.[24] 설선이 생각하기에 천지는 부단히 형성되고 파괴되며 또다시 형성된다. 그러므로 그는 기의 존재도 우주와 마찬가지로 영원하다고 보았다.

이러한 생각에 따라 설선은 다음과 같이 말하였다. "태극은 어느 때는 움직임〔動〕 속에, 어느 때는 고요함〔靜〕 속에 존재한다. 기와 섞이지도 않지만 기를 떠나지도 않는다. 그런데 태극이 기보다 앞서 존재한다고 하면 기에는 단절이 있는 것이고, 태극은 허공에 매달린 또 다른 사물이 되어 기를 낳을 것이다. 그렇다면 어떻게 '동정에는 단초가 없고, 음양에는 시작이 없다' 고 하겠는가?"라고 하였다.[25] 설선은 우주의 과정은 새로운 기가 부단히 생성되고 묵은 기가 부단히 소멸되는 과정이라고 보아, 기는 취산이 있으면서 영원한 것으로, 리는 물체가 아니기 때문에 취산이 없다고 보았다. 이는 리기로써 우주를 설명한 주자의 견해를 충실히 반영한 것이다. 설선은 "취산하는 것은 기이다. 리는 단지 기 속에 머물러 있을 따름이지 응결되어 하나의 물체를 이루는 것이 아니다."라고 하였다.[26] 여기서는 기의 생멸로써 우주를 설명하였지만, 그렇다고 설선이 리의 능동성이나 역할의 중요성을 도외시하는 것은 아니다.

그는 리기 관계를 다음과 같이 새와 햇빛으로써 비유하였다. 즉 "리는 햇빛과 같고 기는 나는 새와 같다. 리가 기의 기틀을 타고 움직이는 것은

24) 『讀書續錄』 권3.

25) 『讀書錄』 권4.

26) 『明儒學案』 권7, 「河東學案」.

마치 햇빛이 새의 등에 실려 나는 것과 같다. 새가 날아갈 때 햇빛은 새의 등에서 떠나지 않지만, 실제로 햇빛은 새와 함께 날아가지도 않고 단절된 적도 없다. 이와 마찬가지로 기가 움직일 때는 리는 잠시도 기에서 떨어진 적이 없지만, 실제로 리는 기와 함께 소진되지도 않고 사라진 적도 없다. 기에는 취산이 있지만, 리에는 그것이 없음을 여기서 알 수 있다."라고 하였다.[27] 그는 또 이렇게 말하였다. "리는 해와 달의 빛과 같다. 크고 작은 사물들은 각기 그 빛의 일부분을 얻는다. 사물이 존재하면 빛은 그 사물에 머물고, 사물이 소멸하면 빛은 빛 자체에 머문다."라고 하였다.[28]

설선은 이 비유에서 새의 비행은 기의 동정에, 햇빛은 새의 운동에 따라 움직이지만, 어느 새의 비행에도 꼭 같이 작용한다는 보편성과 절대 흩어지지 않는 영원성을 말하려고 했다. 물론 이 비유로 리기 관계의 모든 것을 다 표현할 수는 없다. 마치 사람이 말을 타는 주자의 비유와도 같이. 그러므로 누군가 설선의 이 비유를 비판하기를 "리는 기의 외부에 붙은 특수한 실체가 된다."라고 하는 말이 나오게 되는데,[29] 이는 설선의 의도를 왜곡한 것이다. 이는 마치 조단이 주자의 설을 왜곡한 것과 같다. 설선의 뜻은 비치지 않는 곳이 없는 햇빛을 들어 우주를 가득 채우면서도 구체적인 형체를 지니지 않는 리에 비유한 것이다.

여기에서 이런 문제는 성리학상의 하나의 문제로 제기할 수 있다. 즉 리는 영원하고 보편적인 실재여서 리가 기와 결합할 때 리는 기 속에 있지만, 기가 소멸하면 리는 다시 영원하고 보편적인 실재 자체로 돌아간다는 것은 모순이 아니냐 하는 문제이다. 왜냐하면 설선은 "사물이 존재하면 빛은 그 사물에 머물고, 사물이 소멸하면 빛은 빛 자체에 머문다."라고

27) 동상.

28) 동상.

29) 중국의 陳來가 그렇게 지적하였다. 陳來, 안재호 역, 전게서, p. 328.

했고, 또 "리는 단지 기 속에 머물며 본래 응결되어 스스로 하나의 물체를 이루는 것이 아니다."라고 했기 때문이다. 즉 사물 속의 개별리가 기가 흩어지면 나중에 어떻게 되느냐 하는 형이상학적 문제이다. "빛 자체에 머문다."라고 하면 개별리는 보편리로 돌아간다는 뜻이 되는데, 이때 새 등 위의 빛과 본래의 빛, 즉 빛 자체의 빛과의 양자의 관계는 어떻게 되느냐 하는 것이 형이상학적 문제가 되는 것이다.[30)]

이 비유 역시 주자의 사람이 말을 타는 비유와 같이 구체적 사물을 들어 설명하였는데, 물론 이것으로 모든 것을 다 설명할 수는 없다. 그러나 리기 관계는 충분히 설명되었다고 본다. 다만 이것을 읽는 사람들이 그 형이상학적 의미를 충분히 이해했는지는 별도 문제이다. 그만큼 주자 형이상학의 이해, 특히 리에 대한 이해는 여전히 난제로 남아 있게 된 것이다.

5. 나흠순의 '리기혼일'의 리기론

나흠순은 주자의 리기론에 결함이 있다고 지적하면서 리는 형이상학적 실체가 아니라 기 운동의 '조리(條理; 규칙성)'라고 단언하였다. 그는 말하기를 "리는 단지 '기의 리'일 따름이다. 기가 선회하고 굴절하는 점에서 살펴볼 때, 갔다가 오고 왔다가 가는 것이 바로 선회하고 굴절하는 것이다. 가면 오지 않을 수 없고, 오면 가지 않을 수 없다. 그것이 어째서 그런지는 모르겠으나, 마치 그것에 주재하는 어떤 것이 있어서〔若有一物

---

30) 진래, 상게서, p. 329. 진래는 "햇빛과 같이 천지를 가득 채운 리가 어떻게 일정한 氣物 안에 품부되어 일종의 능동 작용을 하는 '所以然'으로 전화될 수 있느냐 하는 문제에 대해 리학은 아무런 설명도 해주지 못한다"라고 지적하고 있다. 그러나 성리학은 理一分殊로 보편성과 특수성, 즉 우주의 섭리와 개별 존재의 리를 설명하고 있다.

主宰乎其間) 그렇게 시키는 듯하다. 이것이 리라는 이름이 붙여진 까닭이다."라고 하였다.[31] 그는 분명 리를 부정한 것은 아니지만, 리를 기와 별도로 하나의 실체로 보아서는 안 된다는 것을 말하고 있다. 왜냐하면 한편으로 그는 또 기를 리로 보아서는 안 된다고 말하고 있기 때문이다.[32]

그러나 여기서 앞부분의 '리는 기의 리이다' 라는 말과 뒷부분의 '그것에 주재하는 어떤 것이 있어서' 라는 말은 사실 모순된다. 왜냐하면, 기를 '주재(主宰)' 하는 어떤 사물로서 '형적(形迹)이 없는 것' 이란 형이상학적 원리이므로 기의 리가 될 수 없기 때문이다. 나흠순의 의도와 언표의 형식은 반드시 일치하지 않는다. 그는 기는 무한히 변화 운동하는데, 그 내재적인 어떤 근거를 리라고 보고 있다. 즉 리가 기의 운동을 지배하지만, 결코 신이나 기 안의 어떤 실체는 아니라고 한 것이다. 이는 주자의 형이상학적 의미의 리를 반대한 것이다. 나흠순은 주자의 이러한 초월화된(실체화된) 리를 반대했을 뿐만 아니라 장재(張載, 호 橫渠)의 태허설이 가지는 기의 실체화도 반대하였다. 즉 그는 말하기를 "장자(張子; 횡거) 『정몽(正蒙)』의 '태허(太虛)로부터 천(天)의 이름이 있다' 라는 몇 마디 말은 역시 리기를 이물(二物)로 보는 것이다."라고 하였다.[33]

그러므로 나흠순은 리와 기, 도와 기(器)를 나누지 않는, 다시 말하면 리를 형이상학적 실체로 보지 않는 정호(程顥, 호 明道)의 설을 지지하고, 리를 '소이(所以)' 라고 하여 형이상학적 원리로 보는 정이와 주자의 설을

31) 『困知記』 속상 38장.

32) 동서, 권하 35장.

33) 동서, 권하 22장. 장재는 "천지의 有形의 제현상은 모두 神化의 찌꺼기이다."라고 하여(『정몽』「태화」 12장), 태허와 유형의 氣가 상태의 차이를 나타낼 뿐만 아니라, 거기에 가치상의 구별이 있다고 보았다. 즉 기나 만물은 태허로 돌아갔을 때 神이 된다고 보았다. 주자도 장재의 태허가 理的 성격을 띠고 있어서 전적으로 氣만으로 볼 수 없다고 하였다(「어류」 권99).

반대하였다.[34] 그는 정이와 주자는 리와 기를 '이물(二物)'로 본다는 것이다.[35] "천지를 관통하고 고금을 통틀어서 일기(一氣) 아닌 것이 없는데"[36] 역(易)이란 이러한 기의 우주의 변화를 말하는 것이고, 리란 이 변화의 조리(규칙성)를 말하는 것으로 나흠순은 생각했다. 그러나 그는 매번 리를 기의 리라 하면서도 "易(변화)의 자연스런 기틀, 주재하지 않는 주재, 형적 없는 주재자"라고 하는 표현으로 리를 설명하고 있다.[37]

나흠순의 반형이상학적 입장은 다음의 말에서 단적으로 나타나 있다. 그는 말하기를 "주자(周子; 주돈이)의 『태극도설』에서 '무극의 본체〔眞〕와 음양오행의 기〔精〕가 묘하게 합하여 응긴다'라고 말하였다. 나는 이 세 마디 말을 의심하지 않을 수 없다. 사물은 반드시 둘이 있을 때 합한다고 말할 수 있다. 태극과 음양이 과연 이물(二物)인가? 이것이 이물이라면 이것이 합하지 않았을 때는 각기 어디에 있었단 말인가? 주자는 평생토록 리와 기를 별개의 이물이라고 생각했는데, 그 근원이 아마 여기에 있었던 듯하다."라고 하였다.[38]

이러한 논리로 주자의 '기질지성', '본연지성'의 설명도 반대하였다. 즉 주자가 본연지성과 기질지성은 다른 두 개의 성이 아니고, 본연지성이 기질에 떨어져 들어간 것이〔墮在〕 기질지성이라고 한 데[39] 대하여 그는 이것 역시 리와 기 사이에 틈이 있다고 본 것이다.[40] 또한 설선의 새와 햇빛의 비교도 비판하면서 설선이 "리와 기가 틈새가 없다."고 하면서, 기

34) 『곤지기』 권상, 11장.
35) 동상.
36) 동상.
37) 동상.
38) 동서, 권하 19장.
39) 『대전』 권61, 「答嚴時亨」.
40) 『곤지기』 권상, 15장.

에는 취산이 있고 리에는 취산이 없다고 했으니, 이는 리와 기에 틈새가 있는 것이고, 리와 기를 둘로 보는 것이라고 지적하였다.[41]

이러한 나흠순의 '현상 자체로' 라는 현상 중시의 입장에서 보면 리와 기는 원래 하나로서 천지만물을 통괄하고 있다는 것이다. 주자는 리에서 세계의 무한성을 보았지만, 나흠순은 만물 그대로가 무한과 연결되어 있다고 생각했다. 그의 이러한 사상은 "이 물(物)이 있고 이 리가 있다. 이 물이 없으면 이 리도 없다."는 말[42]에 단적으로 나타나 있다. 나흠순은 정호의 사상에 많은 공감을 나타내어 "백자(伯子; 명도)의 '원래 단지 이것(음양)만이 도이다' 라는 말을 살펴보면 저절로 혼연(渾然)의 묘함을 보게 된다."라고 하였다.[43] 어떤 곳에서는 '혼연무간(渾然無間)' 이라는 표현도 하고 있다.[44] 이러한 말을 참고하여 일본의 야마시다(山下龍二)는 나흠순의 관점을 '리기혼일(理氣渾一)' 이라고 표현하고 있다.[45] 리기의 상관관계를 표현한 것이지만, 이것으로 리기의 형이상학적 관계가 충분히 표현되었다고 보기는 어렵다. 특히 나흠순처럼 리를 적극 부인하는 입장이 반영된 것이라면 이 언표는 반형이상학적 명제, 다시 말하면 형이상학적 명제로서 성립될 수 없는 것일 수도 있다.

나흠순의 『곤지기』는 일찍이 조선조에 들어와 영향을 미쳤고, 그 후 일본에도 전해졌다. 그러나 철학사에서는 별로 주목하지 않았는지 풍우란(馮友蘭)의 철학사에서도 다루지 않았다. 나흠순의 사상에 대해 조선조에서는 긍정적이든 부정적이든 일찍이 받아들여 오랫동안 언급하였는데, 특이한 것은 율곡의 수용과 비판이라는 양면적 태도이다. 물론 주리론적

---

41) 동서, 권하, 56장.

42) 동서, 권하, 23장.

43) 동서, 권상, 11장.

44) 동서, 四續, 28장.

45) 山下龍二, 『陽明學の 硏究』(2권), 동경: 현대정보사, 1971.

견해를 가진 퇴계는 나흠순의 사상을 '리기혼일설(理氣一物說)' 이라 하며 마치 이단처럼 극력 배척하였다. 우리는 율곡의 나흠순 비판을 통하여 주자 리기론 전개의 하나의 큰 마디를 보게 될 뿐만 아니라 이를 통하여 주자 리기론의 본질에 접근할 수 있다.

6. 율곡 이이의 '리기지묘론'

율곡은 존재론에서 기를 실체화한 화담 서경덕을 비판하고, 다른 한편으로는 '리동설(理動說)' 을 주장하여 리를 실체화한 퇴계를 비판하였다. 서경덕의 기론은 장재의 기론에서 왔으므로 나흠순이 장재의 태허설을 비판한 것과 궤를 같이한다. 또 주자의 천지가 있기 전에 이 리가 먼저 있다고 한 설과 같은 것도 율곡은 비판하였다. 율곡은 말하기를 "성현의 설에도 미진한 곳이 있다. '태극이 양의를 낳았다' 는 것만 말하고, '음양은 본래부터 있는 것이요 처음부터 생긴 때가 있는 것이 아니다' 라는 말을 하지 않았기 때문이다." 라고 하였다.[46] 이 말은 다음과 같이 주돈이의 설을 비판한 것인데, 그는 말하기를 "주자가 말하기를 '태극이 동하여 양을 낳고 정하여 음을 낳는다' 고 하였는데, 이 두 구절은 어찌 병폐가 없는 말이겠는가?" 라고 하였다.[47] 뿐만 아니라 그는 또 말하기를 "기가 생기기 전에는 리만 있었을 뿐이라고 하는 주장도 하나의 병통이요, 태허가 음양을 낳는다고 하는 것도 일변에 떨어져 음양이 본래부터 있는 줄을 모르는 것이니 하나의 병통이다." 라고 하였다.[48]

---

46) 『栗谷全書』(이하 『율전』이라 약함) 권9, 18-19면.
47) 동서, 권10, 21면.
48) 동서, 권9, 19면.

이처럼 율곡은 리의 실체화도 기의 실체화도 부정하였다. 이는 나흠순과 의견을 같이하였다. 다소 영향을 받았다고도 말할 수 있다. 그러나 율곡은 나흠순의 기에서 리를 보아야 한다는 설이나, '리기일물설(理氣一物說)' 에 의한 리의 실재성의 후퇴는 찬성하지 않았다. 그는 주자의 '리기불상리잡' 이라는 형이상학적 원칙을 충실히 계승하여 철저화하였다. 그 명제가 바로 '리기지묘(理氣之妙)' 이다. 이 입장에 선 율곡에게 있어서는 나흠순의 리기론이 불충분하게 생각되었다. 그러므로 그는 말하기를 "나정암은 (성리학설의) 근본에 있어 본 것이 있어 주자가 리기를 이물로 보는 견해가 있지 않나 의심하였다. 이는 주자를 잘 모르는 것이나 근본에 있어 본 것이 있는 것이다." 라고 하였고,[49] 또 "그의 말이 혹 과하여 리기를 일물로 보는 병폐가 있으나, 실제는 리기를 일물로 생각하는 것은 아니다. 소견이 미진하여 말이 잘못되었을 뿐이다." 라고 하였다.[50] 이와 같이 나흠순의 리기혼일설을 부분적으로 인정하면서 나흠순이 주자 리기이원론을 비판한 것은 전적으로 수용하기 어렵다는 태도를 취하였다. 이것이 율곡의 '리기지묘' 의 입장이다.

율곡은 리의 '소이(所以)' 의 성격을 매우 중요하게 생각하였다. 이는 주자의 리기론을 그대로 받아들인 것이다. 그는 기고봉과 논쟁하는 퇴계가 리의 실체화 경향을 강하게 나타낸 것에 대해 반사적으로 나흠순의 '리기혼일' 의 관점(리의 실체화 부정)을 참신하게 받아들인 것이다. 리기론에서 '소이' 는 리의 형이상학적 '실재성(實在性)' 을 나타내는 말이므로 매우 중요하다. 비록 리의 초월화, 그리하여 지나치게 실체화시키는 것을 반대하고 기에서 리를 보아야 한다거나 기와의 관계에서 리를 보아

49) 동서, 권10, 13면.

50) 동서, 권10, 37면. 율곡의 나정암에 대한 이러한 해석이 맞는지 여부, 또는 그 의미는 또 다른 연구과제가 된다.

야 한다고 하더라도 리기론이라는 형이상학에서 리의 '실재성'을 부정하고는 형이상학 자체가 성립될 수 없다. 율곡의 나흠순 비판은 이러한 의미가 담겨 있다. 그러므로 그는 존재론에서만은 누구보다 주자 사상에 핍진해 들어갔다고 할 수 있다.

그렇다면 율곡의 '리기지묘' 사상은 무엇인가? 한마디로 말하면, 리기이원론을 유지하면서 리의 형이상학적 실재성을 인정하고 리의 지나친 초월화를 경계하는 것이었다. 그러므로 그는 말하기를 "리와 기는 본래 합해져 있으니 비로소 합하는 때가 있는 것이 아니다. 리기를 나누어 보려는 사람은 도를 알지 못하는 사람이다."라고 하고,[51] 또 "대저 발하는 것은 기요, 발하게 하는 소이는 리이니, 기가 아니면 능히 발하지 못하고 리가 아니면 발하는 바가 없다."라고 하였다.[52]

또 리기 관계에 대해 "리와 기는 혼연무간하여 원래부터 떨어져 있지 않는 것이니 이물이라 할 수 없다. 그러므로 정자(程子; 明道)는 '기가 도요 도가 기이다'라고 했다. (리기는) 서로 떨어질 수 없지만, 혼연한 중에 서로 섞이지 않으므로 일물이라 할 수 없다. 그러므로 주자는 '리는 리이고 기는 기이어서 서로 섞이지 않는다'라고 하였다. 이 두 설을 잘 살피면 리기의 묘를 거의 알 수 있을 것이다."라고 하였다.[53] 그의 이러한 리기에 대한 이원론적 해석(정확히 말하면 '리기지묘론적' 해석)은 인간 심성론에서는 '기발리승일도설(氣發理乘一途說)'이 되어 나타났다. 인간-자연 통합적 입장에 서서 인간 심성 현상도 하나의 자연현상과 똑같이 보았기 때문에 이와 같은 결론이 나왔던 것이다. 퇴계의 도덕론적 입장과는 다른 것이다.

---

51) 동서, 권10, 22면.

52) 동서, 권10, 5면.

53) 동서, 권20, 59면, 「성학집요 2」.

이와 같이 율곡에게 있어 나흠순의 사상을 일부 수용한 것은 나흠순의 리의 실체화(초월화) 반대를 매개로 한 것이지만, 그는 이를 넘어서서 오히려 주자 리기론의 의미를 충실하게 해석해 내었다. 특히 그가 나흠순의 리의 형이상학적 실재성의 후퇴를 지적해낸 것은 높은 성리학적 식견을 말해준다고 할 수 있다.

후세에 율곡설을 비판한 갈암(葛庵) 이현일(李玄逸)의 비판 내용을 보면 율곡의 리에 대한 이해 부족에서 기인함을 볼 수 있다. 즉 그는 말하기를 "대저 리는 비록 무위(無爲)이지만, 조화의 추뉴(樞紐)요 품휘(品彙; 만물)의 근저가 된다. 만약 이씨(율곡)의 설과 같다면 이 리는 단지 허무공적한 것이어서 만화(萬化)의 근본이 될 수 없다. 그리하여 홀로 음양 기화(氣化)만이 이리저리 전도(顚倒)하여 그 조화를 행하는 것이니 그릇된 것이 아니겠는가?" 라고 하였다.[54]

그리고 노사(蘆沙) 기정진(奇正鎭)도 율곡의 리를 제대로 이해하지 못하여 율곡의 '기발리승' 을 비판하기를 "오늘날 단락(구분)이나 변화가 있거나 조리를 이루면 그것을 다 기라 한다. 누가 주장(주재)하느냐 물으면 '기틀이 스스로 그러할 뿐이요, 그렇게 시키는 자가 없다' 고 한다. 리라는 것이 어디에 있느냐고 물으면 '이것을 탈 뿐이다' 고 한다. 시키는 미묘함도 없고, 조종하는 힘도 없고, 다만 붙어 탈 뿐이니 무엇을 할 수 있겠는가? (그리하여 이 리는) 있어도 좋고 없어도 좋으니, 살에 붙은 혹이나 말에 붙은 파리에 불과하다." 라고 하였다.[55]

이 역시 율곡의 리에 대한 오해이다. 율곡이 기의 성격을 말하면서 '기자이(氣自爾; 기는 스스로 원래부터 그러하다)' 라 하고,[56] 또 '동정무단

---

54) 『葛庵集』 권18, 16면.

55) 『蘆沙集』 권12, 20면.

56) 『율전』 권10, 26면.

(動靜無端), 음양무시(陰陽無始)' 를 매번 인용하며[57] '기가 이미 움직였음' 을 강조하였다. 율곡을 비판한 위의 두 사람도 이 점을 지적하고 있는데, 이는 율곡 및 성리학의 기의 유기체 우주론 자체에 대한 몰이해에서 연유한다. 원래 기의 유기체론에서는 '기(氣)의 자이(自爾)', 즉 '음양은 이미 시작되었다' 는 데서 출발한다. 이는 화이트헤드의 형이상학에서 '현실적 존재' 이상의 어떤 '질료적 실체' 를 상정해서는 안 된다는 유기체주의와 같은 발상이다.

7. 퇴계 이황의 '주리론'

퇴계는 인간 도덕론이라 할 수 있는 '사단칠정리기논변(四端七情理氣論辯)' (이하 '사칠론' 으로 약함)에서는 사단은 리발, 칠정은 기발이라 하여 소위 '사칠리기호발론(四七理氣互發論)' 을 주장하였다.[58] 이는 물론 존재론에서의 리기 관계를 말한 것이 아니고, 도덕론에서 리와 기를 선·악 가치의 상징으로 원용한 것이다. 원래 주자학이 존재와 당위를 구분 없이 '(존재) 원리' 와 '(도덕) 가치' 모두 리로 나타내었으므로 인간 도덕론에 치중하면 자연 리·기를 선·악의 상징으로 보게 된다. 퇴계가 이러한 성리학의 구조적 특징을 확연히 의식하고 있었던 것은 물론 아니다.

그러므로 그는 존재론에서도 소위 '리동설(理動說)' 을 주장하고 있다. 즉 그는 말하기를 "공자와 주자(周子; 주돈이)가 음양은 태극이 낳은 것이라고 한 말을 볼 때, 만약 리기가 본래 일물(一物)이라면 태극이 양의(兩儀)니 어찌 낳는 자가 있겠는가?" 라고 하였다.[59] 이는 공자 「계사전(繫辭

57) 동서, 권10, 26-27면 외.

58) 『退溪全書』(이하 『퇴전』이라 약함) 권16, 12면, 34면 등 기대승과의 논변 및 그외.

傳)」(퇴계는 『역』의 十翼을 공자가 지었다고 본다)의 '역유태극(易有太極), 시생양의(是生兩儀)' 와 주돈이의 『태극도설』의 첫머리 '태극동이생양(太極動而生陽)……' 에 대한 해석이다. 그는 또 제자 이공호(李公浩)가 "태극이 동하여 양을 낳고 정하여 음을 낳는다고 하지만, 주자가 리는 마음〔情意〕도 없고 만드는 작용〔造作〕도 없다고 하였으니, 태극이 음양을 낳을 수 없을 것 같습니다." 라는 질문[60]에 대해 답하기를 "주자가 '리에 동정이 있으므로 기에 동정이 있다. 만약 리에 동정이 없다면 기에 어떻게 동정이 있겠는가?' 라고 하였다.[61] 마음〔情意〕이 없다고 한 것은 본연의 체(體; 본체)요, 작용〔能發能生〕은 지극히 묘한 용(用; 작용)이다. …… 리가 스스로 작용이 있으므로 자연히 양을 낳고 음을 낳는 것이다." 라고 하였다.[62]

또 퇴계는 "대개 리가 움직이면 기가 따라서 생기고, 기가 움직이면 리가 따라서 나타난다. 주렴계의 '태극이 움직여 양을 낳는다' 는 것은 리가 움직여 기가 생긴다는 것이다. 또 『역』의 복괘의 '일양(一陽)이 돌아옴에 천지의 본질을 본다' 라는 것은 기가 움직여 리가 나타난다는 것이다." 라고 하였다.[63] 물론 퇴계가 주자의 리기론의 핵심인 '리기불리부잡' 을 모르는 것은 아니었지만, 그의 사고방식이 도덕론 우위였기 때문에 이와 같이 리를 강조하게 된 것이다.

퇴계의 리의 강조는 리의 실체화 경향을 보였는데, 다음이 그 증거가 될 수 있다. 즉 그는 말하기를 "리는 원래 극존무대(極尊無對)하여 물(物)에 명령하되 물에게서 명령을 받지 않는 것으로 기가 이길 수 없다." 라고

---

59) 동서, 권41, 20면, 「非理氣爲一物辯證」.

60) 동서, 권39, 28면, 「答李公浩問目」.

61) 『대전』 권56, 36면, 「答鄭子上」.

62) 『퇴전』 권39, 28면, 「답이공호문목」.

63) 동서, 권25, 35면, 「答鄭子中別紙」.

하고,[64] 리의 작용성을 강조한 모순을 보완하기 위하여 리의 '체용론(體用論)'을 들고나와 "그전에는 리의 본체가 무위, 즉 작용이 없는 것만 보고 그 묘한 작용이 능히 겉으로 드러나 움직이고 있음을 몰랐다. 그리하여 리를 거의 죽은 물건으로 볼 뻔하였으니 잘못되어도 크게 잘못된 것이 아니겠는가?"라고 하였다.[65]

퇴계가 이와 같이 '리동(理動)'을 말하고, 리를 절대시하는 근거는 어디에 있는가? 이것은 그가 도덕론의 입장에서 리기를 보고 있기 때문이다. 다시 말하면 도덕론의 존재론에의 투영이라고 할 수 있다. 그러므로 그는 말하기를 "리는 귀하고 기는 천하다. 리는 무위하고 기는 유욕(有欲)하다. 그러므로 리를 실천하는 것을 중시하는 자는 양기(養氣)는 그 가운데 있으니 성현이 그런 사람이요, 양기에 기울어진 사람은 반드시 성(性; 착한 본성)을 천대하게 되는데, 노장(老莊)이 이들이다."라고 하였다.[66] 여기서 리의 '무위'와 기의 '유욕'이 대칭적으로 말해지고 있다. 즉 리의 무위는 '무욕(無欲)'의 선이 된다. 이와 같이 퇴계의 존재론에서의 '리동설'은 도덕론이라고 할 수 있는 사칠론에서는 '리발설(理發說)'로 나타났다.

퇴계는 정지운의 『천명도설』의 '사단은 리에서 발하고, 칠정은 기에서 발한다'라는 문구를 고쳐 "사단은 리의 발이고, 칠정은 기의 발이다."라고 하였다.[67] 이를 보고 기대승이 리기를 지나치게 둘로 나누는 것이라 비판하자 그 후 두 사람 사이에 8년에 걸쳐 논쟁이 벌어졌다(편지로 논쟁은 2~3회). 퇴계는 기대승의 비판을 참고하여 "사단의 발은 순수한 리이므로 선하지 않음이 없고, 칠정의 발은 기를 겸했으므로 선·악이 있다."라고

---

64) 동서, 권13, 16면, 「答李達李天機」.
65) 동서, 권18, 31면, 「答奇明彦別紙」.
66) 동서, 권12, 24면, 「與朴澤之」.
67) 동서, 권41, 11면, 「天命圖說後叙」(잡저).

하였다.[68] 그 후 다시 논쟁을 계속하여 최종안으로 "사단은 리가 발하여 기가 따르는〔隨〕 것이요, 칠정은 기가 발하여 리가 타는〔乘〕 것이다."라고 하였다. 원래 퇴계의 '호발설'은 사칠을 대립시켜 보는 입장인데, 여기서는 더 나아가 '기수(氣隨)' '리승(理乘)'이라는 해석을 덧붙임으로써 더욱 리를 중시하는 관점을 보였다. 이러한 퇴계의 '리 우위관'을 소위 '주리론'이라 부른다.

주자의 '리'라는 개념이 내포하고 있는 '불상리잡'의 관계와 '소당연-소이연'이라는 리의 이중성은 역사적으로 여러 곡절을 거쳐 퇴계에 와서는 리 우위관이라는 주리론으로 귀착되었다. 이 귀착은 중요한 의미를 갖고 있다. 왜냐하면 퇴계식의 '도덕 이상주의적 리기설'이 그 후 조선 후기에 이르기까지 영향을 미쳤고,[69] 나아가 이 영향이 한국 문화의 성격을 '도덕적 명분주의', 예의염치를 존중하는 '유교적 도덕(예법)주의'로 만들었기 때문이다.

---

68) 동서, 권16, 1면, 「與奇明彦」.

69) 조선 후기 기호학파의 金昌協(農巖), 朴世采(南溪) 등은 율곡설을 부분적으로 비판하고 퇴계설을 지지하였는데, 그 지지하는 내용은 도덕적 명제 입론에 있어서는 사단-리, 칠정-기의 형식으로 퇴계처럼 대립입론을 할 수밖에 없다는 것이다. 한말의 철저한 주자학자이면서 對倭義兵을 일으킨 李恒老(華西)도 김창협의 아우 金昌翕(三淵) 계열인 李友信(竹村)에게 배웠다. 이항로의 '斥邪論'은 강한 도덕적 명분주의임은 물론이다. 뿐만 아니라 기호학파의 마지막을 장식한 艮齋 田愚도 '性師心弟說'을 제시하면서 '主氣害理'가 천하를 어지럽힌다고 하였다. 이것 역시 寒洲 李震相의 '心卽理說'에 대항하여 나온 말이지만, 결국 性이 불변의 가치 기준이 되어야 한다는 것을 강조한 것이다.

8. 결어

이상 논한 바와 같이 주자의 리기론은 오늘날 철학으로 말하면 일종의 형이상학으로서 매우 난해한 관념체계이다. 그것도 서구 전통의 실체론적 존재론이 아니라 화이트헤드의 과정철학과 같이 존재의 '과정'을 존재의 기본으로 보는 유기체적 우주론이다. 이 형이상학적 체계에서 리와 기는 상호 뗄 수 없는, 밀접한 관련 아래 있는 두 개의 '형이상학적 범주'이다. 그러므로 주자는 리기 관계에 대한 언표(명제)에서 어느 하나에 치중하지 않는 균형을 유지하려고 하였다. 그런데 유학의 본령이 우주론(우주형이상학)에 있지 않고 인간학(인간도덕론)에 있으므로 인간 도덕 문제를 리기로 언급할 때는 불가불 언표의 균형이 깨지게 된다. 물론 제자들의 해석(이해)의 차이도 개재될 수 있다. 인간도덕을 리기를 빌려 말한다면 가장 먼저 문제가 되는 것이 '리'의 이중성(이중적 의미)이다. 즉 리는 '소이연'(존재 원리)이면서 '소당연'(당위 법칙)이라는 것이다(이에 비해 '기'는 존재의 생성과 변화라는 현상을 설명하므로 비교적 오해가 적다고 할 수 있다).

결국 성리학의 난해성은 이 리의 이중적 범주(개념)와 기가 상관되는 '리기 관계'에서 빚어진다고 할 수 있다. 즉 존재론의 입장에서 리기 관계를 말하면 과정철학과 같이 '영원적 객체'=리, '현실적 존재'=기의 형이상학적 범주가 된다. 그러나 리기를 도덕론에 원용하면 양상은 달라져서 리-기는 선-악이라는 가치 개념으로 전용된다. 도덕론은 어디까지나 가치판단을 기본 내용으로 하기 때문에 대립적 판단과 그에 따른 '대립적 입론'이 불가피하다. 종래의 선-악에 대해 리-기의 새로운 개념은 리-순선무악, 기-가선가악(可善可惡, 有善有惡)라고 하여 기의 가능성(기의 可善)을 부각시키는 효과가 있다. 이는 악을 절대악으로 보지 않고 선의 결핍태로 보는 성리학의 선악관에서 연유하는 것임은 물론이다. 또 이러한 선악관은 존재를 실체로 보지 않고 (생성) 과정으로 보는 유기체 우주론에 기반을 두고 있다.

이와 같이 리-기 개념은 성리학 체계에서 새로운 도덕론을 제시할 수 있는 이점이 있기 때문에 선악 판단에 전용하게 된 것이다. 그러나 악을 선의 결핍태로 보는 것은 어디까지나 생성의 형이상학에서 본 것이지 특정한 시공간이라는 현실(현상)에서 본 것은 아니다. 다시 말하면 우리의 현실이라는 특정의 시공간에서 도덕적 판단(가치 판단)을 내릴 때는 그렇게 말할 수가 없고, 어디까지나 선-악 대립의 좋고-나쁘다는 모순율을 적용하지 않을 수 없는 것이다. 그리하여 리기 개념의 사용에 있어서 왕왕이 리=선, 기=악으로 낙착되었던 것이다. 주자의 도덕론(사칠론)에서도 사단-리발/칠정-기발이 나오는 이유도 거기에 있는 것이다(『주자어류』의 언표).

주자의 리기론을 형이상학으로, 즉 존재론으로 해석할 때도 왕왕이 도덕론의 시각이 침투하였다. 이는 유학의 강한 도덕론적 특성 때문임은 물론이다. 그러므로 순수하게 주자의 존재론을 생성의 형이상학으로 이해하는 데도 방해가 되었다. 조단(월천)이나 설선(경헌), 그리고 나흠순(정암)과 이율곡의 학설은 이러한 주자 존재론의 이해 양상을 추적한 것이다. 퇴계의 주리론을 마지막으로 든 것은 도덕론이 투영된 존재론의 이해가 어떠한 것인가를 보이기 위해서였다(도덕론의 리발설과 존재론의 리동설의 연계). 그리고 율곡의 인간-자연 통합적 입장(시각)을 든 것은 순수 존재론(우주론)의 입장에서 인간 도덕을 논할 때 어떠한 문제가 생기는가를 보이기 위해서였다.

율곡식의 통합적 입장(기발리승일도설)은 역시 도덕론(선악 대립적 입론의 유효성)에서는 적절하지 못하다고 할 수 있다. 농암학파의 퇴계 도덕론 수용 및 이항로(화서), 전우(간재) 등의 주리론이 의미하는 바는 바로 이와 같은 사정을 입증하는 것이다. 율곡의 통합적 시각은 물론 성리학의 리기론을 유기체적 우주론으로 해석한 그의 존재론에서 나왔지만, 이와 같은 시각의 도덕론에의 적용은 선-악 대립적 인식을 하는 데 유효하지 못한 결과를 낳았던 것이다. 이곳에 퇴 · 율의 기본적 시각의 차이가 있었던 것이다.

그러므로 우리는 리기로써 만유의 생성과 변화를 설명하는 존재론(우주론)과 인간 도덕을 설명하는 도덕론의 영역을 구분할 필요가 있다. 또 다른 한편으로 기(음양-오행)로써 자연 현상을 설명하는 소위 자연학(자연철학)의 영역도 구분할 필요가 있다. 그렇게 함으로써 주자의 형이상학을 이해하는 데 자연학이 방해를 하거나(리를 기의 조리로 보는 것 등), 도덕론 우위에서 리기를 도덕론적 의미로만 해석하거나(리의 무위와 기의 유욕 대립-퇴계) 하지 않게 된다. 또 존재론적 입장에서 도덕을 해석하여 율곡처럼 사단과 칠정을 무리하게 견주거나〔配屬〕 하지 않게 된다(칠정 외에 따로 사단이 없다 하였으므로).

여하튼 주자의 리기론은 그 후의 전개에서 존재론적으로는 율곡의 해석이 유기체 우주론의 성격을 가장 잘 해석해 내었다면, 인간학 영역에서는 퇴계의 주리론이 하나의 '실천론'으로서 유학의 도덕론을 가장 잘 나타내었다. 퇴계의 이 주리적 수양론이 또한 그 후 한국 사회에서 유교 도덕 사회(이상적 도덕주의)를 성립시키는 결정적 역할을 하였다고 할 수 있다.

제2부

동양 삼국의 주자학 비교

제4장

왕양명(王陽明)과 이퇴계(李退溪)

1. 한 · 중 간 문화의 교류

중국사상에서 송대 주자에 의해 완결돼 주자학의 자연법사상체계[1)]가 송 이후 붕괴되어 명대의 심학(양명학)과 청대의 실학으로 분화되어 간 것은 하나의 사상적인 발전으로 보아야 할 것이다. 주자학적 자연법의 특징은 존재와 당위(sein과 sollen)를 일치시켜 보는 것이다. 즉 존재=당위가 된다. 이것은 주자학적 용어로 말하면 소이연지고(존재의 근거 또는 원리)와 소당연지칙(존재의 규범적 양태나 또는 존재가 실현해야 할 규범)의 등치다. 이것을 주자는 모두 '리' 라고 나타내었다. 그러므로 주자학에서의 리는 이중구조를 갖고 있다.[2)]

1) 日本의 丸山眞男의 설명을 인용하여 이해를 돕는다면, 그는 주자학의 理의 성격을 "그것은 사물에 內在하면서 그 動靜變合의 원리를 이룬다는 의미에서는 자연법칙이나, 본연의 性으로서 인간에 내재할 때는 인간행위가 지켜야 하는 규범이다. 거기에 있어서 자연법칙은 도덕규범과 연속된다."라고 말하였다. 『日本政治思想史硏究』(東京: 東京大學出版會, 1962), p. 25.

2) 友枝龍太郞, 『朱子の思想形成』, 東京: 春秋社, 1969 참조.

이와 대응하여 주자학은 주지적인 궁리와 주체적인 체인(거경)이라는 두 가지 방법에 따라 존재와 주체의 양상을 체계적으로 규명하려고 했다. 그러므로 매우 이론이 체계적인 세계관학의 성격이 짙다. 이 반면에 양명의 심학은 육상산의 생의 철학적인 성격을 더욱 심화시켜 주체에 철저하고, 주자학의 주지적 궁리를 배제하려 했다. 또 일면으로는 나흠순(羅欽順, 호 整庵, 1465~1549)과 왕정상(王廷相, 호 浚川, 1474~1544)의 기학(氣學)은 존재론에서 존재의 근거를 '기'라 함으로써 주자학의 태극의 리를 배척했다. 즉 심학과 기학의 성립은 존재와 주체를 통일한 주자의 철학체계를 분열시켜 주제적 측면과 존재적 측면으로 양분시켰다. 청대 고증학은 명대 기학을 더욱 발전시켜 나간 것이다.

이와 같은 전개는 인간 사고 발전의 보편적인 한 현상이라고 보인다. 그렇게 보면 주자학에서 양명학으로의 전개는 일종의 발전사라 볼 수 있다. 주자학에서 고증학으로의 추세는 결국 형이상학적인 것에서 형이하학적인 것으로의 나아감이었다. 주자학의 존재=당위를 통칭 중세적인 사고방식이라고 한다면 그것의 분화는 탈중세적인 것으로 내재적이며 필연적인 것이라고 할 수 있겠다.[3)]

이렇게 본다면 양명학은 주자학의 발전 선상에 있다고 보는 시각이 가능해진다. 두 사람의 사상학설을 단순 대비하면 물론 서로 대립하지만 사상 발전이란 시각에서 보면 동일 선상에 있다.[4)] 그 발전이란 것이 묵수나

3) 友枝龍太郎, 「近世思想」, 金谷治, 『中國思想史』, 東京: 大修館書店, 1967.

4) 朱王學은 朱陸學이 지닌 理學的 성격에 중점을 두고 이를 宋代의 理學이라 보고, 朱王學이 지녔던 心學的 성격에 중점을 두고 이를 明代의 心學이라고 보는 식으로 철학사적으로 개념화할 수 있는데, 그 중에서도 주자학과 양명학에서 더욱 깊은 연계성을 생각할 수 있다. 이에 대해서는 島田虔次, 김석근 외 역, 『주자학과 양명학』(도서출판 까치, 1986), p. 173. 또 『陽明學入門』(陽明學大系, 제1권, 東京: 明德出, 1971) 所收의 岡田武彦의 陸王學譜(上) 및 山井湧의 同(下)가 참고가 된다. 또 友枝龍太郎의 전게 『朱子の思想形成』, p. 244에서는 陸王의 구분을 '理의 사유의 退化와 主體의 자각' 에서 보고

부연 정도가 아니고 대립하는 학적 체계를 세웠다고 한다면 양명은 주자를 비판 극복했다고 하겠다. 그러나 그것은 주자학을 철저히 연구하고 실천해간 결과 그것을 넘어섰다는 것임을 유의하지 않으면 안 된다.

다 같이 주자학을 바탕으로 하여 자기 사상을 전개한 사람으로 양명과 매우 대조적인 사람으로 조선조의 퇴계 이황을 들 수 있다. 퇴계는 주자를 조술하듯이 계승 묵수하려 했고 또 양명을 극력 비판하고 배척했지만, 그의 주자학은 공교롭게도 양명이 발전적으로 전개한 주자학의 주체적인 면을 강조하는 학풍을 보여 주었다. 이는 조선과 명이라는 거의 동시대 및 긴밀한 문화교류라는 연관성에서 보면 그 유사성의 발로는 당연하다고 할 수 있다.[5] 그러나 당연한 유사성에도 불구하고 문화적 전통과 학적 토대에서 조선과 명은 다르고, 따라서 양인이 처한 역사적 위치와 사명이 다르므로 또한 상호 다른 점이 있는 것이다. 이러한 두 사람을 비교할 만한 가치는 없을까? 이것이 이 글의 주제이다.

퇴계는 사실 주자학을 수용하여 그것을 이 땅에 심어놓는 것을 자기 필생의 사업으로 알았다. 동아시아 세계에서 근세사상의 완성된 체계로서의 주자학의 비중을 말하면 퇴계의 사명은 결코 잘못된 것이 아니다. 따라서 동아시아 전체 주자학사에서 볼 때 퇴계는 주자학을 수용하여 그것을 계승하여 심화했다고 할 수 있다. 퇴계의 학은 주자학이지만 퇴계는 그것으로 당시 조선 전기에 있어서 학문의 연원을 열고 하나의 학풍(성리학)을 이루었다. 이것이 바로 퇴계의 조선조 학술사에서의 역사적 역할이다.[6]

있으며, 또 丸山眞男는 전게 『日本政治思想史研究』, pp. 32-33에서 "주자학적 특성과 대립되었다는 의미에서의 양명학 일반의 성격을 논하는 것은 일본에 있어서는 특히 무의미한 것이어서…"라고 하기도 했다. 이상은 尹南漢, 『조선시대의 양명학 연구』(集文堂, 1982), p. 10에서 재인용했다. 또 최근 자료로는 戶川芳郞 외, 『儒教史』(東京: 山川出, 1987), pp. 291-292도 참고가 된다.

5) 尹南漢, 前揭書, 序說 참조.

이처럼 양명과 퇴계 양인은 다 같이 주자학을 바탕으로 했고, 조 · 명의 동시대에 비슷하게 살았으면서도 양자는 결국 공간적 차이(조선과 명), 문화적 차이(발생지와 수입국), 양국의 사회적 조건의 차이(명조는 주자학을 극복해야 할 시대, 조선은 건국이념으로 수용한 주자학의 내면적 심화 수용의 시대)로 인하여 각각 상이하게 주자학을 해석하였다. 이 상이한 주자학 해석 이면에는 앞에서 말한 공통점과 유사점이 또 있었다. 그것이 바로 '주자학의 심학화' 라는 것이었다. 그러나 물론 겉으로 드러난 해석방식 즉 전개 양태는 서로 다르다.

양명은 결국 심즉리의 새로운 입장에서 주자학의 이원론을 극복하면서 주자학의 주체적인 면을 심화시켰고, 퇴계는 주자학의 모든 이론이나 심지어 용어에 있어서까지 묵수하려 하였지만, 결국 '주리적' 인 각종 언표로써 주자학의 주체적인 면을 강조하였다. 이것을 우리는 주자학의 계승 심화라고 할 수 있다. 결국 한 사람은 비판 극복하면서 심학화로 나아갔고 다른 한 사람은 계승 심화시키면서 그 일을 달성하였던 셈이다. 그러므로 퇴계가 양명을 극구 배척하는 것은 어쩌면 당연한 일인지도 모른다. 마치 극이 같은 자석이 서로 밀어내는 원리와 같다고 할까.

조선조 학술(유학)의 방향 내지 성격이 퇴계의 주자학 수용에서 거의 결정되었으므로 퇴계학 즉 퇴계 주자학의 이러한 비교론적 탐구는 퇴계학의 성격과 특징을 밝히는 데도 중요하지만, 퇴계 이후 조선조 유학 내지 성리학의 성격 규명에도 매우 중요한 기초 작업이 될 수 있다고 보인다.

---

6) 李佑成, 「李退溪와 書院創設運動」, 李佑成, 『한국의 역사상』(창작과 비평사, 1982), pp. 279-286. 이우성은 퇴계에 와서 비로소 조선조 사회에서 문화와 정치의 분리가 이루어졌고, 퇴계가 성리학에 의해 새로운 인간형성과 이상사회의 이념을 제시했으며, 스스로 주자학의 계승발전을 자기 사명으로 여기는 역사의식을 가지고 참다운 교육을 위해서 서원창설 운동을 일으켰다고 하였다.

2. 주자학에서 양명학에로

주자학은 원래 동양의 자연법사상으로서 존재와 당위를 일치시키고 있는데, 시대가 감에 따라 그 분리가 자체 붕괴처럼 일어났다고 함은 앞의 서언에서 말한 대로이다. 그리하여 이 존재의 원리인 '리' (소이연지고)와 당위의 법칙인 규범의 '리' (소당연지칙)를 총괄하는 최고의 유개념으로서 태극(의 리)가 상정되었다. 그런데 시대가 흐를수록 이 이중적 구조의 리가 자체 모호성을 깨고 분명하게 되어갔다. 그것이 이중구조의 분해인 것이다. 태극의 리, 즉 태극은 형이상학적 실체로서 존재와 규범의 근원이었는데 매우 추상적인 것이 그 본질이다. 그러므로 이 추상성이 구체화되려고 하는 것이 중국사상의 발전양상인데, 그것은 중국 사상에만 한정된 현상이 아니고 인류 사고 진전의 보편적 원리가 아닌지도 모른다.

이 태극이 존재의 원리로서 볼 때는 구체적인 것, 즉 '기' (陰陽)에 대하여 매우 추상적인 것이 사실이다. 그러나 이 태극이 규범(가치)의 원칙으로서의 리로 볼 때는 그것은 그렇게 추상적이지 않고 주자학의 도덕주의(주자학뿐만 아니라 중국사상 전체가 다 도덕주의이지만)의 입장에서는 가치 실재로서 오히려 상당히 구체적이며 매우 실재적이다. 존재적으로 리가 실재화될 때는 리가 바로 기의 조리(법칙)로 된다는 것을 말하는데, 이것을 리의 객관적 실재화라고 할 수 있다. 반면에 리가 규범적으로 가치의 근원, 규범의 근거로 될 때는 이 리는 주체적으로 실재화되는 것이다.

그런데 주자학이나 유학에서 가치와 규범의 원초적 담지자는 인간 주체다. 더 정확히 말하면 인간 주체의 도덕성인 인의예지다. 그러므로 실제로 객관적으로 실재적 가치를 논하는 것이 아니라 이 도덕적 가치의 원천인 도덕 주체, 즉 규범 행위의 담지자인 실천 주체의 '심' 을 자연 문제 삼게 되는 것이다. 그러므로 주체적 실재화라고 하는 것이다. 이때는 심

(양명학)이나 '성'(주자학)이 가치의 원천이 되므로 실은 심이나 성이 가치의 근원, 규범의 근거로 실체화되는 것이다.

명대 심학은 바로 이러한 리의 분해에서의 리의 주체적인 실체화의 결과로 출현한 것이다.[7] 그러므로 주자학과 양명학은 서로 무관한 것이 아니다.

육상산은 주자의 성즉리설에 대하여 심즉리설을 주창, 그리하여 똑같이 심즉리설을 주창한 왕양명과 함께 주자학에 대하여 육왕학이라고 불리고, 또 정주학의 리학(理學)에 대하여 심학(心學)이라고 불린다. 그러나 이렇게 단순하게 분류해 버리면 곤란한 문제가 생긴다. 육상산의 학이 심즉리라 하더라도 리를 표방하여 도덕 제일주의의 입장에 서는 점에서는 역시 리학과 똑같다고 보아야 한다. 또 똑같이 심즉리라 하더라도 육상산과 왕양명의 학의 사이에는 각각 놓였던 역사적 환경과 각각의 학이 이룩한 역할이 전적으로 다르다. 그리고 양명학은 무엇보다도 오히려 리학으로서의 주자학을 계승했다는 점을 유의하지 않으면 안 된다. 위와 같은 단순 분류에 의하면 이와 같은 사실을 놓치고 만다.

육상산은 "심은 일심이고 리는 일리다. 지당(至當)은 일(一)에 귀일하고 정의(精義)는 둘이 없다."[8]라고 말하여 독서 궁리보다도 '하나'인 리를 확립하는 것, 그리하여 그것이 확립되면 모든 사례를 꿰뚫는 '일(一)'인 지당의 법칙에 돌아가는 것이 가능하다고 했다. 그는 더 나아가 "우주는

7) 友枝는 이를 다음과 같이 말하고 있다. "朱子에게서 형이상학적 理體의 초월성을 빼앗아 反省知的 窮理를 빼앗는 곳에서 象山의 입장이 나타난다. 明學에서는 王陽明이 이 입장에 연결되어 전적으로 액츄얼한 현실에서 작용하는 心의 자각에 철저하여 所以然之故의 형이상학적 理體도 모조리 心 가운데 흡수하여 버림으로써 우주에 가득 찬 理도 말하지 않게 되어 主體에 철저한 양명의 心學이 수립된다. 양명의 心學은 육상산학의 계승이기는 하나 주자에서 말하면 朱子學의 主體化라고 말할 수 있다." 友枝龍太郎, 전게 『朱子の思想形成』, p. 244.

8) 『象山全集』(사부총간본) 권34, 「語錄」.

오심(吾心)이고 오심(吾心)은 곧 우주다. 천만세의 전이나 천만세의 후나 성인이 나오는 일이 있어도 역시 똑같은 이 마음이 리이다."[9]라고 말했다. 즉 육상산의 생각은 우주의 리는 천만세에 걸쳐 궁극적으로 '하나' 이고, 그리하여 그것이 동시에 오심에 가득하고, 오심은 이 리를 자득하는 일에 의해 우주 만물의 리와 서로 통하여 우주의 일체를 오심에 감득(感得)할 수 있다는 것이다. 이와 같은 리는 정이천(程伊川)이 "만리(萬理)가 일리(一理)에 돌아간다."라고 평한 화엄의 리관(理觀)과 오히려 비슷한 것이다.

그러나 왕양명의 심즉리에 있어서는 심이 개개의 현실에 대응하는 살아있는 심이고, 따라서 그 리도 개개의 사례에 있어서 개별 다양한 리이다. 다시 말하면 육상산의 리는 왕양명의 리가 '정리(定理)'[10]와 같이 '하나' 인 것을 비판, 시(時) · 처(處) · 위(位)에 응하여 다양하게 발휘하는 것을 목표로 하는 것과는 오히려 대립적이기까지 하다. 다만 심즉리의 테제에 있어서 심을 리의 주체적 담당자로 하여 격물궁리에 부정적이었던 것은 육상산과 왕양명의 공통점이다. 그러나 육상산은 심에 내재하는 리의 절대 보편성을 말하는 데 대해 왕양명은 사물에 대하는 심의 리의 주도성 및 그 작용의 다양성을 강조한다.

그러므로 양자를 하나의 학파로 간주하는 것은 삼가야 하고, 오히려 그것보다 양명학이 왜 명대 중엽에 사상의 주류가 되었는가, 또 육상산의 학이 왜 주자학에 주류의 자리를 양보했는가에 시각을 돌리는 것이 좋다. 그렇게 보면 육상산의 학과 같이 심득(心得)의 '하나' 의 리에 의해서는 당시 전국의 다수의 관료 · 지주층에게 공통의 이데올로기를 제공하기에

9) 同書, 권33, 4-5면.

10) 주자의 格物說에서의 소위 事事物物의 理를 양명은 특히 '定理' 라 부르고 있다. 『傳習錄』上.

는 너무 주관적이어서 현실에의 대응력이 부족하였고, 양명학은 당시 사회상황에 적응함에 있어서 훨씬 현실 대응적이었음을 발견할 수 있다. 결국 양자의 각각의 역사 상황에의 대응성에 차이가 있었던 것이다.[11)]

「양명연보」(전덕홍 편)에 의하면 양명이 처음에는 주자학을 공부한 것을 알 수 있다. 잘 알려진 이야기로 양명은 주자의 격물 방법인 일초일목(一草一木)의 리를 반드시 살핀다는 취지에 따라 대나무를 연구하다가 병이 난 일이 있다고 적혀 있다.[12)] 또 양명이 자기 학문이 완성된 뒤에 주자에 대해 "평생에 주자학에 대해서는 신명(神明)이나 시구(蓍龜; 점치는 거북)와 같이 생각하고 있었는데, 하루아침에 이것과 배치되니 마음에 실로 참을 수 없는 바가 있다. 그러나 부득이하여 어긋나는 것은 도가 원래 그런 것으로 바르지 않으면 도가 분명하게 되지 않기 때문이다"[13)]라고 말하였다. 이는 양명이 처음부터 주자학을 섭취하여 이를 토대로 더욱 심화해 나간 것을 말해주는 것이다.

양명이 주자의 '성즉리'를 반대하고 '심즉리'를 강론하는 것은 물론 상산에 가깝지만, 상산에게는 양명의 소위 심의 본체는 양지(良知)라고 하는 것과 같은 설은 없다. 또 양명이 지행합일(知行合一)을 논하는 데 대해 주자와 상산은 지행이분(知行二分)하는 입장을 취한다. 양명의 지행합일설 · 치양지설(致良知說)은 그의 격물치지설과 연관되는데, 양명의 격물치지설은 주자의 격물치지설에서 발전되어 나온 것이고 상산의 격물치지설과는 아무 관계도 없다. 뿐만 아니라 양명이 심의 체용, 미발과 이발, 천리와 인욕, 존양과 성찰, 계신공구 등 내심(內心)의 수양문제를 논하는

11) 戶川芳郎 외, 전게 『儒教史』, pp. 292-293.

12) 양명이 정원의 대(竹)에서 事事物物의 理를 궁구하려고 했다는 것은 분명 주자학적 방법 등을 戲畫化한 것이다. 나쁘게 말하면 왜곡한 것이다. 다만, 여기에서 양명의 강한 비판정신을 볼 수 있다. 同書, pp. 309-310.

13) 『傳習錄』 中, 「與羅整庵」.

것도 모두 주자설을 이어서 나온 것이다. 상산은 원래 체용을 잘 말하지 않았고, 천리・인욕의 구분을 좋아하지 않았으며, 이발・미발, 존양성찰 등의 공부문제보다 '명도(明道)' (도를 밝힘), '명리(明理)' (리를 밝힘), '선립대자(先立大者)' (마음의 본체를 먼저 세움) 등을 중시하였다.

그 외 양명이 주자와 상산에 대한 각종 발언, 그리고 선유(先儒)에 대한 논평 등을 통해서도 주자와의 긴밀성이 상산과의 관계보다 더 깊다는 것을 짐작할 수 있다.[14] 예를 하나 들면 양명이 주자와는 학문 취지를 같이 하고 상산과는 달리하는 예를 안자(顔子)에 대한 평가에서 단적으로 볼 수 있다. 양명은 "성인의 도를 온전하게 본 자는 오직 안자이다."[15]라고 하지만, 상산은 중궁(仲弓)・증자(曾子)・자사(子思)・맹자(孟子) 등을 그렇게 보았고, 안자는 다만 공자의 사업을 전한 사람으로만 보고 있다.[16] 그러나 주자는 안자의 '극기복례(克己復禮)' 의 내심공부(內心工夫)를 추존하고, 또 상산이 중궁을 안자보다 낫다고 추존하는 데 대하여는 찬성하지 않았다.[17] 양명이 주자와 취지를 같이 하는 것은 바로 안자의 내심공부에 있는 것이다. 여기서도 양명과 상산의 학문적 취향이 다른 것을 볼 수 있다.

그뿐만 아니라 양명에게는 『주자만년정론(朱子晚年定論)』이 있고, 또 양명이 주자학을 변호하면서 "주자의 학은 존덕성(尊德性)하지 않은 적이 없으며 또한 지리번쇄한 적도 없다."[18]라고 한 적도 있다. 이러한 점을 종

---

14) 양명은 주자학에 대해 '罔極의 恩' 이 있다 하고 (『陽明全書』 권21,「與徐成之」), 또 상산의 학은 자기와 같은 점도 있지만 다른 점도 있다고 하였다(同書, 권6,「答友人問」). 또 상산의 학은 粗率한 데가 있다고도 하였다(『傳習錄』 下).

15) 『傳習錄』 上.

16) 『象山全集』 권1,「與胡季隨」.

17) 『朱子語類』 권42.

18) 『陽明全書』 권21,「與徐成之」.

합해보면 양명에 있어서는 그의 학과 주자의 학을 하나로 회통시키려고 노력한 점이 있음을 알 수 있다.

그러므로 우리는 양명의 학을 올바로 이해하려면 '육왕' 이라 하여 상산과의 긴밀성만 보아서는 안 되고, 그의 학이 주자학에서 어떻게 나와서 발전되었는가 하는 주자와의 관계를 면밀히 살펴보지 않으면 안 된다.[19]

3. 양명의 주자학 비판극복

1) 격물(格物)에서 치양지(致良知)로

양명학과 주자학의 밀접한 관계는 먼저 양명의 격물치지에 대한 논의가 어떻게 주자설에서 바뀌었는가를 보아야 한다.

우리가 양명학을 주자학에서 심과 리를 양분한 데 대해 심과 리를 일원적으로 보는 데서 '심학' 이라고 하지만, 실은 그의 만년의 설은 치양지(致良知)이고 더 나아가 심의 본체를 무선무악(無善無惡)이라고 하는 등의 변화를 고려하면 '양지의 학' 이라고 하는 것이 더 적절하다. 그런데 그의 심즉리라는 테제는 주자의 성즉리의 테제(These)를 존재론적으로 비판하려고 하는 것이 아니고, 주자의 격물설을 실천적으로 비판 극복하려고 한 것이다.

양명이 대나무를 연구하다 병이 난 일이 있지만, 주자 격물의 본뜻은

19) 唐君毅, 「陽明學과 朱子學」, 『中國哲學思想論集(宋明篇)』, 臺北: 牧童出, 1977 참조. 唐은 3인의 학에 대해 "학자라면 먼저 象山學에 契合하여 뜻을 수립하고, 다시 주자의 세밀한 分析論에 나아가고, 그 다음 다시 陽明이 주자를 발전적으로 융합시켜 어떻게 象山說에 합해지게 되었는가를 보면, 3인의 學은 하나의 삼각형처럼 상호보완적임을 볼 수 있다." 고 하였다. 同書, p. 263.

일초목일기용(一草木一器用)에 존심(存心)하여 홀연히 무엇을 깨닫는 것이 아니다. 유학이 중시하는 리는 원래 사람이 사람답게 되는 당연의 리로서 외물(外物)의 실연(實然)의 리(실제 현상의 법칙성)와 소이연의 리(까닭이나 근거)가 아니다. 이 당연의 리는 효제의 리와 같이 심중에서 볼 수 있는 리이다. 그런데 주자에 있어서는 이 효제의 리는 부형 등의 사물(物)의 실제 상황이 어떠한가를 세밀히 살펴 효제의 행위에서 그것이 어떻게 표현되는가를 보는 것이다. 그러므로 주자는 '즉물궁리(卽物窮理)'를 격물이라고 한 것이다.

그러나 이 효제의 리는 사람의 심중에 있다고는 할 수 있으나 부형 등 사물에 있다고는 할 수 없다. 또 이 리를 부형에 대한 행위에서 표현하고자 하면 이 행위 중에 부형의 사물은 포함되는 것이다. 그러므로 이 리는 심에 속하며, 이 심은 이 리를 실천하는 행위 속에 있으며, 따라서 이 행위 역시 심에 속한다는 것을 알 수 있다. 이와 같은 견지에서 양명은 천하에 심 밖에 사(事)가 없고, 심 밖에 물(物)이 없다고 한 것이다.[20] 우리 심중의 리(양지)를 사사물물에 이르게 하는 것이 양명의 격물치지설인 것이다.[21]

양명과 주자의 설이 다른 것은 실은 격물(格物)의 '물(物)' 자의 정의에 있다. 주자의 정의는 부형은 물이고 효부경형(孝父敬兄)은 사(事)이나, 양

---

20) 『傳習錄』 上.

21) 양명은 "주자의 소위 격물이란 사사물물에 대해서 그 소위 定理를 구하는 것인데, 이것은 자신의 心을 사용해서 사사물물의 측에서 理를 구하는 것이므로 결국 心과 理를 둘로 나누는 것이다"라고 하여 주자의 격물은 심과 리를 양분하는 것이라고 비판한다. 양명은 심의 리에 대해 사사물물의 理가 실천적으로 先行하는 것을 거부한다. 주자격물설에 의하면 심의 리는 사사물물의 理를 궁구함에 의해 비로소 충족되므로 심은 결국 定理에 아프리오리(apriori)하게 隨順될 수 없다. 즉 정리는 사람 위에서 格式定例로서 위로부터 구속을 하는 것이 된다. 陽明이 格物을 '物을 바룬다' 고 해석한 것은 이와 같이 정리 비판을 통하여 실천주체를 확립하려는 때문이다. 그러나 심에 리가 있다고 하는 이상 그 리가 어떻게 있고, 또 어떠한 것인가에 대해 思惟分別이 울타리를 치지 않을 수 없다. 따라서 양명이 만년에는 致良知로 나아간 것이다.

명의 정의는 사가 바로 물로서 주자의 정의를 다시 바뀌었다. 그러나 이 바뀐 정의는 양명의 사상 깊은 곳에서 연유하고 있다. 즉 사람은 사(事)를 떠나서 물(物)을 말할 수 없다는 것이 양명의 생각이다.

소위 '사물(物)' 이란 일종의 객관적인 존재이다. 이 존재 대상에 대하여 우리는 항상 어떤 '응하는' 행위가 있게 된다. 예를 들면 '본다' 는 행위에 대해서는 '색깔(色)', '듣는다' 는 행위에 대해서는 '소리(聲)' 등이 그것이다. 이와 같이 모든 존재 대상 곧 천지만물에 대해 사람은 언제나 응하는 행위가 있게 되고, 이때 천지만물은 사람에게 '소감(所感)된다' 고 할 수 있다. 그러므로 '소감의 물' 은 '응하는 행위' 에 포함된다고 할 수 있다. 천지만물이 마음의 감응에 의지하게 되므로 또한 우리의 마음을 떠나지 않는 것이다. 그러므로 양명은 마음 밖에 사나 물이 없다고 한 것이다.

이에 따라 양명에게 있어서 '격(格)' 의 의미도 달라진다. 그에 의하면 '사' 를 격하는 것이 되므로 그는 격을 '정(正)' 이라고 해석한다. 즉 감응하는 행위의 부정(不正)을 바르게 하여 정에 돌아가도록 하는 것이 바로 격물이다. 그런데 부정은 악이고 정은 선이므로 격물은 다시 '위선거악(爲善去惡)' 이 된다. 양명이 '사구교(四句教)' 에서 "위선거악이 바로 격물이다"[22]라고 한 것이 바로 이것을 말하는 것이다. 양명에 있어서의 격물은 이와 같이 윤리적 행위의 정당성(규범에 대한 합당성)을 회복하는 것이 된다.

우리의 행위는 하나의 의념(意念, 의식 또는 생각)을 가지는 데서 출발한다. 그러므로 정당한 행위를 위해서는 원초적으로 내심의 행위로서의 의념을 먼저 바르게 하는 일이 요청된다. 그러므로 양명에 있어서의 격물은 의념을 바르게 하는 데서 시작하고, 그런 의미에서 양명의 격물은 '정

22) 『龍溪全集』 권1, 「天泉證道記」.

염두(正念頭)' 가 된다.

위선거악을 격물이라고 할 때 그렇게 말할 수 있는 근거는 어디에 있는가? 양명은 그 근거를 양지(良知)라고 한다. 호선오악(好善惡惡)할 줄 알아 부정을 바르게 하는 것이 바로 사람의 양지라는 것이다. 그러므로 양명의 격물은 최종적으로 '치양지' 로 요약된다. 즉 치양지의 효과가 바로 격물의 효과가 되는 것이다.[23]

이와 같이 주자 격물설의 '물' '격' 에 대한 새로운 정의에서 출발하여 양명의 설의 귀착점이 치양지에 있다는 것을 살펴보았는데, 양명이 치양지를 표출하여 주자의 격물설의 방법을 비판 극복한 것은 주자보다 진일보한 사상적 발전이라고 볼 수 있다.[24] 주자의 격물치지설이 객관적 지식의 섭취를 강조한 면이 있긴 하지만, 유가의 리는 당연의 리이며, 주자 역시 이 사상적 전통에서 완전히 벗어나 오늘날 소위 자연과학적인 '물리(物理)' 를 추구한 것이 아닌 점을 생각하면 양명이 주자의 격물치지설을 비판적으로 극복한 것은 그것을 더욱 정밀하게 심화시켰다고 말할 수 있다.[25]

---

23) 양명의 良知는 不思不慮의 선천적인, 본원적인 道德知라는 의미인데, 이것을 격물치지의 致知에 갖다 붙여 그 致知를 '致良知' 로 발전시켰다. 그리하여 그의 심즉리설과 격물설도 한층 통일적으로 심화되었다.

24) 양명이 주자의 격물설에 있어서 '物(의 理)에 이른다(至)' 라고 하는 해석에 대해 心의 理에 의해 '物을 바룬다(正)' 고 하는 해석을 끄집어낸 것은 시비판단을 철두철미 내 마음 쪽에 맡겨, 소위 定理의 속박에서 심의 리의 자유를 쟁취하여 심의 리의 주체성을 완전히 확립하는 것을 겨냥한 것이다.

25) 주자의 소위 事事物物이라고 하는 것은 정원의 대(竹)와 같은 자연물이 아니다. 구체적으로는 작게는 일상의 기거동작에서 크게는 정치상의 여러 시책에 이르기까지 사람의 가정 내에서 사회적 생활에 이르는 여러 행동이나 대응하고 처리해야 할 여러 일들에 대해서 말하고 있는 것이다. 따라서 사사물물의 理라고 하는 것은 자연과학적인 物理보다는 위와 같은 여러 행동과 일에 대해서 그것이 어떻게 있는(다루는) 것이 올바른 양태인가 하는 것을 탐구하고, 그리하여 궁극적으로는 사람이 이루어야 할 올바른 존재방식에 대해 말하고 있는 것이다. 그러므로 사람의 心은 어떻든 거기

2) 심성이분(心性二分)의 이원론에서 치양지의 일원론으로

주자에 의하면 심은 허령명각(虛靈明覺)으로 그 속에서 당연지리(當然之理)의 이치를 포함하고 있다고 한다. 이 성(性)이 곧 천리(天理)인데, 심은 기의 영(靈)이므로 이 천리를 반드시 실현할 수는 없다고 한다. 실현하면 '도심' 이고 실현하지 못하면 '인심' 이다. 즉 '심' 과 '성리' 는 주자에 있어 다른 의미가 있다. 또 주자에 있어서 당연의 리를 아는 것과 인을 좋아하고 불인을 미워하는 '정의(情意)' 의 작용과는 다른 것으로 되어 있다. 즉 치지(致知)와 성의(誠意)는 서로 다른 뜻이 있다.

그러나 양명에 있어서는 사람의 마음과 그 속의 천리는 함께 나타나는 것으로 심의 허영명각과 천리는 존재상 하나요 둘이 아니다. 그러므로 주자는 리기를 둘로 보지만 양명은 그렇게 보지 않는다. 양명이 당연의 천리를 안다고 하는 것은 다만 지적(知的) 측면에서만 말하는 것이 아니라 정의(情意)의 의지작용도 포함한 소위 사람의 행위나 활동에서 안다는 것이다. 즉 아버지를 섬기는 행위 중에서 효가 당연의 리임을 안다는 것이고, 형을 공경하는 행위 중에서 제(悌)가 당연의 리임을 안다는 것이다. 다시 말하면 사람이 당연의 천리를 알 때 그와 동시에 그 천리에 의해 우리의 행위의 정-부정과 선악 등을 판단할 줄 알게 된다는 것이다. 그러므

에 주체적으로 관계하는 것이 된다. 따라서 주자는 格物窮理와 더불어 主敬靜坐도 필수라고 하는 것이다. 결국 주자학에 있어서도 사사물물의 리의 탐구라고 하더라도 심의 리를 떠나서는 실천적 의미를 가질 수 없고, 그렇게 되면 리도 리로서의 존재 이유를 잃는 것이다. 이와 같이 양명은 주자의 격물설을 사실 실천적 의미에서 재검토해 본 것이다. 이렇게 보면 양명이 주자의 격물설을 心 · 理를 양분하여 심의 리를 소외시켰다고 하는 것은 정확한 주자 이해가 아니다. 또한 우리가 양명을 그렇게 보는 것 또한 정확한 양명 이해가 아니다. 오히려 주자는 『대학혹문』(격물조)에서 "리가 비록 만물에 산재해 있으나 그 用의 미묘함은 실로 한 사람의 心에서 벗어나지 않는다."라고 하였다.

로 양명은 "시비는 다만 하나의 호오(好惡)이다."라고 하는 것이며, 이 '호오'가 곧 지(知) 중의 하나의 행(行)인 것이다. 양명이 지행합일을 말하는 핵심도 여기에 있는 것이다.

그러므로 양명에게는 치양지 공부가 바로 성의(誠意)이며, 주자처럼 치지(致知)하여 당연의 리를 안 후에 다시 성의 공부가 있는 것이 아니다. 또 양명에 의하면 사람의 의(意)가 성(誠)하게 된 뒤에는 이 의를 발하는 심 또한 바르다고 한다. 그러므로 치양지하여 성의하는 공부 외에 또 다른 정심(正心)의 공부가 있는 것이 아니다. 주자의 치지-성의 후에 다시 정심 공부가 있는 것과는 다르다.[26] 그러나 양명이 치양지 공부 하나로써 격물 · 성의 · 정심 3가지 공부를 총괄한 소위 '간이직절(簡易直截)'의 설도 심이 성리를 구비하였다는 주자의 설에서 출발하여 이를 더 발전적으로 종합한 것이다.

양명이 양지를 논한 데는 『대학』의 격물 · 치지 · 성의 · 정심 · 수신의 설과 연관하여 논한 것도 있는데, 모두 주자설에서 전환되어 나온 것이라고 할 수 있다. 주자는 이발미발 · 신독(愼獨)의 설에 대하여 존양과 성찰의 공부 및 심의 체용 · 동정 등의 문제와 연관하여 논하고 있다. 즉 성리(性理)는 심이 포함하고 있는 것인데, 지(知) · 정(情) · 의(意)의 활동으로 발현되지 않았을 때는 다만 심 자체에 존재하고 있는 것, 즉 미발이 된다.

---

26) 양명에 있어서 심의 리란 선천적 도덕적 본성으로 구체적으로는 五倫五常인 점은 주자와 같다. 다만 그에 있어서 그 리는 사람의 심의 본원에서 신선하게 유출되는 것이다. 그것은 선천적, 본원적이라는 점에 의해 사람의 작위나 분별을 타파하는 것이다. 심의 본원의 신선함을 중시하게 되자 양명의 방향은 심즉리 테제에서 치양지로 심화되지 않을 수 없게 된다. 리에 대해서 일체의 선행 관념에 사로잡힘 없이 나의 본원적인 리이기도 하고 심의 본체이기도 한 이 양지를 차단없이 사사물물에서 충분히 발휘하여 모든 일이 바르고 합당하게 처리되어 가도록 하는 것, 이것이 치양지이다. 양지(=知)의 발휘(=行)이므로 知行合一이다. 주자의 『대학』의 格物 · 誠意 · 正心의 분석을 심의 근원에서 통합한 것인데, 이것 역시 실천의 장에서 이루어진 것임은 물론이다.

이때의 성리(性理)는 성체(性體)라고 할 수 있는데, 이 성체가 지 · 정 · 의 속에 발현될 때 이발(已發)이 된다. 미발(未發)의 '체(體)'가 지 · 정 · 의 가운데 나타난 것이 이발의 '용(用)'이다. '체'가 발현되지 않았을 때는 '정'이고 발현되었을 때는 '동'이다. 그러므로 사람이 특별한 행위가 없을 때나 또는 보고 듣고 안 할 때는 이 성체가 심중에 있어서 일정한 작용을 나타내지 않고 있다. 그러므로 이때의 내심 중의 수양공부는 다만 이 심의 허령명각을 존양하여 혼매하지 않게 할 뿐이다. 이것이 미발 때의 거경공부다.

그리고 사람이 어떤 행위를 할 때는 의념의 발동이 있고 정이 움직이고, 나아가 신체가 움직이게 되는데, 이때 격물치지하여 마음에 구비한 당연의 그 리를 알아서 그 행위의 선악 · 정-부정 · 시비를 성찰한다. 즉 계신공구(戒愼恐懼)하는 극치(克治)의 노력을 이발(已發)에 행하게 하는 것이다.

이러한 심성설에서는 체용 · 이발미발 · 동정의 구분이 있고, 그에 따라 수양공부에도 거경존양과 성찰극치의 구분이 있다. 이것이 주자의 심성설의 핵심인데, 양명의 경우는 "주자의 미발설은 틀리지 않았다"[27]라고 하면서도 심의 미발은 이발과 분리되어 있지 않다고 주장했다. 즉 그는 "심의 본체는 즉 천리다. 천리의 소명영각은 즉 양지다"[28]라고 했다. 그러므로 양지는 심의 본체이고 이 본체 중에 '천리'가 있고, 소명영각이 있다. 이 소명영각의 심체가 바로 활동하는 심 그 자체로서 심의 체용이 함께 있는 것이다.[29] 따라서 양명에게 수양공부는 주자와 같이 존양과 성

---

27) 『傳習錄』 中, 「答陸原靜書」.

28) 『傳習錄』 中.

29) 心의 體用을 분리해서 보지 않으려는 것도 주자 心性說을 실천적으로 비판 극복한 것이다.

찰의 두 가지 공부가 있는 것이 아니고, 치양지의 공부 하나로 통일되고 있다. 그러므로 양명은,

> 혼자 소위 계구(戒懼)하여 수렴하고 거기에서 지정(至靜)에 이르기까지, 그리고 근독(謹獨)을 정밀하게 하여 거기에서 응물(應物)에 이르기까지 분석(나눔)이 너무 지나친 것 같다. 계신공구(戒愼恐懼)의 마음을 항상 보존할 줄 모르면, 그 공부는 처음부터 잠시의 시간이라도 없는 것이며, 부도불문(不睹不聞)에서 존양하는 것이 아니다.[30)]

라고 말했다. 주자의 뜻에 의하면 심의 미발인 '부도불문'의 지정(至靜)한 가운데 따라 하나의 존양거경의 공부가 있어서 그것이 '근독에서 응물시까지의 동의 성찰극치의 공부'와 상대된다. 그러나 양명에 있어서는 이 계신공구의 공부는 미발-이발을 관통한다고 생각한다. 즉 양명에 있어서는 즉체즉용(卽體卽用), 즉주재즉유행(卽主宰卽流行), 항동항정(恒動恒靜), 항적항감(恒寂恒感)이다. 양명은 이런 의미에서 "양지 이것은 활발발(活潑潑)이며 천지불식처(天地不息處)이다."[31)]라고 했다. 그것은 양지의 계신공구는 양지 스스로의 불식불이(不息不已)이기 때문이다.

양명의 심성론의 요지는 심의 체용·동정·이발미발을 하나로 관통하여 심을 생동적인 활물로 파악하려는 데 있다.[32)] 그런데 이 이론 역시 주

---

30) 『傳習錄』 中, 「答陸原靜書」.

31) 『傳習錄』 下.

32) 양명은 치양지를 위한 공부로 事上磨鍊을 주장하고 있다. 이는 대처해야 할 어떤 일에 부딪쳐서 그때그때 양지가 충분히 발휘되도록 心身을 연마하여 양지의 순도를 높여가기 위한 방법이다. 양명이 龍場으로 귀양 가기 직전 세 제자(徐愛, 蔡宗袞, 朱節)와 작별하면서 말한 3가지(師友之道, 歸隱之願, 事上磨鍊) 중에 들어 있는 말이다. 『양명전서』 권1, 「別三子序」.

자의 이분적 논리를 더욱 발전시켜 그 논리의 맥락 속에 흐르고 있는 상함(相涵) 관계를 관통시켜 밝혀낸 것이다.

4. 퇴계의 주자학 계승심화

1) 리기론에 있어서의 리동설

퇴계가 주자의 리기론을 그대로 수용하여 리 · 기를 형이상 · 형이하로 보는 것에서부터 리 · 기가 불상리 · 불상잡의 관계에 있다고 보는 것에 이르기까지는 퇴계와 주자의 설은 같으므로 더 말할 필요가 없다.

그러나 퇴계는 이러한 기본적인 주자학 내지 성리학의 리기론과는 다른 리기론을 제출하였다. 그것은 리가 무정의 · 무조작(감정과 의지와 작용이 없다)의 소위 기능적 작용이 없다는 주자학설의 일반적 통념을 뒤집고 리가 능동적인 작용성이 있다고 주장한 것이다. 이것이 소위 '리동설' 이다. 물론 주자의 리기론도 불상리잡(서로 떨어지지도 않고 서로 혼잡되지도 않는다)이라고 하지만 리기이원의 엄밀한 구분방식은 결국 리를 기에 비해 더 중시하는 주리적 경향이 있는 것이다. 그러나 주자학의 전체계에서 볼 때는 역시 리기이원의 교묘한 균형을 유지하고 있다. 반면에 퇴계의 리동설은 리의 중시라고 하는 사고방식인 동시에 그것이 심성론(사칠론)이나 수양론(격물설)에도 일관되게 나타나고 있는 것이 특징이다. 그러므로 이것이 리기론에만 그치는 것이 아니라 퇴계사상의 특징으로 말해지는 것이다.

『주역』「계사전」에 "역유태극(易有太極), 시생양의(是生兩儀)"라고 했다. 이것은 '역에 태극이 있는데, 이것이 음양의 양의('의'는 짝이라는 뜻)를 낳았다' 라는 의미다. 이것을 토대로 송대 주돈이(호 濂溪, 1017~1073)는 『태극도설』에서 우주 생성을 말하기를 "무극이면서 태극이다. 태극이 동하여 양을 낳고(生), 동이 극도에 이르러 정하게 된다. 정하여 음을 낳는다. 정이 극도에 이르면 다시 동한다. 한 번의 동과 한 번의 정이 서로 상대의 뿌리가 된다. 음과 양으로 나누어져 양의(兩儀)가 생겼다. 음과 양의 변화와 융합으로 수화목금토를 낳는다. 이 5기(오행)가 고르게 펴져서 사시가 운행된다."라고 하였다.

퇴계는 "공자와 주자가 음양은 태극이 낳은 것이라고 한 말을 볼 때, 만약 리기가 본래 '하나' 〔一物〕이라면 태극이 양의이니, 어찌 낳는〔生〕 자가 있겠는가?"[33]라고 하였다. 이는 퇴계가 위의 두 설을 받아들이고, 또한 리 · 기란 원래 일물로 보아서는 안 된다는 것을 공박한 것이다. 다시 말하면 태극론을 그대로 수용, 리(태극)가 기(兩儀)를 낳는다고 본 것이다. 그러나 성리학에서 리는 형이상자로 무위(작용 없음)한 것이다. 그러므로 이것은 분명 모순이다.

이에 대해 퇴계는 리가 '무위' 하다는 것은 리의 '체(體; 본체)' 를 말한 것이고, 리의 '용(用; 작용)' 을 말하면 리도 '동정(動靜), 능발(能發), 능생(能生)' 할 수 있다고 하였다. 즉 체용론으로써 그 모순을 해결하려고 했다. 그의 문인 이공호(李公浩)가 "태극이 동하여 양을 낳고 정하여 음을 낳는다고 하지만, 주자가 리는 감정도 없고〔無情意〕 조작도 없다고 하였으니 태극이 음양을 낳을 수 없을 것 같습니다."[34]라는 질문에 대해

> 朱子가 말하기를 "리에 동정이 있으므로 기에 동정이 있다. 만약 리에 동정이 없다면 기는 어떻게 동정이 있겠는가?"[35]라고 했다. 이것을 알면 의심이 없

33) 『退溪全書』(이하 『退全』이라 약함) 권41, 「非理氣爲一物辨證」.

34) 『退全』 권39, 28면, 「答李公浩問目」.

을 것이다. 감정이 없다고 한 것은 본연의 체요, 능발능생은 지묘의 용이다. 리가 스스로 용이 있으므로 자연히 양을 낳고 음을 낳는 것이다.[36)]

라고 했다.

그러나 주자의 설에는 또 이와 다르게 리기동정을 말한 것도 있다.[37)] 따라서 리에는 감정〔情意〕도 작용도 없다는 것이 주자의 정론이다. 그러므로 퇴계의 이러한 리의 해석은 독자적인 것이다.

퇴계의 이러한 '리동설(理動說)'은 리의 형이상학적 실체로서의 초월성을 강하게 긍정한 것이다. 다시 말하면 리의 실체화라고 할 수 있다. 이러한 리의 실체화는 더 나아가 리를 절대시하는 경향을 보이게 된다. 그는 말하기를

리는 원래 극존무대(極尊無對)하여 물(物)을 명(命)하되 물에 명을 받지 않는 것으로 기가 이길 수 없다.[38)]

라고 했다. 이러한 리의 절대시는 수양론과 연관 지어 보면 천리나 상제를 떠받드는 리신론적(理神論的) 종교관(deism)과도 흡사하다.

퇴계가 리를 중시한 또 한 예를 보면 그가 기대승(호 高峰, 1529~1572)과의 사칠논변을 하면서 한 다음과 같은 말에 잘 나타나 있다. 즉 그는 말하기를

35) 『朱子大全』 권56, 36면, 「答鄭子上」.
36) 『退全』 권39, 28면, 「답이공호문목」.
37) 『朱子語類』 권94 참조.
38) 『退全』 권13, 17면, 「答李達李天機」.

가만히 생각건대 고금인의 학문과 도술(道術)이 차이가 나는 까닭은 오로지 리자(理字)가 알기 어렵기 때문이다. 리 자가 알기 어렵다고 하는 것은 대략 아는 것이 어렵다는 것이 아니라 완전하고 올바르게 또 충분히 아는 것이 어렵다는 것이다.[39]

라고 했다.

퇴계가 이와 같이 리동을 말하고 리를 절대시하는 근거는 어디에 있는가? 이것은 퇴계가 가치적 입장에서 리기를 보고 있기 때문에 그렇다. 그것은 심성론(가치론)의 존재론(우주론)에의 투영의 결과인 것이다. 그는 말하기를

리는 귀하고 기는 천하다. 그러나 리는 무위하고 기는 유욕(有欲)하다. 그러므로 리를 실천하는 것을 중시하는 자는 양기(養氣)는 가운데 있으니 성현이 그런 사람이요, 양기에 기울어진 사람은 반드시 본성을 천대하게 되는데, 노장이 이들이다.[40]

라고 했다. 리의 무위와 기의 '유욕'이 대칭적으로 말해지고 있다. 즉 리의 무위는 '무욕'의 선이 된다. 원래 심성론의 존재론에의 투영은 주자학의 존재와 당위를 일원적으로 보는 자연법사상 자체에서 연유하는 문제임은 물론이다. 퇴계의 존재론에서의 이러한 리동설은 심성론이라 할 수 있는 사단칠정론(사칠론)에서는 '리발설'로 나타났다.

---

39) 同書, 권16, 46면, 「答奇明彦論四端七情第二書」.

40) 同書, 권12, 24면, 「與朴澤之」.

2) 사칠론에 있어서의 리발설

퇴계는 정지운(호 秋巒, 1509~1561)이 『천명도설』에서 "사단은 리에서 발하고, 칠정은 기에서 발한다〔四端發於理, 七情發於氣〕."라고 한 것을 정지운의 수정 부탁을 받고 「천명도」를 수정하여 새로 도를 그리고 위의 글귀를 고쳐 "사단은 리의 발이요 칠정은 기의 발이다〔四端理之發, 七情氣之發〕."라고 했다. 이렇게 만든 것이 퇴계의 『천명신도(天命新圖)』이다. 이 정정된 해석을 보고 당시 기대승이 이의를 제기, 퇴계에게 질문을 하였고, 그 후 퇴계와 논쟁을 하였다.

기대승의 생각은 칠정은 인간 정의 총칭이고, 사단이란 전체 칠정 중에서 선한 것(즉 發而中節한 것)을 골라내어 지칭한 것이라고 보았다. 그러므로 四·七을 각각 理·氣로 分對하여 말하면 인간 마음에 두 근원이 있어 사·칠이 각각 나오는 것과 같은 혐의가 있으므로 사·칠을 리·기로 나누어 말할 수 없다는 것이다. 또 리와 기의 관계가 불상잡(不相雜)하지만 또한 불상리(不相離)하므로 이원적으로 양분할 수 없다는 것이다. 기대승이 "칠정 외에 다시 또 사단이 있지 않다."[41]라고 한 것이 그것이다.

퇴계는 기대승의 의견을 듣고 『천명신도』의 자기의 말을 고쳐 "사단의 발은 순수한 리이므로 불선이 없고, 칠정의 발은 기를 겸했으므로 선악이 있다〔四端之發純理, 故無不善. 七情之發兼氣, 故有善惡〕."[42]라고 했다. 그러나 문구를 바꾸었을 뿐 퇴계의 생각은 변함없었다. 그는 『주자어류』 속에서 "사단은 리의 발이고, 칠정은 기의 발이다〔四端是理之發, 七情是氣之發〕."[43]라는 문구가 있음을 발견하고 더욱 자기 견해가 틀리지 않았음을

41) 同書, 권16, 12면, 「附奇明彥非四端七情分理氣辯」.

42) 同書, 권16, 1면, 「與奇明彥」.

43) 『朱子語類』 권8.

확신하였다. 또 그것을 증명하기 위하여 성(性)에 있어서의 본연 · 기질의 성(性)의 구분이 있는 것과 사-칠의 구분이 있는 것과 같다고 했다. 그는 "정에 사-칠의 구분이 있는 것은 성에 본성과 기질의 다름이 있는 것과 같다."[44]라고 하였다.

그러나 기대승은 천지지성(本然之性)은 리를 가리키므로 '사단을 리만으로 해석하는 것' 은 인정할 수 있지만, 기질지성은 리와 기를 함께 말하는 것이므로 '칠정을 기만의 발' 이라 하는 것은 시인할 수 없다고 하였다.[45] 퇴계는 이것을 참고하여 다음과 같이 자기 설을 수정하였다.

> 황(퇴계 자신-필자)이 칠정이 리에 관련 없이 외물(바깥 사물)이 우연히 들어와 마음이 느껴 동하는 것이라고 하는 말은 아니다. 또 사단이 물에 감하여 동하는 것은 칠정과 다름이 없다. 다만 사(단)는 리가 발하여 기가 따르는 것이요, 칠(정)은 기가 발하여 리가 타는 것이다.[46]

그러나 기대승은 퇴계의 이 설에 대해서도 불만족스럽게 여겼다.[47] 퇴계는 또한 사칠에 대한 이발기발의 해석이 가능한 근거를 밝히기를

> 대개 사람의 일신은 리와 기의 합으로 생긴다. 그러므로 두 가지는 서로 발용이 있고, 그 발은 또 서로 상대를 필요로 한다. 서로 발하므로 각각 주된 것

---

44) 『退全』 권16, 12면, 「答奇明彦論四端七情第一書」.

45) 同書, 권16, 13면, 「附奇明彦非四端七情分理氣辯」.

46) 同書, 권16, 32면, 同上.

47) 기대승은 이것도 역시 七情에는 理氣가 겸하여 있지만, 四端에는 理發 일면만 있는 것으로 보인다는 것이다. 그리하여 '情之發也, 或理動而氣俱, 或氣感而理乘' 이라 고치면 어떻겠는가 하고 반문하기도 한다. 『高峰先生文集』, 「兩先生四七理氣往復書」 下篇, 10면 후면.

이 있음을 알 수 있고, 서로 상대를 필요로 하므로 서로 상대 속에 들어 있음을 알 수 있다. 서로 상대 속에 들어 있으므로 섞어 말하는 것도 있고, 각각 주된 것이 있으므로 분별해서 말하는 것이 불가능하지 않은 것이다.[48]

라고 했다. 여기서 말한 퇴계의 의견을 보면 리발 · 기발이 다만 현상을 지칭하여 말한 것이 아님을 알 수 있다. 즉 사칠분대가 '소주(所主)' 혹은 '소중(所重)' 에서가 아니라 '소종래(所從來)' 라고 하는 근원에서부터 그것이 가능하다고 본 것을 알 수 있다. 그러므로 퇴계의 입장을 '호발설(互發說)' 이라고 말하는 것이다. 그가 말년에 '리의 능발(能發)' 까지 주장, 리에 대해 "정의(情意; 감정) · 조작(造作; 만듬)이 없는 것은 리의 본연의 체(본체)요 능발(能發)과 능생(能生)은 지묘(至妙)의 용(작용)이다"[49]라고 한 것과 같은 맥락의 견해임이 분명하다.

그러므로 사칠론에서 퇴계가 호발설을 주장한 것은 리의 자발(自發)을 전제로 한 것이며, 이것은 존재론에서의 리의 무위의 원칙과 모순이 되는 것이다. 여기에 퇴계 사칠론의 한계가 있음과 동시에 그것이 퇴계사상의 한 특색이 될 수 있는 것이다. 퇴계의 사칠분대(四七分對)는 결국 사단을 칠정과 구분하여 사단이 리의 발이라는 것을 강조하려는 데 있는 것이다. 그것을 위하여 '리발' '리의 능발 · 능생' 의 설이 불가피하게 나온 것이다. 그러므로 이 리발을 통하여 퇴계가 말하고자 하는 바가 무엇인지 해석하는 문제가 사칠론 탐구의 요점이 될 것이다.

퇴계는 기대승의 이론과 학문 방법을 비판하면서 말하기를

대저 공부를 하는 데 분석을 싫어하고 하나로 통일하고자 하는 데 힘쓰는 것

48) 『退全』 권16, 30면, 「答奇明彥論四端七情第二書」.

49) 同書, 권18, 31면, 「答奇明彥別紙」.

을 고인은 새가 대추를 그냥 삼키는 것과 같다고 했는데 그 병폐가 이와 같이 많은 것이다. 그리하면 자기도 모르는 사이에 그런 방식에 빠져 기를 가지고 본성을 논하는 폐단에 빠지고, 인욕을 천리로 여기는 데에 떨어지게 될 것이니 이것이 되겠는가?[50]

라고 했다. 이로써 보면 퇴계 호발설의 의도는 인욕으로부터 천리의 우월성을 확보하는 데 있음을 알 수 있다. 또 퇴계는 "기에 리가 타는 바가 없으면 이욕(利欲)에 떨어져 금수(짐승)가 된다."[51]라고도 하였는데, 같은 의미의 말이다.

여기에서 우리는 사칠리기론의 논리적 타당성을 넘어선 퇴계의 도덕실천자로서의 입장을 읽을 수 있다. 이는 맹자의 성선설과 같이 윤리적 명제가 갖는 권유적인 성격을 의미하고 있음은 물론이다. 그러므로 퇴계가 사-칠을 인심-도심에 비견한 것도 우리는 이해할 수 있다. 결국 퇴계의 사칠론에서의 이와 같은 리발설(호발설)은 존재론에서의 리동설(능발능생설)과 궤를 같이하는 것으로 그의 거경존양의 실천주의의 단적인 표현인 것이다.

3) 격물설에 있어서의 리도설

퇴계의 리우위론(주리론)은 격물설에서도 나타난다. 당시 『대학』의 격물과 물격(物格)에 대한 주자 주를 둘러싸고 아래와 같은 논란이 있었다. 퇴계의 격물 주해(注解)를 보면 다음과 같다.

---

50) 同書, 권16, 11-12면, 「答奇明彦論四端七情第一書」.

51) 同書, 권36, 2면, 「答李宏仲問目」.

格物(物을 格함이) 〔註〕欲其極處 (에)無不到也

物格(物에 格함은) 〔註〕物理之極處(에이)無不到也

格字에는 窮至의 뜻이 있어 格物 뜻의 비중은 窮字에 있다. 그러므로 '物(을)格(함이)' 라고 한다. 物格 뜻의 비중은 至字에 있다. 그러므로 '物(에)格(함은)' 이라고 한다. 一說의 '物理의 極處(이=가)' 도 통한다.[52)]

위의 퇴계의 주해에 대하여 논쟁의 대상이 된 것은 '물격(物格)' 과 그 주해인 '물리지극처무부도(物理之極處無不到)' 였다. 당시 이에 반대하는 학설이 두 가지가 있었다. 하나는 '리가 내 마음에 있으므로 피차(즉 인식의 주체와 객체)가 있는 것이 아니다' 의 입장을 견지하는 자들로 '만일 물리(物理)의 극처(極處)뒤에 '에이(厓是)' －현대어로 '에로' －로 토(吐)를 달면 리와 내가 피차로 이분(二分)되어 안 된다' 고 주장하는 설이고, 다른 하나는 '격물' 을 '모든 리가 융합된 다음' 의 '지지(知至)' 로 보고 '물리의 극처(에)' 라는 식으로 '에' 토를 달면 '말에 주빈(主賓)이 생겨 융회한 효과를 다 나타내지 못한다' 는 입장을 견지하는 자들로 '물리의 극처(이=가)' 로 하는 식으로 '가(是)' 토를 달아야 한다는 설이다.

퇴계는 이 두 설에 대하여 반박하였다. 첫 번째 설에 대해서는

리로 말하면 참으로 물과 아(我)의 간격이나 내외정조의 구분이 없다. 그러나 만약 사물로 말하면 천하의 사물은 실로 다 나의 밖에 있는데 어찌 리가 하나가 된다 하여 천하 사물을 다 내 안에 있는 것이라고 하겠는가.[53)]

라고 하여 물격설이 인식의 주-객 구분이 전제되어 있음을 강조하였고,

52) 同書, 권26, 34-40면, 「格物物格俗說辯證答鄭子中」.

53) 同書, 권26, 35면, 同上.

두 번째 설에 대해서는

> 치지의 공부는 실로 중리(衆理)를 융합한 묘한 경지여서 물과 아의 구분이 없을 것 같음에도 오히려 피차라든가 주-빈으로 말할 수 있다. 하물며 이 물격의 설은 다 그 사물의 리의 극처에 이르지 않음이 없음을 말하는 것일 뿐 저 융회의 묘경에 이른 것을 말하는 것이 아님에랴! 무릇 그 극처를 가리키고 그 이미 이른 것을 말하게 되면 주(主)와 빈(賓; 객체)의 분별이 있는 것이다.[54]

라고 하여 이것도 역시 인식의 차원에서 설명하는 것이 옳다고 하여 주객의 구분이 없을 수 없다고 하였다. 다만 이 경우 퇴계가 '이(是)' 토가 무방하다고 한 것은 그렇게 해도 '중리의 극처가(是) 한 곳도 도달되지 않은 곳이 없다' 는 의미가 통하기 때문이라는 취지이지 당시 일부 또 다른 학자들[55]이 주장하던 '물리가 자도(自到)한다' 는 의미를 수긍한 것은 아니었다. 당시 이런 주장을 한 학자들은 '물리가 스스로 내 마음에 이른다' 고 믿음으로써 '물리의 극처무불도' 라고 토를 붙여야 한다고 하였던 것이다.[56]

---

54) 同上.

55) 老泉 金湜, 瓢道 朴光佑, 平窩 尹倬 등이었던 것으로 나타나 있다.

56) 한문은 무주어문이 많을 뿐만 아니라 주 · 술의 구분이 분명하지 않다. 그러나 우리나라 말은 한문에 비해서는 주 · 술을 더 분명하게 요구한다. 여기서 토를 어떻게 붙여야 할 것인가의 문제는 문장구조의 문제, 즉 주어 · 술어 구분 문제로 보아야 한다. 앞의 두 주, 즉 「欲其…」와 「物理…」는 모두 무주어문이다. 그러므로 토에 '에' 나 '이=가' 가 됨에 따라 주어가 나(己)가 되느냐 物(의 理)가 되느냐가 결정된다. 우리말의 논리에 의하면 어느 쪽이냐 하는 것을 따져야 하는 문제다. 그러나 한문의 생리상 주어는 각각 격물과 물격, 즉 '物을 格함=인식함' 과 '物이 格됨=인식됨' 이 되지 않을까 한다. 따라서 이 두 문장은 '(물을 격함이) 그 철저성(궁극성)에 이르지 않음이 없도록 한다' 와 '(물이 격됨이) 物理의 심층에 이르지 않음이 없다' 의 의미가 되지 않을까? 그리고 '極處' 가 장소의 성격이 있으므로 토가 자연 '에' 가 되는 것이다. 이 두

이로써 보면 퇴계에게 있어 리의 인식이란 어디까지나 물아이분(物我二分)의 조건하에서 궁구함으로써 이루어진다고 생각하였음이 분명하다.

그러나 퇴계는 만년에 기대승에게 보낸 편지에서 자기의 이와 같은 입장을 버리고 기대승의 설을 따른다. 그는 말하기를

> 이전에 내가 잘못된 설을 바꿀 줄 몰랐던 까닭은 주자가 리는 감정도 없고 헤아림〔計度〕도 없고 만듦〔造作〕도 없다고 한 설만 지켜 내가 물리의 극(極)에 궁도(窮到)할 수 있지 리가 어찌 극처에 스스로 이를 수 있겠는가 생각했기 때문이다. 그리하여 격물의 격이나 무불도의 도(到)를 모두 내가 격하고(己格)내가 도하는 것(己到)으로 보았다. 그러나 (주자는)또 말하기를 "리에는 반드시 작용〔用〕이 있으니 어찌 또 심의 작용을 말할 필요가 있겠는가?" 라고 하였다. 그러나 그 작용이 비록 사람 마음〔人心〕을 벗어나는 것은 아니지만 그 작용의 묘를 이루는 까닭은 실로 리의 발현 때문이니, 리는 마음이 이르는 데 따라 이르지 않음이 없게 된다. 그러므로 나의 격물이 이르지 못함을 걱정할 뿐 리가 자도(自到)하지 못할까 걱정할 것은 없다. 그러므로 격물이라 하면 내가 물리의 극처에 궁도(窮到)함을 말하지만, 물격이라 하면 물리의 극처가 나의 궁구(窮究)함에 따라 이르지 않음이 없음을 말하는 것이 아니겠는가. 이렇게 보면 감정 · 만듦이 없다는 것은 리의 본연의 체요, 그 궁구에 따라 발현되어 이르지 않음이 없다는 것은 리의 지극히 신묘한 작용임을 알 수 있다. 이전에는 다만 리 본체의 무작위(無作爲)만 알았을 뿐 그 묘용이 현행할 수 있음을 알지 못하여 리를 사물(死物)로 알았으니 도에서 너무도 멀리 떨어진 것이 아니겠는가?[57)]

문장의 요지는 한문으로 평의상 고쳐 쓴다면 다음과 같이 될 것이다. 즉 '格物無不到於其極處', '物格無不到於物理之極處'. 그리하여 앞의 문장은 '격물이 철저하게 이루어진다(이루어지게 한다)' 의 의미, 뒤의 문장은 '물격이 물리의 심층에까지 이른다' 의 의미가 되는 것이다.

라고 하였다. 퇴계가 격물설에서 이와 같이 리자도설(理自到說)을 주장한 것[58]은—비록 '나의 궁구에 따라' 라고 하는 전제가 있긴 하지만—주자학에서 말하는 리의 실재성을 그가 충실히 수용하고 있었다는 증거며, 이러한 리 실재관은 앞에서 말한바 리동설 · 리발설과 같은 생각에서 나온 논리임을 확인할 수 있다. 이와 같은 동일 논리의 기반은 물론 '리의 체용' 논리이다.

4) 퇴계의 경과 주자학적 심학

퇴계의 수양론은 주자학의 방법대로 거경과 궁리 두 가지라고 할 수 있지만, 퇴계는 궁리보다 거경을 더욱 중시한다. 이것은 그의 존재론이나 심성론에서의 주리적 경향과 표리관계에 있음은 물론이다. 원래 경은 성리학에서 보편적으로 매우 중시되던 학설이지만 퇴계에게 더욱 특별한 의미를 지니게 되었다.

그는 『천명신도』에서 그 핵심이 되는 심권(心圈)과 정권(情圈)의 중앙에 경자(敬字)를 표기하여 놓았으며, 또 만년에 지은 『성학십도』에서도 "이 10도가 모두 경을 주로 한다."라고 하여 경을 강조하고 있다. 그리고 『성학십도』 「제4 대학도」의 주에서 "경이란 일심의 주재요 만사만물의 근본이다. 대 · 소학의 시종이 다 경으로 일관된다."라는 주자의 말을 인

---

57) 『退全』 권18, 30-31면, 「答奇明彦別紙」.

58) 퇴계의 '理自到說' 은 '理發' 의 생각에서 나왔고, 이 리발을 설명하기 위해 '리의 至妙한 用' 을 말하게 된 것이다. 그러나 중국사상에서 이 '體用논리' 는 원래 불교에서 온 것이며, 초월적 인격신을 상정하지 않는 중국의 범신론적 사고의 전통에서 이 세계의 설명 논리는 자연히 이것에 의지할 수밖에 없었다. 또한 이 논리가 중국에 무난히 수용된 것은 원래 중국인의 사고 기저를 형성한 것이 '음양조화의 변증법' 에 기초한 易(주역)의 사상이었기 때문이라고 말할 수 있다.

용하고 "그러므로 경 한 자는 성학의 시종의 요체가 된다."라고 하였다.[59)]

경은 수양법으로서 심성설과도 관련이 있다. 퇴계는 『성학십도』「심통성정도」에서 치심의 방법으로 경의 중요성을 말하기를

> 리기를 겸하고 성정을 통섭하는 것은 심이다. 그런데 성이 발하여 정이 될 때가 일심의 기미와 만화의 추요와 선악이 나누어지는 때이다. 이때 학자가 참으로 경을 한결같이 지녀 리·욕의 구분에 어둡지 않고 더욱 삼갈 수 있다면, 미발에는 존양의 공이 깊고 이발에는 성찰의 훈련이 능숙하게 된다. 이렇게 진실하고 오래도록 노력하면 소위 정일집중의 성학과 존체응용(存體應用)의 심법을 밖에서 구하기를 기다리지 않고 여기서 얻게 될 것이다.[60)]

라고 하였다. 이 글의 요점은 사단을 확충하고 칠정이 인욕에 떨어지지 않게 하기 위해 존양과 성찰의 두 가지 공부가 필요한데, 이 바탕이 되는 것이 경이라는 것이다. 이로써 보면 퇴계가 사칠론에서 왜 호발설(리발설)을 주장하였는지를 알 수 있다. 즉 그것은 인간의 순수한 도덕적 가치를 높이고 또 그것을 실현하고자 하는 의도이며, 그 실현 방법으로 경은 매우 중시되지 않을 수 없다는 것이다. 따라서 퇴계에게는 경이 특별한 의미가 있는 것이다.

퇴계는 또 이 경에 바탕을 둔 궁리를 말하였는데,

> 경을 위주로 하여 모든 사물에서 소당연의 법칙과 소이연의 까닭을 궁구하고, 그것을 침잠·반복·완색·체험하기를 지극히 하여, 세월이 오래되고 공력이 깊어지게 되면 하루아침에 자기도 모르게 시원스레 풀려 활연관통하는

---

59) 『退全』 권7, 「聖學十圖」 第四大學圖.

60) 同上, 心統性情圖.

것이 있게 된다.[61]

라고 했다. 이와 같이 궁리도 경이 바탕이 된다 하여 경을 매우 중시하였다. 이로써 보면 퇴계는 주자의 수양법의 두 가지인 거경과 궁리 중 거경을 더욱 중시하는 것을 알 수 있다. 경의 중시는 곧 심의 중시다. 그러므로 퇴계는 주자학의 심학적 측면을 강조하여 수용한 것이 특징으로 명의 왕양명과는 다른 입장에서 주자학적 심학(주자학 계통 내에서의 주리적 心學)을 형성하였다고 할 수 있다.[62]

부언하여 말하면, 철학사상과 표리관계에 있는 정치사상에서도 퇴계의 이러한 경향을 볼 수 있다. 즉 정치론에서는 정치사회의 질서를 확립함에 인간을 밖으로부터 규제하는 객관적 규범－법이나 제도－을 중시하기보다 인간의 내면성을 중시하여 수신이 정치의 근본이라고 강조하는 소위 주관적 규범의 강조로 나타났다. 그는 말하기를

> 그 정치를 논함에서는 존심이 선치(善治)를 펴내는 근본에 불과하다.[63]

라고 하고, 또

---

61) 同書, 권6, 48면, 「戊辰六條疏」.

62) 友枝龍太郎, 「한국에 있어서의 주자학 수용과정」, 『동양문화국제학술회의 논문집』(성대 대동문화연구원, 1980), pp. 55-56. 여기에서 友枝씨는 퇴계에 대해 말하면서 "18, 9세 때의 詩로부터 시작하여 그 위에 心經附注, 朱子文集, 延平答問의 탐구라고 하는 기묘한 종합의 퇴계의 연구과정을 더듬어 본다면 그가 存養, 省察, 窮理를 말하면서도 특히 주자학의 心學的 측면을 강조하여 수용하고 있는 점이 명백하다. 그리고 이퇴계의 입장은 주자학을 주축으로 하여 당시 중국의 羅整庵(欽順), 王陽明과는 다른 주자학적 심학을 형성하였다고 말할 수 있다."라고 하였다.

63) 『退全』 권19, 24-25면, 「答黃仲擧論白鹿洞規集解」.

(새로운 정치에 있어) 임금이 몸소 행하고 마음으로 체득하여 얻은 것에 근본하여 민생생활에서 행할 윤리를 가르치는 것이 근본이요, 법제(法制)를 추종하고 문물(文物)을 답습하여 지금 것을 개혁하고 옛것을 모범으로 삼아 모방·비교하는 것은 말단이다.[64]

라고 하고 있듯이 정치는 통치자의 수신이 제1의적인 것이고 제도 개혁은 제2의적인 것이었다. 그리하여 퇴계 정치론은 율곡 이이보다 아이디얼리스틱한 성격을 띠고 있고 이는 그의 철학과 밀접한 관계를 가지고 있다.[65]

5. 결어

주자학적 자연법사상은 물리=도리이기 때문에 원초적으로 양면을 갖기 마련이다. 자연법사상의 물리=도리의 분화는 거경 위주의 내면주의(도덕실천주의; 유심론적 철학)와 격물치지 중시의 궁리론적인 기의 철학 내지 실학으로 나누어져 갔다. 이 필연적인 자연법사상의 내재적 변용은 양명 심학에서 내면주의의 극치를 이루고 궁리론은 기의 조리(법칙)를 탐구하는 청대 실학으로 전개되었다.

이 내면주의의 전개에서 양명은 주자학의 이원론적인 정합적 정적(靜的) 체계에서 일원론적인 종합적 동적(動的) 체계로 비판 극복해 갔다. 그리하여 주자의 격물설·심성정론 및 수양론을 비판하여 치양지론을 창출하였다. 이는 주자학을 실천면에서 더욱 철저화하려고 한 결과였다. 즉 양명은 주자 격물론의 심·리 이원론의 비판에서 출발하여 심즉리로 나

64) 同書, 권6, 48면, 「戊辰六條疏」.

65) 박충석 외, 『조선조의 정치사상』(평화출판사, 1980), pp. 46-51.

아가고, 나중에는 치양지론으로 귀착하여 주자학의 한 부분인 거경론의 전개로서 내면주의의 절정을 이루었다.

한편 다 같이 주자학을 수용하여 그것을 자기 학문으로 변용한 퇴계의 경우는 명과 조선의 공간적 · 문화적 · 사회적 상위성에 의하여 주자학을 토착화시키는 것을 자기 임무로 삼고 주자학을 계승 묵수하였다. 묵수한다고 하지만 주자학 그대로의 복제는 아니었다.

퇴계의 주자학은 먼저 존재론에서는 주자식의 리기이원론을 충실히 수용하면서도 체용 논리를 동원하여 리선재성(理先在性)을 강조했다. 이 리선재론(理先在論)은 물론 주자학 본래의 성격인 인성론(즉 심성론)의 존재론에의 투영, 즉 가치론적 리기 해석에서 근원적으로 유래하는 것이지만, 여하튼 퇴계 존재론에서는 리선재론으로 나타났다. 리선재론은 '태극동이생양의(太極動而生兩儀)' 의 『주역』 및 『태극도설』의 해석에서 리동이생기(理動而生氣)를 긍정하게 되었다. 즉 '리동설(理動說)' 을 주장한 것이다. 리에 대한 그의 이러한 우위관(優位觀) 때문에 그의 철학은 리발설로 나타났다. 즉 일반적으로 주리론으로 일컬어진다.

존재론에서의 리동설이 사칠론에서는 사 · 칠을 리 · 기에 각각 배속시켜 엄격히 구분하는 동시에 사단이 리발임을 강조하였다. 사단은 리발, 칠정은 기발이라고 하는 이원적 발상 때문에 그의 사칠론은 일반적으로 리기호발설이라 불린다. 격물설에서도 리의 체용론을 원용하여 나의 격물에 따라 리가 자도한다는 설을 주장하였다. 격물 원전의 토 문제는 한문과 우리말의 문장구조 차이에서 오는 사고 논리의 차이이며, 그런 의미에서 이는 우리 학자의 더욱 진전된 철학 사고의 일단을 보여주는 것이라고도 할 수 있는 논제였다. 퇴계의 물격과 그 주의 해석 역시 주리적 사고임을 확인시켜 주었다. 그뿐만 아니라 그의 정치론에서도 통치 기술이나 제도보다도 통치 주체자의 수신이 정치의 근본이라고 하여 제도 같은 객관적 규범보다 수신과 같은 주관적 규범에 치우쳤다. 이것은 정치론에서의 아이디얼리즘이며 주기론자 율곡 이이의 정치적 리얼리즘에 비해 볼 때 주리적인 사고와 연관됨이 분명하다.

이 모든 퇴계의 주리적, 즉 리 중시(우위)적 사고는 그의 학문 성격을 주자학의 두 요소 중 거경론 쪽으로 기울어지게 하였다. 오히려 기울어졌기 때문에 위와 같은 모든 이론이 나온 것이라고 하는 것이 더 정확할지 모르겠다. 그의 이러한 거경 치중의 철학은 심과 경의 중시로 나타났다. 그가 『심경부주』를 존신한 것은 말할 나위가 없고 그의 만년의 학문이 온축된 『성학십도』에서도 경을 매우 중시했다. 뿐만 아니라 그의 『언행록』을 일별하면 그가 주자학적 경의 충실한 실천자임을 알 수 있다. 경은 성리학의 보편적 수양법이다. 그러나 퇴계에게 있어서는 그가 이것을 중시함으로써 특별한 의미가 있게 되었다. 이는 마치 중국의 명초 실천주의 주자학자들의 심과 경의 중시와 비견될 만하다.

이처럼 퇴계에게 있어서 주자학에 대한 철저한 이해와 실천은 주자학을 계승 묵수하면서 주리적 해석으로 주자학을 한층 심화시켰다. 주자학에서 양명학에로의 사상 내재적인 발전적 전개가 필연적이었다고 할 때 양명과 퇴계는 똑같이 주자학을 받아들여 다 같이 주자학의 거경론 분야를 철저화하되 양명은 주자학을 비판 극복하여 치양지의 새로운 유심적 철학을 세웠지만 퇴계는 주자학을 계승 묵수하면서 주리적 심학을 전개하였다.

퇴계의 이 주리적 심학은 주자학의 유심적 전개로서는 그 대체적인 성격이 양명학과 같기 때문에 그 자체로서 자족적이었다. 그러므로 퇴계는 그가 이해한 주자학적 체계를 토대로 반주자학적인 모든 이론을 비판 배척하고 나아가 그의 주자학적 심학의 입장에서 양명의 철학까지 비판하였다. 이를 역사적 관점에서 보면 사상의 자유를 제한했다고 보겠지만,

사상사의 유기적 연관성을 고려해서 이해한다면 퇴계에게서도 역시 주자학에서 양명학에로의 사상 내재적인 변용의 필연성을 충분히 볼 수 있다. 그렇다면 퇴계의 주자학 이해는 심화라고 할 만한 고도의 우수성을 인정하지 않을 수 없다.

양명과 퇴계의 이러한 비교 연구는 명대의 심학과 조선조의 퇴계 이후의 주자학사를 비교 연구할 수 있는 새로운 시각이 될 수 있으며, 특히 조선조 양명학 특징 연구에도 일조가 되지 않을까 한다.

제5장

나흠순과 이율곡

1. 나흠순과 『곤지기』

율곡(李珥, 1536~1584)은 성혼(成渾, 호 牛溪, 1535~1598)에게 보낸 편지글에서 나흠순(羅欽順, 1465~1547, 호 整庵)에 대해 여러 번 언급하고 있다. 특히 그의 학설에 대해 찬성하기도 하고 일면 반대하기도 한 것에 우리는 유의할 필요가 있다.

나흠순은 명대 중기 학자로 왕양명(1472~1528, 명 守仁)과 동시대요, 율곡보다 약 70년 앞선다.

그는 당시 성행한 양명학을 비판하였으므로 충실한 주자학자로 간주되었다.[1] 그러나 그는 실은 주자학을 비판한 사람이었다. 이러한 반주자학적인 측면을 부각시킨 것은 최근(2차 대전 이후)의 일로서 기 철학을

1) 청대 주자학자 張伯行은 그가 관찬한 『廣近思錄』에서 薛瑄, 胡居仁, 나흠순의 문장 발췌의 경우 반주자학적인 말은 빼어버렸다. 따라서 설, 호, 나 3인의 차이도 감추어지고 말았다. 이러한 방식은 江起雛의 『近思錄補』에서도 보인다. 또 장백행의 『正誼堂全書』에서 『抄本困知記』를 실었는데 원 『곤지기』와 비교할 때 주자 리기설을 비판한 곳은 모두 삭제되었다. 양명학에 대한 그의 비판은 그의 심성론에서 상론한다.

유물론 사상으로 평가하려는 중국(대륙)의 연구자에 의해서 거론되었다.[2] 그러나 이것도 일면에 치우친 시각으로 나흠순의 주자학적인 면이 사상된 왜곡된 평가에 지나지 않는다.

나흠순의 학문적 입장은 미묘하지만 결론적으로 주자학을 비판적으로 계승했다고 할 수 있다. 즉 주자학이 원래부터 갖고 있던 리기론의 두 원칙. 즉 '리기불상잡'과 '리기불상리' 중에서 후자에 더 충실하려 했다고 일단 볼 수 있다. 주자 사후 이미 리를 실체화시키는 경향이 나타났다.[3] 이는 주자학의 관학화와도 관련이 있는 것이었는데, 이는 주자 리기론의 왜곡이었다.

한편으로는 명대 중기에 와서 리가 아닌 기를 더욱 중시하려는 경향이 나타나기 시작했고, 또 다른 한편으로는 리를 인간의 심의 문제로 수렴하여 철학의 기초를 심에 두려는 소위 심학의 경향이 나타났다. 전자가 송

---

2) 전후 중국에서 '氣의 철학'을 유물주의 사상으로 평가하며, 그것을 극히 높이 평가하려는 경향을 보이었다. 송대의 張載(橫渠)가 먼저 거론되고, 명대에는 나흠순, 王廷相, 李贄(卓吾) 등이 거론되고 있다. 예를 들면 張岱年의 『中國唯物主義哲學簡史』(1957년 간)에서는 "명대의 중요한 유물주의 철학가는 나흠순과 왕정상이다"라고 하였고(p. 101), "나흠순의 주요 저작은 『곤지기』인데, 그 중에는 객관유심주의(=주자학)에 대한 비평과 주관유심주의(=양명학)에 대한 반박이 포함되어 있다."라고 하였다(동상). 또 洪潛 등의 『哲學史簡編』(1957년간)에는 "나흠순은 기일원론의 학설을 견지, '通天地亘古今, 無非一氣而已'라고 인정, 리는 기의 聚散에 의한 객관 사물 그것의 변화 법칙에 지나지 않고, 기를 떠나 독립자존하는 것은 절대로 아니고, 또 객관세계를 지배하는 主宰도 아니라고 지적하였다. 그는 '有此物卽有此理'의 명언을 제출, 객관적으로 존재하는 구체적 사물이 소실되어 버리면 理도 또한 존재하지 않는다고 보고 있다. 그는 사물의 리와 객관사물 그것을 연결시켜 유력하게 정주학파의 객관유심주의를 물리쳤다."라고 하였다(pp. 281-282). 山下龍二, 『陽明學の硏究』(下)(東京: 現代情報社, 1971), pp. 80-82 참조.

3) 黃士毅, 黎靖德 등이 관찬한 『朱子語類』는 주자의 태극을 객체적 존재 즉 실체적인 有로 파악하고 있었다. 이에 반해 黃幹(勉齋)의 문인 葉士龍의 『語錄類要』에서는 태극을 무한정자로 보아 그것의 객체화를 막으려는 경향을 보였다. 友枝龍太郎, 『朱子の思想形成』(東京: 春秋社, 1969), pp. 539 이하 참조.

대 장재(張載, 호 橫渠, 1020~1077)를 연원으로 하는 왕정상(王廷相, 호 浚川, 1474~1544)의 '기의 철학' 이요(광의로 보아 나흠순을 넣기도 한다), 후자가 왕양명의 심학이다. 이런 상황에서 나흠순은 리기론에서는 주자의 리의 실체화를 비판하였고, 심성론에서는 양명의 심성일체론을 비판하였던 것이다. 그러므로 나흠순이 주자학을 비판적으로 계승했다고 하는 것이다. 넓은 범위로 주자의 리의 철학에 대해 상대적으로 그를 왕정상과 함께 기의 철학에 넣기도 하지만 그는 왕과 달리 장재에 대해 비판하는 것을 볼 때 그의 주자학은 주자의 '리기불상리' 의 원칙을 더욱 철저화한 것을 알 수 있다. 이러한 그의 관점을 리기혼일의 사상이라 말할 수 있고, 이러한 관점은 그에게 주자보다 더 현실주의적인 입장을 갖게 하였다.

율곡은 자기보다 앞선 서경덕(徐敬德, 호 花潭, 1489~1546)과 퇴계(李滉, 1501~1570)를 나흠순과 함께 비교 우열을 논하면서까지 그의 학설을 면밀히 검토, 자기 학설을 수립하는 데 많이 참조하였다.[4] 그도 나흠순과 마찬가지로 서경덕의 기론과 퇴계의 리기호발설을 양쪽으로 비판하면서 중도에서 주자학을 충실히 계승하려고 하였다.

그러나 중요한 것은 율곡은 나흠순도 비판하여 "리기를 一物(한가지)로 보는 병폐가 있다."[5]라고 한 점이다. 율곡은 이미 삼자를 비교하여 나흠순이 제일 우수하고 그다음이 퇴계고, 그다음이 서경덕이라고 우열을 논하면서도 또 한편으로 나흠순을 비판하였다. 이것은 무슨 의미인가? 여기에 우리는 유의할 필요가 있다. 그뿐만 아니라 그는 "성인이 다시 나오셔도 이 설만은 바꿀 수 없을 것이다."[6]라고 하여 자기 학설에 대해 자부

4) 물론 그의 학설의 핵심은 이미 20세 전후하여 「天道策」을 쓸 즈음 구상되었다. 이미 이 속에 우주를 '機自爾性' 에 의한 유기적 운동체로 파악하고 있는 면이 보이기 때문이다.

5) 『栗谷全書』(이하 『栗全』이라 약칭함) 권10, 8면, 「答成浩原」.

6) 同上.

심을 표시하였다. 여기에서 성인은 물론 주자이다. 그러나 율곡 학문이 주자학이 바탕이므로 다른 학설을 가지고 주자를 비판하는 입장은 아니고, 오히려 주자설의 올바른 이해나 그것을 통한 진리에의 접근에 대한 자부심의 발로라고 볼 수 있다.

결국 율곡의 여러 발언을 종합해 보면, 자기가 이해한 주자학이 가장 정당하고 나흠순의 주자학 이해는 아직 미진하다고 여긴 것이다. 앞에서 말한 삼자의 우열 비교는 다른 차원에서 논한 비교임은 물론이다. 율곡의 나흠순에 대한 비판은 앞에서 말한 '리기일물의 병통' 만 언급하였고, 구체적으로 그의 학설을 조목조목 비판한 것이 아닌 점을 고려할 때 율곡은 오히려 그의 심성론 부문에서는 나흠순의 영향을 많이 받았다고 보인다.

나흠순이 리기론에서는 주자의 리의 실체화(초월화)에 대한 비판에 치중함으로써 '리의 형이상학적 원리' 로서의 의미를 놓친 데 대하여 율곡은 리의 '소이(所以)', 즉 원리성(=원리)을 다시 강조함으로써 나흠순을 비판적으로 보았다. 한편 또 율곡은 나흠순이 심성론에서는 주자의 심성이원론의 입장에서 양명의 심·성을 나누지 않는 '양지지심(良知之心)' 을 비판한 것을 보고 이 점에서는 기본적으로 나흠순이 주자학의 본지를 벗어나지 않았다고 율곡은 보았다. 그러나 나흠순은 이 심성론에서도 본연지성을 초월화시키는 데 반대하거나, 인심도심론에서도 체용론으로 설명하는 등 여전히 리기론에서 가졌던 주자비판의 논리를 적용하였다. 그러므로 율곡의 심성론에서의 나흠순 수용도 그렇게 단순하지만은 않다.

명대 주자학에서 주자의 리기론이 심학의 융성이라는 사조를 감안하더라도 올바르게 이해되지 못하는 상황에서 나흠순의 리의 초월화에 대한 브레이크는 참신한 동기를 유발한 것이고, 이것이 『困知記』를 통해 조선에도 전파되었는데, 율곡의 경우 비판적으로 보았기 때문에 결국 '더욱 참신하게' 본 것이다. 율곡은 불교와 노장사상까지 섭렵한 당시 비교적 넓은 안목을 가지고 주자학의 본지에 접근해 가려 했고, 이러한 시각에서 그는 나흠순의 학설도 참고하여 자기 나름의 독창적인 학설을 수립한 것이다. 그러므로 나흠순과의 비교를 통하여 율곡을 연구하는 것은 율곡 사상의 특징을 고찰하는 하나의 중요한 방법이라고 할 수 있다.

이 논문에서는 이러한 취지에서 나흠순 철학과 율곡 사상을 비교하였다. 체계적 서술을 위하여 먼저 나흠순의 철학을 논하고, 상호 비교는 율곡 사상을 논하는 부분에서 중점적으로 다루었다.

2. 나흠순의 '리기혼일'의 철학

1) 나흠순의 리기론

(1) 기에서 리를 본다

리기 문제는 정주 리학 체계의 핵심인데, 주자에서 리는 제일의 실체로 만물을 낳는 근원이었다. 주자는 우주의 근원을 설명함에서는 장재의 설을 취했지만, 장재의 기의 철학[7]과는 달랐다. 기의 철학의 리기관을 가지

7) 장재의 唯氣論과 나흠순의 리기를 혼융하게 보려는 관점은 다르다. 단순히 '기의 철학'이라 하더라도 양자는 구분해야 하고, 더욱이 유물론으로 기의 철학이나 유기론을 같이 묶을 수는 없다. 유기론은 유물론에 보다 더 가깝지만, 그것은 존재론이나 우주론에 있어서 그렇고 인성론이나 가치론(도덕론)까지 포함한 전 사상체계에서 보았을 때는 또 꼭 그렇다고 할 수 없다. 또 여기서 '기의 철학'이라고 하지만 이는 주자학의 '리의 철학'에 대해 상대적으로 말하는 것일 뿐, 그렇다고 리가 기에 예속되어 있다는 것이 아니다. 주자학이 事象 속의 리를 생각하고 있는 데 대해 나흠순류의 기의 철학은 事象 그 자체에 있어서 리를 생각하는 점에서 보다 현실 중시적이라고 하는 차이가 있다. 그러므로 나흠순의 리기론을 크게 말하면 기의 철학이지만, 그의 관점을 좁혀 말하면 리기혼일의 사상이라고 하는 것이 보다 정확하다. 주자학을 리기이원론, 기의 철학을 리기일원론이라는 말도 흔히 사용되는 용어인데, 이 경우도 우선 그렇게 표현

고 주자의 리기관과 명백하게 대립적이 된 것은 명대 중엽에 와서였는데, 나흠순, 왕정상이 그 대표자였다. 그러나 나흠순의 리기관은 장재와는 또 달랐다. 즉 그의 리기론은 주자와 장재의 리기론을 동시에 비판하였다.

리기 문제에서 나흠순은 리가 기의 리이고, 기 밖에 별도로 하나의 리가 있는 것이 아니라고 보았다.[8] 기의 운동 과정 중에서 리를 볼 것을 강조하였다. 그는 다음과 같이 말하였다.

> 리는 다만 기의 리다. 기의 움직임 속에서 그것을 보아야 한다. 갔다가 오고 왔다가 가는 것, 이것이 바로 움직임이다. 갔다가는 오지 않을 수 없고, 왔다가는 가지 않을 수 없는데, 그렇게 되는 까닭을 알 수 없으며, 一物이 거기에 있어서 그렇게 되도록 주재하는 것이 만약 있다면 이것이 리라는 이름이 붙게 된 까닭이다. …… 리는 반드시 기에서 보아야 되지만 그렇다고 기를 리로 보는 것은 틀린 것이다. 이 말은 바꿀 수 없지 않겠는가?[9]

라고 하였다.

여기에서 나흠순은 주자가 기의 운동 법칙을 모르고 기의 왕래의 운동 과정 중에 하나의 주재가 있어서 그곳에서 지시하는 것과 같은 것으로 생

하는 것이지 이런 구별이 반드시 타당한 것은 아니다. 왜냐하면 주자의 리기론도 존재론의 면에서는 리기일원론이라고 해야 하기 때문이다.

8) 이것이 명대 기의 철학의 리기론의 특징이다. 즉 주자의 경우 理先氣後라고 말해지는 것처럼 리는 기에 대하여 가치적으로 우위에 두고 있는 데 대하여 명대 경우는 리는 어디까지나 기의 조리라고 보고 있고(나흠순은 그렇지 않지만), 리기 사이에 가치적인 선후 관계는 없고, 리기는 同位的이고 相卽的이라고 본다. 이때 유의할 것은 리를 기의 조리로 본다고 하지만 리가 기에 예속되어 있다는 것이 아니고, 또 리 우위에 대해 반드시 기가 우위라는 것도 아니다. 사상 그 자체를 중시하는 현실중시적 입장에 서 있는 것이 '기의 철학' 의 입장이다.

9) 『困知記』 續 卷上 38장.

각하지 못하였음을 은근히 지적하고 있는 것이다. 이 같은 표현은 주자와 별반 다를 것이 없는 듯하지만, 그러나 전체적인 문맥으로 보아 기에서 리를 보아야 한다는 생각이다. 즉 나흠순은 리는 기를 떠날 수 없는 것으로 인식하고 기를 능가(초월)하는 리는 없다고 보았다. 그뿐만 아니라 그는 정면으로 무엇이 '리' 인가에 대해 말하였는데, 그의 다음과 같은 말은 매우 유명한 것이다.

> 부자(夫子; 공자)가 『역』을 찬양한 이후 비로소 사람들은 궁리를 가지고 말하기 시작하였는데, 리는 과연 어떤 것인가? 대저 천지와 고금에 걸쳐 일기(一氣) 아닌 것이 없다. 기는 본래 하나이나 일동일정(一動一靜), 일왕일래(一往一來), 일합일벽(一闔一闢), 일승일강(一升一降)하여 무궁하게 순환한다. 작고 미미하게 시작하여 점점 커져 드러나고, 거기서 다시 미미하게 되니, 사시(四時)의 온량한서(溫凉寒暑), 만물의 생장수장(生長收藏), 백성의 일상윤리도덕, 인간사의 성패득실 등이 그것인데, 천만 가지 맥락 조리가 어지럽게 얽히고 얽혀 있지만 절대로 혼란하지 않은 것이다. 그렇게 되는 까닭을 모르는 것, 이것이 소위 리(理)이다. 처음부터 별도로 하나의 사물이 기에 의지하여 서서 기에 붙어 움직이는 것이 아니다. 혹자는 『역』의 태극이란 한마디 말 때문에 음양의 변화에 일물(一物)의 주재가 그 가운데 있는 것으로 의심하지만 이것은 그렇지 않다. 대저 역이란 양의, 사상, 팔괘의 총명이고, 태극은 중리(衆理)의 총명이다.[10]

여기에서의 논점은 매우 명확하다. 공간으로 말하면 우주 전체요, 시간으로 말하면 고금이 일기 아님이 없다는 것이다. 기는 운동하는 것이다.

---

10) 『곤지기』 권상 11장.

왕래, 개벽, 승강 등이 모두 기의 운동 형태다. 자연계의 각종 변화, 인류 사회의 흥망성쇠가 모두 기의 활동 결과이다. 기의 질서 있는 운동이 바로 리이다. 그러므로 리를 기를 주재하는 것으로 볼 수 없다. 마찬가지로 태극 역시 만물 위에 있는 초월적인 주재가 아니다. 여기에서 주자에 대한 완곡한 비판을 가한 것이다. 왜냐하면, 주자는 태극을 동하여 양이 되고 정하여 음이 되는 본체로 해석했기 때문이다. 또한, 주자는 "태극은 리이고 음양은 기이다. 기가 능히 동정할 수 있게 되는 까닭은 리가 그것을 주재하기 때문이다."[11]라고 했다. 나흠순은 이러한 관점에 찬동하지 않았다.

⑵ 리와 기는 다르다 – 태극의 부정

그러나 나흠순은 또 리와 기를 동일시할 수는 없다고 여겼다. 즉 그는 다음과 같이 말하였다.

> 리는 반드시 기에서 보아야 한다. 그러나 기를 리로 보는 것은 잘못이다. 여기에는 조그마한 착오도 인정되지 않는다. 가장 말하기 어려운 부분이다. 사람들이 모름지기 잘 보고 속으로 체득해야 한다. 기에서 리를 보는 것과 기를 리로 여기는 것, 이 두 가지에는 분명 분별이 있다. 만약 여기에서 분명히 보지 못하면 말이 많아도 소용없다.[12]

나흠순의 주자 리선기후설의 부정은 직접 장재와 같은 태허(太虛)의 우월을 주장하는 기의 철학, 즉 유기론(唯氣論)을 따르는 것을 의미하는 것이 아님을 말한다. 다시 말하면 기를 제1의 적인 것으로 리를 제2의 적인 것으로 보아 장재의 유기론과 같이 되는 것이 아니다. 이것은 중국에서

11) 『太極圖說解』.

12) 『곤지기』 권하 35장.

나흠순을 유물주의 사상의 틀 속에 넣어 장재와 같이 보려고 하는 데서 빚어지는 오해다.[13]

나흠순의 경우 "기가 원래 하나다."[14]라든가, 또는 "그 리는 본래 하나다."[15]라고 하여 리, 기가 마치 실체인 것처럼 말한 바도 있다. 그러나 이때 리와 기는 하나의 실체를 말하는 것이 아니다. 왜냐하면 만약 그렇게 되면 리기이원론에 빠져버리고 말기 때문이다. 이때 하나의 리와 하나의 기가 각각 대립하여 별개의 실체로 존재하는 것은 아니다. 이때 일(一)이라고 한 것은 다(多)에 대한 개념이다. 그러므로 나흠순에 있어서는 말하자면 리기의 혼연한 일체만이 먼저 존재한다고 생각한 것이다.

리도 기도 원래 하나로서 천지만물을 통관하고 있고, 일리에 대해 분수개별의 리, 일기에 대해 만수변화의 기가 생각되고 있는데, 리일분수, 기일분수는 리기일물(理氣一物)로서 본래 통일되고 있다. 이것이 나흠순의 리기론의 체계이다. 주자는 리에 있어서 세계의 무한성을 보고, 장재는 태허(기)에 있어서 세계의 무한성을 생각했는데, 이는 현실이란 만물은 리나 태허의 순수성을 잃어버린 모습이라 보고, 만물은 무한한 것의 그림자를 갖고 있는 데 지나지 않는다고 본 것이다.

그러나 나흠순은 리기일체의 모습을 현실의 만물 가운데서 보아 리일분수, 기일분수의 이론에 의해 만수의 개물이 그대로 무한과 연관되는 것을 알고 있었던 것이다. 무한한 것도 역시 일기의 혼연한 일체성을 갖고 있다고 나흠순은 생각했다. 그것이 천지였다. 그리하여 천지가 생기기 이전이라고 천지의 시간적 본원이라든가, 이 천지를 그 속에서 받쳐주고 있는 본체라고 하는 것과 같은 문제는 그의 안중에는 없고, 있는 것은 눈앞

13) 山下龍二, 『陽明學の 硏究』(下), pp. 80-82 참조.
14) 『곤지기』 권상 11장.
15) 同書 續 卷下 10장.

에 전개되는 가시적인 현실 세계뿐이었다. 이러한 '현실 중심'의 입장은 송대와 다른 명대 사상의 특색이라 할 수 있다.

나흠순은 장재의 태극설 또한 비판했다고 앞에서 말했는데, 여기서 좀 더 상론할 필요가 있다. 그는 말하기를

> 장자(장재) 『정몽(正蒙)』의 "태허로부터 천(天)의 이름이 있다."[16]라는 몇 마디 말은 역시 리기를 이물(二物)로 보고 있다. 그 탐구가 깊지 않은 것은 아니지만 말에 무리가 있고, 그리하여 성명자연(性命自然)의 리는 아닌 것 같다.[17]

라고 하였다. 여기 인용된 『정몽』의 원문은 이 말에 이어 "기화(氣化)로 말미암아 도(道)의 이름이 있고, 허(虛)와 기(氣)를 합하여 성명(性命)이 있고, 성(性)과 지각(知覺)을 합하여 심(心)의 이름이 있다."라는 문장으로 되어 있다. 나흠순이 이 문장을 리기이물론으로 본 이유는 "허와 기를 합한다."고 하는 '합'의 글자에 있었다. 이것은 그가 『태극도설』의 "무극지진(無極之眞)과 이오지정(二五之精)이 묘합하여 엉긴다."고 한 문구를 의심한 데서도 입증된다.[18]

장재의 '태허'는 기의 본체이고,[19] 기 또한 만물이 흩어져 돌아가는 곳이다.[20] 이렇게 보면 태허, 기, 만물이 전적으로 동일 실체로 상대적 모습의 차이에 불과한 것이 된다. 그러나 장재는 그의 성론(性論)에서 천지의 성과 기질의 성을 구별하였다. 이것은 유형의 기 또는 만물에 있는 성은

---

16) 『正蒙』 太和 11장.
17) 『곤지기』 권하 22장.
18) 同書 권하 19장.
19) 『정몽』 태화 2장.
20) 『정몽』 태화 3장, "기의 物됨은 흩어지면 무형으로 돌아간다.", "만물은 흩어져 태허로 되지 않을 수 없다."

그 본래의 모습을 가지지 못하고 탁한 상태로 있다고 생각하였기 때문이다. 이것은 인성론에서만 나타난 것이 아니고, 태허, 기, 만물 관계를 논했을 때 이미 태허를 존재의 진실상으로 보려는 사고가 깃들어 있었다. 이러한 면은 분명 장재를 유물론자로서 높이려는 관점에서 보면 철저하지 못한 것이 된다.[21)]

장재는 말하기를 "천지 유형(有形)의 제 현상은 모두 신화(神化)의 찌꺼기이다."[22)]라고 하였다. 이것은 태허와 유형의 기가 각각 상태의 차이를 나타낼 뿐만 아니라 거기에 가치상의 구별이 있다는 것이다. 즉 기나 만물은 본체로서의 태허로 돌아갔을 때 비로소 밝게 되어 신(神)이 된다는 것이다. 그러므로 태허는 현실의 천지만물을 초월한 성격을 갖는다. 나흠순은 장재의 태허가 가지는 이러한 성격에 대해 불만족스럽게 여긴 것이다. 주자 역시 장재의 '태허즉기(太虛卽氣)'에 대해 "그것은 역시 리를 가리키고 있는데 표현이 분명하지 않다."[23)]라고 하였다. 주자의 생각에 장재의 태허가 일면 리적(理的)인 성격을 가지고 있어서 전적으로 기로만 볼 수 없다는 것이다.

(3) '리기혼일'의 철학

나흠순은 태극과 음양관계에 있어서 리기의 분열을 본 것과 같이 장재의 태허와 기와의 관계에서도 리·기의 분열 경향을 본 것이다. 그러므로 리기이원론에 대하여 비판한 그의 입장은 리기혼일의 관점[24)]으로서 정호(程顥, 호 明道, 1032~1085)의 사상과 상통되는 바가 많아 그것에 크게 공

21) 張岱年, 『장재』, pp. 26-27; 山下龍二, 『陽明學の硏究』(하), p. 70에서 재인용.
22) 『정몽』 태화 12장.
23) 『주자어류』(이하 『어류』라고 약칭함) 권99.
24) 앞의 주 7) 참조.

감을 나타내기도 하였다.[25] 나흠순은 리기가 나누어지지 않은 무차별의 일체의 세계를 먼저 생각하고 있었다. 이찌가와(市川安司)는 "정이천(程伊川, 명 程頤, 1033~1107)에서 주자로 학문이 계승됨에 따라 리의 실재화 경향이 강해졌다. 명도의 리는 리가 갖는 보통 일반의 의미에서 이제 막 실재화의 단계에 이르는 그 과정 가운데 있는 것이라고 할 수 있겠다."[26] 라고 하였다. 명도의 이러한 관점을 보면 이에 공감하는 나흠순의 관점도 명료하게 알 수 있다.

이찌가와는 또 명도의 리의 사상은 '리적인 것' 에서 '리' 로 옮아가는 지향성을 가지고 있음을 논증하고 있다. 리의 실재화의 방향을 가지고 있으면서도 정이천, 주자에 비하여 그 정도가 낮았기 때문에 나흠순이 공감한 것이다. 즉 리가 실재화하지 않고, 즉 기와 대립하고 있지 않은 점에 공감한 것이다. 나흠순이 장재의 말과 함께 명도의 말을 인용하는 것도[27] 리가 기를 떠나 독립하기 이전의 리를 다루었기 때문일 것이다.

나흠순의 이러한 생각은 보편자가 개별자에 앞서서 존재한다고 보는 보편자 실재론의 입장에 대해 보편자는 개물 가운데 있다는 생각에 가깝다. 달리 말하면 '내재관적 철학' 이라고도 말할 수 있다.[28]

---

25) "일찍이 정명도의 '上天之載는 소리도 없고 냄새도 없는데, 그 체는 易이라 말하고, 그 리는 도라 말하고, 그 용은 神이라 말하고, 사람에게 명한 것은 性이라 한다.' 라고 하는 말이 있었는데(『정씨유서』 권1), 몇 마디 말로써 어떻게 이렇게 명백하게 묘사할 수 있는가?" 라고 하였다. 『곤지기』 권하 22장.

26) 市川安司, 「程明道の理について」(東京: 東京教養學部人文科學紀要 第七輯), p. 314; 山下龍二, 『陽明學の研究』(下), p. 23에서 재인용.

27) 위의 정명도 말에 대한 공감 문장 앞에 장재의 말에 대한 비판이 먼저 있다. 즉 "장자 『정몽』의 '태허에서 천의 이름이 있게 되었다' 라는 등의 몇 마디 말은 역시 리기를 이물로 보는 것이다. 탐구가 깊지 않은 것은 아니나 말이 견강부회의 감이 있어 성명 자연의 리는 아닌 것 같다." 라고 하였다. 『곤지기』 권하 22장.

28) 유명종, 『퇴계와 율곡의 철학』, 동아대 출판부, 1987, p. 419. 유명종 교수는 이러한 사고는 서양의 근대 합리주의와 유사하다고 하였다.

또 장재는 『정몽』에서 "모인 것도 나의 몸체고 흩어진 것도 나의 몸체다. 그런데 죽어도 없어지지 않는 것을 알아야 같이 인간 본성을 말할 수 있다."[29]라고 하였다. 만물의 생사존망은 만물 그 자체에서 보면 유에서 무로, 무에서 유로 바뀌는 것에 지나지 않는다. 따라서 '사이불망(死而不亡)' 이라고 하는 것은 만물이 개물로서의 유에서 보편으로서의 유로 바뀌는 것에 지나지 않는 것을 강조한 것이다. 즉 태허 측에서 만물을 본 것이다. 다시 말하면 태허가 진유(眞有)이고, 현실의 제 현상은 가유(假有)라고 본 것이다.[30] 이것은 역시 보편자를 개별자 이전에 실재하는 것으로 보는 관점이다.

그러나 나흠순은 사람이나 사물에 생사존망이 당연히 있다고 보았다. 그의 사고는 현실 세계의 인간이나 만물에 나아가 전개된다. 이 입장에서 보면 죽은 것은 개물로서는 무에 돌아간 것이다. 그 경우 개물의 사는 그 개물의 리를 잃게 된다. 여기서의 리는 물론 분수의 리이다. 그가 '리일분수' 를 자주 말하는 의도로 여기서 알 수 있다. 그의 이 말 속에는 개별적인 리가 보편적인 리와 연결되어 있다는 '리일분수' 의 원래 의미만을 말하는 것이 아니다. 분수의 리를 보편의 리의 투영에 지나지 않는다고 하여 보편적인 리에 중점을 두는 정주(程朱)의 경향에 대한 수정으로서 말하는 것이다. 그의 유명한 말 "이 물(物)이 있고 이 리가 있다. 이 물이 없으면 이 리가 없다."[31]라고 하는 것도 바로 그러한 의미이다.[32]

그는 말하기를

---

29) 『정몽』 태화 16장.

30) 장재는 기가 흩어져서 태허가 되는 것은 얼음이 녹아 물이 되는 것과 같아서 무가 된 것이 아니라고 보고 있다. 『정몽』 태화 8장.

31) 『곤지기』 권하 23장.

32) 山下龍二, 『陽明學の硏究』(下), pp. 75-76.

생각해 보면 천지인물을 통하여 그 리는 원래 하나인데, 그 나누어짐은 여러 가지 즉 분수이다. 반드시 그 분수를 잘 보아야 리가 하나라는 것 즉 리일(理一)이 이해된다.[33]

라고 한 것 그대로이다. 나흠순은 즉 개별의 리를 통하여 보편의 리를 생각한 것이다.

이상에서 본 바와 같이 나흠순의 철학은 주자의 '리의 철학' 도 비판하고 장재의 '기의 철학' (유기론)도 부정한 '리기혼일의 철학' 이라고 말할 수 있다. 주자의 '리의 철학' 을 비판하였다고 하는 의미에서 '기의 철학' 이라고 부르는 것은 틀리지 않지만, 장재나 또 왕정상의 '기의 철학' 과는 또 다른 것에 주의하지 않으면 안 된다.[34]

다음에 이것과 연관하여 나흠순의 도기론(道器論)을 언급해 보고자 한다. 그는 리기론에서 도기론을 끄집어냈는데 그 관점은 주자와 다르다. 나흠순의 해석에 의하면 기는 즉 기물(器物)로서 이 세상의 얽히고설킨 복잡한 사물을 범칭하고, 도는 음양의 두 기가 사물을 화생하는 도리로서 사물의 법칙을 범칭 한다. 이러한 도와 기의 관계에 대하여 그는 "대저 기 밖에 따로 도가 없고, 도 밖에 따로 기가 없다. 소위 기 또한 도이고, 도 또한 기이다. 그런데 도리어 분리할 수 있단 말인가."[35]라고 하였다. 또 " '하늘의 도를 세우면 음과 양이다' 라는 말과 '일음일양을 도라 한다' 라는 이 두 말은 각각 7~8자에 지나지 않으나 이에 의해 형이상-하는 혼연하여 간격이 없음을 알 수 있다. … 내 생각에 도와 기는 스스로 나누어짐을 허락하지 않는 것이다."[36]라고 하였다.

33) 『곤지기』 속, 권하 10장.

34) 山下龍二, 『陽明學の硏究』(下), p. 78.

35) 『곤지기』 속, 권하 65장.

이와 같이 나흠순은 형이상-하를 구별하여 도와 기를 나누는 것을 일체 부정하고 있다. 그러므로 나흠순은 "음양의 까닭 즉 소이(所以)가 道이다."라든가 또는 "열고 닫히고 하는 까닭 즉 소이가 도이다."라고 하는 정이천의 말에는 '소이'의 두 자가 형이상과 형이하를 이물(二物)로 보는 혐의가 있다고 비평하고, 정명도의 말에 '혼연의 묘'가 있다고 보았다. 그리하여 도기론에서도 나흠순은 정명도의 말을 자주 인용하였다.[37] 그러나 이러한 관점은 나흠순의 저작에서 충분한 논증이 없고, 다만 뒤에 오는 왕부지(王夫之, 호 船山, 1619~1692)의 도기론의 선하를 열었다는 데 의미가 있다고 보인다.[38] 그러나 그의 리기론의 논리가 도기론에도 여전히 적용되고 있음을 확인할 수 있다.

(4) 설선의 리기론 비판

나흠순은 설선(薛瑄, 호 敬軒, 1389~1464)과 호거인(胡居仁, 호 敬齋, 1434~1484)을 비판하고 있는데, 그것을 통해서 그의 사고방식의 특징을 다시 한번 살필 수 있다.

설선의 리기설은 거의 주자와 일치하나 약간의 차이도 있다. 그의 저서 『독서록(讀書錄)』에 의하면 리를 만사만물의 '맥락조리'로서 자주 설명하고 있고, 또 '리선기후(理先氣後)'의 사고도 부정하고 있다. 특히 주자의 "천지가 있기 전에 결국 이 리가 있다. 이 리가 있으면 이 기가 있다."[39]라고 하는 리선기후적인 말을 부정하고, "리는 기 가운데 포함된다."라고 하였다. 이 경우에는 리의 중시라고 하는 경향이 주자보다 희박하다고 할

36) 同書 四續 28장.

37) 同書 권하 11장.

38) 侯外廬 등 編, 『宋明理學史』(下)(北京: 人民出, 1987), p. 478.

39) 『어류』 권1.

수 있다. "리는 기 가운데 있다."든가 "기는 무궁하고 리 또한 무궁하다." 든가 "먼저 리가 있고 난 뒤에 상(象)이 있는 것이 아니다." 등의 말을 보면 리선기후의 사상은 부정되고 있다고 할 수 있다. 그 『독서록』에는 성인은 항상 리기를 겸하여 말하고 둘로 분리하여 말하지 않는다고 한 곳도 많이 보인다.

그러나 한편으로는 리를 주로 하고 기를 객(客)으로 하는 사고방식도 있다. 리를 햇빛(日光)에 비교하고 기를 나는 새(飛鳥)에 비교하였는데, 이 입론에서는 '리는 기에 타고 움직이는 것' 이므로 리는 기와 더불어 무궁한 것이 된다. 또 리가 달(月), 기가 물(水)에 비유되는 경우에도 물(氣)이 다 없어져도 달의 본체(理)는 상존하는 것으로 되어 있다. 그리하여 어느 경우에도 '기유취산(氣有聚散), 리무취산(理無聚散)' 이라는 명제가 강조되고 있다. "리는 일월(日月)의 빛과 같고, 사물(物)은 그 빛의 일부를 얻고 있으며, 사물이 생명을 다하면 빛은 그 빛 그대로 있다."라고 하는 말은 분명히 리는 사물(기)과 떠나 독존한다는 생각이다. 이 독존하는 것이 '태극' 이라는 것이다. 그리하여 "천지만물은 허(虛)한 것, 리만이 가장 실(實)하다."라고 하는 것이 되는 것이다.

이 설선의 두 번째 입장에 대해 나흠순은 비판하였다. 즉 그는 말하기를

> 『독서록』 속에서 (설선은) "리기에는 틈이 없다. 따라서 기(器)가 도(道)이고 도가 기이다."라고 말한다. 이 말은 맞다. 그러나 그가 "기에는 취산이 있으나 리에는 취산이 없다."라는 말을 반복하는 점에서는 나는 의심이 없을 수 없다. 일단 하나는 유, 하나는 무라고 하면 그 간격은 매우 크다. 어찌하여 그것을 "기역도(器亦道), 도역기(道亦器)"라고 할 수 있는가? 내 생각에 문청공(文淸公; 설선)은 리기에 대해 역시 시종 이물(二物)로 믿고 있는 것이다. …… 기의 취는 즉 취의 리, 기의 산은 즉 산의 리이고, 다만 취가 있고 산이 있는 이것이 소

위 리이다. …… (리기)의 간격을 찾으려 해도 찾을 수 없는 것이다.[40]

라고 하였다. 여기에서 나흠순은 설선 전자의 입장은 긍정하고 후자의 입장은 부정하고 있음이 분명하다. 즉 "나의 생각과 맞는 점도 있으나 아직 나와 충분히 맞지 않는 바도 있다."[41]라고 하는 표현이 그것이다. 그러나 그는 설선 학술의 순수함, 실천의 독실함, 출처의 바름 등에 대해서는 전적으로 존경하고 있다.[42]

그런데 설선의 후자와 같은 리선기후적인 입장은 천지만물을 변화하는 유한한 것으로 보고, 그 유한한 천지가 생기기 이전의 태극이나 리를 불변의 무한한 것으로 보는 관점에서 나온다. 그러므로 나흠순은 천지 그것을 무한한 것으로 봄으로써 기에 앞서 리나 태극을 내세워 독존시키는 것을 비판한 것이다.[43]

리기론의 이러한 관계는 성론(性論)에서도 마찬가지인데, 설명의 편의상 비교해 보면 다음과 같다. 설선이 "사람의 본성(性)과 기(氣)는 일시에 구비되어 있고, 선후가 있는 것은 아니다."라고 하여 본연의 성과 기질의 성은 하나라고 말하는 것은 리기론의 전자의 입장과 통한다. 그러나 무극이태극(無極而太極)=본연지성(本然之性), 음양태극(陰陽太極)=기질지성(氣質之性)이라고 하고, 기질의 성은 본연의 성이 기질 중에 떨어져 있다〔墮在〕고 보는 것은 주자와도 통하는 것으로, 역시 사람의 탄생 전에 있어서 독존하는 본연의 성이 상정되고 있다. 그러면서 원래 성은 하나라고 하는 점을 항상 부언하고 있으므로 본연의 성과 기질의 성이 전적으로 분

40) 『곤지기』 권하, 56장.
41) 同上.
42) 同書, 권하, 47, 48장.
43) 山下龍二, 『陽明學の硏究』(下), p. 63.

열하고 있다고는 말할 수 없으나, 본연의 성을 독존화시키는 경향이 있음은 리기론의 후자의 입장과 같은 사고방식이다. 리기론과 연관 지어 말하면 본연의 성은 리일, 기질의 성은 분수이다. 이 리일의 리는 태극이고, 독존할 수 있는 것이고, 분수의 리는 천지만물 중의 리를 가리킨다. 본연의 성은 오로지 리에서 말하고, 기질의 성은 리기를 겸하여 말하는 것이다. 그리하여 혼우(昏愚)나 악의 기원은 역시 기에 돌아가는 것이다.

설선의 리기론의 후자의 입장은 비판하고 전자의 입장은 지지하는 나흠순의 이러한 사고방식은 리기혼일적 관점이며, 리를 초월적으로 상정하지 않고 천지 그 자체를 무한한 것으로 보는 현실 중시적 입장임을 확인할 수 있다. 이는 호거인에 대한 비판에서 더욱 선명히 드러난다.

(5) 호거인의 리기론 비판

호거인의 리기론은 설선과 비교해 보면 리의 중시 경향이 더 강하다고 할 수 있다. 그의 저서 『거업록(居業錄)』에 의하면 "리가 있고 그 후에 기가 있다."라고 한다. 그러므로 그는 리에서 기, 기에서 상(象), 상에서 수(數)라고 하는 선후차서를 말하고 있다. 물론 리와 기를 분리하여 둘로 하는 것은 아니지만, 기는 유한, 리는 무한이 되고, "리는 기의 주(주재자)이고, 기는 리의 구(도구, 자료)이다." 이며, 기에는 유무가 있고 리에는 유무가 없다. 또 "리는 기를 이루는 소이(까닭, 원인), 기는 리의 하는 바"라고 하듯이 설선에 있어 말하면 후자의 입장이 더 강하게 표면에 나와 있다. 더욱이 『거업록』에는 다음과 같은 내용의 문장이 또 있다.

> 루극정(婁克貞, 명 諒, 호 一齋)은 나무를 운반하는 사람이 그 운반법에 잘 적응되어 가고 있음을 보고 "그것이 도이다."라고 하였다. 이것은 선종(禪宗)의 운수반시(運水搬柴, 물 긷고 나무하고)의 설과 같은 것으로 지각활동을 가리켜

성이라고 하고 있기 때문에 이같이 말하는 것이다. 대저 도는 원래 없는 곳이 없으나 반드시 그것이 의리에 합치하여 사심이 없을 때 도라고 하는 것이 가능하다. 어찌하여 반목자(搬木者; 搬柴者)같은 사람이 잘 할 수 있는 그런 것이겠는가? 도를 잘 한다면 그것은 유자(儒者)의 일이다. 왜냐하면 유자의 마음은 어디를 가나 도 아닌 것이 없다고 생각하기 때문이다. 그런데 운반하는 나무가 만약 의에 부합하지 않는 나무라면 그 반목을 도라고 할 수 있겠는가?[44)]

호거인은 먼저 유자와 반목자를 구별하고 있다. 도를 잘 아는 자는 유자만이라 보고, 반목자의 마음에는 도가 잘 이해되지 않는다고 본 것이다. 그리하여 도와 법(기술)을 구별하고 있다. 도는 보편적인 것이고 법은 개별적인 것이다. 그리하여 반목자가 일하는 법은 법에 맞는다 해도 그것은 도를 아는 것이 아니라고 생각하고 있다. 이와 같이 보편적인 도를 개별적인 법에서 분리한 것은 보편자를 개별적인 것에서 분리한 것이고, 리를 기에서 분리하는 것과 통한다. 반목자를 멸시하는 말투에는 유자만이 진리를 체현한다고 하는 오만이 있다. 이러한 사고방식은 그의 리기론이 보편적인 리를 극히 중시하는 것과 관계가 있다.

나흠순은 이 조를 보고 다음과 같이 평하였다.

나는 이 조를 읽고 나도 모르게 개탄하면서 의리를 연구하기가 어렵다고 생각했다. 원래 법은 도의 별명이고 모든 일에는 반드시 법이 있다. 만약 그 법을 얻을 때는 그것은 리에 부합되고 있는 것이고, 그것은 그대로 도이다.[45)]

나흠순은 이와 같이 도와 법을 구별하지 않았다. 즉 보편적인 리와 개

44) 『居業錄』 권1.
45) 『곤지기』 권하, 53장.

별적인 리를 일체로 생각하여 일과 방법의 결합, 즉 기와 리의 일체적 결합을 생각하였다.

> 반목자는 애초부터 도가 무엇인지 모르지만 이 하나의 일에 의해 스스로 도의 묘와 암암리에 부합되고 있다. …… 도는 원래 존재하지 않는 곳이 없다. 나무 운반법이 법을 얻고 있는데도 그것을 도라고 말하지 않으므로 도가 없는 공허가 있는 것이 아닐까.[46)]

이 비판에서 보면 호거인은 분명히 도의 보편자로서의 절대성을 강하게 의식하고 있다. 즉 사를 넘어서 있는 도 또는 리를 강하게 생각하고 있는 것을 알 수 있다. 어리석은 범부도 성인이 될 수 있다는 주자학의 근본적 입장은 호거인의 경우에는 희박하고, 또 사사물물에서 리를 탐구한다고 하는 궁리의 입장도 호거인에게는 희박하다. 그리하여 엉뚱하게도 나무 운반의 일이 문제가 되어 그 나무가 정당하게 얻은 것인가 아닌가 하는 도덕 문제에 논리를 맞추고 있다. 이에 대해 나흠순은

> 나무가 어디서 났는가에 올바르지 않음이 거기에 있다 하더라도 그 책임은 소유자에 있는 것이지 반목자의 잘못은 아니다. 만약 나무가 원래 반목자의 소유라면 그 반목의 법(방법)을 얻은 곳이 자연히 바로 도가 된다.[47)]

라고 평하여 호거인이 누극정을 비난한 것을 잘못이라고 지적하였다.

호거인의 입론 방식은 도나 리를 천지만물의 조리로 보고 있기보다는 전적으로 도덕률로 내세우는 데서 출발하고 있다. 우주론적인 리기론보

---

46) 同上.

47) 同上.

다는 도덕론적인 리의 관념이 선행되고 있다. 또 우주만물의 리를 일단 객관적으로 추구하는 입장을 갖고 있지 않다. 그러므로 나무를 운반하는 것에서 하나의 올바른 이법을 볼 수 없고, 곧바로 그 나무의 내원(출처)이 어떠한가 하는 문제에 관점을 옮기고 만 것이다. 이와 같은 유자만이 알 수 있는 도라든가 도덕적인 리라든가 하는 것이 강하게 주장될 때 리는 서민의 손이 닿지 않는 높은 곳에 있는 것이 되고 따라서 이 리는 인간을 초월한 선행 이법으로서 인간을 묶는 속박이 되기 쉬운 것이다.

이것이 명대 주자학의 중대한 편향성이고, 형식주의적인 도덕관이 생긴 까닭이다.[48] 나흠순은 리를 그와 같이 형식화되고 초월화되는 데 대해 강하게 반대하였다. 호거인에 대한 강한 비판은 거기에서 유래한다. 이와 같이 일 가운데서 도를 보려고 하는 점에 관해서는 나흠순은 왕양명과 상통하고 있다. 사사물물에서 리를 본다고 하는 주자학의 근본적인 생각이 호거인에게는 매우 희박하고, 리를 이미 주어진 것으로 수용하여 리란 무엇인가를 자신의 마음과 눈으로 추구하는 태도가 상실되었던 것이다. 거기에서 나흠순이나 왕양명의 반주자학이라고 하는 입장이 생겼다고 할 수 있다.[49]

나흠순은 나아가 또 다음과 같이 호거인을 비판하고 있다.

> 그러면서도 (그는) 궁리만은 철저성을 결하고 있는 것 같다. "기는 곧 리의 작용처"라든가 "사람의 도는 바로 인의의 소행이다."라든가 "태화(太和)를 이루는 까닭이 도이다."라든가 "역(易)은 즉 도가 행해지는 곳이다."라고 말하고 있는 것은 「계사전」을 숙독하면 그 설의 진위는 자연히 알게 된다. 내 생각에 주자는 리기를 둘로 보았지만, 그러나 그 말은 지극히 융통성과 체계가 있다.

48) 山下龍二, 『陽明學の硏究』(下), p. 65.
49) 同書, p. 66.

뒤에 이 설을 계승하는 자는 생각이 이미 여기에 미치지 않고, 그 때문에 잘못을 범하고 있다. 여자적(余子積, 명 祐, 호 認齋)의 『성서(性書)』는 그 중에서도 심한 것이다. 거기에는 "기는 일찍이 리의 아름다움을 능히 도와줄 수 있으니 리가 어찌 기의 쇠약을 구하지 않겠는가?" 라고 말하고 있다. 나는 우연히 여기에 대해 다음과 같이 덧붙였다. "리기가 이와 같이 서로 주고받고 하는 것으로는 생각하지 않는다." 라고.[50]

여기서도 역시 호거인이 리기를 구별하여 생각하고 리를 기에 선행하는 것으로 우월적으로 생각하고 있는 점을 엄하게 비판하고 있는 것이다. 나흠순은 주자에 있어서는 리기를 이물(二物)로 보는 편향은 있다 하더라도 한편으로는 리기를 떨어지지 않는 일체로서 파악하고, 리의 우월이나 리의 독립자존만을 인정하고 있는 것은 아니라고 보고 있는 것이다. 호거인의 리기관이 주자의 편향을 일층 확대하여 리를 기의 조리로 보지 않고 기에 앞서 있고 기를 종속시키는 실재로 보는 점을 나흠순은 비판하고 있는 것이다. 여기 거론하고 있는 여자적은 호거인의 사위인데, 호거인의 편향을 더욱 확대하고 있음을 볼 수 있다.

여자적의 『성서』의 내용은 분명하지 않으나 위교(魏校, 호 莊渠, 1483~1543)의 「복여자적논성서(復余子積論性書)」(『명유학안(明儒學案)』 권3)에서 추측하면 (1)성은 리와 기를 합하여 된 것이다. (2)기는 분산하여 만수(萬殊)가 되나 리는 항상 혼전(渾全)한 것이다. (3)성(기질의 성)은 선-불선이 있으나 리는 무편무악(無偏無惡)이다—라는 내용을 갖고 있다. 황종희가 여우의 『성서』를 평하여 "리는 리, 기는 기로 분명하게 둘로 나누어 주자의 진의도 잃고 있다."[51]라고 평하고 있는 것 같이 주자에 비해 일층 리

---

50) 『곤지기』 권하, 51장.

51) 『明儒學案』 권3, 余祐條末尾.

기를 분리하여 두 개의 실재로 보고 있는 것을 알 수 있다.[52)]

이상과 같이 나흠순은 호거인 및 그 계승자가 리의 우월성을 강조하는 편향성에 대해 비판하였다. 이를 통하여 나흠순의 리기론의 특성을 우리는 분명히 볼 수 있다.

결론적으로 나흠순의 리기론은 리기혼일의 철학으로서 주자의 리의 초월화(실체화)도 반대하고 장재의 기의 초월화(실체화)도 반대한 것이다. 원래 주자학의 리는 초월-내재의 이중성을 갖고 있으므로 내재성을 놓치면 그 리는 바로 실체화, 주재화, 인격신화되어 '리기불상리잡'의 원리에 어긋나게 되는 것이다. 주자 사후 원, 명을 거쳐 나흠순에 이르러 주자학의 이런 원리가 왜곡되어 리의 실체화 경향이 강하게 나타나자 나흠순은 이에 대해 비판을 하게 된 것이다. 따라서 나흠순의 리기론은 '리'의 실체화를 강하게 반대하고, 나아가 리의 '소이'의 성격까지도 후퇴하는 '리기불잡'의 '리기혼일'의 사상을 강하게 나타내게 된 것이다.

성리학이나 주자학을 현대의 과정철학(process philosophy)과 비교해 보면 그 우주관(cosmology)이 흡사한 데, 과정철학에서의 신관(神觀)은 유신론(theism)과 범신론(pantheism)이 지양된 범재신론(汎在神論, panentheism)을 취하고 있다. 이 신관에 의하면 신과 세계와의 관계는 초월-내재의 관계에 있고, 따라서 신은 이 양극성(dipolarity)을 갖고 있는 것으로 되어 있다. 이는 송학의 우주관과 매우 유사하다.[53)] 그러므로 이에 비해 나흠순의 주자 비판은 일리가 있다고 보인다.

그러나 나흠순의 리의 초월성의 후퇴는 또한 주자나 송학의 우주관의 참다운 모습은 아니다. 이런 부분의 결함은 그의 영향을 받으면서도 주체적으로 주자학의 본질에 핍진해 들어가려고 했던 율곡에 와서 비로소 극

52) 山下龍二,『陽明學の硏究』(下), p. 67.

53) 김경재, 김상일 편,『과정철학과 과정신학』, 전망사, 1988 참조.

복되었다. 율곡의 '리기지묘' 의 주자학 이해는 보다 더 과정철학적이며, 그것은 바로 주자학의 본질에 가깝게 간 것이라고 할 수 있다.

2) 나흠순의 심성론

(1) 양명의 '양지즉천리론(良知卽天理論)' 비판

나흠순의 심성론은 오른쪽으로는 주자를 비판하고 왼쪽으로는 양명을 비판하였다.[54] 이는 리기론에 있어서 주자의 '리의 철학' 과 장재의 '기의 철학' 을 좌우에 두고 비판한 것과 같다. 이러한 양면성 때문에 그의 사상을 지극히 파악하기 힘든 것으로 만들었다. 황종희(黃宗羲, 호 梨洲, 1610~1695)가 "선생이 리기를 말하는 것은 주자와 같지 않으나 심성을 말하는 것은 주자와 같다. 그러므로 그의 설을 통일하는 것은 불가능하다."[55]라고 한 것도 이러한 내용을 반영한 것이다. 즉 황종희는 나흠순이 리기론에서는 리기혼일의 철학 입장에서 리의 철학과 기의 철학을 비판하면서도 심성론에서는 심과 성을 구별하려는 그의 사고방식을 불만스럽게 여긴 것이다. 그러나 나흠순으로서는 심성론에서도 역시 중간에서 좌우로 주자와 양명을 다 비판했다. 나흠순 심성론 이해에 있어서 이 점을 먼저 유의해 두지 않으면 안 된다.

나흠순은 양명의 '양지가 바로 천리' 라는 설을 비판하여 심의 명각(明覺; 知覺작용)을 그대로 천성(天性; 天理)으로 간주하는 것은 체용을 구별하지 않는 것이라고 보았다. 즉 그는 말하기를

> 대저 양지가 바로 천리라고 하면 천성과 명각이 하나의 일이 된다. …… 대

54) 山下龍二, 『陽明學の硏究』(下), p. 93.

55) 『명유학안』 권47, 羅欽順條.

저 천성의 본질은 본체고, 명각의 그러한 작용은 묘한 작용이다. 천성은 생을 받을 때 바르게 타고 난 것이고, 명각은 생을 받은 후 작용되는 것이다. 체가 있으면 반드시 용이 있다. 용으로 체를 삼을 수는 없다. 이는 나의 억지가 아니고 「악기(樂記)」의 소위 "사람이 태어날 때의 그 고요함은 바로 하늘로부터 받은 성이다" 라고 한 것은 천성의 본질이고, "물에 느끼어 움직이는 것은 성(性)의 욕망이다" 라고 하는 것은 바로 명각의 자연 그대로이다.[56]

라고 하였다. 그는 양명의 '양지'를 경서(經書)와 연결하여 훈고적으로 해석하여 양지는 본래 '아는 작용'이므로 양명과 같이 확대해석하는 것은 잘못이라고 본 것이다. 그러나 양명의 양지는 단순한 심의 아는 작용을 나타내는 것뿐만 아니고, 더 넓은 의미로 쓰인 것이다. 즉 양지는 심에 내재하는 성이기도 하고, 천리는 또 인간의 심 밖에 있으면서 지의 대상이 되는 객관적 존재일 뿐만 아니고 인간 행위에 의해 시시각각으로 실현되는 그 무엇이다. 그러므로 나흠순이 양지를 '아는 작용'으로, 천리를 '알아지는 대상'으로 해석한 것은 양명의 본지는 아니다.

그러나 양명이 심 즉 양지에 모든 기준을 두므로 주관적인 경향으로 나아가는 것은 부정할 수 없다. 그런 의미에서 양명의 '양지가 바로 천리' 라고 하는 입장에서 보면 심이 그대로 성이라고 하는 것이 된다. 이것은 나흠순의 기를 리로 보아서는 안 된다고 하는 입장에서 보면 잘못된 것이다. 그리하여 나흠순에게 있어서는 '심을 성으로 본다'고 하는 양명설을 비판하기 위해서는 심과 성이 다르다는 것을 강조하지 않을 수 없었다. 황종희는 양명학의 입장에서 나흠순의 이러한 입장을 비판하여 "먼저 하나의 성을 세운 것이다." 라든가 "리가 능히 기를 낳는다는 설이다." 라고

56) 『곤지기』 부록, 「答歐陽少司成崇一」.

비판한 것이다.[57]

나흠순은 "심은 사람의 신명(神明), 성은 사람의 생(生)의 이치이다. 리가 있는 곳을 심이라 하고 심이 갖고 있는 것을 성이라 한다. 그러나 합하여 하나로 하지는 않는다."[58]라고 하였다. 여기서 "심과 성을 합하여 하나로 하지 않는다."고 한 것이 나흠순 생각의 요점이다. 이는 양명학 내지 불교를 대상으로 하여 말한 것이다. 그는 불교를 비판하여 "다만 심을 말할 뿐이며, 심을 성으로 보고 성이 어떤 것인지 모른다."[59]라고 하고 또 "불씨(불교)가 말하는 성은 각(覺)이다. 그 각이란 견문지각(見聞知覺)을 벗어나지 않는다."[60]라고도 평하였다. 양명학에 대해서도 "『전습록』에 '오심(吾心)의 양지가 바로 소위 천리다' 라고 하고, 또 '도심이란 양지를 말한다' 라고 하고 있음은 모두 지각을 성이라고 보고 있는 증거다."[61]라고 평하였다. 즉 심과 성을 일체화하여 생각하는 관점에 대해서 반대한 것이다.

그러나 나흠순은 심, 성을 분리된 것으로 보는 것은 또 아니다. 그러므로 그는 말하기를

> 내 생각에 심성은 지극히 밝히기 어렵다. 그러므로 오류가 많은 것이다. 심성은 양물(兩物)인가 하면 양물이 아니고, 또 일물(一物)인가 하면 또 일물이 아니다. 심을 제거하면 성이 없다. 성을 제거하면 심이 없다. 다만 일물(一物) 가운데 나아가 양단(兩端)을 나누어야 비로소 성을 안다고 말할 수 있다.[62]

57) 『명유학안』 권47, 나흠순조.
58) 『곤지기』 권상 1장.
59) 同書, 권하 73장.
60) 同書 속, 권상 2장.
61) 同書 속, 권상 8장.
62) 同書, 권하 52장.

라고 하였다. 여기에서 심, 성은 두 개의 사물도 아니고 한 개의 사물도 아니라고 했다.

일물 중에서 심, 성 양자가 나누어지는 것이다. 리기론에서 "기에 있어서 리를 보아야 하되 기를 보고 리라 여겨서는 안 된다."라고 주장하는 바와 같은 논리이다. 다만 리기론에서는 리기이물론(理氣二物論)을 부정하는 점에 중점이 두어졌으므로 '리기일물' 이라는 말이 전면에 강하게 나왔고, 심성론에서는 '심성일물론' 의 부정이라고 하는 점에 중점이 두어지고 있으므로 '심성이물(心性二物)' 이라는 주장을 하는 것처럼 보이는 것이다. 이는 전자는 주자학, 후자는 양명학 비판을 출발점으로 하였기 때문이다. 그러나 리기론과 심성론은 공통의 관점에서 이루어지고 있다.

(2) 주자 심성론과의 동이점

그러므로 나흠순의 심성론은 주자의 심성론과 완전히 일치하는 것이 아니고 다른 점이 있는 것이다. 다만 주자의 심성론을 따라간 것은 주자가 '지성(知性)' 과 '진심(盡心)' 이 궁극적으로 하나라고 보고 있는 것에 찬동하였기 때문이다. 나흠순은 말하기를

> 리가 있는 곳을 심이라 한다. 그러므로 심을 보존하지 않으면 리를 궁구할 수 없다. 심이 갖고 있는 것을 성이라고 한다. 그러므로 성을 모르면 심을 다할 수 없다.[63]

라고 하였다. 또 그는 말하기를

63) 同書, 권상 68장.

'구방심(求放心)' 이라는 처음 착수의 공부이고, '진심' 이 그 극치이며, 중간 공부로서 긴요한 것이 '궁리' 다. 궁리에는 순서 차례가 없으면 안 된다. 그러나 진심지성(盡心知性)에 이르러서는 일시에 모든 것이 갖춰져 선후를 말할 필요가 없다. 그런데 만약 리가 궁구되어지지 않으면 이 심이 서 있어도 끝내 진심할 수 없다.[64]

라고 하여 주자의 '궁리' 라고 하는 지적인 수양을 그대로 수용하였다. 이것은 주자의 심성론 그대로다. 다만 주자와 약간 다른 점이 있다면, 리기론에 있어서의 주자와의 차이점과 같은 것이 심성론에서도 보이는 것이다. 주자는 다음과 같이 말하였다.

심은 사람의 신명(神明)으로 중리(衆理)를 구비하여 만사에 응하는 것이다. 성은 심이 갖추고 있는 리이고, 천은 또 리가 그곳에서 나오는 곳이다. 사람에게 이 심이 있는데, 전체 즉 완전한 본체를 갖추고 있는 것이다. 그러나 리를 궁구하지 않으면 은폐되는 것이 있어서 그 심을 다하지 못한다. 그러므로 그 심의 전체를 끝까지 다하는 자는 반드시 리를 잘 궁구하여 아는 자이다. 그 리를 알면 그 리가 나온 바〔天〕도 또한 여기에서 벗어나지 않는다.[65]

성은 심이 갖고 있는 바의 리, 심은 리가 모이는 곳으로서의 땅〔地〕이다.[66]

여기에서 본 바와 같이 주자에 있어서는 리가 '천(天)' 에서 나오고 있다. 즉 리가 내재화하여 성이 되기 전에는 천에 완전한 모습으로 있었던

64) 同上.
65) 『孟子』 盡心上, 首章 朱注.
66) 『어류』 권5.

것이 된다. 이는 분명 심성이물론이다. 그러나 나흠순은 이러한 경향을 갖고 있지 않다. 그는 말하기를

> 정명도가 '생지위성(生之謂性)' 을 논한 곳에서 반복해서 분명히 하고 있는 것은 리일분수의 뜻에 지나지 않는다. 주자는 학자를 위해 하나하나 해석하고 있는데, 말에는 번잡이 있다 하더라도 큰 뜻은 다르지 않다. 그러나 또 조금은 맞지 않는 것이 있다.[67]

라고 하여 정명도의 '생지위성장'[68]을 인용하고 있다. 이 장의 '인생이정(人生而靜)' 에 대한 견해에서 주자와 나흠순의 시각의 차가 분명히 나타난다.[69] 나흠순의 의견을 들어보면 다음과 같다.

> (명도의) "인생이정 이상은 말할 수 없다." 라는 말은 내 생각에 '인생이정' 은 미발지중(未發之中)으로 성의 참모습이 담연하게 있어 말로써 형용할 수 없으므로 "말할 수 없다." 라고 한 것이다. '계지자선(繼之者善)' 이란 소위 '물에 감(感)하여 동(動)한다' 라는 것이다. 동하면 만수(萬殊)가 되고 강유선악은 여기서 비로소 나누어진다. 그러나 그 분수도 자연의 리에 지나지 않는다. 그러므로 "악 역시 성이라고 말하지 않을 수 없다." 라고 말해지는 것이다. 그 아래 글에서는 또 물〔水〕의 청탁으로써 비유를 하고 있다. 내 생각에 '청(淸)' 은 그 지정(至靜)의 본체이고, '탁(濁)' 은 감하여 움직이는 물욕이다. 본체는 진실로 지청(至淸)하지만, 그러나 산(山)을 나오기 전에는 볼 방법이 없다. 유행(流行)하는 곳을 기다려 비로소 볼 수 있다. 만약 탁함이 없을 수 없다면 어찌 수치

---

67) 『곤지기』 권상 65장.

68) 『二程遺書』 권1.

69) 주자가 명도의 이 성설에 대해 부연 설명한 것은 『주자대전』 권67, 「明道論性說」 참조.

(修治)의 공이 없을 수 있겠는가? 수치의 공이 있게 되면 탁은 깨끗해지고 본체는 항상 맑아진다. 그러나 그 사이에 증손하는 바가 있는 것은 아니다. 그러므로 "순(舜) 임금이 천하를 차지했으되 마음에 두지 않았다."라고 결론을 맺었던 것이다. 이 장 안의 '이상' 두 글자는 분명히 말하면 다만 동정의 경계를 나눈 데 지나지 않는다. '동' 에서 말하면 '정' 은 '이상' 이고, 소위 '미발지전' 과 같은 것이다. 미발지전을 미발보다 더 앞이라고 하면 무엇을 가리켜 '전' 이라고 하겠는가? 내 생각에는 '이발' 에 의거하여 전이라고 하는 것이다. 주자는 이 점에서 지나치게 생각하고 있는 것 같다. 즉 주자가 '인생이정 이상' 을 '인물미생시' 로 생각하고 있는 것은 아마 정자(명도)의 본의가 아닐 것이다. 정자가 인용한 '인생이정' 의 구절은 바로 본연의 성을 가리켜 말하고 있다. '성을 말하자마자, 곧 이는 성이 아니다' 라는 두 구를 계속한 것은 세상 사람들이 항상 성을 말하는 것은 '성의 동(動)' 이고 '성의 본(本)' 이 아니라는 것을 말하고 있는 것이다. 이 의미는 지극히 분명해서 음미해 보면 자연 이해된다. 만약 '인생이정 이상' 을 '인물미생시' 를 가리키고 있다고 한다면 그것은 '유천지명(維天之命)' (天命)을 말하고 있는 것이 되고, 그렇게 되면 '불시성(不是性)' 세 글자는 있을 곳〔定處〕이 없게 된다.[70]

정명도의 '생지위성장' 은 그의 유명한 '성즉기, 기즉성' 의 관점에서 인간의 성을 규정한 것으로 그의 견해는 성이란 물질적, 육체적인 기를 떠난 추상적인 리가 아님을 말하는 것이다. 나흠순이 정명도의 말을 장황하게 인용한 것도 이러한 견해에 그가 동조하기 때문이다. 그리하여 '인생이정 이상' 의 파악 방법에서 나흠순과 주자의 해석이 달랐다. 즉 '인생이정=미발지중' 이라고 본 것은 양인이 다 같다. 그러나 '인생이정 이상'

---

70) 同上.

에 대해 주자는 '미발지중' 보다 더 이전을 가리킨다고 생각했다. 그는 또 다른 데서도 "인생이정 이상은 즉 인생미생의 때이다."[71]라고 하였다. 그러나 나흠순은 '이상' 은 동(已發)에서 보아 '이상' (그 이전)이라고 표현했다고 보고, '인생이정 이상=인생이정=미발지중' 이라고 하는 해석을 내렸다.[72]

정명도는 말하자면 살아 있는 인간에 직접 나아가 그 가운데에서 성을 생각하고 있었으나, 주자는 그와 같은 성(性)의 보다 '근원적인 것' 을 추구하려 하였다. 주자의 다음 말에서도 그 뜻이 잘 나타나 있다. 즉 주자는 말하기를

> '생지위성' 의 한 조는 말하기 어렵다. 자세히 보지 않으면 안 된다. 이 조는 정자(명도)가 충분히 말하고 있지 않다. 생지위성의 '생(生)' 에 계속하여 '성(性)' 이라고 부르고 있음은 기품(氣稟)의 섞임이 있으므로 '리의 성' 은 아니다.[73]

라고 하였다. 주자의 이 말은 한 생명체의 현실적인 성은 그대로 순수하게 근원적인 리를 나타내지 못한 '기질지성' 일 뿐이고 '본연지성' 은 아니라고 본 것이다. 즉 주자는 인생이정 이상은 말할 수 없다는 것을 '인생미생시(人生未生時)의 리는 말로 나타낼 수 없다' 고 하는 의미로 해석하였다.[74]

그러므로 나흠순의 심성론은 주자와 양명의 중간에 있다고 하는 것이다.

---

71) 『어류』 권95.

72) 山下龍二, 『陽明學の硏究』(下), p. 103.

73) 『어류』 권95.

74) 同書 同卷에는 이를 뒷받침할 수 있는 주자의 말이 많이 실려 있다.

⑶ 주자의 천명 · 기질지성의 비판

나흠순의 심성론 중 또 주자와 의견을 달리하고 있는 것이 기질지성과 본연지성의 관계다. 주자는 양자를 구별하고 있으나 그는 이러한 구별이 잘못이라고 보았다.[75] 또 그는 말하기를

> 주자는 사람이 천명지성과 기질지성을 이물로 보는 것을 가장 걱정하였다. 그리하여 "기질지성은 태극의 완전한 본체가 기질 가운데 떨어져 있는 것이다."라고 했다. 대체로 '떨어져 있다'〔墮在〕라고 말하였기 때문에 리기에 간격이 없을 수 없다. 따라서 리일분수로써 포괄하면 통하지 않음이 없다.[76]

라고 하였다. 나흠순은 주자가 리나 성을 세워 기나 심 위에서 초월적으로 있게 했다고 보았다. 그리하여 그는 "리일분수설을 가지고 성을 논하면 자연히 천명, 기질의 두 이름을 대지 않더라도 분명하게 된다."라고 하여[77] 리일분수설을 강조하였다. 장재의 경우에도 그가 '천지의 성'과 '기질의 성'을 나눈 것이 태허를 초월자로 보았기 때문이며, 주자가 심에 성이 떨어져 있다고 본 것도 역시 성을 초월자로 보았다는 증거이다. 나흠순은 이것을 부정한 것이다.

그러므로 그의 심성론은 주자, 장재와 비교하면 '심성일체론(心性一體論)'이라고 할 수 있다. 그러나 한편으로 보면 '심(心)'을 더 중시하여 절대적 기준으로 삼는 양명학의 입장에서 보면 그것은 오히려 아직 불철저한 것이 되는 것이다. 즉 나흠순의 심성일체론은 윤리적 기준의 객관성을 어디까지나 성에 두려고 하는 입장이 된다. 그러나 그의 심성론이 주자와

---

75) 『곤지기』 권상 14장.

76) 同書, 권상 15장.

77) 同書, 권상 19장.

또 같다고 볼 수 없다는 점에 유의하지 않으면 안 된다. 그렇다면 나흠순이 주자 심성론을 비판하면서 자주 언급한 리일분수설은 무엇인가?

> 하나의 성(性)인데 두 가지 이름이 있다. 그러나 두 가지로 보면 틀리고, 또 하나로 보아도 불완전하다. 학자의 의혹이 끝내 풀리지 않아 분분한 논의가 지금까지 그치지 않으니 어찌 유감스럽지 않으리오. 나는 일찍이 자나 깨나 생각하고 고요하게 체험해 보기를 여러 해 동안 하다가 하루아침에 훤히 그 본말을 본 듯하였다. 가만히 생각건대 성명지묘(性命之妙)는 리일분수 넉 자에서 더 나가지 않는다. 이 넉 자는 간단하면서도 어디에나 통하는 원리이다. 처음부터 억지로 갖다 붙이거나 안배하지 않아도 그것이 불변의 진리임은 자명하다. 대개 인물이 태어남에 기를 처음 받을 때 그 리는 하나다〔리일〕. 그리고 형이 이루어진 후 그 나뉨은 각각 다르다〔분수〕. 그 나뉨이 각각 다름은 자연적인 이치 아님이 없다. 그 리일은 항상 분수 가운데 있다. 이것이 성명의 묘가 되는 까닭이다. 그 하나 됨을 말하기 때문에 사람은 모두 요·순이 될 수 있고, 그 나뉨의 다름을 말하기 때문에 상지(上智)와 하우(下愚)가 분명히 구분되어 있다. 성인이 다시 나오셔도 나의 이 말에 찬동할 것이다.[78]

라고 하였다. 이것으로써 그는 천리와 기질의 모든 문제를 해결하려고 하였다. 원래 이 리일분수설은 정이천이 화엄종에서 끌어온 것으로 그 본래의 의미는 천성(天性)의 조물(照物)이 마치 '월인만천(月印萬川)'과 같다는 의미였다.

그러나 나흠순은 이것을 자연법칙의 측면에서 해석하였다. 즉 사람과 물이 모두 음양의 기에서 근원하므로 '리일'이라고 하였고, 한편 세계에

---

78) 同書, 권상 14장.

있어서 사람과 물이 각각 다르므로 이것을 분수라고 하였다고 보았다. 사람과 물이 모두 기에서 나왔으므로 사람은 모두 요, 순이 될 수 있고, 또 사람마다 다르므로 지혜와 우둔의 엄연한 구분이 있다는 것이다. 그러므로 나흠순의 리일분수설에는 한편으로는 주자의 기질, 천명의 성 구분을 수정하려는 의도가 들어 있었지만, 그 자체 봉건 윤리로서의 한계가 있었다.

⑷ 인심도심체용론과 인욕 긍정

그 한계는 나흠순의 심성론 중 인심도심론을 보면 잘 알 수 있다. 즉 인심도심론에서 인심의 이해는 주자를 넘어서려는 입장을 보였지만, 체용론의 취지는 주자의 천리인욕론 취지와 같았다. 그는 도심은 성(性)이고, 인심은 정(情)이라고 보아 이 양자가 체용 관계로서 서로 분리될 수 없다고 보았다. 그는 이를 다음과 같이 말하였다.

인심 도심은 다만 하나의 심이다. 도심은 체로 말한 것이고 인심은 용으로 말한 것이다. 체용은 원래 서로 분리할 수 없다. 어떻게 나눌 수 있겠는가?[79]

도심은 적연부동자(寂然不動者)이며 지정(至精)의 체(體)로서 볼 수가 없으므로 미미하다. 인심은 감이수통자(感而遂通者)이며 지변(至變)의 용(用)으로서 헤아릴 수 없으므로 위태하다.[80]

나흠순은 심은 하나인데, 두 가지로 말하는 것은 동정의 나뉨이며 체용의 구분이라고 하였다. 즉 그는 말하기를

79) 同書, 부록, 「答林次崖第二書」.

80) 同書, 권상 3장.

도심은 성이고 인심은 정이다. 심은 하나인데 두 가지로 말하는 것은 동정의 나뉨이며 체용의 구분이다. 무릇 정으로써 동을 제어하면 길하고, 동하여 다시 돌아올 줄 모르면 흉하다. 유정(惟精)으로써 그 기미를 살피고, 유일(惟一)로써 마음의 정성(精誠)을 보존한다. '윤집궐중(允執厥中)' 은 공자의 '종심소욕불유구(從心所欲不逾矩)' 이니 성신(聖神)의 능사다.[81]

라고 하였다. 이 관점을 주자의 생각과 대비해 보아야 문제가 분명해질 것이다. 주자는 말하기를

'인심유위(人心惟危), 도심유미(道心惟微)' 라고 했는데, 하나의 심을 말하면서 어찌하여 두 가지인가? 그것은 다만 비중을 달리하여 말하면 어떤 것은 인심이라 하고 어떤 것은 도심이라 한 것이다.[82]

라고 하고, 또 도심이 주가 되어야 한다고 하여

반드시 도심으로 하여금 항상 일신의 주제가 되고 인심으로 하여금 도심의 명을 듣도록 하면 위태로운 것은 안정되고 미미한 것은 드러나고, 그리하여 동정과 언행이 과-불급의 차가 없게 된다.[83]

라고 말하였다.

나흠순과 주자 모두 도심이 주가 되고 체가 됨을 강조하였음이 분명하다. 즉 개인 수양을 통하여 도심이 인심을 제어하고, 성이 정을 제어하게

---

81) 同書, 권상 4장.

82) 『어류』 권61.

83) 同書, 권4.

된다고 보았다. 이러한 기본 관점에서는 나흠순과 주자의 사상 입장에 큰 차이가 없다. 다만 체용 관계로 인심도심을 본 것은 나흠순의 특색으로서 주자의 "혹은 형기에서 나오고, 혹은 성명에서 근원한다."[84]라고 한 병렬 대립 구조로 인심도심을 본 관점과는 달랐다.

그러나 인심이나 인욕의 이해에서 나흠순은 주자보다 진일보한 면을 보여주었다. 주자는 선종의 비유를 인용하여 인심이 만약 사욕에 의해 막히면 광명을 잃어버린다고 설명했다. 그리하여 사욕을 버리면 도심의 진면목을 회복할 수 있고 밝게 될 수 있다고 했다. 주자는 이것을 "천리를 보존하고 인욕을 없앤다."라고 말하였다. 물론 주자는 또 한편으로 인심이 바로 인욕이라고 보아서는 안 된다고 하기도 하였다. 즉 "인심이 전적으로 좋지 않은 것은 아니다. 그러므로 인심을 흉하다고 표현하지 않고 다만 위태롭다〔危〕고 한 것이다."[85]라고 하였고, 또 "인심은 인욕이라고 하는 말은 병폐가 있다. 상지(上智)라도 이것은 없을 수 없는데, 어찌 전적으로 그르다고 하겠는가?"[86]라고 하였다.

나흠순은 주자의 이러한 인욕 해석을 취하여 부연 강조하였다. 즉 그는 말하기를

> 인심은 인욕이고 도심은 천리라고 한 정자(정이천)의 이 말은 「樂記」에 근본한 것이 분명하다. 그 후 여러 학자들이 왕왕 이 인욕 두 자를 지나치게 보아 논의가 통일되지 못하였다. 대저 본성에는 반드시 욕망이 있는데, 이것은 인위적으로 그런 것이 아니라 자연적으로 그렇다. 자연적으로 그러하므로 없앨 수

84) 『中庸集注』 序. 여기에서 주자는 人心은 '或生於形氣之私', 道心은 '或原於性命之正'으로 각각 설명하였다.

85) 『어류』 권78.

86) 同上.

있겠는가? 욕망에는 절도가 있고 없고가 있는데, 이것은 자연이 아니고 인위다. 이미 인위라고 했으니 어찌 방종하겠는가?[87]

라고 하였다. 여기에서 보면 나흠순에게는 약간 '자연인성론적인 경향'이 있음을 알 수 있다.[88] 그에 있어서는 사람은 모두 욕망이 있는데, 이것은 자연적인 것이요 인력으로 없앨 수 없는 것이라고 하였다. 그러므로 사람들이 욕망을 버리면 자연을 위반하는 것이 되므로 합리적 해결 방법은 사람들이 모두 욕망이 있는 것을 인정하고 동시에 욕망에 절제를 가하는 것이다. 그는 더 나아가 경전을 인용하여 다음과 같이 말하였다.

「악기」에서 말한 욕망과 호오(好惡)는 「중용」의 희로애락과 더불어 칠정이라 한다. 그 이치는 모두 성에 근본을 둔 것이다. 칠정 중에서 욕망의 비중이 비교적 큰데, 하늘이 백성을 내실 때 이미 욕망이 있었다. 그리하여 사람들은 그것에 따르면 기쁘고 거슬리면 노여웁고, 그것을 얻으면 기쁘고 잃으면 슬프게 된다. 그러므로 「악기」는 오로지 성의 욕, 즉 본능적인 성격의 욕망으로 말했지 욕망을 악이라고 하지는 않았다. 그러므로 그 선, 악이 되는 것은 절도가 있느냐 없느냐에 달렸다.[89]

나흠순은 「중용」과 「악기」와 같은 유가의 전통 경전도 모든 사람에게 칠정이 있고 생래적으로 욕망이 있으며, 다만 문제는 욕망의 절제 여부에 달린 것으로 말한다고 보았다. 그리하여 그는 이 유가의 전통학설에 근거하여 사람의 자연 생리에 따라 인간 욕망을 긍정하였다.[90]

---

87) 『곤지기』 三續 1장.

88) 侯外廬 등 편, 『宋明理學史』(下)(北京: 人民出, 1987), p. 483.

89) 『곤지기』 권상 17장.

또 그는 사람의 도덕적 수양에서도 감각이 중요한 것임을 말하였다. 그는 말하기를

> 눈의 보는 것, 귀의 듣는 것, 입의 말하는 것, 몸의 움직임은 사물과 접촉이 없어도 그 전에 이미 그 리는 갖추어져 있다. 이것은 모두 천명의 자연으로서 안배나 조작이 아니고 참된 것이다. 물에 감응하여 감각기관이 움직일 때 당연히 보아야 할 것과 그렇지 않은 것, 당연히 들어야 할 것과 그렇지 않은 것, 당연히 말해야 할 것과 그렇지 않은 것, 당연히 움직여야 할 것과 그렇지 않은 것이 있다. 이 모든 당연한 것은 바로 자연스러운 것으로 우리가 어길 수 없는 것이다. 그러므로 참된 것이라고 한다. 마땅히 해서는 안 되는 것은 왕왕이 정욕의 시킴에서 나온다. 그러므로 거짓된 것이라고 한다. 참된 것은 지키고 거짓된 것은 버리고, 그리하여 몸과 마음을 다스리고, 그것이 집과 국가와 천하에까지 미친다.[91]

라고 하였다. 여기에서 보면 그의 윤리관은 감각론적 윤리관이라고 할 만하다.[92] 그는 감각을 인간의 자연적 생리적 작용으로 부정할 수 없다고 보았다. 그는 도덕률과 감각이 결코 상반되는 것이 아니라고 보았다. 이러한 입장에서 나흠순은 선학을 비평하기를, 선학은 사람의 감각기관과 객관 사물과의 상호 접촉을 통해서 생기는 감각과 인상을 부정하여 사람과 객관 세계를 끊어 사람의 사유 활동을 정지하게 한다고 하였다. 그리하여

---

90) 명대의 이학의 異端은 한편으로는 리기관에서, 또 다른 한 편으로는 存欲, 去欲과 같은 윤리관에서 나타내었다. 그 후 청초의 반리학 사조와 중국 근대의 무술변법 이전의 진보적 사상가 역시 자연인성론적인 입장에서 종래의 선험적인 인성론을 반대하였다. 侯外廬 등 편, 『宋明理學史』(下)(北京: 人民出, 1987), p. 483 참조.

91) 『곤지기』 속, 권상 7장.

92) 侯外廬 등 편, 『宋明理學史』(下)(北京: 人民出, 1987), p. 491.

또 양간(楊簡, 호 慈湖, 1141~1226)과 진헌장(陳獻章, 호 白沙, 1428~1500) 및 담약수(湛若水, 호 甘泉, 1466~1560)의 심학 사상도 선학과 같다고 비판하였다.

이상에서 본 바와 같이 나흠순의 심성론은 주자와 양명의 중간에서 심성일체론의 입장에 서 있다. 이는 그의 리기론의 입장과도 같다. 그리하여 그는 정을 떠난 고립적 자존의 순수한 성은 존재하지 않는다고 보았으며, 동시에 또 윤리적 기준의 객관성은 어디까지나 성에 두려고 하였다. 또 인심, 도심을 체, 용을 비유하여 인심, 도심이 서로 분리될 수 없고, 동시에 독립된 도심이 없다는 것을 강조하였다.

이 인심도심체용론은 우리나라의 학자에게 영향을 주었는데, 노수신(盧守愼, 호 蘇齋, 1515~1590) 같은 이는 그 체용론을 그대로 수용했고, 율곡 같은 이는 그것을 변형하여 '인심도심종시론(人心道心終始論)' 을 창출하였다. 그리고 나흠순의 인욕과 감각의 긍정론은 우리나라에서 적극적으로 추종되지 않았고 우리나라에서는 오히려 주자식의 보수적 경향을 고수하였다. 다만 율곡의 "칠정 외에 따로 사단이 없다."는 소위 '칠정포사단론(七情包四端論)' 이라든가 인심에서 도심으로 도심에서 인심으로 성의(誠意)의 노력에 따라 가변적이라는 인도심상대종시론 같은 것에서 그와 유사한 발상을 발견할 수 있다.

3. 율곡의 '리기지묘'의 철학

1) 율곡 리기론의 특징

(1) 서경덕(화담)의 유기철학 비판

율곡은 퇴계와 서경덕(徐敬德, 호 花潭, 1489~1546)의 중간에 서 있다. 왼편으로는 서경덕의 기 철학을 비판하고 오른편으로는 퇴계의 리 철학을 비판하였다. 율곡의 사상은 퇴계의 '주리(主理)'에 대해 '주기(主氣)'라고 할 수 있으나, 한편으로 보면 그것은 서경덕의 기 철학과도 다른 것으로 그 특징은 리와 기의 관계 정립을 통하여 리와 기의 묘합, 즉 '리기지묘(理氣之妙)'를 논하려는 데 있다. 이것은 마치 나흠순의 사상이 리의 철학과 기의 철학 중간에서 '리기혼일'의 입장을 취하여 주자와 장재의 리기론을 각각 비판한 것과 그 양상이 같다. 율곡이 나흠순에 대해 더러 언급하고 있는 것을 보면 그는 일찍이 『곤지기』를 읽고 그 영향을 받았다고 볼 수 있다.[93)]

리나 기의 실체화를 반대하고 리기 관계성에서 리, 기를 논하려는 점에서 나흠순과 율곡은 입장이 같다. 그러면서도 율곡은 "나정암처럼 고명하고 탁월한 견해를 가진 자에게도 역시 리기일물의 병통이 있다."[94)]고 하여 나흠순을 비판하였다. 이를 보면 율곡과 나흠순이 위와 같이 어떤 면에서는 입장이 같지만, 또 다른 면에서는 서로 견해를 달리하였음을 알 수 있다. 이 점에서 율곡의 독창성이 있다.

율곡의 리기론은, 서경덕의 유기론에 대해서는 '리통기국설(理通氣局說)'을, 그리고 퇴계의 리기이원론에 대하여는 '기발리승일도설(氣發理

---

93) 유명종, 전게 『퇴계와 율곡의 철학』, p. 282 참조.

94) 『율곡전서』(이하 『율전』이라 약칭) 권10, 8면, 「答成浩原」.

乘說)' 로써 비판 대응하였다. 서경덕의 사상은 기에서 체용을 인정하는 유기론으로서의 장재의 기론(기의 철학)과 같다. 서경덕은 말하기를

> 태극은 담연무형(湛然無形)하다. 이것을 이름 붙여 선천(先天)이라고 한다. 그 크기는 밖이 없고 그 먼저(시초)는 시작이 없다. 어디에서 오는지 알 수 없다. 그 담연허정(湛然虛靜)이 기의 근원이다. …… 이것이 선천인데, 그 어찌 기이하지 않은가? 기이하고 기이하다. 그 어찌 묘하지 않은가? 묘하고 묘하다. 갑자기 뛰기도 하고 급히 열리기도 하는데, 누가 그렇게 시키는가? 스스로 그렇게 한다〔自能爾〕. 또 부득불 그렇게 될 수밖에 없다〔不得不爾〕. 이것을 일러 리의 때〔時〕라고 한다. 이것은 역의 소위 감이수통(感而遂通)이요, 중용의 소위 도자도(道自道)요, 주렴계의 소위 태극동이생양(太極動而生陽)이다. 동정(動靜), 합벽(闔闢)이 없을 수 없다. 그 까닭은 무엇인가? 그 기틀이 스스로 그러한 것이다〔機自爾〕. 이미 일기(一氣)라고 했으니 一은 스스로 二를 머금는다. 이미 태일(太一)이라고 했으니 一은 바로 二를 함유한다.[95]

라고 하였다. 서경덕은 '담연무형' '담연허정' 하여 시공간에 있어 무한하고 형체가 없는 상태의 기를 기의 체(體; 先天)라고 보고, 이것을 '태허(太虛)' 라고 규정하였다. 그리하여 인간을 포함하여 천지만물은 이 담일청허한 태허의 작용으로 생성된다고 보고, 이것을 기의 용(用; 後天)이라고 하였다. 즉 서경덕은 만물생성과 그 근원을 기로써 설명하고자 하였다. 이때 선천과 후천은 시간적 선후나 공간적 다름을 의미하는 것은 아니다.

그런데 서경덕의 기론에 있어 유의해야 할 것은 리기의 동정합벽이 외재적 작용에 의한 것이 아니고, 모두 그 자체의 기틀〔기〕에 의해 자연적

95) 『花潭集』 권2, 「原理氣」.

으로 이루어진다고 본 사실이다. 즉 태허의 자발적 전개에 지나지 않는다는 것이다. 이러한 의미에서 서경덕은 율곡과 같이 리의 능동적 성격을 철저하게 부정하고 있는 것이다. 율곡은 말하기를

> 나는 누가 그렇게 되게 시키는지 모르겠다. 자연히 그렇게 된다〔自然而然〕고 말할 뿐이다.[96]

라고 하고 또,

> 음정양동은 그 기틀이 원래 그렇다〔其機自爾〕.[97]

라고 하였다.

그렇다면 서경덕에게 있어서 리는 어떠한 위치에 있는가가 그 다음 문제다. 그는 말하기를

> 기 밖에 리가 없다. 리는 기의 재(宰)다. 소위 재라는 것은 바깥에서 와서 주재하는 것이 아니다. 그 기의 용사(用事; 작용)가 소이연(所以然)의 올바름을 잃지 않는 것을 가리켜 재라고 한다.[98]

라고 하였다. 즉 서경덕은 율곡과 마찬가지로 리의 발동, 즉 리의 실체적 능동성을 부정하고 있으나, 율곡이 리를 사물의 존재론적 근거로서 위치지우는 데 대하여 서경덕에게 있어서는 기의 작용이 조리성 내지 정합성

---

96) 『율전』 권14, 「天道策」.

97) 同書, 권10, 26면, 「답성호원」.

98) 『화담집』 권2, 「原理氣」.

을 잃지 않고 전개되는 까닭〔소이〕으로서 규정하고 있는 것이다. 이 점에 있어서 주자를 충실히 계승하고 있는 율곡이 유기론(唯氣論)과 입장을 달리 하는 점이다.

서경덕에 있어서 리의 이러한 위치 저하는 기의 중시로 나타날 수밖에 없다. 즉 그에 있어서는 존재의 근거로서의 태허, 즉 '담일청허(湛一淸虛)의 기'를 생각하고 있다. 그러므로 서경덕은

> 사람이 죽는 것은 형백(形魄)이 흩어지는 것이다. 그러나 담일청허에 모이는 것은 끝내 흩어지지 않는다. 태허담일 가운데 흩어지니 동일한 기이다.[99]

라고 하여 죽음은 개물(個物)을 구성하고 있는 형백이 흩어지는 것일 뿐, 기의 본체인 담일청허의 기는 소멸하지 않는다고 하였다. 이러한 기에 대해 율곡은

> 리는 변화가 없으나 기는 변화가 있다. 원기(元氣)는 생기고 또 생기어 끊임없다〔生生不息〕. 그리하여 가는 것이 지나가면 오는 것이 잇는다. 간 기는 이미 있지 않은데 화담은 일기(一氣)가 영원히 있다〔一氣長存〕고 생각한다. 그렇게 되면 가는 기는 가지 않고 오는 기는 뒤를 잇지 않는 것이다. 그러므로 화담에게 기를 보고 리라고 여기는 병폐가 있게 되는 것이다.[100]

라고 비판하였다. 즉 '일기장존'을 말함으로써 이것이 형이하적인 존재인 기를 불변적 존재, 즉 형이상적 존재인 리와 같은 위치에 놓게 되었다고 비판하였다. 율곡은 또 서경덕의 제자인 박순(朴淳, 호 思庵, 1523~

99) 同書, 권2, 「鬼神死生論」.
100) 『율전』 권10, 38면, 「답성호원」.

1589)에게 답하는 편지에서도 서경덕의 설에 대해

> 서화담의 주장은 너무 지나쳐서 음양추뉴의 묘한 것이 태극에 있는 줄을 모르고 일양(一陽)이 생기기 전의 기의 음한 것(음의 측면)을 음-양의 근본인 줄 알았으니, 성현의 뜻에 어긋남이 없겠는가?[101]

라고 하여 기를 형이상으로 본 것을 예리하게 비판하였다.

율곡은 한편으로는 "서화담은 리기가 서로 떨어지지 않는 그 묘처에 있어서 분명히 보았다. 다른 사람처럼 독서하여 모방하는 것과는 비교가 안 된다."[102]라고 하여 리기불상리를 말한 서경덕의 리기론의 독창성을 높이 평가하면서도 일면 "오히려 퇴계의 모방하는 태도를 취할지언정 화담의 자득(自得)을 본받아서는 안 된다."[103]고 하여 리기의 근본적인 논리구조에 있어서 기를 형이상적 성격으로 간주하고 있는 서경덕을 비판하였다.

이렇게 보면 율곡은 선행하는 서경덕의 리기론을 비판적으로 계승했다고 볼 수 있는데, 서경덕의 리기론에 대해 율곡은 총평을 내리기를

> 화담은 총명은 남보다 뛰어났으나 중후한 인품이 부족하였다. …… 그러나 다만 그 위에 리통기국(理通氣局)의 한마디 말이 있다는 것과 계선성성(繼善成性)의 리는 어느 사물에도 없는 데가 없지만, 담일청허의 기는 있지 않는 경우가 많다는 것을 몰랐다.[104]

101) 동서, 권9, 18면, 「答朴和叔 第2書」.
102) 『율전』 권10, 37면, 「답성호원」.
103) 同上, 38면.
104) 同上, 37면.

라고 하여 화담이 '기를 리로 간주하였다' 는 것은 '리통기국' 을 모르기 때문이라고 지적하였다.

(2) 리통기국설

율곡은 '리통' 에 대해 성혼(호 우계, 1535~1598)에게 답하는 편지에서

> 리통이란 무엇을 말하는가? 리란 본말이 없고 선후가 없다. 본말이 없고 선후가 없으므로 아직 감응하지 않았다고 해서 앞선 것〔先〕이 아니고 이미 감응했다고 해서 뒤〔後〕가 아니다. 그러므로 기를 타고 유행하는 것이 일정하지 않지만, 그 본연지묘는 어디에도 있지 않음이 없다. 기가 치우치면 리가 또한 치우치지만 치우친 것은 리가 아니고 기이며, 기가 온전하면 리가 또한 온전하지만 온전한 것은 리가 아니고 기이다. 청탁수박과 찌꺼기, 재, 거름, 오물 가운데도 리가 있지 않은 곳이 없어, 각각 그 성이 되지만 그 본연의 묘리는 손상되지 않고 그대로이다. 이것을 리통이라고 하는 것이다.[105]

라고 설명하였다. 즉 리는 리기공존이므로 기의 발동을 타고 유행의 리로서 만수로 전개되지만, 그 본체(본연의 리)는 기의 유행에 의한 어떠한 국면이나 상태에 있어서도 손상됨이 없이 편재한다는 것이다. 이와 같이 '무소부재(無所不在)' 라고 하는 리의 본체의 성격에 유의하여 '리통' 이라고 칭하였다. 그리고 '기국' 에 대해서는

> 기국이란 무엇을 말하는가. 기는 이미 形迹에 관계되기 때문에 본말이 있고 선후가 있다. 기의 본체는 담일청허할 뿐이니, 어찌 찌꺼기, 재, 거름, 오물 등

105) 同上, 26면.

의 기가 있으리오마는 오직 그것이 승강비양하여 조금도 쉬지 않으므로 일정하지 않아 여러 가지 변화가 생긴다. 이에 기가 유행할 때에 그 본연을 잃지 않는 것도 있고, 그 본연을 잃어버리는 것도 있다. 이미 그 본연을 잃어버리면 기의 본연은 이미 있는 데가 없습니다. 치우친 기는 치우친 기요 온전한 기가 아니며, 맑은 것은 맑은 기요 탁한 기가 아니며, 찌꺼기, 재는 찌꺼기, 재의 기요 담일청허의 기가 아니다. 이는 리가 만물 가운데서 그 본연의 묘리가 어디서나 그대로 있지 않는 것이 없는 것과 같지 않으니, 이것을 기국이라 하는 것이다.[106]

라고 하였다. 율곡에게 있어서 기는 형이하의 '유형유위(有形有爲)' 의 존재, 즉 원리적, 형상적 존재가 아니고 질료인이므로 항상 승강비양하여 다양한 상황을 만들어내는 것이다. 여기서 기의 본원으로서의 담일청허라는 것도 기는 그 구체적 존재 양태에서는 청탁을 비롯하여 가치적으로 다양하지만, 본래는 모두 담일청허하다고 하는 의미일 뿐이지, 결코 담일청허한 상태가 불변주편(不變周遍)의 기의 본체로 생각하는 것은 아니다. 그러므로 율곡에게 있어서는 기의 본래의 상태인 담일청허의 상태를 실현하고 있는 기와 실현하고 있지 않은 기가 있게 되는데, 이는 기의 속성상 당연한 일이다. 이 점에서 기는 형이상학적, 의미적 존재[107]인 리와 결정적 차이를 갖고 있고 그러한 기의 성격을 '기국' 이라고 이름 붙인 것이다.

---

106) 同上.

107) 安田二郎은 그의 저서 『中國近世思想硏究』(東京: 弘文堂, 1948)에서 주자의 리가 非物質的인 것이고 그러므로 역동적이 아닌 우주론적 원리로서의 '의미적 존재' 라고 하는 견해를 제시하였다(pp. 74-89). 그리고 아울러 松田弘의 논문 「李栗谷における理氣論の特質とろの思想史的位置」(筑波大學 哲學, 思想學系論集 第5號, 1979), p. 161 참조.

율곡은 이러한 관점을 구체적 사물에 적용하여 다음과 같이 부연하여 설명하였다.

> 고목(枯木)에는 고목의 기가 있고 사회(死灰; 재)에는 사회의 기가 있다. 천하에 어찌 형이 있으면서 기가 없는 물이 있겠는가? 다만 이미 고목사회의 기이므로 생목활화(生木活火)의 기는 아니니 생기(生氣)는 이미 끊어져 유행할 수 없다. 리가 기를 타는 것을 가지고 말하면 리가 고목사회에 있는 것은 기에 국한되어 각기 하나의 리가 되는 것이다. 리의 본체를 가지고 말하면 그것이 비록 고목사회에 있으나 그 본체로서 혼연(渾然)한 것은 스스로 그대로이다. 그러므로 고목사회의 기는 생목활화의 기가 아니나, 고목사회의 리는 바로 생목활화의 리이다. 다만 그 리가 기를 타고〔乘〕 일물(一物)에 국한될 뿐이다.[108)]

즉 고목에는 고목의 기, 사회에는 사회의 기가 있기 때문에 고목에 생목의 기, 사회에 활화의 기는 결코 없다. 이것이 즉 기국이다. 이것은 기가 형이하의 질료적 성격을 갖고 있기 때문이다. 이에 비해 리는 기의 동정에 '타고' 고목의 기에는 고목의 리로서, 사회의 기에는 사회의 리로서 전개되는 것이다. 이것이 유행(流行)의 리이다. 이것은 리는 기와 달리 형이상적 존재(원리적 존재)이기 때문에 유행의 리도 리 자체(리 본연)를 들면 고목사회에도 본연의 리는 그 본래의 생목활화의 리라고 간주되는 것이다. 결국 율곡에 의하면 리의 본체는 여러 가지 기에 주편하여 존재하고 있는 것이 된다. 이것이 리통이다.

결론적으로 말하면 원리적 존재인 리는 기와의 공존에 있어서 유행의 리(리의 용)와 본연의 리(리의 체)의 두 국면을 생각할 수 있지만, 질료적

---

108) 『율전』 권10, 33면, 「답성호원」.

인 존재인 기는 개별 한정적인 존재 방식으로만 존재할 수밖에 없다는 것이다. 그러므로 리통기국은 유행의 리에 초점을 맞추지 않고, 리의 본체에 주목하여 생각해 낸 것이다. 이러한 입장에서 율곡은 나흠순이 '리기일물'의 병통이 있다고 비판한 것이다.

율곡의 이러한 리통기국설에 대해서는 리를 중요시하는 입장에서나 아니면 기를 중요시하는 입장에서 각각 비판할 수 있다. 임성주(任聖周, 호 鹿門, 1711~1788)의 비판은 기를 절대시하는 입장 즉 유기론에서의 대표적인 것이다. 그는 담일청허의 기는 "천하에 가득 차 있고 고금에 유행한다."[109]하고, 또 "편색오탁(偏塞惡濁)의 곳이라도 이 기는 들어 있지 않은 곳이 없다"[110]라고 하여 시공간에 걸쳐 무한하고 불변한 기의 본체로서의 존재로 보기 때문에 리와 같이 형이상적 성격으로 규정되고 있다. 그러므로 율곡의 설에 대해 "리통(通局) 두 자는 리기에 분속(分屬)해서는 안 된다. 일원(一原)에서 말하면 리만 일(一)일 뿐만 아니라 기도 일(一)이다. 일이면 통한다. 만수에서 말하면 기만 만이 아니라 리도 만이다."[111]라고 하여 본연의 리에는 본연의 기(담일청허의 기)를, 분수의 리에는 분수의 기를 각각 상즉적(相卽的)으로(일대일로) 배속시켰다. 그러므로 임성주는 "리일분수(理一分殊)는 리를 주로 하여 말한 것이다. 분자(分字)는 리에 속하게 해서는 안 된다. 만약 기를 주로 해서 말하면 기일분수(氣一分殊)라고 말해도 된다."[112]라고 하였다. 이는 임성주의 기론이 서경덕의 기론과 성격이 같기 때문이다.

또 리를 절대시하는 입장 즉 주리론의 이현일(李玄逸, 호 葛庵, 1627~

109) 『鹿門集』 권19, 4면, 「鹿盧雜識」.
110) 同上.
111) 同上, 7면.
112) 同上, 4면.

1704)은 율곡 설에 대해 "이씨(율곡)의 설을 볼 것 같으면 이 리는 다만 허무공적한 물로서 만화의 근원이 될 수 없고, 오직 음양기화만이 종횡전도하여 조화를 행한다는 것이니 그릇되지 않았는가?"[113]라고 비판하였다.

율곡은 리, 기에 각각 체, 용을 설정하여 담일청허의 기와 본연의 리, 만수의 기와 유행의 리라고 하는 의미에서의 리기불상리를 파악하는 것이 아니다. 그러나 담일청허의 본연의 기를 부정한다고 하여 본연의 리가 의착할 곳을 잃어버린다는 것을 의미하는 것은 아니다. 이에 대해 율곡은 말하기를

> 대저 본연한 것은 리일(理一)이고, 유행하는 것은 분수다. 유행의 리를 버리고 별도로 본연의 리를 구한다면 절대 안 된다. 또 만약 리에 선악이 있다는 것을 가지고 리의 본연이라 본다면 그것 또한 안 된다.[114]

라고 하였다. 이것은 리는 유행하는 기에 의해 국한되지만, 그러나 본연의 리는 별도로 존재하는 것이 아니고, 이 유행의 리를 통하여 유행의 기(만수의 기)와 불상리의 관계에서 전개되기 때문이다. 그러므로 율곡의 리통기국설은 리기의 불상리, 불상잡, 즉 리기지묘의 원칙 아래 창출된 것이다. 이 '리기지묘'는 주자의 리기론을 더욱 철저화한 것이라 볼 때, 이러한 과정에서 율곡 독자의 사상이 구축된 것이라고 볼 수 있다. 이 점에서 율곡은 정주에서 조금 일탈한 나흠순의 리기론을 리기일물의 병통이 있다고 비판한 것이 아닐까?

113) 『葛庵集』 권18, 「栗谷李氏論四端七情辨」.

114) 『율전』 권9, 39면, 「답성호원」.

⑶ 기발리승설

그러나 퇴계의 리발설(리기호발설)에 대한 율곡의 비판을 통해서는 리의 능동성 즉 리의 실체화를 거부하는 점에서 나흠순의 리기혼일설과 같은 입장임을 알 수 있다.

퇴계는 잘 알려진 바와 같이 사단칠정을 논하면서 사단은 리발, 칠정은 기발이라 하여 리기호발을 주장하였다. 퇴계는 53세에 정지운(호 秋巒, 1509~1561)의 『천명도』에서의 '사단발어리, 칠정발어기' 라는 말을 '사단리지발, 칠정기지발' 이라고 개정하였다.[115] 이 문구는 기의 발동과 더불어 리의 발동도 동등하게 인정한 의미를 담고 있다. 그 후 6년이 지나 퇴계 59세에는 "사단의 발은 순리(純理)이므로 선하지 않음이 없고, 칠정의 발은 기를 겸하였으므로 선악이 있다."[116]라고 개정하였고, 이를 계기로 하여 그 해부터 퇴계와 기대승(호 高峰, 1527~1572) 사이에 8년에 걸쳐 편지를 통한 논쟁이 있었다(2~3회). 그 후 퇴계 60세에 그간의 논쟁 결과를 반영하듯 다소 문구를 수정하였는데, 그러나 입언의 취지는 리발의 입장을 계속 유지하고 있었다. 그때 이굉중에게 보낸 편지에서

> 천하에 리 없는 기 없고, 기 없는 리 없다. 사단은 리가 발하여 기가 따르는 것〔四端, 理發而氣隨之〕이요, 칠정은 기가 발하여 리가 타는 것〔七情, 氣發而理乘之〕이다.[117]

라고 하였다. 여기에서 리발을 견지하면서 리기공존(理氣共存)의 원칙을 깨지 않으려고 하는 모습이 보인다. 그러나 '수(隨)' '승(乘)' 자의 배속을

115) 『퇴계전서』(이하 『퇴전』이라 약칭) 권41, 「天命圖說後敍」.

116) 동서, 권16, 1면, 「與奇明彥」(己未).

117) 동서, 권36, 2면, 「答李宏仲問目」.

고려하면 리발을 강조함은 물론, 은연중 리를 기보다 높이려는 가치론적 입장이 그 속에 가로놓여 있음을 살필 수 있다. 즉 기에 대한 리의 제어의 의미를 나타내려고 한 의도를 쉽게 읽을 수 있다.

이에 대해 율곡은

> 소위 기가 발하여 리가 탄다는 것은 말이 된다. 다만 칠정만 그런 것이 아니라 사단도 역시 기가 발하여 리가 타는 것이다.[118)]

라고 하여 사단도 기발리승이라고 하였다. 이러한 입장에서 사단도 모두 칠정에 포함되는 다 같은 정이며, 다만 사단은 리발에 의한 것이 아니고, 청명(淸明)한 기에 본연 그대로의 리가 나타난 경우(즉 이것은 유행의 리가 된다)로서 보았다. 이와 같이 퇴계의 사칠론에서의 리기호발설을 율곡은 부정하고 오로지 기발리승만 가능하다고 보았다. 이는 리기불상리의 원칙과 리는 형이상자, 기는 형이하자로 규정하는 율곡의 입장에서 퇴계의 리발을 비판한 것이다.

물론 퇴계의 리발의 취지는 도덕적 측면에서 이해돼야 한다. 그러나 리의 능동성을 퇴계는 또 주장하였다. 그러므로 퇴계의 의도와 표현방식 사이의 괴리는 별도의 문제다.[119)] 즉 “리는 귀하고 기는 천하다. 그리하여 리는 무위(無爲)하나 기는 유욕(有欲)하다.”[120)]라는 말과 또 “리는 기수(氣隨)가 없다면 작용할 수 없고, 기에 리승(理乘)이 없다면 이욕(利欲)에 빠져 금수(짐승)가 된다.”[121)]라는 말을 아울러 보아도 유욕한 기에 대한 도

---

118) 『율전』 권10, 5면, 「답성호원」.

119) 졸고, 「동양철학에 있어서 철학적 개념의 다의성에 대한 연구」, 『유교사상연구』 제3집, 유교학회, 1988 참고.

120) 『퇴전』 권12, 24면, 「與朴澤之」.

121) 동서, 권36, 2면, 「답이굉중문목」.

덕적 실체인 리의 제어라는 의미가 함축되어 있음을 알 수 있다. 이것을 보면 퇴계에게 있어 리는 기에 대한 물리적 제어를 하는 실체로써 생각되어진 것임이 틀림없다. 그러므로 퇴계는 또 "그 전에는 (理의) 본체의 무위만 보아 묘용(妙用)이 능히 현행(顯行)하는 것을 몰랐다. 그리하여 리를 거의 사물(死物)로 볼 뻔하였다. 그렇게 되면 도에서 멀어지지 않겠는가?"[122)]라고 하여 리발과 리무위의 모순을 리의 체용론으로써 해결하고자 하기도 하였다.

이에 대해 리의 철저한 무위적 성격을 강조하는 율곡에게 있어서는 퇴계의 리기호발설에 대해

> 퇴계 선생은 이미 선으로써 사단에 귀속시켰다. 그리고 또 말하기를 칠정에 불선(不善)이 없다고 했다. 그렇다면 사단 밖에 또한 선정(善情)이 있는 것이 된다. 이 정은 어디에서 나오는가. …… 선정에 이미 사단이 있는데 또 사단 밖에 선정이 있으면 이는 인심에 두 근본이 있는 것이 된다.[123)]

라고 하여 칠정 중의 선정은 어디에서 유래하는가 하는 논리에 의해 퇴계의 사단리발설의 모순을 지적, 퇴계의 설은 결국 본래 하나인 인심을 분열시키는 것이라고 비판하였다. 율곡의 이러한 비판은 심성론에 그치지 않고 더 나아가 심성론과 표리관계를 이루는 리기론에 있어서도 다음과 같이 전개되었다.

> 만약 서로 발용(發用)이 있다고 하면 이는 리 발용시(發用時) 기가 혹 미치지 못하는 바가 있고, 기가 발용시 리가 혹 미치지 못하는 바가 있는 것이다. 그렇

---

122) 동서, 권18, 31면, 「답기명언별지」.
123) 『율전』 권9, 35면, 「답성호원」.

다면 리기에 이합(離合)이 있고, 선후(先後), 동정(動靜)이 있고, 단초(端初)가 있고, 음양에 처음 시작이 있게 되니 그 착오가 작지 않다.[124]

여기서 율곡이 지적한 것은 리에 동정을 인정하는 것은 리를 실체화하는 것이 되고, 따라서 리기의 시공간의 개별존재를 의미하여 불상리라는 리기론의 기본 원칙과 맞지 않는다는 것이다.

퇴계는 자기 말의 근거로서 주자의 말[125]을 인용하였지만, 율곡은 이에 대해 "주자의 '리에서 발하고 기에서 발한다' 라는 설의 뜻이 반드시 딴 데 있는데, 지금 사람들은 그 뜻을 터득하지 못하고 다만 그 설만 지켜 리와 기로 분리하여 끌어대니, 어찌 갈수록 그 참뜻을 잃어버리게 되지 않겠는가? 주자의 의도는 역시 사단은 오로지 리만을 말하고, 칠정은 기를 겸하여 말한 것이라고 한 것에 불과할 뿐이요, 사단은 리가 먼저 발하고 칠정은 기가 먼저 말한다는 것은 아니다."[126]라고 하여 퇴계의 리기호발설이 주자의 뜻을 잘못 해석하였다고 비판하였다. 이 잘못 본 것은 단순히 문자상의 잘못 해석한 정도가 아니라, 호발설 사고방식 자체가 틀렸다고 율곡은 보았다. 그리하여 나아가

나정암은 식견이 고매하여 근래의 걸출한 유자로서 큰 근본에 있어 본 바가 있어 주자에게 리기 이원으로 보는 견해가 있지 않나 의심하였다. 이것은 주자를 잘못 안 것이지만 근본상에서는 본 바가 있었다. 다만 인심과 도심을 체용으로 보았으니 그 명의(名義)를 잃어버린 것이 애석하다. 그러나 정암의 잘못은 명목상(名目上)에 있으나 퇴계의 잘못은 성리상(性理上)에 있으므로 퇴계의

124) 동서, 권10, 12면, 「답성호원」.
125) 『어류』 권53.
126) 『율전』 권10, 5면, 「답성호원」.

잘못이 더 중하다.[127)]

라고 율곡은 나흠순과 비교하여 퇴계를 비판하였다. 이를 통하여 우리는 리에 대한 퇴 · 율 양인의 결정적인 사고의 차이를 볼 수 있다.

이러한 상황은 존재의 근본원리인 태극에 대한 양인의 설을 비교해 보면 더욱 명확해진다. 율곡은 말하기를

> 음이 다하면 양이 생기고 양이 다하면 음이 생긴다. 일음일양에 태극이 거기 있지 않음이 없다. 이것이 태극이 만화(萬化)의 추뉴(樞紐), 만품(萬品)의 근저(根柢)가 되는 까닭이다. 만약 담일적연(澹一寂然)의 기가 음양을 낳는다고 하면 이것은 음양에 처음이 있는 것이 된다. 처음이 있으면 끝이 있다. 그렇다면 음양의 기틀은 그 멈춘 지가 오래되었을 것이니 이것이 어찌 가능하겠는가?[128)]

라고 하고 또,

> 일찍이 나는 형(친구 우계-필자)과 태극이 동하여 양을 낳는 것을 논하면서 이것이 추뉴근저의 설이지 음양이 무에서 생겨나는 것을 말하는 것이 아니라고 말하였다.[129)]

라고 한 바와 같이 태극은 음양의 근저라고 보아 음양의 물질적 근원이 아니고 존재론적 근거라고 단언하였다. 태극론에 있어 가장 문제가 되는

---

127) 同上, 13면.
128) 동서, 권9, 19면, 「답박화숙」.
129) 동서, 권10, 39면, 「답성호원」.

주렴계의 『태극도설』에 대해서도

주자(周子; 주렴계)가 말하기를 '태극이 통하여 양을 낳고 정하여 음을 낳는다' 고 하였다. 이 이구(二句)가 어찌 잘못된 말이겠습니까. 그러나 만약 잘못 보면 음양은 본래 없는 것인데, 태극이 음양보다 먼저 있다가 태극이 동한 뒤에 양이 생기고 태극이 정한 뒤에 음이 생긴다고 여길 것입니다.[130)]

라고 하여 태극을 어디까지나 무위적 형이상적 존재로 규정하였다.

여기에 대해 똑같은 태극을 두고 퇴계는 말하기를

태극에 동정이 있다는 것은 태극이 스스로 동정하는 것이고, 천명의 유행은 천명 스스로의 유행이다. 어찌 다시 시키는 자가 있겠는가? …… 대개 리기가 합하여 물에 명령하는 것은 그 신묘한 용이 스스로 이와 같은 것이지 천명 유행처에 별도로 시키는 것이 있다고 말할 수 없다. 그것은 이 리는 극히 존귀하여 대적이 없고 물(物)에 명령하되 물(物)에 명령을 받지 않기 때문이다.[131)]

라고 하고 또,

주자가 일찍이 말하기를 '리에 동정이 있으므로 기에 동정이 있다' 라고 하였다. 만약 리에 동정이 없다면 기에 어떻게 동정이 있겠는가? 이것을 안다면 그 점에 대해 의심이 없을 것이다.[132)]

---

130) 同上, 21면.
131) 『퇴전』 권13, 17면, 「答李達李天機」.
132) 동서, 권39, 28면, 「답이굉중문목」.

라고 하였다. 이를 보면 퇴계는 태극(리)도 또한 자체 동정한다고 주장한 것을 알 수 있다. 이러한 리의 성격은 율곡의 그것과 큰 거리가 있다.

퇴계의 존재론(태극론)에서의 '리동설' 은 심성론(사칠론)에서는 '리발설' 로 나타나 상호 연관되어 있고, 또 인식론(격물치지설)에서는 소위 '리도설(理到說)' 로 나타나고 있다.[133] 이 모든 것은 어느 것이나 도덕론 우위의 입장에서 리를 중시한 나머지 리를 실체화한 것이고, 이에 대한 율곡의 비판 입장은 도덕론과 우주론을 일괄하는 일종의 '범우주론적' 시각에서 리기의 불상리잡이라는 기본원칙을 적용하여 리기의 밀접한 관계성을 강조한 데서 나온 것이다. 이러한 범우주론적인 시각은 나흠순의 리기혼일의 철학이나 자연인성론적(自然人性論的)인 관점과 일맥상통하는 것이라고 할 수 있다.[134]

(4) '리기지묘' 의 철학

사단칠정론은 물론 심성론의 범위이지만 율곡은 심성론과 존재론을 묶어 함께 다루었다. 그리고 여기에서 그는 일괄하여 하나의 원칙으로 기발기승설을 말하였다. 여하튼 율곡은 존재론에서 한편으로는 기를 실체화한 서경덕의 기론을 비판하고, 다른 한편으로는 리를 실체화한 퇴계를 비판, 정주의 리기 관계의 원칙을 충실히 계승하여 그것을 철저히 하였다. 그러한 리기 관계성을 율곡은 '리기지묘' 라고 하였다.

이러한 리기지묘의 입장에 선 율곡에게는 나흠순의 리기론 자체가 불충분하게 여겨졌다. 그리하여 그는 앞에서 말한 바와 같이 리기일물의 병통이 있다고 비판한 것이다. 그것은 나흠순에게 있어서는 리기혼일의 시각에 가려 리의 존재론적 의미가 많이 후퇴하였기 때문이다. 이는 '리기

133) 이동희, 「왕양명과 이퇴계」, 『동양철학연구』 제9호, 동양철학연구회, 1988 참조.
134) 유명종, 전게 『퇴계와 율곡의 철학』, p. 286 참조.

지묘' 의 입장에서 '리기혼일' 의 시각에 대한 비판이다. 율곡은 그러므로 나흠순에 대해 또 평하기를 "나정암은 큰 근본에 있어 본 것이 있지만, 주자에게 리기를 이원으로 보는 견해가 있지 않나 의심하였다."[135]라고 하였다. 여기서 "큰 근본에 있어 본 것이 있다."는 것은 리기를 이물(二物)로 보지 않는 점인데, 여기 대해 율곡이 나흠순을 칭찬한 것을 보면 그의 영향을 받은 것을 알 수 있다. 그러나 한편으로 주자의 리기론에 대해 나흠순이 의심한 것을 비평한 것을 보면 이 점에서는 율곡이 나흠순과 의견을 달리한 것을 단적으로 알 수 있다.

나흠순은 앞 절에서 말한 바와 같이 리가 기의 리이고 기 밖에 별도로 하나의 리가 있지 않다고 보았다. 즉 기의 운동 과정 중에서 리를 볼 것을 강조하였다. 그리하여 기를 초월하는 리는 없다고 보았다. 따라서 태극론에 있어서 주자가 태극은 리이고 음양은 기인데 기가 능히 동정할 수 있는 까닭은 리가 그것을 주재하기 때문이라고 한 것에 찬동하지 않았다. 그것은 태극이 만물 위에 있는 초월적인 주재가 아니라고 보았기 때문이다. 물론 나흠순은 리와 기를 동일시할 수는 없다고 여겨 리를 반드시 기에서 보아야 한다고 했다.[136]

나흠순이 리기를 이물로 보지 않고 리를 기에서 보아야 한다는 입장은 율곡의 입장과 상치되지 않는다. 이 점에서 나흠순의 리기설이 율곡에게 영향을 주었다고 단정할 수 있다. 그러나 나흠순의 리의 초월성 부정은 율곡의 리의 존재론적 의미 규정과는 약간의 거리가 있다. 나흠순은 말하기를

오직 명도의 말이 가장 정밀하다. 이천과 주자는 좀 맞지 않다. …… "음양

135) 『율전』 권10, 13면, 「답성호원」.

136) 『곤지기』 권하 35장.

하는 소이가 도이다."라고 한 것과 "합벽하는 소이가 도이다."라고 한 말에서 살펴보면 '소이'는 분명 형이상을 지칭한 것이나, 그러나 리기를 이물로 보는 혐의를 조금도 면하지 못하였다. 명도가 "원래 이대로가 바로 도이다."라고 한 말을 살펴보면 자연 혼연한 묘를 볼 것이니, 다시 소이란 글자를 붙일 필요가 없을 것 같다.[137]

라고 하여 정주의 리기이원론을 리의 소이의 성격을 가지고 비판하였다. 그러나 율곡에게 있어서는 리기 관계에 있어 이 리의 '소이'의 성격이 매우 중요하게 다루어졌다. 즉 율곡에게 있어서 리는 리기지묘라는 리기 상호 관계성에서 파악되므로 리가 형이상학적 존재로서 매우 중요한 위치를 점하고 있다. 이에 비하면 나흠순의 리는 이러한 의미가 현저히 감소되고 있다. 이것은 기본적으로 나흠순에게는 리기혼일의 우주현상 그 자체에 관심이 맞춰진, 정주 리기론의 정통에서는 조금 일탈한, 자연주의적인 관점이라면 율곡은 리기의 각각의 속성이 강조되면서 그 관계성－일종의 변증법적인 관계성－에 초점을 맞춘 시각의 차이에서 온 것이다.

여기에서 율곡의 리가 나흠순에게서 부정된 형이상적 실재성이 오히려 강조되었고(리기 관계성 내에서이지만), 그 점에서 나흠순의 영향을 받았지만 정주학의 정통을 계승한 율곡 리기론의 특징이 있다고 할 수 있다. 그러므로 문제는 율곡의 리기지묘라는 리기변증법이 율곡 사상 전체에서(정치사회관도 포함하여) 어떤 의미가 있고 어떤 역할을 하는가가 밝혀져야 율곡이 나흠순을 비판하는 진정한 의미도 해명될 수 있고, 아울러 정주학의 정통적 계승이 단순한 묵수나 모방이 아닌 '독창'이라는 율곡 사상의 특징이 밝혀질 수 있다.[138]

---

137) 동서, 권상 11장.

138) 李東俊, 「16세기 한국성리학파의 역사의식에 관한 연구」(성균관대학교 대학원 박사

한 가지 또 부언할 것은 나흠순 사상과 율곡 사상의 비교에서 현대 과정철학의 우주관(자연관)의 시사점이 크다는 점이다. 송학의 우주관과 과정철학의 우주관은 매우 흡사한데, 과정철학에서의 신과 세계의 관계가 신의 '근원적 본성'과 '결과적 본성'의 양극성으로 인하여 초월과 내재의 양면성을 갖고 있다는 것이다.[139] 이 점에서 명대 주자학이 이러한 초월-내재의 리의 본질이 왜곡되어 초월 일변도의 실체화 경향으로 편향되는 데 대해여 나흠순이 비판한 것은 일리가 있는 것이다. 그러나 그의 리기혼일의 사상은 리기불리에 치중한 나머지 리의 초월성, 형이상학적 원리로서의 실재성 등이 감퇴되는 결함을 보였던 것이다.

율곡의 나흠순 비판은 바로 이 점에 있었던 것이다. 그러므로 율곡의 장점은 나흠순 사상도 주체적으로 참고 수용하여 주자학 본질에 접근해 들어가려고 한 점에 있다. 이러한 주체적 노력의 결과 형성된 율곡의 리기지묘의 철학은 보다 더 과정철학적이며, 나아가 주자학의 본령을 참되게 드러냈다고 할 수 있다.

2) 율곡 심성론의 특징

(1) '리기지묘'의 심리학

나흠순에게 있어서는 심을 성으로 보려는 양명설을 비판하기 위해 심과 성이 다르다는 것을 강조하지 않으면 안 되었다. 그러므로 심성이물(心性二物)이라는 주장을 하고 있는 것처럼 보였다. 그러나 주자의 심성론과 완전히 일치하는 것은 아니었다. 이는 리기론에서 주자와의 차이점과 같은 것이다. 앞 절에서 말한 바와 같이 '인생이정 이상'에 대해 주자와

학위 논문, 1975), pp. 162-209 참조.

139) 김경재, 김상일 편, 『과정철학과 과정신학』, 전망사, 1988 참조.

의견을 달리하였다. 이는 그가 성이란 기를 떠난 추상적인 리가 아님을 말하려는 것이다. 그러므로 그는 "리일분수설을 가지고 성을 논하면 자연 천명-기질의 두 이름을 대지 않더라도 분명하게 된다."[140]라고 하였고, 또 주자가 심에 성이 떨어져 있다〔墮在〕라고 본 것도 성을 초월적으로 보는 것이라고 비판하였다. 이런 점에서 보면 그의 심성론은 주자나 장재와 비교해 보면 '심성일물적' 이라고 할 수 있고, 한편으로 양명의 입장에서 보면 오히려 불철저한 심성일물설이 된다. 그는 심성일체를 강조하더라도 윤리적 기준의 객관성은 어디까지나 성에 두려고 했기 때문이다.

그러나 나흠순의 인심도심설은 주자와 다름 없었다. 그는 도심이 인심의 주가 되어 인심을 제어해야 한다고 보았다. 그러나 주자보다 일보 진전하여 인심-도심도 서로 떨어질 수 없는 것을 강조하고, 또 동시에 도심이 인심의 주가 되어야 한다는 것을 강조하여 '인심도심체용론' 을 주장하였다. 즉 도심이 체이고 인심이 용이라고 보았다. 다만 인심 내지 인욕의 이해에서는 주자와 관점을 달리하여 자연인성론적인 입장에서 인욕, 감각 등을 긍정하는 방향으로 나아갔다. 이는 주자보다 한걸음 진보한 생각이라고 할 수 있다.

율곡은 나흠순의 철학 전체의 영향을 받았으므로 심성론에서도 그의 영향을 볼 수 있다. 그러면서도 율곡은 리기론에서와 마찬가지로 심성론에서도 나흠순을 비판하고 오히려 주자를 충실히 계승하려는 면이 또 있었다.

율곡은 심성론에서도 리기불상리잡, 즉 리기지묘의 입장에서 논의를 전개하였다. 그리하여 기본적으로는 주자의 심 · 성 · 정 · 의(意)의 정의를 충실히 계승하였다. 그러므로 어떤 면에서는 주자 및 나흠순의 심성론

---

140) 『곤지기』 권상 19장.

과 같고, 또 다른 면에서는 그들과 견해가 달랐다.

먼저 심 · 성 · 정의 이해에 있어 율곡의 특징은 심을 기로 파악한 점이다. 이는 주자의 "심이란 기의 정상(精爽)이다."[141]라는 관점을 계승한 것으로 율곡은 "심은 기이다."[142]라고 하였다. 원래 심은 성(體), 정(用)을 통섭하므로 '리와 기의 합'으로 이해되지만, 특히 율곡은 심을 기라고 강조하였다. 이것은 심의 리로서의 성의 의착처로 심을 보기 때문이기도 하지만, 심의 허령한 지각작용이라는 작용을 매우 중시했기 때문이라고 보인다. 율곡은 심의 허령을 지통지정(至通至正)한 기의 응취로 보았다. 그는 주자의 말을 인용하며 다음과 같이 말하였다.

> 주회암(주자)의 말에 "심의 허령하고 지각함은 하나일 뿐이다. 그러나 성명의 정에서 근원하기도 하고 형기의 사사로움에서 발출되기도 한다."라고 하였다. 먼저 한 개의 심자(心字)를 앞에 놓으면 심은 기이다. 혹은 근원하고 혹은 발출하는 것이 심의 발 아님이 없으니 어찌 기발(氣發)이 아닐까.[143]

그러나 율곡은 심 · 성 · 정의 작용에 대해 심은 발하는 기와, 기 발동의 근거인 리가 묘합된 것으로 심의 작용을 이해하여 "심이 동하여 정이 되는데, 이 때 발하는 것은 기요 발하는 소이는 리이다. 기가 아니면 발할 수 없고, 리가 없으면 발 자체가 불가능하니 어찌 기발, 리발의 다름이 있겠는가?"[144]라고 하였다. 이는 리기지묘의 관점에서 심을 본 것이다.

이러한 관점은 그의 성 개념에서도 그대로 나타난다. 율곡은 성을 말할

---

141) 『성리대전』 권32, 성리4.
142) 『율전』 권10, 28면, 「답성호원」.
143) 同上.
144) 『율전』 권14, 4면, 「인심도심도설」.

때 리기지묘로서의 기질지성을 말하였다. 즉 그는 말하기를

> 성이란 리기의 합이다. 대개 리가 기 가운데 있은 연후에 성이 된다. 만약 형질 가운데 있지 않으면 리라 이르는 것이 마땅하지 성이라 이르는 것은 마땅하지 않다.[145]

라고 하여 리가 인간의 형질인 기에 내재한 후에 비로소 '성'이라 할 수 있다고 하였다. 이는 주자의 리에 대한 견해와 궤를 같이하는 것이다.[146] 즉 율곡은 본연지성과 기질지성은 두 가지 성이 아니며, 기질지성에 나아가 단지 그 리만을 가리켜 말하면 본연지성이 되는 것이고, 리기를 합해서 말하면 기질지성이 된다고 하였다. 리와 기질이 묘합한 것이 기질지성이므로 본연지성은 기질을 겸해 말할 수 없으나 기질지성은 오히려 본연지성을 겸하여 말할 수 있다는 것이다. 그는 이것을 말하기를

> 본연지성은 리를 전적으로 말한 것으로 기에는 연관되지 않는 것이고, 기질지성은 기를 겸하여 말한 것으로 리를 그중에 포함하고 있다. 그러므로 주리, 주기의 설로써 막연히 양분할 수 없다. 본연지성과 기질지성을 양분하면 모르는 사람은 두 가지 성으로 보지 않겠는가.[147]

라고 하였다. 이 점에서 보면 율곡의 성론은 나흠순의 그것과 대동소이하나 나흠순이 '타재'를 비판한 것에 비추어 보면 율곡이 보다 더 주자를

---

145) 同書, 권10, 22면, 「답성호원 理氣詠呈牛溪道兄」.

146) 주자는 "천지지성을 논하면 오로지 리만을 가리켜 말한 것이고, 기질지성을 논하면 리와 기를 섞어서 말한 것이다."라고 하여 천지지성은 리로, 기질지성은 성으로 이해하였다. 『주자어류』 권4, 성리1.

147) 『율전』 권10, 2면, 「답성호원」.

충실히 계승하고 있으며, 그에게 나흠순과 같은 심성일물론적인 경향은 보이지 않는다고 할 수 있다.

율곡 심성론의 또 다른 특징은 심의 작용면에서 심을 종래의 장재의 '심통성정(心統性情)'[148]이나 주자의 '성정지주(性情之主)'[149]를 계승하면서도 그 속에 '의(意)'의 작용까지도 포괄하여 설명하는 점이다. 그는 먼저 심, 성, 정, 의가 일로임을 강조하여 심의 종합적 정신 작용성을 다음과 같이 설명하였다.

> 성은 심의 리요 정은 심의 동이다. 정이 동한 후 정을 따라 계교(計較)한 것이 의(意)이다. 만약 심과 성을 둘이라 한다면 도와 기가 서로 떠날 수 있을 것이며, 정과 의가 둘이라면 인심에도 두 근원이 있을 것이니 어찌 크게 어긋나지 않겠는가? 모름지기 성, 심, 정, 의가 단지 한 길인데 각각 경계가 있음을 안 연후에야 그릇됨이 없다 할 것이다. 무엇을 한 길이라 하는가? 심의 미발은 성이요 이발은 정이며 정이 발한 후에 상량(商量)하는 것이 의로서 이것이 한 길이다. 무엇을 각각 경계가 있다 하는가? 심의 적연부동한 때가 성의 경계요 감이수통한 때가 정의 경계이며 느낀 바에 따라 계교, 상량한 것이 의의 경계다. 단지 일심인데 각각 경계가 있을 뿐이다.[150]

이 '의'의 개념 설명은 물론 주자도 "의란 여러 가지로 계교하는 것이다. 의는 이 정이 있고 난 뒤에 작용이 있는 것이다."[151]라고 하였으므로 율곡이 이것을 수용한 것은 물론이다. 그러나 중요한 것은 율곡의 이

148) 『성리대전』 권33, 성리5.
149) 『주자대전』 권67, 「雜著」.
150) 『율전』 권14, 33면, 「雜記」.
151) 『성리대전』 권33, 성리5.

'의' 의 강조는 나중에 논할 '인심도심종시설(人心道心終始說)' 과 연관하여 볼 때 '도덕적 노력의 중시' 라는 율곡의 기본 수양론이 내포되어 있다는 점이다.

이상에서 본 바와 같이 율곡에게 있어 심의 성격을 기로 파악한다든지 성을 리기지묘의 관점에서 보아 리와 성을 구별하고, 이를 바탕으로 기질지성과 본연지성을 명확히 설명하면서도 기질지성 속에서 본연지성을 보려고 한 것은 율곡 사상이 주자학에서 진일보한 일면임이 분명하다.

⑵ '칠정포사단(七情包四端)' 의 논리

다음에 율곡의 사단칠정론에 대해 살펴보고자 한다. 주지하는 바와 같이 퇴・율 사상의 분기는 실로 이 사단칠정 논쟁에서 비롯되었다. 앞 절에서 기발리승설을 논하면서 논쟁의 발단은 약술하였으므로 율곡 사고의 특징을 들어내는 데 초점을 맞추어 퇴계의 설과 비교하여 논술하고자 한다.

심성론에서 쓰이는 리, 기는 이성과 감성의 뜻이 있으므로 퇴계가 사단, 칠정을 논하면서 "사단리지발, 칠정기지발"[152]이라고 한 것은 리를 인간의 이성, 기를 인간의 감성으로 소위 심리학적인 의미로 본다면 수긍이 될 수 있다. 이 때 인간의 이성이 인간 심중에 내재한 것인지 혹은 이성도 감성적 경험을 쌓는 중에 발달된 것인지 하는 문제에 대해서는 합리론과 경험론의 대립이 있는데, 퇴계는 합리론의 입장이요, 율곡은 경험론의 입장에 서 있다고 할 수 있다. 즉 퇴계는 사단을 외감(外感) 없는 내출(內出), 즉 '리발(理發)' 로 보고 기는 단지 거기에 따를 뿐이어서 순선무악으로 규정하였다. 율곡이 "퇴계의 생각은 사단은 마음속에서 발하고〔由中

---

152) 『율전』 권41, 「천명도설후서」.

而發〕, 칠정은 밖으로 느끼어〔感〕 발하는 것으로 여긴 것 같다."[153]라고 하였는데, 여기서의 '유중이발'이 바로 그것이다. 이에 비해 사칠 모두 외감하여 발한다고 본 율곡의 입장은 '경험론적'이라고 볼 수 있다.

그런데 퇴계에게 문제는 '리발'의 의미가 '인간의 정이 리에 부합한다'는 의미가 있으면 모르되 본성이 리인데, '발한다'는 말을 사용할 필요가 있겠느냐 하는 것이다. 실제로 퇴계는 '호상발용(互相發用)' 또는 '기발(其發)', '호발즉(互發則)'이라고 하여 '발'의 의미를 '발용(發用)'이라는 작위, 작용의 의미를 쓰고 있다. 또 기대승과의 논변 중 수정한 문구인 '사단리발이기수지, 칠정기발이리승지(四端理發而氣隨之, 七情氣發而理乘之)'에서 '수(隨)'자와 '승(乘)'자를 구분하면서 사용한 것도 '발(發)'의 의미를 더욱 강조한 의도라고 볼 수 있다. 퇴계도 이 모순을 알았기 때문에 '리발'을 '리의 용(用; 작용의 면)'으로 설명하고자 했던 것이다. 그뿐만 아니라 그는 리를 사물(死物; 죽은 물건)로 볼 뻔했다 하며 실체로서의 리를 동적(動的)인 것으로 보았다.[154] 물론 퇴계의 이러한 관점의 이해를 위해서는 그가 리와 기의 개념을 어떻게 설정하고 있는가 하는 문제를 깊게 다루어 그의 언어 사용의 오류와 그의 입장을 구분해야 그 의미를 정확히 이해할 수 있을 것이다.[155]

퇴계와는 달리 율곡은 우주론적 입장에서 심성론을 다루어 논리적 일관성을 가지고 그의 이론을 전개하였다. 율곡은 우주의 변화인 '천지지화(天地之化)'와 인간 심리의 작용인 '오심지발(吾心之發)'이 같다고 하여 존재론과 심성론을 일원적으로 파악했다. 그러므로 그에 의하면 리, 기의

---

153) 『율전』 권10, 6면, 「답성호원」.

154) 『퇴전』 권18, 31면, 「답기명언별지」.

155) 이동희, 전게 「동양철학에 있어서 철학적 개념의 다의성에 대한 연구」. 『유교사상연구』 제3호 참조.

두 개념은 주자학의 존재론적 의미 규정에 충실히 따랐다. 그리하여 율곡은 사단도 '기발이리승(氣發而理乘)' 이라고 보았다. 그는 말하기를

> 퇴계가 그리하여 입론하기를 "사단은 리발기수요, 칠정은 기발리승이다" 라고 했는데, 소위 기발리승은 된다. 칠정만 그런 것이 아니라 사단 역시 기발리승이다. 왜냐하면 유자(孺子; 어린아이)가 입정(入井)하는(우물에 빠지려 하는) 것을 본 연후에 측은지심이 발현되는데, 이 때 '보고 측은히 여기는 것' 이 기(氣)이다. 이것이 소위 기발이다. 측은의 본체는 인(仁)이다. 이것이 소위 리가 타는 것이다. 사람 마음만 그런 것이 아니라 천지지화도 기화리승 아닌 것이 없다.[156]

라고 하였다. 여기에서 율곡이 생각한 '기발' 의 의미가 드러난다. 즉 율곡은 '유자입정(孺子入井)' 을 보고 느끼는 것이 기라는 것이다. 즉 일차적으로 본다는 인식 없이는 느낌이 나오지 않는다는 것인데, 이때의 '기' 는 '보고 느낀다' 는 신체의 '물리적인 작용' 의 의미로 쓰였다. 여기서 물리적이란 곧 감각적임을 말한다. 이는 경험론적 관점이 분명한데, 율곡은 또 말하기를

> 가만히 생각건대, 퇴계의 생각은 사단은 마음에서 발하고〔由中而發〕, 칠정은 밖에서 느껴 발한다〔感外而發〕고 생각한 것 같다. 그리하여 이것이 선입견이 되어 주자의 '발어리, 발어기(發於理, 發於氣)' 의 설을 가지고 자기주장을 더 부연했다. 그러므로 많은 모순이 생겨났는데, 그 글을 읽을 때마다 개탄을 금할 수 없었고, 정견(正見)의 루(累, 결함)라고 생각했다. 『역』에 말하기를 '적

156) 『율전』 권10, 5면, 「답성호원」.

연부동, 감이수통'이라고 했는데, 성인(聖人)의 마음이라 하더라도 느끼지 않고 마음이 스스로 움직이지는 않는다. 반드시 느끼고 나서 마음이 움직이며, 그 느낀 바는 모두 바깥의 물(物)이다. 무엇으로 그렇게 말할 수 있는가? 아버지에 느끼면 효심이 움직이고, 임금에 느끼면 충의 마음이 움직이고, 형에 느끼면 경(敬)의 마음이 움직인다. 아버지, 임금, 형은 어찌 마음 가운데 있는 이치인가. 그러니 천하에 어찌 느끼는 것 없이 마음에서 스스로 나오는 정이 있겠는가? 다만 느끼는 바에 정-사(正邪)가 있고, 그 움직임에 과-불급(過不及)이 있다. 여기에서 선-악이 나누어진다. 만약 밖으로 느끼는 바 없이 마음속에서 스스로 나오는 것이 사단이라고 하면 이는 아버지 없이 효심이 나오고 인군 없이 충의 마음이 나오고, 형 없이 경의 마음이 나오는 것이니, 어찌 사람의 진실한 정이겠는가?[157]

라고 하였다. 이는 사칠 모두 외감한 뒤에 마음이 움직인다는 것이다. 이것은 나흠순이 인간의 도덕 수양에 있어 '감각'이 매우 중요하다고 여긴 것과 흡사하다. 나흠순이 감각을 긍정하고 감각의 작용에 있어서 당연과 부당연을 말한 것과 율곡의 외감 없이 발하는 정이 없고, 다만 발할 때 정-사와 과-불급이 있다고 본 것은 율곡이 나흠순의 영향을 받았다고 해도 좋을 정도의 사고방식의 유사성이다.

그런데 율곡은 사칠론에서 칠정 밖에 따로 사단이 없다고 하여 인간의 정은 총체적으로 칠정이고, 사단은 그중의 순선한 면을 지칭한 것으로 보는 소위 '칠포사(七包四)'(칠정이 사단을 포함한다)의 논리를 전개하였다. 그러나 주자는 사단과 칠정을 서로 비견하기가 어렵다고 하였다.[158] 율곡은 사단과 칠정이 서로 다른 정이 아니라고 하면서 서로 비교하면서

157) 동상.

158) 『어류』 권8.

배속(配屬; 대조)시켜 보기도 했다.

> 대저 사람의 정이 마땅히 기뻐해야 할 때 기뻐하고, 상을 당해서는 슬퍼하고, 친한 이를 보고서는 사랑하고, 이치를 보고서는 궁구하려 하고, 또 어진 이를 보고서는 그와 같이 되려 하는 것, 이상은 희(喜), 애(哀), 애(愛), 욕(欲)의 네 가지 정인데(2행 할주), 仁의 단서이다. 마땅히 성내야 할 때 성내고 마땅히 미워해야 할 때 미워하는 것은 노(怒), 오(惡)의 두 가지 정인데(2행 할주), 이는 의(義)의 단서이다. 존귀한 자를 보고 두려워하는 것은 구정(懼情)(2행 할주)인데, 예(禮)의 단서이다. 희노애구(喜怒哀懼)가 발할 때를 당하여 마땅히 기뻐해야 할 바와 마땅히 성내야 할 바와 마땅히 슬퍼해야 할 바와 마땅히 두려워해야 할 바를 아는 것, 이것은 시(是)에 속한다(2행 할주). 또 마땅히 기뻐하지 말아야 할 바와 마땅히 성내지 말아야 할 바와 마땅히 슬퍼하지 말아야 할 바와 마땅히 두려워하지 말아야 할 바를 아는 것, 이것은 비(非)에 속하는데, 이것은 칠정을 합하여 그 시비(是非)를 아는 정으로(2행 할주), 지(智)의 단서이다. 선한 정이 발하는 것을 낱낱이 들 수는 없으나 대개 이와 같다. 그리고 사단으로써 칠정에 맞추어 보면, 측은히 여기는 마음은 애(愛)에 속하고, 수오(羞惡)하는 마음은 오(惡)에 속하고, 공경하는 마음은 구(懼)에 속하고, 시비하는 마음은 희노(喜怒)의 당부(當否)를 아는 정에 속하니 칠정 이외에는 따로 사단이 없습니다.[159)]

이는 마치 퇴계가 '리발' 의 논리를 전개하기 위하여 끝내 '리의 체용론' 을 들고나온 것과 같은 경우라고 할 수 있다.

또 율곡은 '칠포사' 의 논리를 전개하기 위해 '본연지성' 과 '기질지성'

159) 『율전』 권10, 7면, 「답성호원」.

과의 관계를 예로 들었다. 즉 그는 말하기를

> 사단과 칠정은 본연지성과 기질지성의 관계와 똑같다. 본연지성은 기질지성을 겸하지 않고 말하는 것이고, 기질지성은 오히려 본연지성을 겸한다. 그러므로 사단은 칠정을 겸하지 못하나 칠정은 사단을 겸한다.[160)]

라고 하였다. 그러나 본연지성과 사단은 보편의 순수 이데아인 것이며 맹자의 본뜻은 인간 도덕의 선험성을 말하려는 데 있었던 것이다. 그러므로 율곡이 사단과 칠정을 도식적으로 배속시킨 것은 견강부회의 감이 없지 않아 있다.

퇴계의 경우는 리-기, 사-칠, 인심-도심, 본연-기질이 가치론적으로 정초되어 리, 사단, 도심, 본연지성이 가치적으로 우위에 있게 되었고, 율곡의 경우는 리기불리부잡, 칠포사, 기질지성겸본연지성으로 존재론적으로 리얼리스틱하게 정초되어 리기지묘와 같이 양자묘합(兩者妙合)을 강조하였다. 그 묘합의 계기는 인심도심론에서의 '의' 라고 할 수 있다. 그런 의미에서 율곡의 인심도심론은 율곡 심성론의 가장 큰 특색이라고 할 수 있다.

(3) 임심도심종시론(人心道心終始論)과 '성의(誠意)'

퇴계가 사 · 칠을 인심 · 도심과 각각 비견하여 대립적으로 논한 데 대해 율곡은 사 · 칠과 인심 · 도심은 서로 다르다고 보았다. 그는 말하기를

> 심은 하나인데 인심이니 도심이니 말하는 것은 성명(性命)과 형기(形氣)의

160) 동서, 권9, 35면, 「답성호원」.

차이인 것이다. 정은 하나인데 사단이니 칠정이니 말하는 것은 리를 전언(專言)한 것과 기를 겸언(兼言)한 것이 서로 다른 것이다. 그러므로 인심, 도심은 서로 겸할 수 없고 서로 시종(始終)이 된다. 사단은 칠정을 겸할 수 없고 칠정은 사단을 겸한다. …… 사단은 칠정의 포괄성과는 같지 않고, 칠정은 사단의 순수함과 다르다.[161]

라고 하였다. 인심, 도심이나 사-칠의 정이 다 심의 작용이나, 심과 정의 범위로 구분한다면, 그 각각의 범위에서 인심, 도심의 관계와 사-칠의 관계가 각각 다른 관계이기 때문에 퇴계처럼 인심과 칠정, 도심과 사단으로 비견시킬 수 없다고 율곡은 보았다. 즉 인심-도심은 서로 정반대되는 모순 관계로서 인심이 아니면 도심이요, 도심이 아니면 인심이 되는 것인 반면, 사-칠은 칠정이 전체요, 사단이 그 중에서 순수한 것만 선택하여 지칭한 것이 된다는 것이다. 그런데 인심-도심은 시종 가변할 수 있다는 것이 그 특징이다. 즉 처음에는 인심이었다가 나중에는 도심으로 되고, 또는 처음에는 도심이었다가 나중에는 인심으로 될 수 있다는 것이다.

인심도심의 전환의 계기가 되는 것이 심리적 작용으로서의 '의' 라고 율곡은 보았다. 즉 인심-도심의 심에는 '의' 작용에 의한 변화가 있다는 역동적인 심을 율곡은 생각하고 있었다. 다시 말하면 인심, 도심의 심은 〈성+정+의〉의 구조로 이루어진 것이며, 정은 '성발위정(性發爲情)' 으로 모든 심리적인 작용으로서의 정감을 총칭한 것이라고 본 것이다. 그리하여 율곡은 말하기를

성이 발하여 정이 되고, 심이 발하여 의가 된다고 하는 뜻이 각각 있고 심과

---

161) 동서, 권9, 34면, 「답성호원」.

성을 나누어 두 가지 작용으로 보는 것이 아니다. 그런데 후인이 정과 의를 두 갈래로 나누고 말았다.[162]

라고 하여 심, 성, 정, 의는 하나의 심의 작용의 영역별 지칭에 불과함을 강조하고, 아울러 정은 계교상량하는 데까지 나아가지 않은 심의 활동으로서 의와 다르다고 하였다. 그리하여 '심통성정'의 명제에서 보는 바와 같이 성리학에서 일반적으로 말한 것은 심의 정의 측면만을 강조하였으나, 율곡은 의(意)를 강조함으로써 심의 작용을 결국 정(정감)의 종류와 의(생각)의 종류로 구분하게 된 것이다. 결국 율곡의 사칠론과 인심도심론에서 퇴계와의 차이를 가져온 가장 중요한 관점은 바로 이 '의'를 심의 작용 범위에 넣어 강조한 점에 있는 것이다.

이와 같이 율곡이 의를 강조한 것은 중요한 철학적 특징으로서 인간의 주체적 노력으로 인간이 변할 수 있다는 주체적 인간관을 말하는 것이다. 그러므로 그는 도덕적 수양에서 '성의'가 먼저라고 말한 『대학』의 정신을 인용하여

기의 작용을 정밀하게 탐지하여 정리(正理)로 나아가면 인심이 도심의 명을 듣게 되고 정밀하게 살피지 못하여 기의 나아가는 대로 두면 정욕이 격렬하여 인심이 더욱 위태롭고 도심이 더욱 미미하게 된다. 이 때 정밀하게 살피느냐 여부는 의(意)의 할 일이다. 그러므로 수양은 성의보다 앞서는 것이 없다고 하는 것이다.[163]

라고 강조하였다.

162) 동서, 권20, 「성학집요 2」.
163) 동서, 권9, 36면, 「답성호원」.

율곡의 인심도심론에 힌트를 준 것은 주자의 말에서도 찾을 수 있다. 주자는 인심도 도심의 명에 좇게 되면 도심이 될 수 있고, 도심도 방심하게 되면 인심이 된다고 하여 인심-도심의 상호 가변성을 이미 말하였다. 즉 주자는 "인심이 있는데 이를 수렴하면 바로 도심이요, 도심에서 시작하나 그것을 내버리면 바로 인심이다. 인심은 졸도와 같고 도심은 장수와 같다."[164]라고 하였다. 전반부는 인심도심 상대론으로 율곡이 그대로 취한 것이고, 후반부 인심도심 가치우열론은 율곡이 취하지 않은 것 같다. 또한 율곡의 인심도심 상대론은 주자의 소위 천리인욕론과 그 입언의 취지가 같은 점도 유의할 만하다. 즉 천리와 인욕이 공존하지 않으므로 그 구조는 율곡의 인심도심 상대론과 같다. 주자에게서 힌트를 얻었지만 율곡은 나흠순의 인심도심 체용론도 참고하여 더욱 자기대로 논리화하고 강조함으로써 『대학』의 '성의(誠意)' 는 율곡에게 있어 중요한 사상적 특징이 된 것이라 할 수 있다.

나흠순의 인심도심론은 앞에서 설명한 바와 같이 도심은 체, 인심은 용으로 규정하였다. 이는 인심, 도심이 서로 분리될 수 없다는 것을 뜻한다. 즉 하나의 심을 두 가지로 말할 뿐이라는 것이다. 그리하여 개인 수양에서는 도심이 인심을 제어하고 성이 정을 제어해야 된다고 본 것이다.[165] 이 점에서는 나흠순과 주자의 사상에 큰 차이가 없다. 그러나 인심과 인욕의 이해에 있어서 나흠순은 주자와 견해를 달리하였다. 주자도 물론 인심이 전부 인욕이라고 보지는 않았다.[166] 그러나 그의 천리인욕론에서 보는 바와 같이 엄숙주의적인 면이 강했다. 나흠순은 인심을 인욕으로 보지

---

164) 『어류』 권78.

165) 우리나라에서는 盧守愼이 '인심도심 체용론' 을 나흠순의 영향을 받아 주장하였다.

166) 『주자어류』 권13. 주자는 먹고 마시는 것은 천리이지만, 맛을 찾는 것은 인욕이라고 했다.

않았을 뿐만 아니라 인욕 그 자체에 대해 매우 긍정적인 태도를 취했다.

율곡의 인심도심론은 나흠순의 인심도심 체용론과는 달랐다. 율곡의 인심도심 종시론은 인심과 도심이 마치 천리-인욕처럼 모순대립 관계로 보는 관점이 전제되어 있다. 그러나 율곡은 또 인심을 인욕이라 보지 않았다. 즉 그는 "도심은 순수한 천리이므로 유선무악하지만, 인심에는 천리도 있고 인욕도 있으므로 선하기도 하고 악하기도 하다."[167]라고 하였다.

나흠순의 인심도심 체용론은 명대 심학풍의 사조가 이미 그러하였다. 양명은 말하기를 "인심이 바를 때 그것이 바로 도심이고, 도심이 그 바름을 잃었을 때 그것이 바로 인심이다. 처음부터 두 마음이 있지 않다."[168] 라고 하였다. 율곡이 인심을 인욕으로 보지 않는 것이나 상대종시론을 주장한 것도 인심을 악으로 간주하여 도심과 대립적으로 보지 않으려는 의도이다.

율곡은 인심 도심을 상대화시키고, 그것을 토대로 인심도심종시론을 전개하면서도 한편으로는 '인심은 악, 도심은 선' 이라 보지 않고, "인심에는 선악이 있다."라고 규정하였다.[169] 그렇게 되면 율곡의 사칠론의 논리인 '칠정포사단' 처럼 '인심포도심' 이 되어야 한다. 그런데 율곡은 "칠정은 인심, 도심을 합하여 말한 것이다."[170]라고 하고 또 "기가 이미 작용하면 인심인데, 칠정으로 선악을 합하여 말한 것이다."[171]라고 하였으므로 결국 인심은 '합선악' (선악을 합하여 말한 것)으로 도심과 선-악으로 대립하는 것이 아니다. 여기에 율곡 인도심상대종시론의 문제점이 있다.

이 점에 대해 배종호 교수는 "도심은 사단으로서 선이요, 인심은 선악

---

167) 『율전』 권14, 4면, 「인심도심도설」.

168) 『傳習錄』 권상 10.

169) 『율전』 권10, 13면, 「답성호원」.

170) 동상, 7면.

171) 동서, 권9, 36면, 「답성호원」.

이 있다. 그러면 선악이 있는 인심이 선인 도심을 또 포섭할 수 있지 않을까가 문제다. 만약 인심이 도심을 포섭할 수 있다면 그것은 마치 칠정이 사단을 포섭하는 것처럼 되므로 칠정이 인심과 같다고 해야 할 것이어늘, 도리어 칠정은 인심과 도심을 합하여 말한 것이라 말한다. 이는 인심과 도심을 상대적으로 봄으로써 인심 안에 도심을 포함시키지 않는 것이다." 라고 말하였다. 또 배 교수는 '인심포도심'의 구조를 개정해야 율곡의 다른 이론과 맞아들어간다 하고, 또한 그렇지 않고 인심-도심이 상대적이라면 이 때 인심은 악으로써 인욕을 가리키는 결과가 된다고 하여 사칠론과 인심도심론 사이에 율곡 사유의 동요가 있다고 하였다.[172]

한편, 송석구 교수는 율곡이 인심도심종시론에서 인심을 인욕으로 돌리지 않은 것은 인간의 수양의 공에 의해 도심으로 전환할 수 있다는 생각에서 그렇게 본 것 같다고 하고, 또 그러한 논리적 불명확을 통하여 그의 가치론적 사고를 보고자 한다고 하였다.[173]

퇴계가 리기로써 가치 판단의 기준(선-악 또는 선, 악의 상징)으로 삼았다면 율곡은 인심-도심으로써 그 기준으로 삼았으나, 인심을 악이라고만 할 수 없어 결국 '의'에 의한 가변성을 말한 것이다. 여기에도 윤리 판단의 문제인 '사실과 가치(당위)의 모순'이 내재해 있다고 할 수 있다. 이 문제는 따로 논해야 하므로 여기서는 생략한다.

결론적으로 율곡은 명대 심학풍의 심 위주의 심성일체론적 심성론과 나흠순의 인심도심 체용론을 참고하고,[174] 퇴계와 기대승 간의 사칠 논쟁

---

172) 배종호, 『한국유학의 철학적 전개』(중)(연세대 출판부, 1985), pp. 86-92.

173) 송석구, 『율곡의 철학사상연구』(형설출판사, 1987), pp. 135-136.

174) 丁時翰(호 愚潭, 1625~1707)은 율곡의 인심도심 종시론이 나흠순의 인심도심 체용론의 영향이라고 하여 "율곡은 주자설을 버리고 인심과 도심을 주자의 설명과 같이 상대적으로 설명하지 않고, 또 뚜렷이 체용이란 말을 하고 싶지도 않았다. 그것은 整庵(나흠순)을 종주로 한다는 의심을 받기가 싫어서 定論을 스스로 지어 (인심도심

을 검토하면서 여기에 주자학 본래의 천리인욕론을 기본으로 하여 자기설을 정립하였다고 할 수 있다. 율곡이 나흠순의 영향을 받았지만, 어디까지나 주자설을 충실히 계승하여 이 점에서 오히려 나흠순이나 나아가 명대 심학적 사조와 일정한 거리를 두었다. 그 중의 하나가 바로 인욕에 대해 나흠순처럼 적극적으로 긍정하지 않은 점이다. 이는 그 후의 기론자 임성주(任聖周, 호 鹿門, 1711~1788)에 이르러서도 마찬가지였는데, 이것은 그 당시의 사회, 학술계의 한계라고 할 수 있다.[175] 다만 퇴계와 비교하면 율곡의 사상이 인욕긍정론에 보다 한걸음 가까이 갈 수 있는 경험론적이고 현실주의적인 사고방식이라고 상대적으로 말할 수 있다.

4. 결어

나흠순은 주자처럼 태극을 음양 동정의 본체로, 만물을 초월한 주재로, 기의 동정의 원인으로 보려 하지 않았다. 그는 우주와 세계를 설명함에 있어 기를 다시 강조하였다. 따라서 당시 관학화되고 형해화된 주자학의 리의 철학에 대해 새로운 시각 전환을 요구하였다. 그는 기를 상대적으로 주자보다 더 중시하였지만 장재처럼 태허를 실체화, 즉 초월화하는 것도 반대하였다.

나흠순은 그리하여 정호(명도)의 철학에 대해 많이 공감하였다. 그것은 정호의 철학이 정이(이천)나 주자와 비교하면 리의 실체화 경향이 적은 리기미분의 무차별 일체의 세계를 강조했기 때문이다. 그런 의미에서 나흠순의 사고방식은 보편자가 개별자에 앞서서 존재한다고 보는 보편

이) 서로 종시가 된다고 한 것이다."라고 하였다. 『愚潭集』 권7, 「四七辨證」.
175) 유명종, 전게 『퇴계와 율곡의 철학』, p. 411 참조.

자 실재론의 관점이기보다 보편자가 개물에 내재한다는 관점이다. 그러므로 그의 철학은 '리기혼일' 의 철학이라고 할 수 있다. 그는 리의 철학도 비판하고 기의 철학도 비판하였다. 따라서 주자의 리의 철학에 대해 기의 철학이라 부를 수도 있지만, 장재나 왕정상의 기론과는 또 다른 점이 있다.

나흠순의 이러한 리기론의 입장을 확인하기 위하여 명대 초기의 주자학자 설선과 호거인의 사상에 대한 그의 비판을 보면 다음과 같다. 즉 나흠순은 설선의 리주기객(理主氣客), 리 우위, 리 독존의 사고방식에 대해 비판하였다. 또 설선보다 더 리 편중 경향이 강한 호거인에 대해서도 역시 비판하였다. 특히 호거인이 법(기술)과 도를 구분하는 것을 나흠순은 비판, 법은 도의 별명이므로 리와 부합되는 법이라면 그것이 바로 도라고 하였다. 나흠순의 현실주의적인 사고방식이 잘 나타나 있다고 할 수 있는 이 비판을 통하여 그의 리기론의 기본 관점을 잘 알 수 있다.

나흠순은 심성론에서도 한편으로는 주자를 다른 한편으로는 양명을 비판하였다. 그는 양명의 양지가 바로 천리라고 보는 데 대하여 반대하여 천성(天性)과 명각(明覺)을 하나로 보아서는 안 된다고 하였다. 그는 심과 성을 두 가지로 보아서도 안 되고 한 가지로 보아서도 안 된다고 하였다. 일물(一物) 가운데 나아가 심 · 성 양단을 보아야 한다고 하였다. 그러므로 그는 주자가 정호의 '생지위성장' 의 해석에서 '인생이정 이상' 을 심의 '미발지중' 이라고 보지 않고 '인물미생시' 로 보아 성보다 더 근원적인 상태, 즉 현실적인 기질지성에 대해 순수한 리적인 본연지성을 더 근원적으로 파악하려는 데 대해서 반대하였다. 그러나 나흠순은 주자가 진심(盡心)과 지성(知性)을 궁극적으로 하나로 보고 있는 점과 주자의 궁리라는 지적인 수양을 진심, 지성과 연관 지어 중요시하고 있는 점은 그대로 수용하였다.

나흠순이 주자 심성론에 대해 또 하나 반대한 것은 주자가 기질지성은 태극의 완전한 본체가 기질 가운데 떨어져 있다고 한 부분이다. 그는 그렇게 되면 리기에 간격이 없을 수 없다고 하였다. 즉 주자의 초월적인 본연지성의 상정을 비판하였다. 이러한 폐단을 범하지 않기 위해서는 '리일분수' 로써 성을 논해야 한다고 강조하였다. 물론 주자의 본연-기질지성의 이론이 나흠순의 비판처럼 완전히 잘못된 것은 아니고, 그것은 보편과 특수의 초월-내재의 구조로 보아야 하는 성격의 명제라고 할 수 있다. 그러나 리기혼일의 입장에 선 나흠순의 논리로는 충분히 비판 대상이 된다고 할 수 있다. 나흠순은 인심도심설에 있어서는 도심이 주가 되어 인심이 제어를 받아야 한다고 본 것은 주자를 계승하였으나 주자가 인심 도심을 상호 대립적으로 본 데 대하여 도심은 체, 인심은 용이라 하여 체용설로써 인심도심을 설명하였다.

그러나 이 인심도심체용론은 인심도심이 모두 마음이 작용(발)한 후의 구분이므로 도심을 체로 보기는 어렵다. 그러므로 우리나라에 와서 그 설을 수용한 학자도 있었지만, 율곡은 취하지 않았다. 나흠순은 또 인심을 바로 인욕이라고 보지 않았다. 이러한 설은 이미 주자도 말했으나 그는 이를 더욱 강조하였고 또 그가 감각의 작용을 중시한 것과 아울러 볼 때 주자보다 한걸음 더 나아간 자연주의적 인성론을 보이었다. 그의 이러한 인욕 혹은 욕망 긍정적인 인성론은 조선조 주자학자와는 달랐고, 다만 율곡의 사단칠정론이라든가 인심도심종시론에서 유사한 발상을 발견할 수 있다.

율곡도 서경덕의 기의 철학과 퇴계의 리의 철학을 비판하였다. 서경덕의 유기론에 대해서는 리통기국설을, 퇴계의 리기호발설에 대해서는 기발리승일도설로써 대응하였다. 율곡은 '리통' 에 대해 리는 리기가 공재이므로 기의 발동을 타고 유행의 리로서 만수로 전개되지만 그 본체는 기의 유행에 의한 어떠한 국면이나 상태에 있어서도 손상됨이 없이 편재한 것이다. 그리고 '기국'에 대해서는 기는 형적에 관계되므로 본말선후가 있고, 또 기의 본체는 담일청허하나 승강비양하므로 본연을 잃고 치우치게 되어 리가 만물 가운데서 본연의 묘를 잃지 않는 것과 다르므로 기국이라 한다고 하였다. 율곡은 퇴계의 사단칠정설에서 리기호발을 주장한 데 대하여 기발리승일도를 주장하였다.

이는 가치론의 문제인 사단칠정 문제를 리기라는 용어로 해석하려는 데서 생긴 문제인데 율곡은 우주와 인간의 심성을 그 작용에 있어서 같다고 보았다. 그러므로 율곡의 기발리승일도설의 관점은 바로 칠정 외에 따로 사단이라는 정이 있는 것이 아니라는 것이다.

나흠순에게 있어서는 주자의 리의 초월성이 많이 후퇴하였는데, 율곡에게 있어서는 리기지묘의 관점에서 리기를 봄으로써 리의 '소이'의 초월성이 그대로 강조되었다. 여기에서 율곡이 나흠순과 다른 입장을 취했다. 리기가 서로 떨어질 수 없으면서 또 서로 섞일 수 없다고 한 리기론의 기본원칙에 충실하면서도 그것을 다시 자기 것으로 만들어 '리기지묘'라는 변증법적 사고를 창안해 낸 데에 율곡의 독창성이 있고, 주자학의 발전이 있다고 할 수 있다. 율곡의 심성론도 이 리기지묘의 관점에서 수립되었다. 나흠순이 주자의 '타재'를 비판한 데 대하여 주자의 본연-기질지성에 대해 보편-특수의 관계로 보았다. 이는 그의 리기지묘의 논리로써 이해한 것이다.

사칠론에서 퇴계가 합리론의 입장에 섰다면 율곡은 경험론의 입장에 섰다고 할 수 있는데, 퇴계가 리기호발설의 '리발'의 모순을 설명하기 위하여 '리의 체용론'을 들고나온 것과 같이 율곡의 경우는 칠정 외에 따로 사단이 없다는 것을 논증하기 위해 사단과 칠정을 도식적으로 갖다 붙였다. 이 사칠론에서 율곡이 퇴계의 호발설을 비판한 것을 통해서도 율곡의 리기지묘의 철학적 입장을 확인할 수 있다.

심성론에서의 율곡과 나흠순의 관계가 매우 흥미로운 부분은 인심도심론이다. 퇴계가 사단·칠정과 인심·도심을 같이 본 데 대하여 율곡은 그것을 같이 보아서는 안 된다고 하였다. 율곡은 인심과 도심을 상호모순관계로 보았다. 또 나흠순처럼 체용으로 보지도 않았다. 율곡은 심의 개념을 '意'를 포함하여 말하였다. 따라서 인심 도심은 시종 가변될 수 있다고 하였다. 율곡의 이 '의'의 강조는 주체적인 인간 노력의 중요성을 말한 것으로 그의 현실주의적인 면을 잘 보여준다.

그의 이 인심도심종시론은 나흠순의 인심도심체용론에서 힌트를 얻었다고 추측된다. 물론 주자에게도 인심을 도심으로 전환시킨다는 말이 있긴 하지만 그의 나흠순에 대한 여러 언급을 종합해 볼 때 그렇게 말할 수 있다. 다만 율곡의 인심도심론에서 양자를 대립모순 관계로 보면서도 인심을 전적으로 악이라고 하지 않은 것과의 논리적인 모순이 철학적 문제로 남아 있다.

이상의 나흠순과 율곡의 비교에서 명대의 리기일물설의 새로운 사조를 율곡은 받아들이면서도 어디까지나 주자학의 본령에서 진리를 찾으려는 주체적인 입장을 견지하여 주자학을 한국적으로 새롭게 전개했음을 알 수 있다. 그 단적인 예가 리기지묘론과 인심도심종시론이라고 할 수 있다.

제6장

수은 강항의 애국정신과 일본에의 주자학 전파

1. 시대적 불행

수은(睡隱) 강항(姜沆, 1567~1618)은 정유재란이 일어난 해인 1597년에 일본에 포로로 끌려가 2년 8개월 동안 억류되었다가 돌아왔다. 그는 귀국 후 『간양록(看羊錄)』[1]을 편찬하여 당시 일본의 정황을 소개하였을 뿐만 아니라, 일본에 있는 동안 후지와라 세이카(藤原惺窩)[2]에게 조선의 주자학풍을 전하여 일본 주자학의 시발을 열게 하였다. 일본은 임진왜란이 끝난 후 도쿠가와(德川幕府)의 에도(江戶)시대에 접어들었는데, 도쿠가와 막부는 유학을 정치, 문화 지표로 내세웠다. 후지와라 세이카의 제자 하야

1) 「적국에서 임금께 올리는 글(敵中封疏)」, 「적국에서의 견문록(敵中聞見錄)」, 「포로들에게 알리는 글(告俘人檄)」, 「승정원에 나아가 여쭌 글(詣承政院啓辭)」, 「환란 생활의 기록(涉亂事迹)」, 「倭國地圖」로 구성되어 있고, 끝에 尹舜擧와 兪棨의 발문이 붙어 있다. 그의 문집 『睡隱集』에 들어 있다. 민족문화추진회, 『한국문집총간』 73 참조.

2) 성은 후지와라(藤原), 이름은 슈쿠(肅), 자는 렌후(斂夫), 호는 세이카(惺窩). 반슈(播州) 호소카와(細河) 사람. 승적은 순(舜) 首座. 妙壽院에 있었다. 생몰연대는 1561~1619.

시 라잔(林羅山, 1583~1657)이 막부에 봉사하고, 막부 정부의 문교 책임자가 되었다. 이와 같이 중요한 위치에 있는 후지와라는 순전히 강항의 지도로 불교(승려 신분)에서 유교(주자학자)로 돌아왔다.

당시 일본은 여전히 상무정신을 존숭하여 무사계급이 사회 주도층을 이루고 있었다. 그러나 이들은 『간양록』이 전하는 바와 같이 무식하고 호전적 성격을 갖고 있었다. 장군이나 군졸들이 칼을 두 자루씩 차고 다니며, 병서(兵書)도 제대로 읽지 못하였다. 그리하여 유교는 사회적으로 인지도가 낮고, 오히려 중세 이래 발달하여 온 불교가 생활의 지침이 되었다. 그리하여 남자 10명 가운데 네댓 명이 승려가 되었다.[3] 불교의 이러한 문화적 역할 때문에 승려와 무사계급은 관계가 밀접한 경우가 많았다. 당시 승려들은 의술을 배우기도 하고, 장사를 하기도 하고, 점도 치고, 혹은 장군가의 다실(茶室)을 청소하는 자도 있었다. 이들은 처자를 두고, 술도 마시고, 고기도 먹으며, 저자에서 섞여 살기도 하였다. 이들 장군가에 속한 승려는 그 벼슬 이름을 사(寺), 원(院), 법인(法印)이라고 하였다.[4]

그러나 이들과는 달리 불교 교의에 충실하려는 자도 있었다. 그들은 처자를 거느리지도 않고, 고기도 먹지 않으며, 산림에 숨어 살았다. 이들의 직위는 아래로부터 장사(藏師), 수좌(首座), 동당(東堂), 서당(西堂), 화상(和尙), 그리고 장로(長老)에 이르는 직제를 가지고 있었다.[5] 강항과 사귀었던 후지와라는 수좌의 지위에 있었다. 후지와라는 승적에 몸을 담고 있으면서도 마음은 늘 유학에 가 있었다. 그러므로 그는 강항을 만나기 전(임진왜란 2년 전)인 1590년(경인년; 당시 30세)에 일본에 통신사로 갔던

3) 『간양록』, 「詣承政院啓辭」.

4) 박균섭, 「강항이 일본 주자학에 끼친 영향」, 『일본학보』 제37집(한국일본학회, 1996), p. 254.

5) 동상.

김성일(金誠一), 황윤길(黃允吉), 허성(許筬) 등을 만났다. 그가 당시 통신사 일행의 숙소였던 교토 대덕사(大德寺)로 방문하여 필담을 나눈 적이 있다.[6)]

통신사를 만난 뒤(31세) 후지와라는 명과 조선에 건너갈 계획을 세웠다. 그는 신묘년(1591)에 배를 타고 중국에 가려 했으나, 병으로 가지 못하고 교토로 다시 돌아왔고, 그 후 병이 좀 낫자 다시 조선으로 가려 하였다. 그러나 임진왜란이 일어나 가지 못하게 되어 운명이라고 체념하면서도 못내 아쉬운 감정을 강항에게 말한 적이 있다.[7)]

명과 조선의 앞선 유학과 문화에 대한 후지와라의 이러한 간절한 열망이 포로로 잡혀갔던 강항에게 호의를 베풀게 한 중요한 배경이며, 또한 강항의 짧은 기간의 지도였지만 후지와라가 크게 계발될 수 있었던 원인이기도 했다.

강항은 포로로 잡힌 몸이었지만, 조금도 비굴한 기색을 보이지 않고, 몇 번이나 탈출을 시도한 기개 있는 선비였다. 『간양록』의 「섭란사적(涉亂事迹)」에 보이는 수많은 시문은 그 때의 고난의 신세와 심경을 잘 그리고 있다. 그러는 중에 후지와라와 그의 후원자 아카마쓰 히로미치(赤松廣通)의 호의를 입어 학자로서 대우를 받으며, 그들에게 조선의 주자학과 유교 문화를 전달할 수 있었던 것이다.

2. 수은 강항은 누구인가?

수은 강항의 자는 太初, 수은(睡隱)은 그의 호이다. 본관은 진주이며, 사

6) 『林羅山文集』 권40, 「惺窩先生行狀」; 박균섭, 전게 논문, p. 257.

7) 『간양록』, 「적중문견록」.

숙재(私淑齋) 강희맹(姜希孟)의 5세손인데, 전라도 영광(靈光)에서 태어났다(그의 고조 鶴孫이 무오사화에 연루되어 영광에 유배된 것을 계기로 그곳에서 정착하여 살게 되었다). 우계(牛溪) 성혼(成渾)과 백록(白麓) 신응시(辛應時)의 문하에서 배웠다. 그는 우계와 백록의 영향으로 퇴계 이황의 학문과 사상을 존신하였다. 22세 때 진사가 되고, 27세 때 별시 문과에 급제하여 벼슬이 좌랑에 이르렀다. 선조 30년(1597) 정유재란 때 호조참판 이광정(李光庭)의 종사관이 되어 당시 남원에 주둔하던 명나라의 총병(摠兵) 양원(楊元) 휘하부대의 군량미를 조달하는 책임을 맡고 있었으나, 그해 남원이 함락되자 영광에 돌아가 의병을 모집하였다. 그러나 싸움 한번 제대로 하지 못하고 붙잡혀 당시 일본의 수도였던 교토(京都)의 후시미성(伏見城)으로 압송되었다. 그곳에서 3년 남짓 포로생활을 하면서「왜국팔도육십육주도(倭國八道六十六洲圖)」와 아울러 그동안의 견문을 자세히 적어 선조 32년 비밀리에 인편을 통하여 임금께 보고하였다(모두 3번이나 일본 국정을 보고하였다).

그는 처음에 처자와 권속 및 식솔 10여 인과 함께 선조 31년 9월 왜군에 잡혀 일본의 이요(伊豫)에 유치되었는데, 탈출을 시도하였으나 실패하고 다음 해 7월 오사카 후시미성에 이송되었다. 그곳에서 우연히 후지와라 세이카를 만나 그의 지우가 된 것이다.

그는 적국에 포로가 된 몸이었으나 그의 학문이 깊고 넓어 학자로서 융숭한 대우를 받았다. 그 가운데서도 게이안(慶安)과 당시 묘수원(妙壽院)의 중으로 있던 슌(舜) 수좌(首座)(후지와라 세이카)와의 관계는 각별하였다. 후지와라는 원래 선승이었으나 강항을 만나고 그를 스승으로 모신 후부터는 승복을 벗고 유복(儒服)을 입음으로써 일본 역사상 마침내 독립적인 유학자가 되었다. 그가 바로 일본 주자학의 선구자인 것이다. 그의 학통은 막부정권의 시강이었던 하야시 라잔(林羅山)과 동문인 마쓰나가(松

永尺五, 1592~1657)를 거쳐 일본 주자학을 집대성한 야마자키(山崎闇齋, 1618~1682)로 이어졌다.[8)]

선조 33년 교토에서 풀려나 귀국한 뒤 그는 포로로 끌려갔던 것을 치욕으로 여기고 벼슬을 마다하고 고향에 은거하였다.[9)] 포로 생활 중의 사실을 엮은 수기를 그는 처음에는 『건거록(巾車錄)』이라 하였다('건거'란 죄인이 타는 수레를 말한다). 석주(石洲) 권람(權覽)이 그를 한나라 소무(蘇武)의 절의에 비유하여 "절위간양락, 서재뢰안전(節爲看羊落, 書纔賴雁傳"이라 읊은 데서 연유하여 뒤에 윤선거(尹舜擧, 호 童土, 1596~1668) 등 문인들이 책명을 『간양록』이라 고쳤다.

그의 행장에 의하면 많은 저술이 있었다고 하나 현재 남아 있는 것은 시문집인 『수은집』과 『간양록』 뿐이다. 문인으로는 윤순거가 있는데, 강항의 행장은 그가 지었다(윤순거는 성우계의 외손이며, 美村 尹宣擧의 형제이며, 소론의 영수였던 明齋 尹拯은 그의 조카가 된다). 윤순거는 그에게 시를 배우고 사계(沙溪) 김장생(金長生)에게는 예를 배웠다고 한다. 이로써 보면 강항은 특히 시를 잘 하였던 것 같다.

강항은 임진왜란이란 전쟁을 통하여 개인적으로 엄청난 피해를 보았다. 그가 남긴 「섭란사적(涉亂事迹)」은 바로 전쟁 중의 생활 기록이라고

8) 후지와라는 덕천막부에 봉사하지 않고 市井에 은거하면서 문인을 양성하고 하야시 라잔, 마쓰나가, 외에도 堀杏庵, 那波活所 등 이른바 세이카 문하의 四天王(네 제자)을 내고, 특히 마쓰나가는 교토에 체류하면서 기노시타 중앙(木下順庵) 등의 문인을 내고, 기노시타의 문하에는 아라이 하쿠세키(新井白石), 무로 규우소(室鳩巢), 雨森芳洲 등 큰 학자를 배출했다. 한편 하야시 문하에는 야마자키 안사이(山崎闇齋)가 있고, 다시 기노시타 중앙, 가이바라 에키겐(貝原益軒), 아라이 하쿠세키, 무로 규우소 등으로 이어졌다.

9) 兪棨의 『간양록』 발문에 의하면 그는 귀국 후에도 배척된 것이 22년이라 하면서 그의 苦節이 보상받지 못하고, 불우한 만년을 보낸 것에 대해 깊은 비애의 정을 나타내고 있다.

해야 할 정도로 당시 전쟁 중의 참혹한 인생 역정을 기록하고 있다. 국가 대 국가의 전쟁 중에 개인이 겪어야 하는 비극이 생생히 묘사되어 있어 읽는 이로 하여금 슬픔을 자아내고 있다. 이러한 고생과 일본에서의 선비로서의 굴하지 않는 기개가 귀국 후 보상 받지 못하고, 오히려 모함의 대상으로 된 것은 이제나저제나 큰 대세 앞에 개인의 존엄이 말살되고 만다는 역사의 진실을 보여주고 있다. 그를 이해하는 데 일본에의 주자학 전파와 아울러 개인적 고난을 이해할 필요가 있다. 이제 그의 기록을 몇 가지 추리면 다음과 같다.

"돌아가신 어머니와 형님의 위패마저 물속으로 떠내려 보냈다. 중형이 모시고 다니던 위패다. 품 안에 품고 물속으로 뛰어들기는 하였으나 구출될 때 경황이 없었던 때문이다."

"어린 놈 룡이와 첩의 딸 애생의 죽음은 너무도 애달프다. 모래사장에 밀려 물결 따라 흘러가다가 그대로 바다로 떠내려가고 말았다."

"사내며 계집이며 서로 뒤엉켜 쌓인 시체가 산을 이루고 있고, 하늘도 울부짖고 바다도 흐느끼는 것 같다. 살아도 산 것 같지 않고, 죽으려 해도 무슨 죄인가 싶다."

"가련이는 중형의 아들이다. 올해 여덟 살이다. 얼마나 목이 말랐던고! 갯물을 들이켰다. 그 길로 병을 얻어 토하고 사하고 야단법석이다. 이놈들 봐! 앓는 놈을 물속에 던지다니! '아버지!, 엄마!, 아버지!' 부르다가 힘에 겨워 그 소리마저 물속으로 사라진다."

"정월 초닷샛날 조카딸 예원이 병으로 죽고, 아흐렛날 중형의 아들 가희가 연달아 쓰러졌다. 우리 형제가 들것에다 메고 물가에 묻어 주었다. 우리 형제 소생이 모두 여섯인데, 바다에 빠져 죽은 놈이 셋, 왜놈들의 땅에서 죽은 놈이 둘, 남은 거란 어린 계집아이 하나뿐이다."

"불초한 자식들은 선영의 뜻을 잇지 못하고 뒤마저 끊기고 말았습니다."

이상에서 본 바와 같이 강항은 이 전쟁으로 여아이 하나만 남고 아랫대가 다 죽어 대가 끊어지게 되는 비운을 겪게 되었던 것이다.

그러나 그의 이러한 적중의 고난과 기개, 그리고 그의 용의주도한 계책과 우국충정은 후에 알아주는 사람이 있었다. 「강항전(姜沆傳)」을 쓴 안석경(安錫儆)은 "내가 강항의 왜(倭)에서의 기록을 읽고서 그가 포로로 잡혀 곤란한 처지에서도 적의 중요한 정황을 캐내어 조정에 자세히 보고하고, 우리 조정의 잘못을 지적하기도 하며 자신의 계책을 올린 것을 훌륭하게 여겼다. …… 장차 일본에 보복할 날이 있을 것이다. 시대가 다르고 형세가 바뀌어도 그가 캐낸 정황은 채택할 만하다. 어찌 소홀히 할 수 있겠는가. 내가 그 때문에 강항의 전기를 짓는다."라고 하였다.[10]

3. 수은 강항의 애국정신

수은 강항이 포로 생활을 하면서 겪은 사실을 엮은 수기인 『건거록』은 원래 후한 때 장군 풍이(馮異)가 적에게 붙잡혀 갔을 때의 일을 잊지 않겠다는 고사에서 취한 것이다. 뒤에 문인이 한나라 때의 충신 소무(蘇武)의 고사에 따라 『간양록』이라 고쳤다.

문인 윤순거의 발문에 의하면 "왜와 같은 미개인도 선생을 소무에게 견주어 칭찬이 자자했는데, 선생이 귀국하시자 추앙하여 받들기는커녕 도리어 깔아 눕히려 하였으니, 왜놈들보다 못한 대접이 아닌가? 너무도

10) 안석경, 『삽교문취(雪橋文聚)』 乙集, 「강항전」(일본 동양문고 소장); 김기빈, 「수은 강항 연구」, 민족문화추진회, 『민족문화』 제13집, 1990, p. 131에서 재인용.

심한 일이 아닌가!" 라고 하면서 이어 말하기를 "선생이 倭京(왜경)을 떠나서 바다로 나서실 때 감회를 읊은 시에

평생 독서로 명의를 중히 여겼으나, 平生讀書名義重
다시 역사를 보니 시비가 끝이 없네. 後來看史是非長
부생과 같은 내 인생 요동학이 웬 말이냐, 浮生不是遼東鶴
죽기를 기다리며 바다 위의 양 떼를 볼 뿐. 等死須看海上羊

라고 한 것이 있고, 어느 사람에게 대답한 시의 끝 구절에 '술 한 병 들고 양치는 이 위로 하네' (一壺椒醑慰看羊)라고 하셨으니, 선생은 벌써 자기의 앞일을 짐작하신 듯하다." 라고 하였다.[11)]

앞의 시에서 '요동학' 이란 요동인 정령위(丁令威)가 선술을 배워 학이 되어 승천했다는 고사이고, '바다 위의 양 떼' 는 아마 왜적을 가리킨 것 같다. 왜적에 대한 자기의 신세가 양치기와 비견했던 것이다.

소무는 한 무제 때 중랑장으로서 흉노에게 사신으로 갔다가 억류되기 19년 만에 갖은 회유에도 불구하고 항복하지 않고 돌아왔다. 강항의 곧은 절개를 소무에 비긴 것이다.

후학 유계(兪棨, 호 市南, 1607~1664)도 『간양록』 발문에서 강항의 절개와 의리에 대해

> 대개 공이 당하신 이력을 가지고 옛 사실에 견주어 볼 때 창졸간에 환란을 당하여 죽고자 해도 죽지 못한 것은 문천상(文天祥)과 같고, 온갖 굴욕을 받아가면서도 절조를 굽히지 않은 것은 소무(蘇武)와 같고, 적의 정황을 캐내어 소

11) 윤순거의 『간양록』 발문.

를 올려 군사에 도움이 되도록 한 것은 홍호(洪皓) · 주변(朱弁)의 충성인 것이요, 죽지 않고 풀려나 다시 고국으로 돌아오게 된 것은 종의(鍾儀) · 등유(鄧攸)와 같은 일이다.

라고 말하였다.[12]

문천상은 남송 말기의 충신으로 원나라 군사가 쳐들어 왔을 때 포로가 되었으나 굴복하지 않고, 정기가(正氣歌)를 부르며 죽음으로써 충절을 보인 사람이다. 홍호 역시 송나라 사람으로 금에 사신으로 갔다가 억류되기 15년 만에 돌아왔다. 주변은 금의 점한(粘罕, 금의 왕족, 요 · 송을 토벌)에게 사신으로 가서 화의를 맺고 돌아온 사람이다. 종의는 춘추시대 초나라 사람으로 진(晉) 혜공(惠公)에게 붙잡혀 있다가 돌아온 일이 있으며, 등유는 위진남북조 시대 진(晉)나라 사람으로 오랑캐에게 쫓겨 도망 다닌 일이 있고, 그 와중에 조카를 살리기 위하여 아들을 버리고 간 비운의 일을 겪기도 하였다. 여기 강항과 비교한 이러한 사람들은 모두 중국 역사상의 인물들이므로 유계는 이를 통하여 강항이 겪은 당시의 일과 그의 절개를 절실히 전하려고 한 것이다.

강항은 일본에 잡혀가 있으면서도 조국에 돌아가겠다는 생각을 한시도 잊지 않았다. 그러므로 포로로 있던 동안 6번이나 탈출을 시도하였다. 특히 그는 문명의식을 가지고 일본의 야만성을 질타한 적도 있었다. 즉 그는 「고부인격(告俘人檄)」에서

이 칠치(漆齒; 오랑캐)의 더러운 나라를 생각해 보면 실로 횡목(橫目)의 이류(異類; 전연 다른 인종)로서 우(禹) 임금의 자취가 미치지 못한 곳이요, 주(周)

12) 유계의 『간양록』 발문.

나라의 문화와도 같지 않은 곳이다. 안사고(顔師古)의 「화이도(華夷圖)」에도 실리지 아니했고, 유종원(柳宗元) 또한 『풍토기(風土記)』에서 빼놓았다.

라고 하였다.[13] 이러한 의식은 왜란을 겪은 자신의 직접적인 체험에서 나온 것이다.

『간양록』에는 왜적의 야만적인 침략과 살인의 정황이 자세히 기록되어 있다. 더욱이 왜의 만행은 일본에 가서도 목도한 바 있다. 즉 왜군이 모아 온 우리나라 사람 코가 큰 언덕을 이루게 되어 나중에 대불사(大佛寺) 앞에 묻으니 애탕산(愛湯山) 중허리에 닿았다는 기록이 그 대표적인 것이다. 이러한 체험에서 나온 강항의 적개심과 울분은 일본을 꾸짖는 시문으로 표출되었다.

강항이 교토에서 도망가다가 판도현(이다지마현; 板島縣)의 성문에 일본을 꾸짖는 글을 써 붙인 것이 한 예라고 할 수 있다. 그 격문은 이렇게 시작된다.[14]

너희들 일본의 군신은 명분 없는 군사를 일으켜 죄 없는 나라를 쳐서, 그 나라 선왕의 종묘를 무너뜨리고, 그 나라 선왕의 능침을 파내고, 그 나라의 노인과 어린이를 참살하고, 그 나라의 자손을 잡아가고, ……

또 왜는 당시 풍신수길(豊臣秀吉)이 죽자 북쪽 교외에 매장하고, 그 위에다 황금전(黃金殿)을 짓고 왜승(倭僧) 남화(南化)가 그 문에 풍신을 칭송하는 시를 짓기를 "크게 밝은 일본이여, 한 세상 호기 떨쳐라. 태평의 길 열어놓아, 바다처럼 높고 산처럼 높도다."라고 하였는데, 강항은 남화의

13) 『간양록』, 「고부인격」.

14) 『간양록』, 「섭난사적」.

시를 먹물로 지워버리고, 그 옆에다 다음과 같은 시를 써 놓았다.[15]

반평생 남긴 이력이라곤 한 줌 흙인데,
십 층의 황금전은 부질없이 높구나.
조그만 땅이 또한 다른 사람 손에 떨어졌는데,
무슨 일로 조선을 다시 침략해 왔느냐?

이러한 행동은 그의 신상에도 매우 위험한 일이었다. 그러므로 당시 왜승 슌 수좌(舜首座; 후지와라)는 충고하기도 하였다.[16]

강항은 일본에서도 이와 같이 나라의 수치를 씻고 백성의 원수를 갚으려는 일념으로 행동하였다. 그가 후지와라에게 퇴계와 주자학에 대해 말해준 것은 후지와라의 인물과 식견이 일본 사람 가운데서 믿을 만했으므로 인간적으로 동정을 베푼 데 불과했다. 아니면 사서오경(四書五經)을 서사(書寫; 베껴 적음)하여 뒷날을 기약하려는 그에게 적극 도움의 손길을 뻗친 후지와라에게 호의를 베푼 것이다. 그러므로 강항은 「적중봉소(賊中封疏)」에서 자기 한목숨 아까워서 살아있는 것이 아니고, 나라의 원수를 갚는 데 일조를 하기 위하여 연명하고 있을 뿐이라고 하였다. 그가 왜승을 통하여 일본의 실정을 탐지한 것도 그러한 애국 일념에서 나온 것이다.

15) 동상.
16) 동상.

4. 수은 강항의 일본에 주자학 전파

1) 후지와라(藤原惺窩)와의 만남

후지와라 세이카는 강항을 만난 시기 그의 사상에 일대 전환을 가져와 불교를 버리고 유자로서 독립하려 하였다.[17] 그리하여 첫째 그의 후원자 아카마쓰 히로미치(赤松廣通, 但馬 竹田의 城主로 후지와라를 섬기고 재정적으로 후원했다)와 강항의 도움으로 신주(新注)에 의한 사서오경의 훈점본(訓點本) 간행을 시도하였다.[18] 둘째 강항의 지도를 받아 아카마쓰 집에서 공자 제사〔(釋奠〕의 의식을 연습하였다.[19] 셋째 강항 귀국 후 곧 처음으로 심의도복(深衣道服)을 입고 도꾸가와 앞에 나타나 그 측근의 학승(學僧)과 유·불 논쟁을 벌였다.[20] 이와 같이 승려였던 후지와라가 일본에서 처음으로 성리학(주자학)을 창도하게 된 것은 경제적으로는 아카마쓰,

---

17) 아베 요시오(阿部吉雄), 『일본 주자학과 조선』(일문)(동경: 동경대학출판회, 1965), p. 62. 그리고 하야시 라잔의 『세이카 선생 행장』에 보면 후지와라가 불교에서 유교로 돌아오는 과정이 자세히 기록되어 있다. 하야시는 후지하라의 말을 직접 인용하면서 "선생은 말씀하셨다. 나는 불교를 오랫동안 배웠다. 그러나 마음에 의혹이 생겨 성현의 책을 읽기에 이르렀는데, … 참된 도는 성현의 도이다. 인륜을 외재적인 것으로 본다면 어떻게 도가 있을 수 있겠는가? 석가는 인륜을 버리고 출가하였으니, 현세의 도리를 부정하였다. (…) 불교의 시각에서 부정될 이 현실 인륜의 질서야말로 진실이다."라고 하여 매우 이론적으로 논리를 전개하고 있다. 당시 일본 사회의 불교와 유교의 상황의 일단도 엿볼 수 있다. 모리모토(守本順一郎), 김석근 외 역, 『일본사상사』(이론과 실천, 1989), p. 285 참조.

18) 아베, 전게서, pp. 62, 70-71.

19) 『간양록』, 「적중문견록」에 의하면 "아카마쓰는 우리나라의 『五禮儀書』 『郡學釋菜儀目』을 얻어 보고, 但馬의 私邑에다 공자묘를 세우고, 우리나라의 祭服, 祭冠을 입고 祭儀를 익혔다."고 하였다. 또 아베는 "세이카가 강항에게 물어 아카마쓰의 도움을 얻어 공자제의 예식을 연습하였다."고 하였다. 아베, 전게서, p. 76.

20) 아베, 전게서, pp. 62, 81-82.

정신적으로는 강항의 도움 때문이었다.

처음 후지와라가 강항의 학문을 알게 된 것은 후지와라와 친했고, 또 그로부터 의술을 배우려고 했던 의사 요시다(吉田宗恂, 意庵 또는 意安이라 호를 부름)와 그의 문인 이안(理安)의 소개로 말미암은 것이었다.[21]

후지와라는 강항 등 십수 인의 포로들에게 사서오경의 서사(書寫)에 종사케 하였는데, 강항이 지은 「오경발(五經跋)」로 미루어 알 수 있다.[22] 강항은 이어 후지와라의 청에 의해 「문장달덕록강령서(文章達德錄綱領序)」를 또 지었다.[23] 이는 후지와라가 아까마쓰의 원조하에 성리제서(性理諸書)에 훈점(訓點; 일본식 독음)을 붙여 간행하려고 한 책인데, 완성하지 못하였다. 이 서문에서 강항은 후지와라의 인품과 학문(송학에의 관심) 및 그와의 교유에 대해 자세히 언급하고 있다. 먼저 그의 집안 내력에 대해 자세히 언급하고, 그와의 교유에 대해

> 내가 일동(日東; 일본)에 떨어지기 3년, 염부(斂夫)를 왕경(王京)에서 만나 그와 교유하기 수개월, 처음으로 인물됨을 알게 되고, 그의 학문을 두드렸다. 그의 학문을 두드릴수록 그 인물을 믿을 수 있게 되었다.[24]

---

21) 아베, 전게서, p. 67. 강항이 길전의안의 『歷代名醫傳略』(일본 동양문고 소장)의 서문을 써 주었고, 그 즈음에 후지와라의 주선으로 강항 등 포로 십여 인이 사서오경 필사 작업에 들어갔다. 그리고 흥미 있는 것은 그 서문에서 강항은 일본에 온 이후로 처음으로 이 글을 보는 기쁨을 술회하고 있다.

22) 당시 포로로서 필사 작업에 종사한 상황은 『등원성와집』에 실려 있는 「조선전쟁 포로와의 필담」에 자세하다. 아베, 전게서, p. 68.

23) 아베, 전게서, p. 71. 『문장달덕록(강령)』은 일본판 문장모범이라고 할 만한 책으로 아카마쓰가 후지와라에게 부탁하여 사서오경과 성리학 관계 책을 발췌 편집한 것이다. 강항이 그 서문을 썼다.

24) 『성와고 속』 권3, 「문장달덕록강령서」; 임성철, 「일본의 유학에 있어서의 수은 강항의 足跡」(일문), 부산외대, 『외대논총』 제6집, 1988, pp. 261-262. 아울러 아베, 전게서, p. 72 참조.

라고 하여, 후지와라가 세상에 은거하여 살면서 명예를 원하지 않고, 거기다 정의감이 강하여 "도가 서로 합하지 않으면 왕공대인이라도 돌아보지 않았다."라고 칭찬하였다.[25]

또 그의 학문에 대해서는 "그 학문은 작은 도에 국한하지 않고, 스승도 없이 천년의 유경(遺經)에 의해 천년의 단서를 찾았다."라고 하였다.[26] 그의 송학 제창을 칭찬하여 『역』·『서』에서부터 주(周)·정(程)·장(張)·주(朱)·육상산(陸象山)·허노재(許魯齋)·오초려(吳草廬)·설경헌(薛敬軒)·호경재(胡敬齋)·왕양명(王陽明) 등의 성리제서(性理諸書)를 독파하여 "천리(天理)를 넓히고 방심(放心)을 수렴하는 것을 학문의 근본으로 삼았다."라고 평하였다.[27] 물론 칭찬이 좀 지나친 점이 없잖아 있지만, 이로써 볼 때 후지와라의 강인한 인품과 주육절충적(朱陸折衷的) 학풍, 또 경전을 주로 하는 학풍 등을 충분히 알 수 있다. 『문장달덕록강령』(줄여 『문장달덕록』이라 하기도 함)은 그 후 후지와라의 문인 요시다(吉田素庵)에 의해 편찬되어 강항의 서문을 책머리에 붙이고, 역시 그의 문인이었던 굴행암(堀杏庵)의 서문을 그다음에 붙여 출판하였다.[28] 그 저작의 기획은 이때에 이루어졌던 것이다. 이 서문에서 강항은 성리제서와 성리학사에 대해 비록 짧지만 언급하고 있다. 이것은 조선조 선비의 기본 지식이었던 것이므로 이를 볼 때 조선에서 일본으로의 주자학 및 유교문화 전달의 정황을 읽을 수 있는 것이다.

또 하야시의 기록에 의하면 "조선의 300년 이래 이런 인물이 있음을 나는 들어보지 못했다. 내가 불행히도 일본에 떨어져 있지만, 이 사람을 만

25) 동상.
26) 동상.
27) 동상.
28) 동상.

났으니 큰 다행이 아닌가!"라고 했다고 한다.[29] 이를 보면 강항이 후지와라에 대해서는 학자로서 깊은 신뢰를 보내고 있었다는 사실을 짐작할 수 있다.

그리고 하야시는 강항 등이 사서오경을 서사한 의의를 말하기를

> 우리나라 유자(儒者)·박사(博士)들은 예로부터 한당(漢唐)의 주소(註疏)를 읽고 경전에 구두점을 찍고 왜훈을 보태었다. 하지만 정주서(程朱書)에 이르면 열에 하나도 몰랐다. 때문에 성리학을 아는 자가 드물었다. 그러기에 선생(후지하라-필자)은 아카마쓰씨에게 권하여 강항 등 십수 인으로 하여금 사서오경을 깨끗이 쓰도록 하였다. 선생은 스스로 정주의 뜻에 따라 여기에 훈점을 가했으니, 그 공이 크다.

라고 하였다.[30] 이 말만 보면 후지와라에게 미친 강항의 영향, 즉 주자학 및 조선조 유학 전파의 내역은 묻히고, 강항은 그저 베껴 쓰는 일에만 종사한 것으로 잘못 알 수 있다. 그 제자대에 이르러서는 스승만 추어올리고, 그에게 영향을 준 사람은 잊어버리고 있다고 할 수 있다. 이 점이 당시 중국을 사대했던 조선의 선비와 일본의 학자와의 차이점이다. 하야시는 당시 막부 정권의 관학 교육 담당자로서 박학주의(博學主義)를 택하고 있어 스승과 다소 다른 학풍을 보였고, 그리하여 그는 강항과 스승의 일을 애써 감추려 했다는 것은 짐작할 수 있는 일이다. 하야시의 이러한 지적 태도에 문제가 있다는 것은 이미 지적되기도 했다.[31]

---

29) 『임라산문집』 권40, 「성와선생행장」; 박균섭, 전게 논문 p. 258에서 재인용.

30) 동상; 박균섭, 전게 논문, p. 261에서 재인용.

31) 三宅英利, 조학윤 역, 『근세일본과 조선 통신사』, 경인문화사, 1994, pp. 158-159; 박균섭, 전게 논문, p. 262에서 재인용.

1764년 일본에 통신사로 다녀온 우리나라 조엄(趙曮)은 강항이 일본 학술 발전에 끼친 영향을 논하기를

> 임진란 때 우리나라 사람 강항이 4년 동안 잡혀 있었는데, 그때 슌(舜) 수좌란 승려와 상종하여 교유하면서 비로소 문교를 열었다. 슌 수좌의 속명은 등렴부(藤斂夫)요, 호는 세이카이다. 그의 제자는 …… 임도춘(林道春) 일파가 있었는데, 호가 라잔(羅山)이다. 도춘은 처음으로 태학두(太學頭)가 되었는데, 태학두는 일본에서 文翰을 장려하는 직이다. …… 일본의 학술은 긴긴밤이라 일러야 가하며, 일본의 문장은 소경이라 해도 가하겠으나, 그중에서 말하면 슌 수좌파가 가장 정학(正學)이라 하겠다.

라고 적고 있다.[32] 물론 당시 일본의 학풍은 조선과 같이 주자학 일색이 아니고, 또 과거제도가 없어 관학으로서의 주자학이 성립되지 못하고, 여러 학문이 공존하고 있었다. 이 글과 하야시의 글을 비교해 보면 두 나라의 시각차를 느낄 수가 있다. 그러나 조엄의 말과 같이 후지와라는 강항을 만남으로써 주자학과 조선의 유학 문화를 직접 접할 수 있게 되었고, 그것이 그가 주자학을 하도록 크게 고무시킨 것은 사실이라고 할 것이다.

2) 강항의 유문(遺文)과 유묵(遺墨)

강항은 앞에서 말한 대로 사서오경을 서사한 이외에 그 책에 대한 서·발을 짓고, 또 이와 별도로 아카마쓰를 위해 수진본(袖珍本) 사서오경 및

32) 조엄, 『海槎日記』, 6월조; 박균섭, 전게 논문, p. 262 참조. 여기서 '4년 운운'은 잘못된 것이고 약 3년이다. 또 '속명 운운'에서 '藤斂夫'는 잘못된 것이고, 속명은 '슈쿠'(肅)이다.

성리제서를 필사하였다. 여기에는 군데군데 연월일이 기재되어 있다. 이것은 강항이 일본에 체재하는 동안 기록한 것인데, 연월일을 알 수 있는 것을 순서대로 적으면 다음과 같다.[33] 이 필사본들은 현재 일본 내각문고에 소장되어 있다.

* 무술 갈월(慶長 3년 12월) - 「역대명의전략서(歷代名醫傳略序)」. 同書에 실려 있음. 『등원성와집(藤原惺窩集)』에는 없음.
* 기해 2월 망일(경장 4년 2월 15일) - 「오경발(五經跋)」. 『성와고속(惺窩藁續)』 권3에 실려 있음.
* 만력 기해(경장 4년) 3월 1일 - 「문장달덕록강령서(文章達德錄綱領序)」. 『성와고 속』 권3에 실려 있음.
* 기해 청명(경장 4년 4월 5일 경) - 수진본 「사서오경발(四書五經跋)」. 『등원성와집』에 없음 .
* 기해 추 7월 기망 - 「곡례전경식어(曲禮全經識語)」.
* 기해 동지맹 - 「소학식어(小學識語)」.
* 기해 동지월 23일 - 『근사별록(近思別錄)』 말미에 전기 「오경발」을 싣고, 다만 연월만을 상기와 같이 적음.
* 경자 수춘(경장 5년 정월) - 「통서식어(通書識語)」.
* 경자상원(경장 5년 1월 15일) - 「정몽식어(正蒙識語)」.

※ 경장은 일본 연호. 경장 원년=1596년 ; 병신년 ; 선조 29년

강항이 후지와라를 위해 써준 서 · 발, 식어(識語) 종류로 상기 외에 연

---

33) 아베, 전게서, pp. 72-73.

월일 불명의 「시상와기(是尙窩記)」 「성재기(惺齋記)」가 있다. 이 두 글은 후지와라의 인물과 학문, 그리고 지조에 대해 기술하고 송학의 사상 내용에 대한 것도 언급한 역작인데, 등원위경(藤原爲經) 편의 『성와선생문집』에는 권두에 실려 있다. 또 『등원성와집』에는 냉천가장(冷泉家藏)의 「강항필담(姜沆筆談)」이 실려 있는데, 이 필담에는 후지와라가 아카마쓰를 위해 「주자훈몽절구(朱子訓蒙絶句)」 중의 시 한 수를 병풍용으로 정서해 줄 것을 의뢰한 기록이 보인다. 이는 강항의 학문, 문장뿐만 아니라 그의 필적도 당시 일본에서 소중하게 여긴 것을 말해준다. 이러한 강항의 문장은 『수은집』에는 실려 있지 않은 것이다. 후지와라의 이름이 높아짐에 따라 강항의 문장도 후지와라의 문장과 함께 읽혔고, 그 이유로 강항의 유문과 필적이 잘 보존되었던 것이다.[34)]

강항이 일본에서 특별히 성리학을 강론하거나 저술을 한 것은 없지만, 위의 각종 식어에서 보듯이 필사를 통하여 그의 식견을 간접적으로 전한 것이다. 그러나 그가 문사로서 일본에 남긴 몇 편의 글을 통하여 그의 주자학이나 성리학에 대한 식견을 볼 수 있다. 앞에서 「문장달덕론강령서」에서 언급한 성리학과 성리학사에 대한 약간의 언급은 이미 보아온 바이다. 그의 문장에 또 「시상와기(是尙窩記)」와 「성재기(惺齋記)」가 있는데, 먼저 「시상와기」를 보자. 이는 후지와라의 별호 '시상와(是尙窩)' 에 대한 작명 기록이다. 그 글에서 그는 『맹자』(만장하-8장)의 글을 다음과 같이 인용하고 있다. 즉

> 한 고을의 선사(善士; 옳은 선비)라야 이에 걸맞은 한 고을의 선사를 벗하고, 한 나라의 선사라야 이에 걸맞은 한 나라의 선사를 벗하고, 천하의 선사라야

34) 아베, 전게서, p. 73.

이에 걸맞은 천하의 선사를 벗한다. 천하의 선사에 만족하지 못한다면 고인들이 살았던 옛날로 올라가 옛사람을 논한다. 그들의 시를 읽고 그들의 글을 읽는다. 이것이 옛날로 거슬러 올라가 옛사람을 벗한다는 것이다.

라고 하였다. 여기서 '이것이 옛사람을 벗한다는 것이다'(是尙友也)라는 문구에서 '시상(是尙)'을 따온 것이다(尙=上). 이는 물론 후지와라가 불교를 버리고 유학으로 돌아와 주자학에까지 깊은 열정으로 공부하는 모습을 칭찬하여 '옛사람을 벗한다' 고 한 것이다.

강항의 글 중에 또 후지와라의 서재(書齋)의 편액의 내력을 적은 「성재기(惺齋記)」가 있다. 그 내용을 간추리면 다음과 같다.

내가 일동에 떨어진 지 3년, 염부(斂夫; 후지하라-필자)를 왕경에서 얻었다. 그와 더불어 있기 수개월, 비로소 그 위인 됨을 알고, 그 학문하는 바를 들었다. 그 학문하는 바를 들으니 더욱 그의 사람됨을 믿게 되었다. 그 사람됨은 은거하여 남을 가르칠 뿐 명예를 구하지 않는다. 그러므로 사람들이 그 이름은 들어도 그를 볼 수 없고, 혹 본다 해도 그 사람을 진정으로 알아보지 못한다.(……) 그 거처하는 서재의 이름(편액)이 '성재(惺齋)' 이다. 그런데 사람들이 그 뜻을 모른다. 나는 그 이름을 듣고 기뻤다. 나는 이렇게 생각한다.

라고 서두를 말하고, 이어서 성리학의 여러 문구를 원용하여 그 이름에 대하여 다음과 같이 설명하였다.

나는 그 뜻을 안다. 넓고 넓은 천지여 위로 보아도 아래로 보아도 끝이 없네. 사람이 그 사이에서 조그맣게 서 있네. 천지에 하나를 더 하여 셋이 된 것은 사람에게 그 마음이 있기 때문이다. 이 마음은 몸의 주재로서 만리(萬理)를 갖추고 만사에 응하는 것이요, 성 · 정을 통솔하는 것이다. 그러므로 이것을 버리고 어떻게 사람이 될 수 있겠는가! 그러나 이 마음은 활물(活物)이다. 허령하고 어둡지 않고, 가만있지 않고 움직이며, 들고 나는 데 때가 없어 그 지향처를 알 수가 없다. 그리하여 이목의 감각이 그 마음의 직분을 잃게 하기도 하고, 낮에 한 행위가 마음을 얽어매기도 하고, 오관의 감각이 마음을 갉아먹기도 하고, 희로애락이 속에서 요동치기도 한다. 그러므로 마음은 잠깐 놓치면 천리만리 도망간다. 사람의 몸은 빈 방과 같다. 주인이 그 곳을 떠나면 여우나 도깨비가 도리어 주인이 된다. 이렇게 되면 짐승과 얼마나 멀겠는가? 오직 성현만이 그 까닭을 알고는 존양 성찰하고, 끌고 가고 깨우면서 이 마음을 고양시킨다. 그리하여 '항상 깨어 있으면(常惺惺)' 마음이 편안하고 몸뚱이가 그 명령을 듣게 된다. 그렇게 되면 훤하게 우주가 모두 내 관할 하에 있게 된다. 이것이 옛 성현의 소위 '언제나 깨어 있는 법(常惺惺法)' 이다. 염부(斂夫)가 이것을 가지고 그 서재 이름을 지은 까닭이다.

라고 하였다. 여기서 인용한 문구들은 대부분 성리학 문자들이다. 그리고 '상성성' 은 송대 성리학자로서 정자의 제자인 사량좌(謝良佐)가 한 말이다. 이 문장을 통하여 우리는 강항의 주자학적 교양을 파악할 수 있을 뿐만 아니라 그것이 후지와라에게 주자학을 하도록 크게 고무하였음을 또한 알 수 있다.

3) 조선 석전(釋奠)의 모방

『간양록』에 보면 후지와라는 강항에게 조선의 과거, 석전, 경연강의 등에 관해 물어 보았다고 한다.[35] 이는 후지와라 제자의 기록에서도 보인다.[36] 그리고 후지와라는 아카마쓰에게 권하여 별도로 건물 하나를 지어 공자 위패를 모시고 석전을 행하였다. 『간양록』에도 "아카마쓰가 그의 사읍 단마에 공자 사당을 세우고 우리나라 제복, 제관을 만들어 그 부하들과 제의를 연습하였다." 고 기록하고 있다.[37] 제복, 제관을 만들어 유교의 예를 가지고 공자 제를 지낸 것은 후지와라가 최초이며, 그 후 영향을 크게 미쳤다. 즉 문인 굴행암(堀杏庵)에 의해 전해져 미장경공(尾張敬公)의 공자당제전(孔子堂祭典)의 의식에도 이용되었다.[38]

4) 후지와라의 송학에의 열정

후지와라가 강항에게 사서오경의 발문을 부탁할 즈음의 필담인 「문강항(問姜沆)」을 보면 그가 송학의 개척자로서 자임하는 포부가 열정적으로 기술되어 있다. 이는 근세유학의 창시자로서의 선언이기도 하다. 그는 말하기를

> 아까마쓰 공(公), … 저는 어려서부터 사승도 없이 홀로 독서하였습니다만, 제 생각으로는 한당의 유자는 기송사장(記誦詞章)에 지나지 않고, 겨우 음훈(音訓)을 주석하고 사적(事迹)을 표현할 뿐, 성현의 성실한 식견이 없었습니다. 당의 한자(韓子; 韓退之)가 독창성이 있었으나 부족하였으니 어찌 송유의 전통을 이었다고 하겠습니까? 마음이 답답하기를 마치 거문고를 안고 생황을 불고

35) 『간양록』, 「적중문견록」.

36) 후지와라의 제자 堀杏庵이 지은 吉田素庵의 행장에도 "선생(후지와라), 강항을 만나 석전의식을 물었다. 아카마쓰가 이를 위해 임시로 대성전을 야외에 짓고, 위패를 세우고 제기를 진설하였다." 라고 하였다(『杏陰集』 권17, 「吉田之元行狀」). 아베, 전게서, p. 76에서 재인용.

37) 『간양록』, 「적중문견록」. 앞의 주 19) 참조.

38) 아베, 전게서, p. 76.

있는 느낌이었습니다. 그러므로 아까마쓰 공이 이제 새로이 사서오경의 경문을 베끼고, 저에게 청하여 송유의 뜻을 가지고 왜훈(倭訓)을 자방(字傍)에 붙이어 후학에게 편하게 하려고 하셨습니다. 일본에서 송유의 뜻을 주창하려는 자는 이 책을 가지고 원본을 삼을 것입니다.

라고 하였다.[39]

이리하여 강항은 사서오경의 필사와 함께 후지와라를 위하여 장문의 「오경발」을 지었다. 그 발문에서 강항은 먼저 공자가 요순보다 훌륭함과 주자가 고금의 설을 집대성한 데는 견줄 자가 없음을 논하고, 마지막에 일본은 구래의 유학을 지키고 정주의 해석을 무용하게 생각하였다고 논한 다음

천백 년의 공백을 뛰어넘어 후지와라(惺窩斂夫) 한 사람을 얻었다. 그는 분수를 지키고 영예를 구하지 않으며, 다만 책을 벗으로 삼을 뿐이다. 그 학문은 깊고, 오로지 조존성찰의 수양을 근본으로 삼았다. 경서를 꿰뚫어지게 해석해내는 데 오로지 정주의 주를 표준으로 하였다. 일국을 통틀어도 알아주는 사람이 없었는데, 오직 아카마쓰 공이 인연이 있어 도와주었다. 그리하여 사서오경을 베껴 마침내 책을 이루었는데, 밤을 새워가며 일을 하였다. 그는 나에게 일이 끝나자 서문을 부탁하였다. 이에 응하여 내 생각을 적어둔다. 아아! 요순의 도도 공자가 없었다면 밝혀질 수 없으니, 이 공자가 없으면 요순도 없다. 공자의 도도 송현(宋賢; 송대 학자)이 없으면 행해질 수 없으니, 이 송현이 없으면 공자도 없다. 일동(日東)의 사람(일본인)은 송현이 있음을 알지 못한다. 다만 염부(斂夫; 후지와라)가 이를 드러내었다. 이 염부가 없으면 송현도 없다. 염부

39) 『등원성와집』 권10, 「問姜沆」; 아베, 전게서, p. 78.

의 뜻은 아카마쓰가 아니면 이룰 수 없다. 이 아카마쓰가 없으면 염부도 없다.

라고 하여[40] 후지와라와 아카마쓰의 뜻을 격찬하고 있다. 끝으로 또 아카마쓰가 일동(日東)왕실(일본왕실)의 자손으로서 대대로 고위직에 있으면서 성을 지키고 군비나 징세에 전문가이나 그 위에 '스승을 높이고 벗을 친하며, 덕을 높이고 사업을 수행하는 것' 이 일본의 다행이라 하면서 타일에 이 책의 정신으로 정치를 하면 일본이 동주(東周)와 같은 나라가 되어 그 은택이 널리 퍼질 것이라 하고, "나는 염부가 홀로 유경(遺經; 송유의 주석)을 얻은 것을 기뻐하고, 또한 아카마쓰가 덕을 높히고 도를 즐기는 것을 기뻐한다. 그리하여 이를 여기에 적는 바이다."라고 끝을 맺었다.[41]

이 발문에 의하면 사서오경 필사에는 「세이카선생행장」에서 말하는 바와 같이 십수 인의 포로가 종사하였는데, 아카마쓰로부터 임금을 지급 받으면서 귀국의 날을 기다리는 처지라, 거의 철야작업을 하였음을 알 수 있다.

아베(阿部吉雄)는 이즈음의 정황을 다음과 같이 분석하고 있다.[42]

후지와라의 훈점(訓點)은 이 시기에 아직 일부분만 나온 정도였던 것 같다. 그러나 후지와라의 이 기획은 획기적인 의미를 갖고 있는 것이었다. 당시 일본에는 조정의 권위를 배경으로 한 박사가(博士家)가 있었는데, 경서의 훈점법(訓點法)이 비전으로 전해오는 인습이 있었다. 즉 학문 전수가 폐쇄적이었다. 한편으로는 승려들이 자유롭게 신주에 의해 『대학』·『중용』 등에 훈점을 붙

40) 『성와고 속』 권3, 「오경발」; 아베, 전게서, p. 79.
41) 전게 「오경발」; 아베, 전게서, p. 80.
42) 아베, 전게서, p. 80.

이는 일이 있었으나, 오경은 불교에서 볼 때 외전(外典)으로서 금서였고, 또 불법(佛法)을 홍기하는 데 방편으로서 썼을 뿐이므로 사서오경을 모두 훈점을 붙인 자는 아직 없었다. 문록(文祿, 임진왜란-필자) 말기부터 경장(慶長, 정유재란-필자)에 걸쳐 조선 활자가 배에 실려 옴에 따라 한적의 인쇄가 일어날 기회가 생겼다고 할 수 있다. 그렇다 하더라도 이러한 대규모의 계획은 일찍이 없었고, 그러한 결심을 하는 것조차 쉬운 일은 아니었다고 생각된다. 이 계획은 종래의 폐쇄적인 학문을 공개적으로 하게 되었다는 점, 한당의 고주를 일신하여 송학의 발흥을 겨냥하였다는 점에서 실로 일대 큰 사건이었다.

5) 조선 '심의(深衣)' 제도의 수용

후지와라가 유교 독립의 상징으로 착용한 심의도복(深衣道服)이란 것은 강항의 유교 전파와 관련이 깊다. 심의란 중국과 우리나라에서 유학자들이 주로 입었던 평상예복(燕居服) 겸 예복이었다. 주자가 그의 『주자가례』에서 유학의 법복으로 추천함으로써 조선조 유학자들이 평상예복, 또는 가례의 통상예복으로 많이 입는 도복이 된 것이다.[43] 『간양록』에 의하면 아카마쓰는 '육경을 좋아하고 풍우가 치는 말 위에서도 책을 놓지 않았다.' 고 하여 큰 유교신봉자였던 것 같다. 이것은 물론 후지와라의 권유에 힘입은 바 크다. 『간양록』의 후지와라의 말에 의하면

일본에는 장교들이 모두 도적이나 다만 아카마쓰만이 사람의 마음을 지녔

43) 처음 따로 만든 상의(衣; 저고리)와 하의(裳가; 치마)를 나중에 붙여 마치 헐렁한 통옷처럼 만들었는데, 이것으로써 몸을 감싸면 '深遠' 한 느낌을 주므로 '深衣' 라고 하였다. 상의 · 하의는 천 · 지를 나타내고, 희 베에 검은 깃을 대어 깨끗한 느낌을 주었다. 신선이 입는다고 신선복, 또는 鶴氅衣라고도 한다. 중국에서는 주나라 이전부터 입었으며, 우리나라에서는 고려 말부터 입었다.

다. 일본에는 원래 상례가 없었는데, 아카마쓰만이 유독 삼년상을 지냈다. 당의 제도나 조선의 예를 좋아하여 의복, 음식의 세세한 데 이르기까지 반드시 당 제도나 조선의 예를 모방하려 했다. 일본에 있으면서도 일본인이 아니었다.

라고 적고 있다.[44] 의복이나 음식을 당이나 조선의 제도를 모방하려 하였으므로 후지와라는 강항과 이별한 경장 5년(1600) 9월 도쿠가와 이에야스(德川家康)를 알현했을 때 승복도 아니고, 화복(和服, 일본 의복)도 아닌, 색다른 복장, 즉 심의도복을 입고 나타났는데, 이것이 그로서는 이 당시 생활의 모습 그대로여서 조금도 이상할 것이 없었다.[45]

후지와라의 제자 하야시(林羅山)의 「성와답문(惺窩答問)」에 이런 기록이 있다.[46]

선생(惺窩)이 말씀하시기를 '나는 심의를 입는다. 조선인이 묻기를 심의를 입는 것은 괜찮으나 머리를 깎았으니 어울리지 않는다고 하길래 나는 머리는 세속을 따르는 것일 뿐이니, (『논어』에 보면) 태백(泰伯)도 형만(荊蠻)에 도망가서 단발문신(斷髮文身)을 하였으나 공자께서 덕이 지극하다고 칭찬한 적이 있다고 했더니 그 사람은 고개를 끄덕였다.' 라고 하셨다. 그때 나는(하야시 자신) 賀氏(賀古宗隆)에게 심의를 빌려 만들려고 하였다. 선생도 이를 허락하셨다. 다음날 심의가 왔다. 나는 침공(針工)을 시켜 법에 따라 흰 베를 잘라 심의를 만들게 하였다.

이 기록을 보면 당시 후지와라는 아카마쓰나 풍전수(豊前守), 하고(賀

---

44) 『간양록』, 「적중문견록」.

45) 아베, 전게서, p. 81.

46) 『임라산문집』 권32; 아베, 전게서, p. 81.

古) 등과 함께 조선풍의 제복이나 심의를 입고 있었던 것을 알 수 있다. 하야시는 이 심의를 입는 일에 대해 특별한 의미를 부여하고 있다. 즉 그는 이를 일본 유학의 남상(濫觴)이라 말하기도 하고, 자신도 후지와라 제자 입문과 더불어 입었던 것이다.[47] 이로써 볼 때 심의도복은 독립된 유자로 출발한 후지와라 학파의 상징이었던 것이다. 그러기 때문에 하고씨((賀古氏) 역시 이것을 가지고 있다가 후년에 마쓰나가(松永尺五)가 입문하였을 때 그 대성을 예견하고 자기의 심의를 벗어주었던 것이다.[48]

강항이 조선의 심의제도에 대해 후지와라나 아카마쓰에게 어떻게 가르쳐 주었다는 구체적 기록은 없으나, 위에 기술한 여러 정황으로 보아 후지와라는 강항과 사귈 때부터 아카마쓰와 더불어 당이나 조선의 제복(祭服)이나 심의를 입었던 것으로 상상되고, 이 때 심의를 입는 데 있어서 강항이 그들의 자문에 응했을 것으로 추측할 수 있다.[49]

5. 결어

이상에서 살펴본 바와 같이 정유재란 당시 일본에 포로로 잡혀간 수은 강항은 조선조 선비로서의 기개와 지조를 지키면서, 일본의 적정을 보고하는 등 애국활동을 하였으며, 동시에 왜승 슌 수좌(후지와라 세이카)에게 성리학과 조선조 유교문화를 전함으로써 일본이 덕천막부 이후 유교문화로 전환하도록 하는 데 결정적 역할을 하였던 것이다.

---

47) 『임라산문집』 권2, 「寄田玄之」; 아베, 전게서, p. 82.
48) 『五尺先生全集』 행장; 아베, 전게서, pp. 82-83.
49) 아베, 전게서, pp. 81-82.

제7장

동양 삼국의 문화적 토양과 주자학의 특성

1. 서언

동북아시아 한 · 중 · 일 세 나라는 공통으로 한자라는 문자를 사용하고 이 문자로 기록된 사상으로서 유교(유학)를 오늘날까지 전통문화로 보존하고 있다. 그러므로 이 공통의 한자 문화와 유교 사상을 매개로 문화를 비교하고 미래 아시아 문화연대, 나아가 정치, 경제까지 포함하는 유럽의 EU 같은 경제 공동체를 이루어 상호 협조하며 평화적 지역 공동체를 이룰 수 있을지 관심을 가지지 않을 수 없다. 특히 한국의 경우 남북대치 상황에서 온갖 정신적 긴장과 물질적 낭비를 하는 상황에서 더욱 관심이 클 수밖에 없다.

최근 한 · 중 · 일 세 나라는 공통 한자를 800자 만들어 쓰자고 하여 문화적 연대를 생각하고 있기도 하다. 그러나 그것은 하나의 이벤트에 불과하고 현실성이 없을 것 같다. 물론 중국이 간자체(簡字體)를 만들어 쓰지만, 그래도 한자 원형의 형태는 많이 남아서 세 나라는 한자를 매개로 전통과 현재, 그리고 미래 협력에 기대를 걸 수는 있다. 월남처럼 로마자화한 것, 즉 '국어자(國語字)'[1]를 써서 한문의 전통문화와 현대언어의 단절 경우와는 많이 다르다. 그런데 삼국이 문자와 사상에서 공통점이 많은데도 장차 EU처럼 경제공동체를 이루어 실익을 나누어 가지며 지역 평화를 이룰지 물으면 선뜻 긍정하기 어렵다. 어떤 주변 조건이 그렇게 만들까? 이런 의문을 가지지 않을 수 없다. 이를 고찰하는 데는 한자라는 공통 언어와 유교라는 공통 사상을 매개로 살펴보는 것이 효과적이다.[2]

먼저 유교에 대해 올바른 정체성을 인식할 필요가 있다. 유교는 동아시아에서 기독교와 같은 유일신 종교는 아니지만, 유교가 정치이념으로 기능해 왔기 때문에 그 기능과 영향 면에서 종교와 같은 역할을 해왔다. 기독교계에서는 유교를 하나의 생활의례나 예절로 생각하는데, 동아시아 사람들 의식에 부지불식간에 체험화되고, 더 나아가 무의식의 심층에서 영향을 미치고 있다고 보면 종교와 같은 신념 체계로 보아 무방하다.

임금은 하늘에 제사 지내고, 사직(社稷; 토지와 곡신 신)에 제례를 올리고, 또한 공자 사당인 문묘(文廟)에서 석전(釋奠)을 지내고, 왕실 고유의 사당인 종묘(宗廟)에서 자기 조상에게 제사를 지낸다. 사대부 양반은 4대

---

1) 월남의 문자로서 알파벳에 음의 종류를 나타내는 보조기호를 붙여 표시한 것이다. 한자를 쓰다가 표기를 발음대로 쉽게 표시하기 위하여 로마자를 응용하였는데, 보조 부호로 월남어의 성조(聲調)를 표시하였고, 이로 인하여 표음 문자화할 때 생기는 '동음이의(同音異義)'를 어느 정도 해결할 수 있었다. 현재 충남대학교 유학연구소에서 2008년부터 월남과 학술교류를 하는데, 『유학연구』에 월남인의 논문이 이 '국어자'로 실려 있는 것을 볼 수 있다. 학술대회시 상호 의사교환(논평, 토론)은 통역을 통하여 해결하는 듯하다.

2) 한자라는 문자의 특성(표의문자)을 논하면 유교 이외의 고전, 예를 들면 우화로 사상을 전하는 『장자』, 기호로 자연 이법을 표시한 『주역』, 노자 · 장자 사상의 부정의 인식 논리를 불교와 결합시킨 선불교 등을 함께 논하고, 언어가 다른 서양의 사고방식과도 비교해서 동아시아 사상의 특성을 논하는 것도 중요 테마가 되지만 지면 관계상 생략한다.

까지 돌아가신 선조 위패를 자기 개인 사당인 가묘(家廟)에 모셔놓고 고유(告由; 출타와 귀가, 집안 주요한 일을 알림)도 하고, 제삿날에는 신주를 대청마루로 옮겨 와 제사를 지낸 후 도로 가묘에 봉안한다. 그러니 종부(宗婦)의 경우 1년에 종교적 의례가 여러 번이고, 그 중간에 또 관혼상제가 행해지니 양반 사대부의 일생이 종교적 의례로 점철되어 있다 해도 과언이 아니다. 서양 중세 종교 시대와 마찬가지로 생활이 종교적 경건성을 떠날 수 없었다. 유일신을 믿지 않는다고 종교가 아니라고 할 수 없다. 이러한 종교의례에 조선조 성리학(주자학) 시대에는 종교이론인 신학 체계가 우주론을 바탕으로 하고 있어서 더욱 종교적 경건성을 요구하였다. 즉 단순한 윤리도덕 규범(예법과 예절)으로서 유교가 아니란 뜻이다. 우주론을 바탕으로 하였기 때문에 종교철학, 즉 신학(神學)이 뒷받침되었다고 보아야 한다.

물론 오늘날 이 모든 전통 유교 의례가 왕조에서부터 양반 집안의 의례에까지 거의 없어지고 성균관과 향교의 석전, 간소하게 2대까지만 제사 지내는 집안의 제사의식만 남아 있을 뿐이지만, 원형을 따지면 유교는 위와 같은 성격의 종교이다(이에 따른 종교적 실천과 신학적 이론 포함하여). 조선조에 들어와서 주자학(성리학이라 해도 무방)이 정치 및 문화 이념으로 역할을 하였는데, 주자학은 이러한 유교에 신학 이론(형이상학 또는 우주론)을 가지고 더욱 체계화한 것이다. 그 체계가 매우 완비된 것이어서 그 후 종교 도그마처럼 기능을 해왔다. 즉 주자학은 동양의 '중세 신학' 이라 해도 무방하다.

그런데 오늘날 동아시아 사람들 중 전통을 너무 존중한 나머지 이런 '중세성' 을 무시하고 무비판적으로, 즉 통시적(通時的)으로 유교와 주자학을 보려고 하는 폐단이 있다. 마치 기독교에서 하나님 이름으로 온갖 사이비 교설이 난무하고 혹세무민하는 비합리성과 같다. 동아시아 문화를 논하는데, 반드시 이 점을 명심하지 않으면 안 된다. 다만 동양 고전에서 지혜를 배운다든가, 교양으로 혹은 취미로(또는 서예 교습을 위하여) 한문을 공부한다든가, 고전번역을 위해서 한문 고전을 연구한다든가, 전통문화를 잘 보존하는 직업으로서 한문을 익힌다든가 하는 일과는 별개의 문제이다. 그런 경우도 유교와 주자학에 대해서 이와 같이 올바르게 알아둘 필요가 있다. 먼저 일상적 삶과 정치에 큰 영향을 미친 유교 전통의 역사에 대해서 세 나라가 어떻게 전개했는지 살펴보기로 한다.

2. 중국 한(漢)나라에서 유학의 독점적 지위

동아시아 유교(유학) 문명권에서 공자를 시조로 하는 유교가 오늘날까지 영향을 미치고 있다. 유학은 다른 종교와 달리 정치방법(통치술)으로서의 이론을 일종의 불변 원리(이데올로기)로 가지고 있다. 통치자의 윤리, 지도자(관리)의 윤리, 또 가족의 윤리, 나아가 개인의 윤리(정치를 담당하기 위한 준비)가 그 속에 통합되어 있다.[3] 물론 정점에는 왕이 '교조'의 위치에 있다. 이념적으로는 공자(孔子)가 교조이지만, 현실적으로는 왕이 최고의 위치에 있다.[4] 왕이 최고 권력자이므로 기독교의 신을 필요

3) 유교의 기본 교리는 '수신-제가-치국-평천하' 이고, 수신 아래 종속적 과정은 '격물치지-성의-정심' 인데, '수신에서 평천하' 가 동격이므로 줄여 '수기치인' 이라 한다. 수기치인이 유교의 기본 정신이라면 현세의 삶, 이를 위한 나의 도덕적 수양과 남과의 관계(관료로서의 행정은 대표적 예라 할 수 있지만)를 목표로 하고 있다. 초월적 신이 유교에 들어갈 틈이 없고, 살아 있는 임금과 아버지가 최고의 권위를 대표한다.

4) 천자만이 하늘에 제사를 지낼 수 있다. 중국에 천단(天壇)이 남아 있고, 대한제국 선포 후 지금의 조선호텔 자리에 우리나라도 원구단(圓丘壇)을 만들어 천자처럼 하늘에 제사 지냈다. 현실적으로는 왕(천자)이 교조의 위치에 있지만, 유교에서는 공자를 최고의 교조로 모시므로 왕은 공자를 숭배하고, 공자 제사에 참석하여 공자 숭배의 각종

로 하지 않는다. 왕이 교조라면 이것은 일종의 국가종교이며, 국가를 통치하는 것이 일종의 종교행위가 되는 것이다. 이러한 유교는 언제부터 중국에서 등장하여 어떻게 정치이념으로서 최고의 권위를 유지하게 되었는가?

진나라가 망하고 한나라가 세워진 후 초기(고조에서 7대 무제 이전까지 약 80년간)에는 황노학(黃老學; 황노도가)이 유행하였다. 무제의 조모인 두태후(竇太后)가 황로학에 심취하여 조정 대신들도 함께 지지함으로써 유학은 상대적으로 냉대를 받고 있었다. 두태후가 죽자 황노학은 세력이 약해지고 유학이 점차 주목을 받게 되었다. 당시 춘추학에 밝았던 동중서(董仲舒)는 무제에게 이렇게 건의하였다.

> 『춘추』에서 일체를 하나로 통일시키는 것은 천지의 불변 원칙이고 고금에 통용되는 당연한 이치입니다. 그런데 오늘의 상황을 보면 스승은 저마다 도가 다르고 사람들은 저마다 다른 의견을 내고, 각기 다른 학파들이 저마다 주장을 달리하니, 지도자는 통일된 법제를 가지지 못하고 자주 바꿈으로써 백성은 무엇을 지켜야 할지 모릅니다. 따라서 저의 생각으로는 육예(六藝)의 학문과 공자의 가르침에 근원을 두지 않는 학설은 길을 끊어버리고 나오지 못하게 하여야 합니다. (『한서』 권56, 「동중서전」)

한나라 초기 아직 제도적으로 안정되지 못한 상황에서 여러 가지 불협화음이 없을 수 없었다. 심한 경우 공신들이 조정에서 술을 마시고 공을 다투다가 대궐의 기둥을 칼로 내려치는 일까지 있을 정도였다. 이런 상황에서 숙손통(叔孫通)이라는 유학자가 고조에게 '조정의 의례(儀禮)'를 제

칭송의 글을 내린다. 교묘한 오버랩핑이 되는 것이어서 선비(사대부)는 공자와 왕을 이념과 현실에서 동시에 섬기는 것이 된다.

정하는 일을 자기에게 맡겨달라고 하였다. 의례를 만든 뒤 조회(朝會)를 엄숙하게 치러내자 고조는 그제야 유학자들을 신임하게 되었다. 원래 한 고조 유방(劉邦)은 농민 출신으로 정장(亭長)이라는 최하급직의 신분에서 군사를 일으킨 인물이라 유학자들을 아주 싫어하여 심지어 갓에 오줌을 누기도 하였다. 또 그는 당시 왕에게 상주할 때마다 시(詩), 서(書)를 인용하는 육가(陸賈)라는 유학자를 힐난하면서 "나는 말 위에서 천하를 얻었소. 어찌 시(詩), 서(書) 따위에 얽매이겠소."라고 하자, 육가는 "말위에서 천하를 얻었지만 어찌 말 위에서 천하를 다스릴 수 있겠습니까?"라고 하여 고조를 부끄럽게 한 일이 있다. 그 후 고조의 생각이 달라졌고, 숙손통의 조정 의례에 감복하여 수성(守成; 나라를 지킴)에는 유학자가 있어야 한다고 생각하였다.

이런 과정을 거쳐 한 무제 때에는 동중서의 건의를 받아들여 유교를 통치 이념으로 삼고, '오경(五經)'의 편찬, '태학(太學)'의 건립, 과거제도의 시행을 하게 되고, 점차 관료조직망을 통하여 천하를 다스리기 시작했다. 행정구획은 군, 현으로 나누고 이 행정조직에 관료를 직접 임용하여 군주독재 체제를 구축해 나갔다. 유학도 여기에 영향을 받아 도덕 이론으로서보다 정치 이론으로서의 성격을 강하게 띠게 되고, 관료는 당대 최고의 엘리트로서 권력과 부를 독점해 귀족정치의 기틀을 닦아 나갔다. 그리하여 공자도 신격화되고, 오경도 신성시되고, 유학도 국가종교로서 확실한 위치를 점하게 되었다. 그러면서 한편으로는 통치술로서 '법가(法家) 사상'을 원용하였다.

보통 우리가 알고 있기로 유교는 '수신-제가-치국-평천하'라고 한다. '수신'을 제외하고 나머지 세 과정은 모두 공동체 운영에 관한 것이다. '제가(집안을 다스린다)' 역시 오늘날의 '핵가족'을 생각하면 안 되고, '대문중' 정도의 큰 가족 공동체를 말한다. 그러므로 '제가' 역시 공동체 운영이라는 점에서 같다. 한 나라 때 관료가 최고의 지성인이고 권력자요 부귀한 자였던 관계로 유학은 위와 같은 공동체 운영에 관한 지도력과 인격, 도덕적 교화 사업 등에 치중하여 이론이 전개되지 않을 수 없었고, 상대적으로 '수신' 에 대한 이론은 별로 발달하지 못했다. 그것이 한 나라 이후 수, 당에 이르기까지 불교와 노장사상이 성행하게 된 중요 이유이다. 그 후 송대에 와서 민족주체의식과 더불어 유학을 다시 부흥시키고자 할 때 자연히 '수신' 방향에 관심을 많이 기울이게 되고, 그 과정에서 불교 이론이 많이 참고가 되었다. 아울러 '수신' 의 추구에서 인간과 자연과의 관계를 자연 탐색하지 않을 수 없게 되자 우주에 대한 관심을 불러일으키고, 도가사상과 도교의 이론 역시 참고하게 되었다. '천인합일(天人合一)' 사상이 바로 그것이다. 그렇다고 유학의 본래 이념인 '치인(治人)' 의 이념이 사라진 것은 아니다. '수기-치인' 의 병행 이론이 그대로 송대 성리학(性理學)에도 계승되면서 '수기' 방면에 이론이 보완된 것이다. 그리하여 우주론-인간론(도덕론)-현실정치론이 함께 어우러진 완벽한 하나의 중세 신학이론으로서 성리학이 형성되었고, 이것이 동아시아 문명사에서 오랫동안 영향을 미쳤던 것이다.[5)]

이 유학이 서구침략에 의한 근대 문명의 전기를 맞기까지 700여 년 종

---

5) 원시유교의 리바이벌인 성리학의 구조를 보려면 주자와 친구 여조겸이 함께 편찬했던 『근사록(近思錄)』을 보면 일목요연하다. 도체(道體; 우주의 원리), 위학(爲學; 성인이 되는 공부), 치지(致知; 도덕적 인식), 존양(存養; 도덕심 함양), 극기(克己; 욕심을 제어), 가도(家道; 집안의 법도), 출처(출처; 벼슬살이의 도), 치체(治體; 정치의 근본), 치법(治法; 정치를 위한 법제), 정사(政事; 실제 정치의 일), 교육(敎育; 나라의 교육), 경계(警戒; 조심하여 일을 처리), 변이단(辨異端; 유교 아닌 사상 배척), 관성현(觀聖賢; 성인을 본받음). 여기서 보면 맨 처음에 '도체' 의 내용으로 「태극도설」이 나와 있는데, 이는 우주의 원리를 알아야 인간 세상의 모든 일을 해 나갈 수 있다는 뜻이다. 이후 조선조 학자들의 저술에도 이 목차가 그대로 모방하여 활용되었다. 순암 안정복의 『하학지남』, 식산 이만부의 『도동편』, 국계 이한응의 『해동근사록』(『속근사록』), 연재 송병선의 『근사속록』 등이 있다.

교 아닌 종교로서, 또 정치 이데올로기 내지 가부장적 공동체 윤리로서 권위를 유지하였다. 그러나 근대 개항기에 와서 큰 변화를 겪게 된다.

3. 아편전쟁 패배 이후의 중국 유학의 변화

중국이 아편전쟁(1840년 발발)에서 패한 이후 서양을 배우지 않으면 안 된다는 자각이 시작되었다. 더욱이 1860년 영·불 연합군에 의해 북경이 함락되자 위기의식은 극에 달하였다. 첫 움직임이 증국번, 좌종당, 이홍장 등이 중심이 된 '양무(洋務)운동'이다. 이 운동은 문화는 중국 전통을 지키면서 서양의 발달한 무기를 도입하여 군비를 확충하자는 정책이다. 중국 전통의 '오랑캐를 배워 오랑캐를 이긴다'는 취지였다. 그러나 20년 뒤 1895년 청일전쟁에서 다시 패배한 후 양무운동은 비참한 결말을 초래하고, 변법(變法; 정치제도 개혁)만이 유일한 대안이라 생각하게 되었다. 엄복, 강유위, 담사동, 양계초 등이 주동한 이 변법운동은 서양이 부강한 이유는 군사무기와 군사과학에만 있는 것이 아니라 동양 전제정치와는 다른 근대적 정치제도에 있다는 생각에서 중국의 왕정체제를 개혁하자는 운동이다. 이 변법에는 유학의 바탕인 전제왕정을 뒤엎어야 하므로 유학에는 큰 도전일 수밖에 없었다. 그리하여 변법파는 부득이 혁명적 방법으로밖에 할 수 없다는 결론에 도달, 1898년 '무술정변'을 일으켰다. 그러나 서태후 등 보수파들에 의해 103일 만에 실패로 돌아가고 말았다.

변법파들이 주장하는 입헌군주제의 바탕에는 서양의 자유민권 사상이 깔려 있다. 엄복은 서양이 부강한 이유는 "자유를 체(體)로 삼고 민주를 용(用)으로 삼는 데 있다."는 천부인권론을 내세웠다. 담사동은 유학의 삼강오륜의 윤리는 전제군주를 떠받치는 버팀목이라 보고 강하게 비판하였다. 이제 중체(中體)에서 서체(西體)로 변화가 불가피한 점에서 유학에는 하나의 큰 변화를 요구한 셈이었다. 한편 강유위 등은 서양의 강함은 기독교와 같은 종교 문화에 있다고 보고 공자를 내세워 기독교처럼 중국 문화의 체로 삼고자 하였다. 중국의 문제를 인식하고 중체서용이 불가능하다는 것을 인정하면서도 변법파들은 여전히 전통유학에 미련을 버리지 못하고 있었다. 이는 '현대신유학'[6]과 비슷한 입장이고, 정치적으로는 개량주의에 머물렀다고밖에 할 수 없다. 물론 무술정변 실패에 외부적인 조건이 여의치 않았지만, 그들의 사고방식에는 유학전통을 살리려는 민족주의 의식이 강하게 남아 있었다.

그러나 중국을 식민 상태에서 구할 수 있는 유일한 길은 공산주의 혁명밖에 없다고 생각한 마르크스주의자들은 전통문화, 유학에 대해 전혀 다른 평가를 했다. 1915년 진독수는 유교사상을 타도하고 서구의 과학과 민주를 선전하기 위하여『신청년』을 창간하여 '동서문화논쟁'(1915~1927)이 일어나는 계기를 만들었다. 또 '과학과 형이상학 논쟁'(科玄논쟁; 1923~1924)도 일어나 전통문화를 옹호하는 일파는 점차 인문학, 즉 성리학의 형이상학적 유산을 옹호하는 입장을 보였다. 1919년 5월 4일 북경에서 일어난 애국적 학생운동은 서구 문화에 대한 중국 전통문화의 길을 모

---

6) 송대 성리학과 명대 양명학(합하여 '송명리학'이라고 중국에서는 부른다)을 서양에서는 원시유학을 송대에 리바이벌했다고 보고 '신유학(Neo-Confucianism)'이라고 명명하였는데, 다름 아닌 주자학과 양명학을 세계 보편 사상에 내놓으려는 의도에서 중국 사상의 핵심으로 홍보하려는 일종의 '현대의 핵심 중국사상'이라고 할 수 있다. 물론 현대적 해석—서양철학과 비교 겸하여—을 해서 내놓는 것이다. 우리식으로 말하면 '전통 사상의 현대적 의미' 쯤으로 생각할 수 있다. 청 말에서 지금까지 계속되었는데, 주로 대륙(당시 공산화되어 사상의 자유가 제약됨)에서 대만이나 홍콩, 미국 등지에 피난을 간 학자들이 담당자들이었고, 지금까지 4세대 이상 계승되고 있다. 중국 사상을 현대 문명에 기여할 바가 있다고 생각하는 민족주의적 문화운동이라 할 수 있다.

색하였는데, 여러 입장에서 동서문화 비교를 활발하게 진행하였다. 이 움직임을 '5 · 4 신문화 운동' (1915~1927)이라고 한다. 크게 나누면 중국 전통을 버리고 전반적으로 서구화해야 한다는 입장과 개량주의적 전통적 입장, 즉 전통을 서구사상으로 보완해 가되 중국 전통을 옹호하려는 민족주의적 입장이 대립되었다. 보완적 전통주의자들은 '송명대 신유학' 을 중국 전통문화의 정수로 보고 이것을 미래 세계문화에 기여할 수 있다고 믿었다. 이들을 '현대신유학자' 라고 한다. 제1세대가 양수명, 장군매, 웅십력, 제2세대가 풍우란, 하린, 전목, 제3세대가 당군의, 서복관, 모종삼 등이 있고, 제4세대로 채인후, 유술선, 두유명 등이 있다(劉와 杜는 미국에서 활동). 그러나 모택동에 의해 중국이 공산화되면서 유학은 1980년대 초반까지 청산해야 할 부르주아 전통으로 지목되어 여지없이 파괴되었다.

1978년 이후 등소평의 개혁개방 정책 채택 이후 유학에 대해서도 긍정적 평가가 이루어지고, 1984년부터 89년까지 이어진 소위 '문화열(文化熱; 문화논의 붐)' 은 유학 부흥론의 모습을 보였고, 지금도 이어지고 있다. '개혁개방' 은 우리말로 하면 경제개발에 해당하고, 문화열은 '민족문화 진흥' 정도에 해당한다고 할 수 있다. 지금 공산당 일당 체제, 국민의 직접선거가 없는 집단지도체제를 유지하고 있는 半전통-半민주 식의 절충식 정치체제에서 유학은 체제유지에 유효하다고 생각한 나머지 초등학교에서 '사서(四書)읽기 대회' 를 여는 등 공자사상 전파에 열을 올리고 있다.[7] 그러나 이는 객관적으로 볼 때 서구적 의미의 종교가 없었던 무신론, 범신론적 전통, 마르크스주의 종식, 모택동 사상의 퇴조, 개혁개방으

7) 여기에 대해서는 진성수, 「중국과 대만의 경전읽기운동 연구」, 『유학연구』 27집, pp.491-513, 2012; 양승무, 「중국 유학부흥 운동의 발전과 전망」, 『간재학논총』 12집, 2011, pp.139-187; 송인재, 「1980년대 이후 중국의 전통독법」, 『유교사상문화연구』 58집, 2014, pp.275-304 참조.

로 인한 서구 사회의 부정적 문화의 침투 방지 차원에서 선택하지 않을 수 없는 일종의 정치적 결정이라고 할 수 있다. 이는 현대신유학처럼 자유로운 사상적 선택이 아니고 '민족주의' 경향이 다분히 있는 것이다. 현대신유학 역시 그런 경향을 보이고 있다.

그런데 한국의 주자학 전통에서 볼 때 현대신유학에 약간의 문제가 있다. 육상산, 왕양명 위주의 유심주의(唯心主義) 성리학을 주류로 보는 데[8]서 보듯이 객관적으로 타당성이 부족하다고 할 수 있다. 과거에 주자학 중심, 지금의 현대신유학은 양명학 중심이라는 비교우위의 도식 자체가 억지인 것이다. 원시유교(공, 맹, 순 사상)가 유심주의는 아니기 때문이다. 유교는 공동체 윤리를 강조하는 정치이론인 것이다. 이런 관점에서 볼 때 현재 중국식 사회주의 건설에 유학을 끌어들인 경우도 마르크스주의를 한번 거친 중국 정치가 유학의 왕도정치와 충효윤리를 어떻게 활용할 것인지 매우 흥미로운 일이다. 그 유학이 미래에 우리 한국 사람들이 전통적으로 생각한 유학과 같을지는 의문이다. 또한 중국 유학은 항상 '중화주의'를 중국인의 집단무의식 속에서 전제하고 있다. 북한의 무력도발과 북핵 문제를 중국이 어떻게 인식하고 컴멘트하는지 보면 이 점을 잘 알 수 있다.

---

8) 현대신유학의 대표 학자 모종삼의 경우 육상산, 왕양명이 공자 이후 송대 성리학까지 중국 전통사상의 본줄기이고, 주자학은 별파(별종)라고 보고 있고, 대만과 해외에서 현대신유학을 하는 많은 학자들도 그렇게 생각하고 있다. 모종삼, 『심체와 성체』, 양승무 · 천병돈 (역), 예문서원, 1998, pp.79-104; 황갑연, 「현대신유학자 모종삼의 주자 도덕철학 이해에 대한 재고」, 『중국학보』 56집, 2007, pp.527-547.

4. 일본 막부(幕府)에서의 주자학 수용과 일본식 해석

근세 일본은 중국을 중심으로 한 동아시아 문화권에 속하였다. 뿐만 아니라 임진왜란 당시 『퇴계집』을 비롯한 조선조 한적을 많이 약탈해가 퇴계를 통하여 주자학을 알게 되었고, 17세기 초부터 200여 년간 '조선통신사' 로부터 또한 고급문화를 전수받았다. 하지만 그 사상사의 구체적인 양상이 중국이나 우리나라와 사뭇 다르다. 그것은 일본의 경우 주자학이 중국 사대부나 우리나라 선비와 같은 담당층이 없고, 또 과거 제도가 없었기 때문에 관료 겸 엘리트들만의 독점적 교학이 아니었던 것이 중요 이유이다. 즉 무사계급, 쵸닌(町人; 상인계급)이나 농민들에게도 어느 정도 유학이나 성리학이 보급되었다. 그리하여 주자학 일변도가 아니고 고학(古學; 일본의 고증학), 양명학, 국학(國學), 미토학(水戶學; 국수주의적인 국학) 등 여러 학파가 다양하게 성행하였다. 그러나 에도 막부시대(1603~1867) 일본 역시 주자학을 수용하여 체제교학으로 삼았다. 그리하여 현대에 이르기까지 일본사회에 영향을 끼치고 있다. 여기에는 조선조 임진왜란과 통신사의 영향도 크다. 반면에 주자학을 일본 본위로 해석한 학자도 다수 있는데, 이것이 일본의 특색이다.

에도시대에 들어와 주자학을 처음 학습한 사람은 후지와라 세이카(藤原惺窩, 1561~1619)와 그 제자 하야시 라잔(林羅山, 1583~1657)이다. 두 사람 다 승려 출신으로 주자학을 수용, 막부 관학의 기초를 마련하였다. 세이카는 18세 때 교토 상국사(相國寺)의 승려가 된 후 주자학을 공부하기 시작, 30세 때(1590년)는 조선 통신사 황윤길(黃允吉), 김성일(金誠一), 허잠(許箴) 등과 교유하면서 주자학에 취미를 많이 가졌고, 도쿠가와 이에야스가 정권을 잡고 난 뒤 일으킨 임진왜란 때 가져간 많은 주자학 관계 서적을 보고 한층 더 공부를 심화시켜 나갔다.[9] 그때 포로로 연행됐던 퇴계학과 강항(姜沆)의 영향도 많이 받았다. 그는 주자학자이면서도 육상산, 왕양명의 학문도 수용하고, 한시(漢詩)를 좋아하고 일본 노래인 와가(和歌)도 즐기는 폭넓은 교양을 지닌 인물이었다. 그는 불교는 배척하였고, 은거하면서 주자학에 힘을 쏟아 당시 많은 제자를 길렀다.

하야시 라잔은 교토 출신 하급 무사 출신의 아들로서 13세 때 승려가 되었다가 3년 뒤 하산하여 유학을 공부하였다. 그는 당시 승려들이 기본적으로 익히는 문학과 사학을 배우면서 유학과 신도학(神道學)도 흡수하였다.[10] 그는 세이카와 달리 육상산, 왕양명 등의 학설을 배척하고 주자학만을 신봉할 것을 주장, 한때 스승 세이카와 갈등을 빚기도 했다. 그는 스승의 추천으로 막부의 문교 책임자로 발탁되어 반관반민의 강습소를 만들어 본격적으로 주자학을 연구하였다. 주자학이 막부 교학이 된 것은 1634년의 일로 이때 막부의 모든 제도와 법령이 완비되자 라잔은 공공연하게 배불(排佛)을 주장하였다. 그는 이에야스(家康)의 정치를 왕도(王道)라 하고 이것은 바로 주자학의 덕치와 같다고 주장하였다. 1691년에는 유시마성당(湯島聖堂; 공자사당)과 쇼헤이코(昌平黌; 당시 관립 대학교)를 맡아 관리하였다. 같은 해 그 손자는 막부의 대학 책임자가 되어 교학을 이끌었다. 그는 드물게 보는 박학가로 문사철은 물론 본초학, 병학, 신도학(神道學) 등에도 밝았다. 이 하야시 집안 전승의 학문을 당시 '린케(林家) 관학' 이라고 불렀다.

이들과 달리 야마자키 안사이(山崎闇齋, 1618~1682)는 주자학을 수양주의적으로 전개하고, 또 일본 입장에서 해석을 강조하는 학풍을 보였다.[11] 안사이 역시 무사의 아들로 어릴 때 입산하여 승려가 되었지만 20대

---

9) 성해준, 「일본 주자학의 전개와 수용」, 『동아시아 유교문화의 새로운 지향』, 청어람미디어, 2004, pp.247-248. 이하 세이카의 서술은 여기에서 인용.

10) 성해준, 전게서, pp.248-250. 이하 라잔의 서술은 여기에서 인용.

중반에 환속하여 주자학을 공부, 라잔처럼 '주자학만이 진리' 라고 강조하였다. 그는 주자의 저술을 정밀하게 연구한 결과 원, 명 이래 주자학 흐름이 잘못되었다고 보고, 주자 원래 의미로 돌아가고자 하였다. 그리하여 '린케 관학' 같은, 막부에 봉사하는 학문은 속학이라 배척하고 인간의 길을 찾아가는 것이 주자학이요 유학이라 생각하였다. 그리하여 주자의 주해 이외는 다 물리치고, 또 주자의 '거경궁리(居敬窮理)' 에서 '거경' 이 더 중요하다고 생각했다.

그러면서 한편으로는 주자학을 일본 전통 사상에 습합(襲合)시켜 '주체적 실천학' 으로 변화시켰다. 그는 말하기를 "중국의 요, 순, 문왕, 무왕, 공자, 맹자가 일본에 쳐들어와서 일본을 복종시키려 한다면 주저하지 말고 이를 타도해야 한다."라고 하고, 또 "예의, 덕화로써 복종시키려 해도 그들의 신하가 되지 않는 것이 '춘추의 도' 이며 '일본 공맹(孔孟)의 도' 이다."라고 하였다.

안사이는 천지의 리(理)에 바탕을 둔 군신의 의(義)는 일본에서만 완전히 실현되었고, 만세일계(萬歲一系)의 천자를 정점에 둔 일본의 국체(國體)는 만국에 유례를 찾아볼 수 없는 자랑스러운 제도임을 주장하면서 천황에 대한 절대 충성을 강조했다.[12] 그는 윗사람을 공경하여 올라가면 공자, 나아가 하늘에 이르는데, 일본의 유일한 지고의 존재는 일본을 창조하신 아마테라스 오미가미(天照大神)이고, 그 정통을 이은 현 천황가의 지배를 받는 것은 일본인의 올바른 도리라고 하였다.[13] 이는 주자학과 신도의 결합인데, 이를 '스이카(垂加) 신도' 라고 한다.[14] 그의 제자 아사미 케

11) 동서, pp.250-252. 이하 안사이 관련 서술은 여기에서 인용.

12) 나가오 다케시(長尾剛), 『일본사상 이야기 40』, 박규태 (역), 예문서원, 2002, p.193.

13) 동서, p.187-188.

14) 동상.

이사이(淺見絅齋, 1652~1711)에 와서는 역성혁명으로 정권을 잡은 은의 탕왕, 주의 무왕은 '군주를 죽인 대죄인' 이라고까지 단죄하였다.[15] 이러한 주장은 미토번(水戶藩)의 미토학파(水戶學派)에 전해져 '존왕양이론'의 토대가 되었다. 뒤에는 거꾸로 막부가 실정을 하여 막번체제 타파, 즉 '도막론(倒幕論)' 이 일어날 때는 그 원동력이 되기도 하였다.[16] 안사이 사상은 이와 같이 후학들에게 큰 영향을 미쳤는데, 그의 문인은 약 6천 명이나 되어 에도시대 사상과 교육에 많은 영향을 주었다.

이러한 관학적 성격의 주자학에 대해 비판적인 학파가 없었던 것은 아니다. 양명학, 고증학(일본에서는 '古學' 이라고 불렀다), 국학(國學), 군학(軍學=군사학) 등이 있었다. 대체로 양명학이나 고증학은 조선조에도 있었으므로 특이한 것은 아니나 국학이나 군학은 일본적 특색이 있다. 일본의 '사무라이' 는 헤이안(平安) 시대(794~1185) 후기부터 본격적으로 성립한 계층이며, 그 본질은 '자신의 토지와 일족을 지키기 위하여 싸우는 전투의 전문가' 이다. 막부가 성립되고 전쟁이 종식되자 이들은 관념적 사상을 통해 스스로를 의식, 무사도를 하나의 사상으로 체계화시켰다. 이것이 '군학' 이고[17], 많은 군학자들이 나와 군학서(軍學書)를 저술하였다. 야마가 소코(山鹿素行, 1622~1685)의 『산록어류(山鹿語類)』가 유명하다.[18] 조선의 선비사회와 다른 일본의 풍토와 문화의 일단면이고, 그것이 바탕이 되어 근대 식민침략과 전쟁에 가책이 별로 없었던 것이다.

국학은 순수한 일본문화를 찾자는 취지이다. 나라(奈良) 시대(710~794)의 문헌인 『만엽집(萬葉集)』과 『고사기(古事記)』, 그리고 헤이안 시대 여

15) 성해준, 전게서, p.251.

16) 동상.

17) 나가오 다케시, 전게서, pp.132-137. 이때의 '군학' 은 칼로 싸우는 법, 곧 '무술서 교본' 을 말한다. 전쟁에서 쓰는 전략, 전술서로서의 병법과는 다르다.

18) 동서, pp.136-137.

류문학이 텍스트였다.[19] 태곳적 일본의 모습을 환상적으로 미화하였다. 모토오리 노리나가(本居宣長, 1730~1801)의 『고사기전(古事記傳)』에서 "태고의 일본 정치가 좋았다."라고 현재 천황의 직접 통치를 승인하면서 그 이유를 『고사기』에 그렇게 쓰여 있기 때문이라고 국수주의적으로 해석하였다. 이런 사상은 당연히 배타적 성격을 가질 수밖에 없다.

한편 주자학을 반대하고 서양문물을 받아들여야 한다고 생각한 일군의 학자들도 있었는데, 일본이 비록 쇄국정책을 취했으나, 네덜란드와는 외교관계를 가지고 교류를 함으로써 '란학(蘭學)'이 유행하였다.[20] 또 8대 쇼군에 이르러서는 재정문제 해결을 위해 1720년 기독교 관련 이외의 양서는 해금 조치함으로써 일반 학자들도 유럽문화를 공부할 수 있게 되었다. 그리하여 산업 진작을 위한 의학, 천문학, 공학 같은 실학이 많이 소개되었다.[21] 이것이 일본이 메이지유신과 유럽문화 수용에 기초가 되었다. 일본은 중국이 아편전쟁에서 패하자 이념적으로나 군사적으로 우월감이 생겨 조선을 치자는 '정한론(征韓論)'이 일어나고, 개화론자 후쿠자와 유키치(福澤諭吉, 1835~1901)는 일본은 아시아를 벗어나 유럽문화에 들어간다는 '탈아입구론(脫亞入歐論)'을 주장하였다.[22] 그러면서 천황제와 부딪치는 기독교는 배척하였다.[23] 일본인의 집단 무의식 속에는 이때 형성된 천황 숭배, 정한론, 탈아입구, 사무라이 계급의 전투 기질, 일사불란한 질서의식이 내면화되었다.

한편 막부 말기 양학자(洋學者)들의 모임인 명육사(明六社; 명치 6년에 창립되어)의 대표 논객인 니시 아마네(西周, 1829~1897)는 많은 서양용어

19) 동서, p.180.
20) 동서, pp.199-200.
21) 동상.
22) 동서, pp.238-242.
23) 동서, pp.245-248.

를 한자를 빌어 창안해 내었다. 오늘날 우리가 쓰는 '철학' 을 비롯한 주관, 객관, 이성, 오성, 개념, 정의, 긍정 등의 신조어들이 바로 그것인데, 동아시아 문화에 끼친 영향이 매우 크다. 그러면서 그는 냉정한 국제사회에서 살아남기 위해서는 전쟁도 불사한다는 사상을 가지고 있었다.[24)]

5. 한국의 주자학 과잉

조선조 주자학은 어떤 면에서 보면 중세의 조선조를 떠받친 고급문화였지만, 다른 면에서 보면 이데올로기 과잉이었다. 명·청 교체기 조선조는 광해에서 인조로 넘어가는 시기, 인조반정 후 노론 정권기의 정치 상황을 보면 주자학이 이념적으로 과잉이었음을 알 수 있다. 명·청 교체시기는 주자학적 명분이나 중국 본위의 내셔널리즘을 원용한 만주족에 대한 폄하와 배척을 수긍할 수 있지만, 명이 망한 다음의 '재조번방지은(再造藩邦之恩)' 을 내세워 만동묘(萬東廟)를 짓고 명의 신종과 의종을 제사 지낸 것은 지나친 명분주의에 사로잡힌 것이다. 그 후 학문과 정치에서 주자학을 지나치게 숭배한 것도 같은 맥락이다. 심지어 정조대왕의 주자학 공부[25)], 조선조 말에 이르기까지 주자 읽기에 열중하여 『주자대전』에 대한 주해서를 계속 낸 일[26)], 대원군마저 『자치통감강목』을 애독하고 『강목집요』를 지은 일[27)]은 소중한 전통문화유산이긴 하지만, 주자학에

24) 동서, pp.234-235.

25) 정조는 주자와 송시열의 저서에서 시문(詩文)을 뽑아 『양현전심록(兩賢傳心錄)』을 편찬하였고, 또 『주서백선(朱書百選)』을 편찬하였다(물론 신하에게 명하여 편찬).

26) 주자문집에 대한 주해서는 퇴계의 제자들에 의한 『주서강록간보』에서 시작하여 송시열의 『주자대전차의』, 한말의 화서(華西) 이항로(李恒老)의 『주자대전차의집보』에 이르기까지 많은 주해서와 주자문집의 발췌본이 나왔다.

대한 지나친 편애라 아니할 수 없다.[28]

물론 조선조 중기에 회재 이언적이 주자의 『대학장구』에 대해 보완책으로 『대학장구보유』와 『속대학혹문』을 지었고, 서계 박세당은 『사서사변록』을 지어 주자의 『대학장구』에 대해 일부 비판한 적이 있다. 화담 서경덕은 성리학의 한 유파인 유기론(唯氣論; 기의 우주 유기체론)[29]을 주장하며 평생 우주 자연의 연구에 몰두하였다. 또 양명학도 하곡 정제두에 의해 학파를 형성하였고, 조선조 후기에 와서는 실학과 고증학도 성행하였다. 다산 정약용 경우 실학과 고증학에 관한 방대한 저술을 남겼음은 주지의 사실이다. 한국의 경우 일본과 달리 중국을 통해 들어온 기독교(천주교)에 대해서도 많은 유학자들이 종교로서 수용하고 신앙한 것도 특이하다.[30] 한편 이론 성리학에서 율곡 이이의 특색 있는 전개를 빼놓을 수

---

27) 1878년 신응조가 대원군의 명을 받아 편찬하였다. 7권 3책. 주자의 『자치통감강목』과 『속강목』을 바탕으로 요점을 발췌하였다. 『한국민족문화대백과사전』(한국정신문화연구원=현 한국학중앙연구원, 1979) '강목집요' 참조.

28) 편애나 과잉이 학술에 한정되었으면 오히려 문화적 '풍부함'이라 할 수도 있지만, 정치사회적으로 의사 결정에 부정적 영향을 끼쳤기 때문에 그렇게 말하는 것이다. 이는 물론 오늘날 시각이 반영된 것이다.

29) 중국 고대부터 '기의 우주론'은 『장자』의 '들판의 아지랑이 관찰'에서 보듯이 유물론적이라 할 수는 없어도 우주의 근원적 물질, 혹은 요소가 무엇인가에 대해 탐구한 나머지 그것을 '기(氣)'라고 하였다. 이 기의 유기체론적 우주론은 성리학자 횡거 장재가 전개하였는데, 주자가 이를 자기 체계 속에 넣어 자연(우주)을 설명할 때는 이 '기론(氣論)'을 응용하였다. 한편 주자는 우주형이상학에 대해서는 '리-기' 두 카테고리(개념)로써 설명하고, 때로는 여기에 '태극(리 중의 큰 리)'을 함께 논하였다. 동시에 주자는 도덕론에 있어서는 규범, 즉 도덕적 가치로 이 理를 동시에 적용하였다. 우주적 리와 도덕적 리가 같다고 보았기 때문이다. 이는 중세사상의 특징이다. 서화담은 우리나라에서 횡거 계통을 이은 대표적 인물이다. 오늘날로 말하면 '자연과학자'라고 할 수 있다. 중국에서는 정암 나흠순도 우주론에서 횡거 학설을 취하였다.

30) 성호 이익의 후학 중 좌파나 다산 정약용 형제를 예로 들 수 있는데, 당시 선비 사대부의 기독교 신앙은 『시경』, 『서경』 등 고대 유교 경전에 '하늘', '상제(上帝)' 관념이 있고, 『중용』에도 '성(誠)-성지(誠之)'의 우주 관념이 있었기 때문에 기독교의 '신(하나님)' 개념을 이해하는데 큰 도움이 되었고, 동아시아 종교 관념에서 '유일신 신

없다.[31)]

퇴계 이황이 '정통 주자학자' 라면 율곡은 주자학보다 범위가 넓은 '탁월한 성리학자' 라고 할 수 있다.[32)] 성리학 형성에 영향을 준 불교와 도가사상에 대해서도 이해가 깊었고, 또 명나라 학자 정암 나흠순의 학설(주자학과 양명학의 장단점을 절충)도 참고하여 그의 사상을 전개하였기 때문이다. 그러므로 그를 단순히 주자학자라고 할 수 없고, '한국적 성리학' 을 완성하였다고 할 수 있다. 그의 학설은 그가 항상 강조한 바와 같이 '도학' 으로서 철학 이론뿐만 아니라 정치 경제사회 전반에 걸쳐 '몸의 실천' 을 통하여 실제 적용하고자 하였다. 임진왜란을 통하여 일본에 전해진 퇴계학은 70년대 이후 국학 열풍을 타고 국제학술대회를 계기로 일본 학자들이 많이 방문하여 '일본의 퇴계학' 을 많이 선양함으로써 잘 알려졌지만,[33)] 율곡학의 경우 상대적으로 그 가치를 학자들이 잘 모르고 있는 실정이다.

일본의 경우 주자학과 신도를 결합하여 국수주의 사상인 국학 및 존왕

앙' 이 새롭고 특이하게 생각되었기 때문이다. 민중들에게 계몽하기 쉽겠다는 생각도 일조를 하였다.

31) 그럼에도 일본은 임진왜란 때 『퇴계집』만 가져가서(『율곡집』은 그 뒤에 간행되었음) 공부했으므로 율곡 사상에 대해 몰랐고, 결국 조선조 주자학에 대해 편식을 한 셈이다.

32) 주자학과 성리학의 개념의 범위를 비교하면 '성리학' 이 더 넓다. 퇴계는 주자학을 40세 이후 본격적으로 공부하기 시작했고, 그 중에서도 '주자의 편지글' 을 정밀하게 읽고 추려 제자들에게 가르치는 것을 필생의 사업으로 여겼으며, 이런 입장에서 주자학 이외의 다른 학설은 돌아볼 여념이 없었고, 제자들에게도 주자학에만 집중하도록 권하였다. 그러나 율곡은 성리학 전반에 걸쳐 두루 섭렵하였고, 화담이나 매월당 김시습, 명나라 나흠순 같은 학자들에게도 관심을 가졌다. 율곡은 항상 '도학' 이라는 말을 즐겨 썼는데, 이와 맥락이 같다.

33) 서울에 퇴계학연구원, 부산에 퇴계학부산연구원이 있고, 대구의 영남퇴계학회, 국제적으로는 '국제퇴계학회' 가 결성되어 각국에 지부가 있다. 경북대, 안동대에 퇴계연구소가 또 있다. 『퇴계학보』가 130집 가까이 간행되었고, 1970년 연구원이 설립된 이후 매년 학술대회, 격년제로 국제학술대회도 여러 번 열었다.

양이 사상으로 계승되었는데, 조선의 경우 실학자들이 우리 것을 연구하려는 국학의 성격을 띠었다. 일제강점기 민족주체성을 찾는 과정에서 '실학' 을 더욱 선양하였다. 이런 것은 일본이나 별반 차이가 없다. 다만 일본의 경우 서양문화에 대해 적극적으로 받아들이려는 태도가 조선보다 강했다고 할 수 있다. 이는 인물의 차이보다도 조선 남쪽에 위치하여 표류선박과의 조우가 쉽고, 과거 제도가 없어 학자들이 비교적 취향에 따라 다양한 학문을 접할 수 있었고, 지방 자치적인 행정구조, 근대 서구 식민지 침략의 시기와 내용에 있어 조선과 달랐던 점[34]이 서양문화의 수용을 용이하게 한 점도 무시할 수 없다.

이와 같이 두 나라의 근대화 과정에서 차이가 난 것은 여러 요인에서 살필 수 있고, 국가 운명적인 요소(지정학적 요소)도 있다고 할 수 있다. 그러나 조선은 중앙집권제의 절대왕정에 과거제에 의한 주자학 일방의 정치이념에 매몰되어 다른 학문이나 외부세계의 변화에 대해 민감할 수 없었던 것은 분명하다. 지나친 중국 중심의 '화이(華夷)사상' 에 세뇌된 것을 반성하지 않을 수 없다. 한말에 위정척사파의 이론도 주자학에 기초하여 동양의 문화(중국문화; 주자학)를 지키기 위하여 오랑캐와 서양문명을 배척한다는 논리였다. 심지어 나라(국가)는 망해도 또 세우면 되지만

34) 1853년 미국의 페리가 함대를 이끌고 일본에 와 개항을 요구한 때부터 조선이 일본 침략으로 강화도조약을 체결한 1876년까지 약 20년간과 1876년부터 청일전쟁이 일어난 1894년까지의 20년간은 서구 식민지 침략의 양상이 조금 달랐다. 앞 시기는 서구 세력이 무역에 초점을 두었고, 후기는 식민지 쟁탈이 국제정치적으로 중요하게 되었으며, 그 와중에서 조선의 '군사적 요충지' 로서의 중요성이 인식되기 시작하였다. 일본은 1864년 4개국 연합함대가 장주번(長州藩)의 시모노세키항을 공격하여 일거에 양이(攘夷)가 불가능함을 알려줌으로써 급격히 개국화친론으로 돌아서도록 만들었으나, 조선은 병인양요, 신미양요에서 프랑스와 미국의 침략을 물리쳤고, 이후 대원군에 의해 쇄국의 길로 들어섰으며, 한편으로는 척사위정파들이 국론을 좌우하여 개국이 늦어지고, 얼마 후 본격적인 서구 식민지 침략을 받게 되면서, 여기에 일본이 가세하게 되는 결과를 낳았다.

한번 오랑캐 문화에 침윤되면 오랑캐로 변해버리기 때문에 위정척사를 한다는 식이다. 여기에 내셔널리즘은 없다. 주자의 민족주의는 북방을 침범한 오랑캐에 대한 남송의 '구토(舊土)회복' 이라는 중국적 내셔널리즘이지만, 한말 주자학자의 위정척사에는 주자학을 모방한 데 그쳐 진정한 '조선을 지키기 위한' 내셔널리즘은 외치지 못했다. 동북아시아 유교문화는 공자와 주자에 의한 중화문명이지 조선조라는 우리나라는 아닌 것이다. 이 점이 오늘날 시점에서 보면 매우 유감이 아닐 수 없다.

6. 한자를 둘러 싼 몇 가지 문제

이제 세 나라가 함께 사용하는 한자에 대해서 생각해 보기로 하자. 중국은 간자체(簡字體)를 만들어 쓰고 있고(대만은 원 한자 그대로 씀), 일본은 언어 생활상 한자를 사용하지 않을 수 없는 처지라 일찍이 약자(略字)를 만들어 쓰고 있다. 우리나라는 해방 후 '공문서 한글전용' 을 법으로 정하여 교과서까지 현재 한글 전용을 하고 있고, 한자는 '한문' 교과에서 별도로 배우고 있다. 중국의 간자체는 원 한자와 다른 것이 많아 따로 익혀야 할 정도이고, 일본 약자는 우리도 편리해서 선별적으로 사용하고 있는 실정이다. 일본도 그 정도가 불편한지 영어를 아예 '가다카나' 로 표기하여 日-英-한자 혼합형으로 언어생활이 바뀌었다. 그러므로 현대 일본어는 영어를 모르면 이해하기 힘들 정도로 영어를 많이 인용한다. 우리도 이와 비슷하게 되어 가고 있지만, 우리는 한글-영어 형식이니 쓰기 속도가 훨씬 편리하고 빠르다. 다만 동양(및 한국) 고전 문화 표현에 한자를 쓰지 않을 수 없으므로 한글-한자 병기 형식을 출판사에서 먼저 고안하여 지금은 두루 쓰이고 있어 거의 정형화된 것으로 보인다.[35)]

일본은 중국과 우리나라 한문 고전을 받아들여 익히는데, '새기지'[36] 않고는 읽을 수가 없으므로 일찍부터 한문 번역에 노력하지 않을 수 없었다. 우리가 '현토'를 하면서 읽는 것과 비교할 때 유사한 것 같지만, 우리의 경우 그렇게 새긴 후 통째로 한글음으로 읽고 외울 수 있었던 것과는 편의성에서 양상이 달랐다. 그리하여 일본은 한문 고전을 마치 자기 것처럼 애호하고 새겨 읽는 부호를 붙여 판각도 하고, 또한 그것을 토대로 번역하고 또 새로 하고, 이런 작업이 오늘날까지 이어지고 있다. 이런 노력이 서양 문물을 받아들일 때 용어 번역에 큰 도움이 되었다. 이 때문에 일제강점기 때 교육받은 구세대들은 한글전용이 매우 불편했다. 지금 젊은 세대는 도저히 이해할 수 없는 언어 습관이었다. 우리나라 젊은이들은 한자가 나오면 사전을 스마트폰으로 금방 찾아보면 되므로 빠른 속도의 한글전용 타이핑을 아마 버릴 수 없을 것이다. 종이신문이 한글전용에다 한자 병기하고 영어 용어는 풀이해주고 하는 현실적 조처를 취한 것을 보면 저간의 사정을 잘 알 수 있다. 일본이 근대 계몽기에 대중을 위해 한자에 일본 음을 달아준 것도 같은 맥락인데, 우리 신문의 경우는 그 반대라 하겠다. 이런 상황에서 한 · 중 · 일 3국의 공통 한자 800자가 유효하게 쓰일까?

---

35) 한자는 '한글전용 표기'이든 '한자 병기'이든 관계없이 뜻글자로서 '조어력(造語力)'에 도움을 줄 수 있다. 오늘날 일본인들이 만든 여러 가지 용어를 동양 삼국이 공통으로 사용하는 것을 보면 알 수 있다. 그런 점에서 한자 지식이 필요하다고 할 수 있다. 특히 학술 부분에는 더욱 그렇다. '직계존속-비속' 같은 용어, 과학, 의학 용어를 예로 들어보아도 금방 알 수 있다.

36) 간단한 어순 변경과 새김 보조어(부호) 붙이기라 할 수 있는데, 우리의 현토와 비슷하나 근본적으로 번역하는(즉 새기는) 순서를 숫자로 표기하여 그 숫자대로 읽어나가게 되어 있다. 그래야 읽기 자체가 가능하다. 우리는 토만 붙이면 바로 읽을 수 있는데, 일본 경우는 더 많이 분석해야(새겨야) 읽기가 가능하다. 우리는 나아가 토 없이 읽고 외울 수 있는데, 이 점에서 큰 차이가 난다.

이와 무관하게 3국이 이웃으로 앞으로 산다면 한자 기초는 우리나라 학생들도 알아두면 여행이나 생활에 편리할 것이다. 교육한자 1800자까지도 필요 없을 것 같다(거기에는 잘 쓰지도 않는 어조사 한자까지 들어 있다). 기본 700~800자면 나머지 한자는 조합의 원리에 따라 유추가 가능하다. 이때까지 한자는 '한문 시간'에 따로 배웠으나, 대학생들 실력을 보면 별 효과가 없는 것 같다. 오히려 국어 시간에 국어로서 '한자어'를 인식하고 우리글로서 '한자어'를 가르치고 배우는 방향으로 가야 하지 않을까 한다. 한자에는 우리 나름의 명칭(이름)이 있다. 갈 '지(之)', 이름 '명(名)', 하늘 '천(天)' 같은 것이 그것인데, 세종대왕이 한글 만든 이유 중 하나가 바로 한자 '음가(音價)'를 정확히 밝히고 한자마다 우리 이름을 붙여주는 것도 주요 목적이었다. 2018년도부터인가 초등학교 교과서부터 한자를 병기한다고 한다. 이때 교사는 이 점을 명확히 인식하고 가르쳐야 하리라 본다. 일상생활에서는 편리한 한글전용해도 상관없다. 이러한 국어로서의 '한자어' 교육이 필요하다는 것을 통찰하고 교육에 도움을 주고자 사전을 편찬한 분이 있어 소개한다. 전광진(성대 중문과 교수)의 『우리말 한자어 속뜻 사전』은 매우 시사적이다.

한편 전통문화연구회에서는 '공문서 한글전용' 일괄 제한은 헌법에 위배 된다고 보고 이를 취소하고 자유롭게 여러 형태로 문자 표기를 할 수 있도록 해 달라고 헌법재판소에 헌법소원을 청구하였다. 어떻게 결론 날지 두고 보아야겠지만, 필요 없는 한자를 잔뜩 써서 젊은이들의 눈을 피로하게 하는 괴짜 노인들이 나오지 말란 법이 없다. 이것과 동일한 폐단으로 한글전용으로 학술논문을 쓰는데, 영어나 한자를 전연 병기하지 않고 낯선 용어를 그대로 한글로만 쓰는 경우도 있는데, 이것 역시 바람직하지 못하다.

한자 문화를 말하면 결국 동아시아 전통문화, 그중에서도 사서오경과 같은 경전(經典; 經傳)을 세 나라가 어떻게 대하고 현재 활용하고 있는가 하는 점을 살펴보아야 한다. 중국은 마르크스 이념을 버린 뒤 그 공백을 메우기 위하여, 또 전통문화를 선양하고 서구의 바람직하지 못한 기독교 같은 종교문화가 들어오는 것을 막기 위하여 경전을 초등학교 때부터 가르치기로 하고 지금 근 20여 년 동안 계속하고 있다. 경전이라 하더라도 쉬운 '사서(四書)' 를 기본으로 하고 있다. 초등학교에서 교과에서는 우리나라처럼 '고문' 으로서 한문 작품을 일부 배우지만, 사서 읽기는 방과 후 시간이나 각종 행사를 열어 독서 운동으로 하는데, 이것을 국가 차원에서 강하게 추진하고 있는 것이 주목된다. 정치적 목적이 있고, 또 사서라는 책이 과연 현대사회의 아이들 인식 틀에 맞는지도 의문이라 성패는 가름하기 어렵다. 최근에 우리나라에서 '인성교육' 을 법제화한 것을 보았는데, 지금 각급 학교에서 윤리 도덕을 배우고 있는 상황에서 옥상옥(屋上屋)을 만든 느낌이다. 이것 역시 정치적 결정이다. 정치는 없는 것을 만들기도 하지만, 모든 것을 뒤죽박죽되게도 하는 법이다. 동아시아 문화는 좀 더 세련될 필요가 있다.

7. 동아시아 문화공동체와 정치외교적 갈등
– 결어에 대신하여

흔히들 동아시아 '3국의 문화공동체' 형성을 말한다. 중국이 1980년대부터 유교부흥을 외치면서 문묘(대성전; 공자사당)에서 지내는 의례에 대해 한국의 성균관에 와서 배워서 갔고, 성균관대학교 유학동양학부 및 유교문화연구소와 연대하여 유학에 관한 학술행사를 통하여 붐을 조성하였다. 한편 '국제유교연합' 을 10여 년 전에 출범시켜 초창기에 한국의 성균관장과 성균관대학교 총장이 이사장직을 맡고 중국 측이 회장직을 맡아 국제적인 유교부흥의 네트워크를 형성한 바 있다.

또 일본의 경우 조선조 주자학 연구자들이 다수 있어서 우리나라에서 학술대회를 할 때면 대만, 중국, 미국 학자들과 함께 자주 초빙되어 학술 토론을 하였다. 대표적인 학회가 퇴계학회로서 30년 가까이 일본의 학자들이 참석하여 일본의 퇴계학과 우리나라 퇴계 사상에 대해 비교 발표를 많이 함으로써 퇴계 사상 선양에 크게 기여하였다. 아직 율곡 사상 학회에는 일본의 학자들이 눈에 띄지 않고 있는 것과 대조적이다.

이러한 문화 교류와 3국의 문화적 공통점을 보면 문화공동체 형성의 가능성을 볼 수도 있지만, 갈등의 면을 보면 매우 회의적이다. 갈등은 대외정책(외교)면에서 뚜렷이 나타난다. 3국의 대외정책이나 국제사회에서의 활동에는 유럽 여러 나라들 사이의 협조보다 더 큰 차이를 느낄 수 있다. 이는 역사적 경험이 이질적이고, 국내 정치체제가 다르고, 또 국가의식(역사인식)이 서로 상이하기 때문이다. 우선 공통의 문화인 유교나 주자학을 한국과 일본이 받아들여 전개한 양상이 다르고, 역사적으로 중국의 半식민지, 한국의 식민지, 일본의 침략 행위—이러한 역사적 경험이 모든 것을 뒤집어버린다. 예를 들면 독도 문제, 조어도(센카쿠열도) 분쟁, 동북공정, 여성전쟁노예(위안부) 문제 등에서 갈등이 첨예하게 드러나고 있다. 자국의 국가주의, 즉 내셔널리즘에 빠져 있기 때문이다. 여기에 중요한 변수가 되고 있는 것이 또한 북한의 핵개발 문제이다.

금년부터는 일본이 노골적으로 교과서에서 '독도' 를 자국 영토임을 명시하고, 고령군 지역에 옛날 '임나일본부(任那日本府)' 가 있어서 백제와 신라를 신하로 복종시키며 다스렸다고 왜곡해서 가르치려고 하고 있다. 또 한국을 '가치와 이익을 공유하는 나라' 가 아니라고 일본 정부의 대외정책(외교청서)을 수정했다. 2015년 4월 27, 28일 미국에서 '미 · 일 방위

협력지침' 을 개정하여 일본 자위대가 미군과 함께 전 세계를 무대로 군사활동을 한다는 데 합의하였다. 이는 곧 독도를 목표로 해상 전투를 벌이거나 한반도(북한 포함)에 유사시 일본 군대를 파병하여 군사활동을 한다는 의미다. 1592년 임진왜란 때도 명과 왜는 한반도 양분(兩分)의 휴전협상을 한 적 있고, 근대에 와서는 서양을 모방하여 식민지 침략을 하였는데, 일본은 현대판 정한론(征韓論)으로 나아가고 있다. 최근 김종필 전 자민련 총재는 일본이 섬나라이고, 역사적으로 침략당해보지 않아서 천황주의라든가 침략주의 속내를 갖고 있다 하고, 그 해결책은 힘의 대결밖에 없다고 말한 적인 있다.[37] 한편 김용운 선생(한양대 명예교수, 수학 전공)은 일본의 과거청산이 이루어지고 북한 위협이 없어지면 '아시아 연대(AU)' 는 가능할 것이라고 조건부로 낙관하고 있다.[38]

중국은 북한을 울타리로 생각하고 압록강이 아니라 3.8선을 외각방어선처럼 간주하고 북한이 남한과 미국을 상대로 잘 방어하고 있도록 독려, 지원하는(쌀과 석유 원조) 정책을 펴고 있다. 이런 상황에서 미국과 중국 두 나라가 앞으로 패권을 다투고, 일본이 자위대 해외 파병을 통하여 군사적 간섭이나 침략을 한반도에서 한다면 동아시아 3국은 문화적 공통점에도 불구하고 전쟁에 휘말릴 가능성이 크다. 원수는 가까이 있다는 말이 증명될지도 모른다. 아시아 문화 네트워크, 최소한 세 나라 간에는 이러한 어려운 정치 · 외교적 난관이 가로 놓여 있다.

---

37) 김종필 전 자민련 총재는 자신의 회고록 (「중앙일보」 2015년 4월 27일자)에서 "일본이 독도를 빼앗으려면 한국과 전쟁을 하지 않으면 안 될 것이다." 고 말하고 있다.

38) 김용운, 『한 · 중 · 일의 역사와 미래를 말한다』, 문학사상사, 2000, pp.285-290.

제3부

한국 주자학의 철학적 사유의 독창성과 우수성

제8장

동아시아 주자학의 보편성과 특수성

1. 서언

주자학은 동아시아 세계관의 원천이라고 할 수 있다. 그러나 그것은 중세 사상으로서 전근대의 우주론과 윤리설을 가지고 있다. 그리하여 중세 서양의 기독교 신학처럼 일종의 종교적 교리의 역할을 해왔다. 우주론은 유기체주의로서 이 우주를 하나의 생명체로 보는 것이다. 물론 이 속에 인간도 하나의 존재로 포함되어 있다. 그러므로 우주에 대한 느낌은 '만물일체적(萬物一體的)' 이다. 그러나 한편으로 인간의 우주에서의 고귀한 위치를 인정하고 도덕적 행위의 주체로서 '인간의 마음' 을 매우 중요하게 생각하였다. 인간의 마음의 역동성은 유교의 윤리적 속성, 인륜(人倫) 공동체의 이상, 그리고 유교의 인간주의(humanism)와 관련이 있다. 유기체주의 우주론은 윤리적으로는 하늘의 道와 인간의 규범을 일치시켜 보는 '절대론적 윤리설' 을 강조하게 했다. 이것이 사회적 제도로서 구체화할 때 근대적 이념과는 맞지 않는 여러 가지 반인륜적 폐해를 낳기도 했다. 이는 시대적 한계라고 할 수 있다.

전근대 사상으로서 주자학에 이러한 한계가 있지만, 통시적(通時的)인 보편적 의미도 있다. 유기체 우주론은 오늘날 자연 친화적인 생태사상의 좋은 모범이 될 것이며, '리기론(理氣論)' 이라는 형이상학적 체계는 오늘날 현대 과정철학(process philosophy)의 형이상학과 유사한 사고방식을 보여주고 있다. 또한 주자학의 '태극론' 은 과정철학의 형이상학적 신관, 즉 형이상학적 종교론과 비교가 된다. 과정신학(process theology)은 기독교 신관(神觀)과는 달리 형이상학적 신관, 즉 우주론적 종교론으로서 초월신에 편중되지 않고 범재신론(汎在神論)의 입장인데, 주자학의 리기론과 태극론에서 이러한 유형의 종교론을 볼 수 있다. 이러한 것은 통시적으로 오늘날도 시사점을 던져 주는 전근대를 넘어선 보편적 의미이다.

한편 주자학에서 우주론의 형이상학적 범주로써 사용된 리기 범주를 선악 판단의 개념으로 응용할 때 생기는 언어적 뉘앙스의 차이는 논쟁의 불씨를 제공하게 된다. 선-악 대신 리-기를 사용하면 그것대로 유리한 점이 있기 때문이다. 즉 악을 '기(氣)' 로 표현하면 기는 '선악 혼재' (선악 두 가능성의 共在)가 되므로 악은 절대악이 되지 않고 선에의 가능성을 열어 놓을 수 있다. 이러한 리기 개념의 차용(借用)은 주자학이 중세 자연법사상으로서 가치와 사실(존재)을 구분 없이 다루었기 때문에 생긴 것이다. 이는 물론 유기체 우주론과도 연관이 있다. 즉 인간의 규범은 하늘의 도를 본받아야 한다고 생각했기 때문이다. 존재론적 개념의 도덕적 가치 평가에 응용할 때 생기는 이러한 문제는 오늘날 '기호학적으로' 또는 '메타윤리학적으로' 분석해 볼 수 있다. 이것 역시 현대 철학적 문제를 제공하고 있다.

리기 개념의 차용 문제는 '사단칠정' 논의에 잘 나타나 있다. 그러나 주자는 이 문제에 대해 많이 언급하지 않았고, 그 후 중국의 학자들도 자주 논쟁을 벌이지 않았다. 그러나 조선조에 와서는 이 문제로 학파를 이

률 정도로 많은 사람들이 관심을 가졌다. 퇴계(退溪) 이황(李滉, 1501~1570)과 고봉(高峯) 기대승(奇大升, 1527~1572), 율곡(栗谷) 이이(李珥, 1536~1584)와 우계(牛溪) 성혼(成渾, 1535~1598) 이 네 사람이 초기의 사단칠정 논쟁의 핵심 인물인데, 그 후 퇴계학파, 율곡학파의 두 학파가 형성되고, 점차 논쟁이 가열되었다. 조선조 후기에 와서 특히 논쟁이 계속될수록 진부한 면도 노출되었지만, 철학적 분석이 뛰어난 학자들이 나와서는 철학적 분석의 치밀함과 철학적 사유의 깊이를 증가시켰다. 조선조 후기 소위 '절충파'라 불리는 학자들이 그들인데, 그들 외에도 많은 학자들이 참여하였다. 한편으로 학자들은 '인물성동이론(人物性同異論)' 같은 새로운 주제를 찾아 논쟁하기도 하는 등 조선조 학자들에 의해 철학적 사유는 확산되어 하나의 문화로 형성되었다. 이러한 논쟁을 하는 이유는 근본적으로 유교의 수양, 즉 인격 함양과 도덕적 성숙을 목표로 하는 것이므로 단순히 공리공담, 관념의 유희로 평가할 수 없다. 물론 선비 문화는 과거제도와 연관 있기 때문에 과거제도의 사회적 폐단에 따라 이러한 사유 문화는 부정적인 면도 함께 가지고 있었다. 특히 화서(華西) 이항로(李恒老, 1792~1868)의 경우 리기 개념으로 근대 급변하는 국제 정세를 이해하는 하나의 패러다임으로 적용한 경우는 일정한 한계가 없을 수 없었다. 그러나 긍정적인 면을 어떻게 해석하는가 하는 것이 오늘날 주자학 이해를 위하여 더 중요하다. 한말의 한주(寒洲) 이진상(李震相, 1818~1886) 같은 뛰어난 학자는 철학적 사유의 독창성도 보여 주었다. 주자학을 올바로 이해하는 길은 주자학이 가지고 있는 탈지역적, 통시적 보편성을 보아야 하지만, 조선조에서 특색 있게 전개된 특수성도 함께 고찰하지 않으면 안 된다.

2. 주자의 리기론의 철학적 함축(涵蓄)과 기호학적 상징성

1) 주자 리기론의 탈지역적 보편성 – 동아시아 세계관의 원천

주자(朱熹, 1130~1200) 사상의 핵심은 인간의 윤리 규범의 근거를 우주(자연)의 이법에서 찾고자 한데 있다. 그럴 경우 '리(理)' 라는 개념이면 충분하다. 왜냐하면 리는 바로 '천리(天理)' 이며, 이것은 고대 유학의 '천명(天命)' 을 계승한 것이고, 인간이 당연히 밟아야 할 '도리(道理)', 즉 윤리적 규범이기 때문이다. 그러나 이때 윤리의 근거를 우주의 이법(理法)에서 찾으려면 우주의 이법이 체계적으로 설명되지 않으면 안 된다. 이 우주 이법의 체계화, 즉 우주론이 송대 성리학의 과제였으며, 이 과제를 주자가 리기론이라는 형이상학적 체계로 만들어낸 것이다.

여기에는 '리' 라는 형이상학적 범주 외에 현상계를 설명할 수 있는 '기(氣)' 라는 범주가 필요하였다. 주렴계의 '무극태극론(無極太極論)' 및 '태극과 음양의 관계론', 장횡거의 '기의 우주론', 소강절의 '우주 변화의 싸이클 탐구' 및 역학적(易學的) 우주 설명, 정명도의 '천리론(天理論)', 정이천의 사물의 '개별 리' 의 강조 및 격물궁리설–이런 것이 주자의 형이상학 체계 수립에 모두 필요한 것이었다. 그러므로 주자는 북송 오자(五子)를 자연스럽게 종합하였다고 할 수 있다.[1)]

이러한 우주의 존재 일반에 대한 형이상학적 체계는 윤리 규범의 근거로써 필요하다는 데서 출발하였지만, 점차 그 자체의 체계성, 논리성을 갖추지 않을 수 없었다. 이것은 고대유학과는 완전히 체계를 달리하는 새

---

1) 이동희, 『주자-동아시아 세계관의 원천』, 성균관대 출판부, 2007, pp.111-129 참조; 천룽치에(陳榮捷), 「朱熹集新儒學之大成」, 천룽치에, 『朱學論集』, 臺北: 學生書局, 1982, p.19 참조.

로운 철학이라고 할 수 있다. 비록 윤리 이론과 실천 방면에서 고대유학을 계승한 면이 있지만, 철학의 방법과 논리가 달랐다. 이러한 철학적 사유의 경향이 형이상학으로 편중되면 유학의 목적이 희석되고, 나아가 철학의 목적 자체가 전연 다른 새로운 철학이 될 수도 있다.[2] 그러므로 혹자는 사변에 치우친 성리학은 고대유학을 잘 계승했다고 볼 수 없다고 보기도 한다.[3] 물론 그 사변은 불교에서 온 사변이라고 할 수 있다.[4] 또한 어떤 학자는 우주에 대한 관심도 도교의 영향이었다고 한다.[5]

이러한 특징을 가진 주자학은 동아시아에서 중세 이후 근대에 이르기까지 동아시아인의 세계관으로서 영향을 끼쳤다. 이 우주와 인간, 즉 이 세계에 대한 인식의 방식이며, 동시에 이것을 토대로 한 윤리 규범과 문화 이념이었다. 이것이 주자학이 가지는 지역을 넘어선 보편성이다. 물론 철학이나 종교적 측면에서 보면 주자학은 서양의 중세 신학체계처럼 동아시아 중세 '절대론적 윤리설' 이기도 하며 종교철학이기도 하여 시대적

---

2) 왕양명은 주자학의 末弊를 강하게 비판한 나머지 '心學' 을 주창하였고, 명 중기 王廷相 등의 '氣의 사상' 이나 羅欽順의 사상도 주자 후학의 관념철학 경향에 대해 현상(현실)을 중시하는 학풍이라고 할 수 있다.

3) 최근의 연구를 예로 들어 본다. 펑야오밍(馮耀明), 「중국 유학의 패러다임 전환」, 『유교문화연구』 제11집, 성균관대 동아시아학술원 · 유교문화연구소, 2007, p.176 참조. 여기에서 펑야오밍은 주자의 '理一分殊' 를 예로 들어 이러한 사변은 印度的이라고 하였다.

4) 하나의 예를 들면, 타케우치(武內義雄)는 정이천의 '事理一致', '理一分殊' 철학이 화엄의 '三法界觀' 에서 힌트를 받았고, 특히 화엄철학의 세 번째 관점인 '事事無礙觀' 은 참고하지 않고 두 번째 관점인 '理事無礙觀' 에 그친 것은 유가의 도덕론에서 볼 때 '事事無礙觀' 은 오히려 해가 된다고 생각했기 때문이라고 해석한 바 있다. 타케우치, 이동희 역, 『중국사상사』, 驪江출판사, 1987, pp.197-198 참조. 한편 시마다(島田虔次)는 불교의 '體用논리' 와 '汎神論적 종교론' 을 성리학에 끼친 가장 큰 영향이라고 보았다. 시마다(島田虔次), 김석근 외 역, 『주자학과 양명학』, 까치, 1986, pp.8-15 참조.

5) 시마다는 성리학 성립에 도가사상, 도교의 종교적 연금술, 민간 도교신앙이 영향을 주었다고 하였는데, 그 중에서도 우주에 대한 관심은 분명 도가사상 및 도교 신앙의 영향이라고 주장하였다. 시마다, 동서, pp.15-19 참조.

한계를 가지고 있다. 그럼에도 주자학을 오늘날 서양철학과 비교해 보면, 예를 들어 하나의 사변 체계로서의 주자의 리기론 같은 것은 유기체 우주론에 바탕을 둔 형이상학으로써 현대 철학과 비교되는 통시적인 의미도 지니고 있다. 이것은 시대를 넘어선 보편성이라고 할 수 있다.

2) 주자 리기론의 통시적 보편성 – 현대 철학적 의미

현대의 과학자이면서 철학자인 화이트헤드(A. N. Whitehead, 1861~1947)가 창안한 과정철학은 20세기 초 물리학의 발전을 토대로 수립된 형이상학이다.[6] 아인슈타인의 상대성이론이라든가 양자론(量子論; quantum theory) 등의 출현은 뉴턴(Newton)의 역학이 설명하는 가시적(可視的)인 세계를 넘어 미시적(微視的)인 존재의 구조를 말할 수 있게 되었다. 이 미시적인 세계는 곧 아원자(亞原子) 세계를 말하는데, 이 아원자 세계의 소립자(素粒子)[7]가 모든 존재의 기본 구성체가 된다고 본다. 이 기본 구성체는 정신과 물질을 포괄하는 그야말로 '존재의 일반' 의 '구성단위' 를 말하는 것이며, 마치 생물학의 세포와 같은 것이다.

이 미시 세계의 존재의 양상의 특징은 '유기적으로 끊임없이 유동' 하고 있다는 것이다. 그 변화의 시간도 불교의 '찰나(刹那)' 처럼 인간의 감각으로는 감지하기 어려운 빠른 속도로 움직인다. 우리 몸의 세포의 끊임없는 생멸을 생각해 보면 알 수 있다. 이러한 미시 세계의 구성체가 모여 가시적인 거시 세계를 형성하고 있다고 화이트헤드는 본다. 그러므로 이

---

6) 이하 화이트헤드의 과정철학에 대한 일반적 언급은 화이트헤드, 오영환 역, 『過程과 實在』(민음사, 1991)에서 인용하였다. 쉬운 설명에는 이동희, 전게서, 『주자-동아시아 세계관의 원천』 중 제2장 「주자의 존재론」 참조.

7) 오늘날은 이 소립자를 구성하는 것이 '쿼크(quark)' 라는 것을 알아내었다.

를 토대로 그는 존재 일반을 최고의 유개념(類槪念)을 가지고 해석할 수 있는 형이상학적 체계를 수립하였다.

기본 구성체의 상호 관계를 보면 유기적이므로 '유기체(organism)' 라고 할 수도 있고, 존재의 실상(實相)이 끊임없이 변화하고 있는 측면에서 말하면 '과정' 이라 할 수 있다. '변화 과정' 을 강조하는 것은 과거 철학의 불변의 원동자와 같은 '실체(substance)' 를 부정하고 존재는 끊임없이 유기적으로 변화하는 과정에 있다고 보기 때문이다. 그런데 화이트헤드의 과정철학은 존재의 유기적 변화가 동양의 '순환적 반복' 과는 달리 직선적 발전의 과정을 밟고 있다는 점에서 상호 차이가 있다. 즉 미시 세계의 변화는 순간마다 생성되는 것이 조금 앞서 형성된 존재와는 전혀 다른 항상 새로운 것이라고 본다. 이것이 그가 말하는 창조적 전진(creative advance)이다.

화이트헤드는 이러한 형이상학 수립에 몇 개의 범주를 설정하여 논하였는데, 그중에서 가장 핵심적인 범주가 세 가지, 현실적 존재(actual entity), 영원적 객체(eternal object), 그리고 신(God)이다. 이는 주자학의 우주론에서 기와 리, 그리고 태극으로써 이 세계를 설명하는 방식과 유사하다. 물론 두 형이상학의 체계의 넓이와 깊이, 그리고 그 토대(과학의 수준)에서는 다르지만, 이 우주를 유기체로 설명하고, 존재의 실상을 '변화' 로 보는 점에서는 사유방식이 같다. 그러므로 두 체계의 설명 범주(개념)도 같은 것이다.

3) 주자 태극론의 종교론적 함축

주자학에서 '태극' 도 중요한 개념이다. 그는 주렴계의 『태극도설』을 주해하면서 태극이 '최고의 리' 라는 것을 분명히 하였다. 주렴계가 '무극이태극' 을 말했지만, 태극이 어떤 것인지는 자세히 설명하지 않았다. 주자의 해석이 나옴으로써 태극이 주자학에서 차지하는 중요성이 더욱 분명하게 된 것이다. 그러므로 주자의 『태극도설해』(『태극도설』 해석)는 바로 주자의 형이상학이라고 할 수 있다.[8] 여기에서는 태극이라는 우주 최고의 원리와 '음양오행' 으로 상징되는 현상 세계와의 관계가 설명되어 있는데, 여기에 리(理)라는 개념은 등장하지 않는다. 그 이유는 유신론적 종교 체계가 없는 동아시아 전통문화에서 개별적 사물의 리를 포괄하는 태극이라는 최고의 리, 즉 우주의 궁극적 원인자를 상정하여 종교론을 설명하는 데 치중하였기 때문이다.

이 태극은 '음양오행' 으로 표현되는 이 현상 세계와 별개의 실체(부동의 원인자처럼)로 존재하는 것이 아니라 음양오행의 움직임 속에 언제나 존재하고 있다는 것이다. 그러면서 음양오행에 섞이는, 다시 말하면 현상계의 하나의 사물처럼 존재하는 것이 아니고, 여전히 우주의 궁극적 존재로서 '초월적으로' 존재한다는 것이다. 이러한 내재성과 초월성을 동시에 갖는다고 하는 것이 주자의 『태극도설해』에 나타난 형이상학의 특색이다. 이것은 다시 말하면 주자학이 가지고 있는 일종의 종교론(종교철학)이라 할 수 있다. 그러나 이것은 유신론이나 범신론과는 다른 일종의 '우주종교론(cosmic religion)' 이라 할 수 있다. 종교학자들의 분류에 의하면 유신론(有神論; theism), 범신론(汎神論; pantheism), 범재신론(汎在神論; 萬有內在神論; panentheism), 이렇게 세 종류의 종교론의 양태가 있다고 할 때 주자의 종교론은 물론 '범재신론' 에 속한다.[9]

---

8) 주자의 『太極圖說解』를 종교론적 관점에서 화이트헤드의 우주론적 종교론과 비교하여 설명한 것으로 다음을 참조. 이동희, 상게서, 『주자-동아시아 세계관의 원천』 중 제3부 「주자의 저술 읽기」.

9) 이에 대해서는 이동희, 『동아시아 주자학 비교연구』(계명대학교 출판부, 2005) 중 제2장 「주자 우주론에 대한 과정철학적 분석」(pp.75-81) 참조.

화이트헤드의 과정철학에서 말하는 종교론 역시 주자와 매우 유사하다. 여기서도 신은 기독교의 신처럼 초월성만 있는 것이 아니라 이 세계에 내재하여 영원적 객체와 관계하며[10] 현실적 존재의 창조적 생성 변화의 결과를 함께 향유하는 것으로 되어 있다.[11] 그러므로 과정철학을 연구하는 신학자들은 범신론인 불교에 대해 매우 큰 호감을 갖고 있다. 화이트헤드가 그의 과정철학에서 전개하는 종교론은 기존의 기독교 신학과는 매우 다른 일종의 '우주종교론' (형이상학적 신관)과 같은 것이다.[12]

4) 우주에서의 인간의 위치와 '마음의 역동성'

주자학의 우주론 속에는 인간도 물론 포함되어 있다. 유기체 우주론에서 만물과 인간은 평등하게 상호 유기적으로 관계되어 있기 때문이다. 그러나 한편으로 인간은 우주에서 만물과 다른 고귀한 위치를 가진다. 이때 인간 존재의 가치는 도덕적 행위의 주체, 즉 마음에 귀결된다. 이때 인간의 마음은 의식, 무의식, 사려(思慮), 심리적 움직임, 이성적 사고와 정감(情感) 등을 포괄하는 개념이다. 그러나 중요한 것은 도덕적 행위가 나올 수 있는 이성적 능력이 있다는 점이다. 다시 말하면 마음이 인간이라는

10) 과정철학에서 존재한다는 것은 존재의 합생(合生; concresence)이 찰나적으로 이루어지는 것을 말하는데, 이때 합생(존재)은 '현실적 존재' 에 '영원적 객체' 라는 이데아가 進入함(ingression)으로써 이루어진다. 이때 영원적 객체는 신으로부터 주어지는 하나의 이데아(形相; form)이다. 그런 점에서 영원적 객체는 신과 관계하고 있다(神의 '槪念的 把握' 이라고 한다). 오영환 역, 전게서, 『과정과 실재』, pp.122-123 참조.

11) 과정철학에서 신은 이 세계와 밀접히 관계한다. 신 역시 하나의 '현실적 존재' 로 규정된다. 신은 '원초적 본성' 과 '결과적 본성' 을 갖고 있는데, 이는 달리 말하면 신의 '정신적 속성' 과 '물리적 속성' 을 말한다. 신의 결과적 본성은 '합생' 을 끝낸 현실적 존재를 가지고 있다('物理的 把握' 이라고 한다). 오영환 역, 전게서, 『과정과 실재』, p.190 참조.

12) 여기에 대해서는 오영환, 「화이트헤드의 神觀」, 『기독교사상』 18권 1호, 1974 참조.

소우주의 주체 내지 인식의 원천이 된다.

주체라는 의미에서 마음은 끊임없이 현상에 대응하는 역동적인 힘이라 할 수 있고, 인식의 원천이라는 의미에서 외부 자극에 반응하고 지식을 쌓는 지각 활동의 원동력이라 할 수 있다. 이는 마치 태극이 우주의 궁극자인 것과 그 위상이 같다. 그러므로 이러한 인간 마음의 역동적인 면을 강조하면 '심학' 이 되고, 나아가 왕양명식의 유심론(唯心論), 즉 '양지론(良知論)' 이 될 수 있다. 주자가 인간의 마음은 리적 요소와 기적 요소가 합해져서 만들어졌다고 했기 때문에 존재론적 측면에서나 인식론적 측면에서나 이러한 마음의 능동적 작용, 즉 역동성을 자연히 주장하지 않을 수 없다. 이것은 유학이 인간학이며, 높은 선의 가치를 추구하는 윤리학이며, 그리고 도덕적 수양을 실존적(實存的) 차원에서부터 실천하는 인격론이기 때문에 그러한 것이다.

5) 리기의 '상징 기호' 로서의 응용

주자학에서 리와 기의 관계는 여러 가지 방식으로 표현되었다. 그는 제자들의 질문에 매우 조심스럽게 대답을 하였는데, 그 이유는 리기 관계는 설명하기 어려운 형이상학적 최고 범주였기 때문이다. 또 하나 다른 이유는 성리학 역시 윤리학(도덕론)이기 때문에 리기 범주에는 가치 판단이 개입될 가능성이 컸다. 그리하여 리는 선한 것, 기는 불선한 것으로 종종 상징화되기도 하였다. 다시 말하면 리기를 존재론적으로만 사용하는 데 만족하지 않고 궁극적으로는 유가 윤리를 설명하는 데 중요한 도구로 사용하였다.

주자는 존재와 윤리를 다소 구분하였지만, 그래도 두 가지 방식의 표현이 그의 사상에 혼재되어 있었다. 주자 이후 시대가 내려갈수록 이 혼재로 인한 혼란은 더욱 심해졌다. 주자가 조심스럽게 표현한 여러 명제를 종합하면 존재론적인 리기 관계는 '불상리-불상잡(不相離-不相雜)', '일이이-이이일(一而二-二而一)' 이라는 명제로 요약할 수 있다. 다시 말하자면 존재 설명의 범주로서 리기는 동등한 관계이고 서로 없어서는 안 되는 상호의존 관계이다. 주자 이후 학자들은 이러한 명제를 어느 한쪽으로 강조하여 말함으로써 자주 논쟁을 일으켰다. 특히 윤리도덕을 말할 때 리기에 가치 우열을 부여함으로써 이러한 혼란이 가중되었다. 이는 주자학이 중세 자연법사상으로서 존재와 가치문제를 통합적으로 논하는 데서 불가피하게 야기되는 문제였다.

주자는 리기를 가지고 우주 존재를 설명하는 한편 리기를 '상징 기호'[13]로 삼아 윤리적 가치문제도 논하였다. 즉 리기를 선악의 개념 대신 가치의 우열을 논하는 데 사용하였다. 주자가 인간의 감정을 평가하는 데 있어서 맹자의 사단은 매우 선한 본성에서 나온 것으로 보았기 때문에 '리발(理發)' 이라고 표현했고, 그와 대립되는 『중용』과 『예기』의 칠정은 '기발(氣發)' 이라고 표현하였다.[14] 이것은 사단과 칠정이라는 인간 마음의 작용, 즉 '감정' 을 평가하는 방식이다. 그러므로 '리발-기발' 이라는 대립된 방식으로 말할 수 있다. 이러한 가치 평가는 분명 기호학적으로 분석하여 보아야 한다. 이때 리와 기의 '발(發)' 이라는 작용에 지나치게 구애될 필요는 없다. 왜냐하면 초점은 리와 기라는 기호에 있기 때문이다. 물론 이러한 감정의 발로의 근원에 마음이라는 작용의 원천이 도사리고

13) 리기를 상징으로 삼을 때 그것은 일종의 은유(metaphor)이다. 이때 리기는 은유의 '기호' 이다. 이러한 기호로써 사물을 상징적으로 표현하고 구조화하는 방식은 인문학에서 유효한 표현 방법이다. 리기를 선악 대신에 도덕적 가치평가의 수단으로 삼는 것은 기호학(semiotics)의 관심 대상이 되기에 충분하다. 기호학에 대해서는 蘇斗永, 『상징의 과학 기호학』, 인간사랑, 1992 등 여러 저술 참조.

14) 『朱子語類』 권53, 북경: 中華書局, 1986, p.1297: 四端是理之發, 七情是氣之發.

있다는 것도 함께 생각하지 않을 수 없다. 즉 자발적으로 능동적으로 마음이 작용했느냐 육체적 기질의 영향을 받았느냐 하는 구분이 있을 수 있다. 그러나 초점은 역시 가치평가에 있다. 사단과 칠정의 평가에서 리와 기를 사용한 것은 분명 상징으로써 사용한 것이기 때문에 기호학적으로 해석하지 않으면 안 된다. 혹은 '메타윤리학적으로' 분석해도 결과는 마찬가지이다.[15)]

3. 조선조에서의 사칠논쟁(四七論爭)과 '철학적 사유'의 문화

1) 조선 중기 네 사람의 학설과 논쟁

조선조에서 주자학을 받아들여 처음 이론적 심화를 가져온 것은 존재론이 아니라 인간의 마음과 그 작용인 '감정'에 대한 이론이었다. 퇴계 이황과 고봉 기대승이 16세기 조선 중기에 처음 사단칠정(四端七情)을 주제로 논쟁을 하였고, 약 30년 뒤 율곡 이이와 우계 성혼이 계속하였다. 그 후 퇴계학파, 율곡학파가 성립되었고, 많은 주자학자들이 그 문제를 두고 논쟁을 계속하였다.

퇴계는 사단과 칠정을 대립시켜 말하고자 했다.[16)] 그는 리기를 기호학

---

15) 여기에 대해서는 이동희, 『조선조 주자학의 철학적 사유와 쟁점』(성균관대 동아시아학술원 유교문화연구소, 2006) 중 제1장 「퇴·고 사칠논쟁에 대한 윤리학적 고찰」 참조.

16) 퇴계는 처음 『天命新圖』에서 "四端, 理之發, 七情, 氣之發"이라고 했다가(『퇴계전서』 권40, 11면) 고봉의 질문을 받고 "四端之發, 純理, 故無不善; 七情之發, 兼氣, 故有善惡"라고 고쳤고(同書, 권16, 1면), 다시 고봉의 지적에 따라 "四端, 理發而氣隨之, 七情, 氣發而理乘之"라고 고쳤다(동서, 권16, 32면). 이렇게 두 번이나 고쳤지만, 사단과 칠정

적으로 말하면 리는 '순수선(純粹善)', 기는 '선악혼재(善惡混在)' 라고 생각했다. 다시 말하면 기를 존재론적 범주(개념)로 사용하지 않고 악의 상징으로 보았다.[17] 기는 이미 움직였고,[18] 그러므로 이미 편차(偏差)가 있어서 악의 가능성이 많은 것으로 생각한 것이다. 원래 선-악 대신 리-기의 기호(상징)를 빌려 쓰는 이유는 기로 상징하는 칠정의 경우 선할 수도 있고 악할 수도 있는, 두 가능성을 동시에 말할 수 있기 때문이다. 다시 말하면 악을 절대악으로 보지 않고 '선의 결핍태', '선에의 과정(過程)' 으로 보기 때문에 그러한 개념의 차용(借用)이 효과적이었다.[19]

한편 고봉은 인간 마음은 리와 기로 이루어져 있고, 사단은 순수 선이므로 리발이라 해도 되지만, 칠정도 역시 본성이 발한 것이므로(性發爲情) 기발이라고 표현하여 전적으로 악한 것이라고 할 수 없다고 주장하였다.[20] 고봉의 관점은 칠정이라는 현실적인 인간 감정도 조절이 잘 되는 경우 그 감정은 사단과 마찬가지의 선이 될 수 있다는 현실주의적 도덕론이라고 할 수 있다.[21] 결국 고봉은 '성발위정' 이라는 마음의 구조론에 근거하여 퇴계의 '리발-기발' 이라는 대립적 입론을 비판하였다. 다시 말하면 고봉은 리기 개념을 존재론적 의미에 충실하게 해석함으로써 퇴계의 기호학적 가치 평가를 이해하지 못한 것이다.[22] 퇴계도 고봉의 그러한 관점

을 '리발-기발' 의 대립 형식으로 파악하려고 한 근본 의도는 변하지 않았다. 『퇴계전서』의 '面' 은 '漢籍 版心面' 이다. 이하 漢籍의 경우는 같음.

17) 퇴계는 말하기를 "기가 리에 타는(乘) 바가 없으면 利欲에 떨어져 禽獸가 된다" 라고 하였다. 『퇴계전서』 권16, 11-12면.

18) 일반적으로 '動靜無端, 陰陽無始' 라고 표현한다. 氣의 始源이나 '澹一淸虛의 氣' 는 논리적으로 요청한 것이다.

19) 여기에 대해서는 이동희, 앞의 책, 『조선조 주자학의 철학적 사유와 쟁점』 중 제4장 「율곡 성리학 해석의 새로운 관점」(pp.156-157) 참조.

20) 『四七理氣往復書』 상편(권1), 1-2면, 「高峯上退溪四端七情說」.

21) 이에 대해서는 이동희, 「율곡 성리학과 고봉 성리학 비교」, 『동양철학연구』 제44집, 동양철학연구회, 2005, pp.130-143 참조.

과 개념 사용을 잘 이해하지 못한 셈이다.[23)]

율곡은 고봉의 학설을 찬동하여 퇴계설을 지지한 우계와 다시 논쟁을 벌였다. 이 논쟁도 자세히 보면 여전히 리기를 원래의 의미, 즉 존재론적 의미로 사용하느냐, 아니면 상징 기호로 사용하느냐의 관점의 차이에서 논쟁이 이루어졌음을 알 수 있다. 율곡은 인간-자연 통합적 시각, 즉 우주론적 시각에서 인간 마음을 논하였기 때문에 '기발리승일로설' 을 주장하게 된 것이다.[24)] 그러므로 그는 고봉의 칠정 외에 사단이 없다고 한 설에 찬동하여 우계의 질문에 답하면서 논쟁을 계속하였던 것이다.

그런 가운데, 율곡은 인심-도심 문제를 함께 논하면서, 사단-칠정을 리-기로 나눌 수 없지만, 인심-도심은 나눌 수 있다는 소위 '양변설(兩邊說)' 을 주장한 바 있다.[25)] 이 율곡의 양변설은 도덕적 입론의 형식면에서 보면 대립적 입론으로서 '호발설' 의 취지와 같은 것이다. 또 우계는 퇴계설에 찬동하면서 퇴계설을 약간 다르게 해석하였다. 즉 그는 말하기를 "막 동할 때 주리-주기의 다름이 있을 뿐 원래 호발하여 각기 작용하는 것이 아니다" 라고 한 바 있다.[26)] 이것 역시 퇴계설 해석을 둘러싸고 일어난, 리기

---

22) 동상.

23) 논쟁이 지속된 것은 고봉의 질문에 대한 퇴계의 응답이 정곡을 찌르지 못하고, 자기 입장만 계속 개진했기 때문인데, 두 사람의 왕복 편지를 보면 잘 나타나 있다. 또 논쟁이 기간은 길지만 그 사이에 왕래한 편지 수는 적은 것이 논쟁의 밀도, 즉 문제의식과 상대방 입장 이해가 약했다고 볼 수 있다. 고봉의 「후설」과 「총론」에서 말한 '理動氣俱-氣感理乘' 이라는 말이 퇴계의 '理發氣隨-氣發理乘' 과 별 차이가 없는 것이나, 퇴계가 세 번째 응답 편지를 써놓기만 하고 보내지 않은 것도 그러한 사정을 입증한다.

24) 『율곡전서』 권10, 5면. 이에 대한 자세한 율곡의 입장은 이동희, 「율곡 성리학 해석의 새로운 관점」, 이동희, 전게서 『조선조 주자학의 철학적 사유와 쟁점』 참조.

25) '양변(兩邊)' 이란 말은 우계도 쓰고 율곡도 사용한 말이다. '대립적 입론' 이란 뜻이다. 『율곡전서』 권10, 7-8면. 이 문제에 대한 자세한 논의는 이동희, 「율곡 성리학 해석의 새로운 관점」, 이동희, 전게서 『조선조 주자학의 철학적 사유와 쟁점』, pp.157-160 참조.

개념 사용의 입장 차이를 나타내는 하나의 사례라고 볼 수 있다.

그 후 두 학파의 많은 학자들이 논쟁하면서 사유를 계속하여 조선 후기는 많은 학자들이 여기에 참여하였다. 이러한 성리학적 논쟁의 성행은 이 문제 외에 '인물성동이' 문제에 대해서도 논쟁하였는데, 이는 주자의 '리일분수설(理一分殊說)'의 부연이라고 할 수 있다. 이 두 철학적 문제에 많은 사람들이 리기라는 용어를 둘러싸고 존재론적 관점에서 말하기도 하고 도덕론적 관점에서 말하기도 하였다. 이 용어는 형이상학적 범주이기도 하며 도덕적 입론의 기호(상징)이기도 하여 이중성을 가졌기 때문에 관점에 따라 리기의 개념은 다양한 뉘앙스를 풍기면서 학자들의 사유 활동을 촉진했다. 이런 점에서 주자학을 받아들인 조선조 후기의 학계는 한편으로 보면 '관념적 사유의 극치'라고 비난할 수도 있고, 다른 한편으로 보면 고도의 '사유문화'를 형성했다고도 말할 수 있다.[27)]

2) 조선조 후기 철학적 사유의 심화

사유와 논쟁을 거듭하는 과정에서 퇴계와 율곡의 학설을 절충하는 매

---

26) 『우계집』 권4, 15-18면. 이에 대한 자세한 우계의 입장은 이동희, 「우계 성리설의 특징과 사상사적 의의」, 이동희, 전게서 『조선조 주자학의 철학적 사유와 쟁점』 참조.

27) 필자는 성리학이 조선조 문화와 학술에 끼친 영향은 양면성이 있다고 본다. 긍정적으로 보는 경우 그것을 어떻게 설명하고 의미를 부여할 것인가 하는 것이 필자의 관심 대상인데, 필자(이동희)의 『한국의 철학적 사유의 전통』, 계명대 출판부, 1999 참조. 그리고 우리가 철학적으로 말하면 매우 '공리공담적'인 사유의 성격을 볼 수 있지만, 다른 관점, 예를 들면 종교적, 도덕적 관점에서 이들의 생각과 행위를 보면 조금 다르게 평가할 수 있다. 주자학이 동양의 중세 종교철학이라면 그들의 사유가 단순한 철학적 사유에 그치지 않고, 일종의 종교적 신념이나, 엄숙한 도덕적 행위를 겨냥한 이론이라고 본다면 확실히 다르게 평가할 수 있다. 이 점에서 '철학적 사유'로서의 한계와 함께 일종의 '종교문화사적' 긍적적 평가도 동시에 이루어져야 한다는 것이다.

우 창조적인 사유도 나왔다. 농암(農巖) 김창협(金昌協, 1651~1708)과 그 친구들－창계(蒼溪) 임영(林泳, 1649~1696), 졸수재(拙修齋) 조성기(趙聖期, 1638~1689), 그리고 남계(南溪) 박세채(朴世采, 1631~1695) 같은 이들이 그들이다. 이들은 단순히 두 학설을 병행시킨 것이 아니고 두 학설의 장점과 결점을 지적해 내었다.[28] 이는 주체적이고 창조적인 사유가 아니면 불가능한 일이다. 이것은 그때까지 축적된 철학적 사유가 없었다면 나올 수 없는 성과였다.

이러한 절충적이고 발전된 철학적 사유는 18세기 후반의 다산(茶山) 정약용(丁若鏞, 1762~1836)에 이르러 하나의 전환점을 이루었다. 다시 말하면 두 학파의 근원인 퇴계와 율곡의 입장을 가장 원만하게 분석하는 방식이 창출된 것이다. 즉 다산은 퇴계는 인간 마음의 역동성을 강조한 나머지 리발을 강조했고, 그가 말한 리발은 '마음의 순수한 작용'을 말한 것이라고 설명하였다.[29] 한편 율곡은 우주에 관심이 많아 그가 기발을 강조한 것은 리-기를 동시에 중요하게 말하고자 하는 의도, 즉 인간-자연을 우주라는 통합적으로 관점에서 보려는 의도에서 나온 것이라고 다산은 설명하였다.[30] 그리하여 다산은 두 사람의 주장에 일리가 있다고 결론지었다. 이것이 그의 해석의 발전된 모습이었다. 이 해석을 오늘날 평가해 보

28) 여기에 대해서는 이동희, 「조선 후기 '折衷派'의 성리학설에 대한 연구」, 『동양철학연구』 제26집, 동양철학연구회, 2001 참조.

29) 다산은 말하기를 "퇴계는 한평생 마음을 다스리고 본성을 기르는 일에 힘썼기 때문에 리발-기발로 나누어 말한 것이고, 오직 그것이 명확하지 않을까 두려워했다."라고 한 바 있다. 『與猶堂全書』 제12권, 18면, 「理發氣發辨」.

30) 다산은 또 말하기를 "퇴계와 율곡 이후 사단칠정은 심한 논쟁거리가 되어 후배가 참견할 일은 아니나, 두 학파의 글을 살펴보니, 理字와 氣字가 형태는 같지만 의미는 전연 다르다. (…) 율곡이 논한 리기는 천지만물을 총괄하여 주장한 것이다. (…) 그러므로 미발의 상태에서는 먼저 리가 있더라도 發動할 때는 기가 앞선다는 것이 율곡의 의견이다."라고 한 바 있다. 『與猶堂全書』 제12권, 25면, 「西巖講學記」.

면 앞에서 말한 바와 같이 주자 리기론이 포괄적으로 가지고 있던 존재론적 측면과 도덕론적 측면을 예리하게 분석한 결과 나온 것이라고 할 수 있다. 이는 고증학자로서 다산이 성리학을 객관적으로 본 데서 나온 성과이기도 하다.

다산 이후 두 사람의 특이한 성리학가 있다. 화서 이항로는 한말(韓末) 서양의 침략이 시작될 때에 주자학적 세계관을 가지고 서양의 문명을 평가하고 거부한 사람이다. 그는 주자의 리기론을 가지고 이 세계를 인식하는 주요 틀(패러다임)로 삼았는데, 이를 통하여 리기론의 기호학적 적용의 한 양상을 우리는 볼 수 있다.[31] 즉 그는 말하기를 "리가 主가 되고 기가 종(從)이 되므로, 리가 순(順)하고 기가 정(正)하면 만사가 잘 다스려지지만, 기가 주가 되고 리가 종이 되면 천하가 어지러워진다."라고 하였다.[32] 이 논리의 연장선에서 그는 서양인과 서양 문화를 평가하였다.[33] 이러한 인식 방법은 당시 복잡한 시대 상황에는 맞지 않은 점이 있으나, 리기론을 빌려 매우 강한 도덕적 역사철학을 말하고자 했던 당시의 주자학적 문명관을 읽을 수 있다. 그러나 오늘날 보면 리기론적 사유의 막다른 골목이라 할 만하다.[34]

---

31) 鄭載植은 화서의 이러한 표현 방식을 '은유(metaphor)'라고 해석하였다. 정재식, 『한국유교와 서구문명의 충돌: 이항로의 척사위정 이데올로기』, 연세대 출판부, 2005, pp.203-258 참조.

32) 『華西雅言』 권1, 「臨川」. 화서는 또한 리기를 "리는 본래 존귀하여 상대가 없으나, 기는 본래 낮아 상대가 있다"라고 하기도 하고, 또 '理帥氣役'이라 표현하기도 했다. 同書, 권3, 「神明」.

33) 예를 들면 화서는 "동쪽과 북쪽의 땅은 陽과 義와 善의 땅이나, 서쪽과 남쪽의 땅은 陰과 利와 私의 땅이니, 서양인은 외모는 사람 같으나 마음은 금수와 같다."라고 말하였다. 『華西雅言』 권10, 「尊中華」.

34) 참고로 말하면, 이와 유사한 도덕적 슬로건을 제창한 학자가 한말의 간재 전우(1841~1922)인데, 그는 마음과 본성을 두고 말하길 '성사심제(性師心弟)' '성존심비(性尊心卑)'라고 하였다. 간재사고』 후편 권9, 18면, 「性師心弟獨契語」; 『간재사고』 후

다른 한 사람은 한주 이진상이다. 한주는 철학적 사유 능력이 뛰어난 인물이다. 그는 주자 리기론의 얽히고설킨 복잡한 논설들을 정리하기 위하여 3가지 분석 방법을 창안하였다. 즉 '수간(竪看)', '횡간(橫看)', '도간(倒看)' 이라는 방법이 그것이다.[35] 오늘날 용어로 말하면, 수간은 연역적 방법이고, 횡간은 비교인식 방법이고, 도간은 수간과 반대로 현상을 귀납적으로 고찰하는 방법이다.[36] 그는 또 한편으로 퇴계의 주리설(主理說), 즉 리기호발설(理氣互發說)을 계승 발전시켜 '심즉리(心卽理)' 를 주장하였다. 이는 왕양명의 표현과 같지만, 그 주장하는 내용은 다르다. 주자학 속에 원래 심의 역동성을 강조하는 학설이 있었고,[37] 퇴계 리기호발설 속에도 마음의 역동설이 있었는데,[38] 이것을 계승하여 강조한 나머지 이러

편 권18, 45-46면, 「性尊心卑的據」. 심과 성의 관계 역시 일찍이 주자학에서 '심통성정' 등으로 대략 그 관계가 설명된 바 있으나, 간재는 이를 다시 활용하여 자신의 일종의 종교적(또는 도덕적) 신념을 윤리학적 명제로 표출하였던 것이다.

35) 『寒洲集』 권7, 41면, 「答沈穉文別紙」.

36) '수간' 과 '도간' 은 대립되는 것으로 하나는 '근원에서 말하는 방법' 이고, 다른 하나는 '현상에서 말하는 방법' 이므로 오늘날 '연역적 방법' 과 '귀납적 방법' 이라 해석해도 무리가 없다. 그러나 '횡간' 은 조금 다른 것 같다. 이것은 일종의 '가치 평가' 하여 立論하는 방식이다. 다시 말하면 '사단=리발=선, 칠정=기발=악' —이렇게 본다는 것이다. 이러한 해석 방법(看法)의 원류는 주자 리기론에 있다. 주자는 리와 기를 해석하는(표현하는) 방법에서 양자를 합해서 보는(표현하는) 방법과 분리해서 보는(표현하는) 방법을 함께 사용했다. 이것을 주자 연구자들이 '離看-合看' 의 방법이라고 설명했다. 토모에다(友枝龍太郎), 『朱子の思想形成』, 東京: 春秋社, 1969, p.193; p.196 참조.

37) 주자의 『大學或問』 格物條에 보면 사물의 리가 결국 인간 마음의 리를 벗어나지 않는다는 말이 있다. 또 주자 사상 전체로 보아 역시 동아시아 중세 사상으로서 매우 '유심론적' 경향을 볼 수 있다. 그리하여 주자학에서 양명학으로의 전개는 필연적 이유가 있다고 보기도 한다. 이에 대해서는 이동희, 『동아시아 주자학 비교 연구』(계명대 출판부, 2005) 중 제6장 「왕양명과 이퇴계」(p.184 이하) 참조.

38) 퇴계 리기호발설 속에는 '가치평가' 로서의 '리발-기발' 대립 입론의 양상도 있고, '리발' 의 근원으로서 마음의 역동성을 강조하여, 사단은 마음의 근원(所從來)에서 나온 것이므로 '리발' 로 생각한다는 퇴계의 생각도 함께 들어 있다. 퇴계가 이 마음의 역동성을 강조하는 것을 보고 우리는 퇴계학의 성격을 '심학' 이라고 하는 것이다.

한 학설이 나오게 된 것이다. 여기에서 한주 이진상의 높은 철학적 사유도 볼 수 있지만, 한편으로는 그 한계도 또한 볼 수 있다.[39]

조선조에 와서 또 독특한 성리학을 전개한 사람으로 유기론(唯氣論)[40]의 녹문 임성주(1711~1788)와 유리론(唯理論)의 노사 기정진(1798~1879)을 들 수 있다. 주자학에서 원래 횡거 장재(1020~1077)의 '기의 우주론'을 이용하여 유기체 우주를 해석하였고, 여기에 리와 태극의 범주를 부가하여 형이상학 체계로서의 우주론을 세운 것이다.[41] 이는 마치 과정철학에서 세 가지 범주, 즉 '현실적 존재(actual entity)', '영원적 객체(eternal object)', 그리고 신(God)으로써 형이상학적 체계를 세운 것과 비교된다.[42] 기로써 자연을 설명하는 방식은 중국 전래의 오래된 전통이고, 그것이 장재에 와서 기의 우주론으로 발전하였고, 명대 중기 주자학의 형식화에 반대하여 나온 소위 '기의 철학'이 정암 나흠순(1465~1547) 등에 의하여 주장되었는데, 이 사상이 조선조에 들어와 영향을 주었다. 녹문은 이 나흠순의 '기의 철학'의 영향을 받아 그의 유기론을 수립하였다. 원래 기로써 자연 현상을 설명하는 방식은 고대 자연철학의 원형으로서 매우 자족적인 것이었는데, 송대 정이(1033~1107)와 주자에 의해 우주론이 형이상학적 체계로 수립되는 과정에서 리의 원리가 등장하였던 것이다. 그러므로 이 자족적인 '기의 자연학'은 충분히 가능한 것이며, 주자학 속에 들어 있던 이 사상을 강조한 것이 녹문이었다.

---

39) 주자학이 중세적 사유 체계라는 점, 형이상학적 체계라는 점, 그리고 漢文으로 표현한다는 점 등이 창조적 사유를 막은 한계라고 할 수 있다. 특히 조선조 학자들에게는 더욱 그러하였다.

40) 여기서 '유기론'이라는 용어는 현대 연구자가 붙인 이름이다. '유리론'도 마찬가지이다. 이러한 명명 자체가 조선조 주자학 전개의 한 특징을 말해준다고 할 수 있다.

41) 이에 대한 자세한 논의는 이동희, 『주자-동아시아 세계관의 원천』, 성균관대학교 출판부, 2007 참조.

42) 화이트헤드, 오영환 역, 『과정과 실재』, 민음사, 1991 및 위의 책 참조.

반면에 리를 강조하여 우주의 모든 현상은 리 없이는 작용할 수 없다는 주장을 편 사람은 노사 기정진이었다. 그의 입장은 분명 종교론적이고, 동시에 윤리학적이라고 할 수 있다. 왜냐하면 '리의 철학' 은 주자 형이상학에서 개별 사물의 원리이기도 하지만, 우주의 궁극자로서 '리 중의 리' 라고 말해질 정도로 개별 리의 총체, 개별 리의 통합 성격도 갖고 있기 때문이다. 이는 서구 종교로 말하면 창조주와 성격이 유사한 것이다. 이는 분명 종교적 관점에서 태극의 리를 본 것이다. 이와 동시에 리는 또한 윤리적 규범의 근거로서의 의미도 가지고 있다. 이것은 주자학이 가진 중세 자연법사상으로서의 성격, 즉 인간의 윤리 규범의 근거를 우주의 이법에서 찾으려는 중세적 사유 방식에서 연유하는 것이다. 태극과 리는 물론 기의 범주와 함께 우주론의 범주로서 기능하고 있는 것이 주자학의 원래 형이상학 체계임에도 유교가 도덕론이고 조선조 주자학이 이 도덕론 방면을 강조하였으므로 이러한 유리론이 가능하였던 것이다. 유기론, 유리론 모두 주자학을 벗어난 것은 아니고, 주자학의 두 속성 중 어느 하나를 극단으로 강조함으로써 나온 사상인데, 이를 통하여 그들이 주자학을 정확히 이해하지 못한 점도 지적할 수 있지만, 동시에 주자학의 특성 자체를 드러냈다고 말할 수 있다. 이것은 조선조 주자학의 발전적 전개라고 할 수 있다.

사단칠정론에서 시작된 조선조 주자학의 철학적 사유는 공리공담만이 아니다. 조선조 후기에 등장한 유기론, 유리론도 마찬가지이다. 이러한 사유도 주자학을 깊이 있게 해석해 본 결과 나온 것이다. 뿐만 아니라 리기로써 이 세계를 인식하는 틀로 삼기도 하고, 여러 가지 윤리학적 명제로 자신의 도덕적 가치, 종교적 신념 등을 표출하기도 하였다. 철학적 사유로서 보면 한계를 지적할 수도 있지만, 그 철학적 사유가 단순한 이론으로서가 아니고 실천을 전제로 한 점에 유의하지 않으면 안 된다. 왜냐하면 주자학이나 성리학 역시 인격론이며 수양론이기 때문이다. 다만 그 해석에 철학적 논리와 문제의식을 요구했기 때문에 불가피하게 관념적 사유를 함으로써 공리공담처럼 보인 것이다. 주자학을 받아들인 조선조 학자들은 종교론적 신념을 겸비하기도 한 이 도덕론에서 매우 높은 수준의 사유문화를 이루었다. 이것은 주자학의 조선조에서의 전개 양상이므로 주자학의 특수성이라고 할 수 있다. 그러므로 주자학을 올바르게 해석하려면 주자학의 보편성과 아울러 이 특수성을 함께 보지 않으면 안 된다.

4. 결어

주자학은 동아시아 전통문화의 근간으로 근대 서구의 침략이 있기 전까지 큰 영향을 미쳤고, 의식이나 가치관, 또는 문화양식, 생활 방식으로서 아직도 한국의 경우에는 현재적으로 영향이 남아 있다. 그러므로 동아시아의 전통과 근대, 그리고 미래를 논하려면 이 주자학에 대한 객관적 평가와 이해가 따르지 않으면 안 된다. 뿐만 아니라 미래 세계 문명의 건설에 일조를 할 수 있는 바가 무엇인지 알기 위해서도 현재적 조명이 있어야 한다. 그러기 위해서는 이 주자학에 대한 본질적 특성, 즉 주자학의 보편성과 그것이 각 지역에 들어가 토착적으로 전개된 특수성을 함께 고찰하지 않으면 안 된다.

주자학 고유의 특성은 무엇인가? 주자학은 중세 종교철학의 역할을 해왔다. 그 자연관은 '자연철학' 으로서 '음양오행론' 으로써 자연을 해석하였다. 그럼에도 주자학은 자연을 유기체로 보는 점에서 오늘날 생태학적으로 매우 가치 있는 자연관을 가지고 있다. 그리하여 그의 리기론이라는 형이상학적 우주론은 마치 화이트헤드의 자연 유기체주의, 즉 과정철학과 매우 유사한 발상을 보인다. 또한 그의 태극론은 유신론의 형식이 없는 동아시아 종교 전통에서 '우주 종교적' 성격을 나타내고 있어 화이트헤드의 과정신학(형이상학적 신관)이나 아인슈타인의 우주 종교와 닮은 종교관을 보이고 있다. 이러한 점은 오늘날 다시 논의해도 손색이 없을 정도로 가치를 가지고 있다.

한편 주자학은 도덕적 입론 방식에 있어서 오늘날 메타 윤리학의 좋은 탐구 주제가 될 만한 것을 제공하고 있다. 즉 주자는 사단과 칠정을 리-기(理發-氣發)에 나누어 대립적 입론을 함으로써 윤리학적 명제가 가지는 특성을 나타내었는데, 이것은 우주론적 개념인 리-기를 상징 기호로 사용하여 도덕을 논한 매우 흥미 있는 기호학이요 은유법이라고 할 수 있다. 이러한 사칠논쟁에 감추어진 리-기 개념의 이중성(이중 의미)은 철학적 논변을 일으키기에 충분하여 조선조 성리학자들에게 와서 더욱 자세하게 오랫동안 전개되었다.

또 다른 한편으로 주자학의 큰 특징은 유기체 우주론에서 존재 일반을 평등하게 논하여 '만물일체' 를 강조하면서도 인간의 우주에 서의 고귀한 위치, 즉 '만물의 영장' 으로서의 인간의 '도덕적 주체' 를 논하기도 하였는데, 이때 인간의 주체는 '마음의 주재(主宰)' 로 귀착되었다. 인간 마음은 우주가 생의(生意)로 가득 찬 것과 마찬가지로 도덕적 에너지로 충만하여 어떤 역동적인 작용을 하는 것으로 주자는 보았다. 오늘날 말하면 이는 인간의 특성, 즉 이성적 인간, 도덕적 인간의 특성과 같은 것이다. 이러한 '심학(心學)' 의 강조는 유교가 도덕실천학이고 성리학 역시 유교의 이러한 정신을 계승하였기 때문이다. 이와 같이 유기체 우주론과 함께 심학 및 도덕론이 주자학 속에 이미 함께 내재해 있어서 후일 양명의 심학이나 퇴계의 심학으로 전개될 수 있었던 것이다.

주자학은 제일 먼저 한국에 전파되어 중국 못지않은 성황을 이루었다.

주자학이 조선조에서 전개된 양상을 보면, 정치적으로는 일종의 이데올로기 역할을 하였고, 철학적으로는 사변의 논리, 사유 활동의 문화를 이루었다. 철학적으로 보면 처음에는 '사단칠정' 과 같은 도덕적 문제에 대해 논쟁을 시작하여, 나중에 학파가 형성되고부터는 더욱 많은 학자가 논쟁을 거듭하여 가히 일종의 '문화 현상' 이라 할 만하였다.

그리하여 주자가 미처 자세히 말하지 못한 사단칠정을 둘러싸고 조선조 성리학자들은 철학적 논쟁을 하였으며, 나중에 '인심도심설' 까지 주제로 삼아 논쟁을 확대하였다. 조선 중기부터 시작된 이 초기의 논쟁은 도덕론적으로 매우 가치가 있는 문제였다. 학파 간에 상당히 치열한 논쟁을 계속하는 가운데, 점차 사유의 논리가 성숙하여감으로써 '절충적 사유' 도 나타나 한층 철학적 사유를 진보시키기도 하였다. 또 한편으로는 주제를 '인물성동이론' 으로까지 확대하면서 논쟁을 계속하였는데, 조선조 후기에서 한말로 갈수록 주자학의 논리에서 벗어나지 못하여 철학적 사유가 오히려 질곡을 당하는 형세가 되었다. 이는 주자학이라는 중세 종교론이 가진 교리의 도그마화와 외골수 신앙의 폐단이기도 하다.

철학적으로 말하면 리기론이라는 형이상학의 틀을 벗어나지 못하고 주자의 말을 가지고 '동어반복' 을 거듭함으로써 공리공담으로 흐르게 되었다. 비록 여러 가지 '철학적 명제' 로 자신의 관점을 나타내었으나, 그것 역시 도덕적 가치를 강조하려는 일종의 슬로건과 같은 것으로서 그 내용은 주자학 범위를 벗어난 것이 아니었다. 철학적 사유는 이와 같이 긍정적인 면과 부정적인 면이 동시에 있다고 할 수 있다.

그러나 관점을 바꾸어 유교가 도덕론이며 인격론이라는 점을 생각하면 그들의 사유는 사유에 그치지 않고 종교적으로 신앙화되어 종교적, 도덕적 실천을 겨냥한 사유였다는 점을 상기하지 않을 수 없다. 그렇다면 이런 종교적, 도덕적 측면에서 그들의 시유와 논쟁과 윤리학적 명제를 보면 비록 동어반복이 많다 하더라도 일정한 문화적 가치, 종교문화사적 가치를 부여할 수 있다. 왜냐하면 주자학이 너무나 완벽한 중세 종교철학이었고, 그것을 깰 만한 수준의 자연과학에 아직 도달하지 못한 상황이었고, 거기다 철학 용어가 한자-한문이었기 때문이다. 그러므로 철학적 사유로서의 한계만 지적할 수 없고, 문화사적 유산으로서의 가치도 함께 논하지 않으면 안 된다.

조선조의 이러한 철학적, 종교적 전개는 주자학의 고유 성격을 탐구하는 데도 매우 중요한 시사점을 준다. 그러므로 주자학의 보편적 특성을 오늘날 여러 분과 학문과 비교하여 논하는 한편 조선조에서의 주자학의 수용과 전개의 특수성을 함께 고찰하여야 주자학의 진면모를 볼 수 있는 것이다.

제9장

조선조 주자학의 철학적 아포리아

1. 서언

철학적 아포리아(aporia)라는 것은 철학적 사유의 주제로서 단순히 어느 한 관점에서 설명하거나 완벽하게 해석하기 어렵고 언제나 반대 의견이 나올 수 있고, 또 그것을 완전히 틀렸다고 부정하기도 어려운 주제, 그리하여 그것이 해결을 기다리는 문제가 아니라 해결될 수 없는 것으로 다시 언제나 논의 가능하다는 보편적인 철학적 주제를 가리켜 말한 것이다. 동양철학 특히 성리학에 그러한 내용이 있다.

성리학은 원래 중세 자연법사상으로서 가치와 사실문제를 구분해서 논의하지 않은 데서 아포리아를 낳았고, 또한 중세 종교철학(유교의 이념에 철학적 · 종교적 해석을 부가)으로서 유신론(theism)도 아니고 범신론(pantheism)도 아닌, 자연의 섭리를 존중하는 범재신론(panentheism)의 입장을 유지하면서 현세 도덕윤리론을 전개하는 데서 오는 종교론과 윤리론의 상충 문제도 있다. 이러한 것이 철학적 아포리아를 낳았는데, 이 문제를 다루기 위해서는 오늘날 분화된 학문적 관점에 따라 분해하면서 다시 종합하여 보는 지혜가 필요하다. 그렇다고 해결이 다 되는 것이 아니고, 언제나 그런 주제는 인간의 철학적 사유를 촉진하는 보편적 의미가 내재하여 있다. 그러므로 아포리아가 있다고 하여 나쁘다는 의미는 아니다.

여기서는 사단칠정 논쟁과 녹문 임성주의 소위 유기론을 예로 들어 논하여 보려 한다. 퇴계 이황의 입장은 사단을 높이려는 의도이므로 '호발론' 내지 '주리론' 을 주장하였다. 또한 호발론 속에는 도덕적 명제로서의 '권유적 성격' 도 개재되어 있다. 이황이 사단과 칠정의 발로에 리와 기가 다 작용하지만, 나누어 말할 수 있다고 한 것이 그 증거이다. 나누어 말한다는 것은 가치입론, 즉 도덕적 입론으로서 타인으로 하여금 도덕을 권유하는 함축이 들어 있다.

반면에 이에 의문을 던진 고봉 기대승은 마음의 발로라는 현상, 즉 사실에 입각하여 사단과 칠정을 관찰하였다. 그리하여 자연히 리와 기 개념을 존재론의 원래 의미를 살려서 해석하려 하였다. 나아가 마음의 작동기제라는 존재적 사실을 중시하여 리-기의 동시적 기능을 강조하였다. 여기에는 현상론적, 현실론적 관점이 들어 있는데, 그러므로 자연히 리-기를 동등하게 보려 하였고, 칠정의 발로라는 인간 마음의 현상(작동기제)과 칠정을 조절하는 인간 도덕의 현실을 중시하였다.

이러한 입장의 대립은 단순히 옳고 그르다고 말하기 어렵다. 가치와 사실의 대립, 도덕적 명제의 성격, 도덕적 입론의 한계, 우주론의 개념인 리와 기를 도덕론에 원용하면 어떤 괴리가 생기는지, 또 왜 그렇게 원용하려 하였고, 그럴 경우 어떤 장점과 한계가 있는가 등 철학적 여러 문제를 제기할 수 있다.

녹문 임성주의 소위 유기론을 거론한 이유는 주자의 리기이원론의 범위 내에서 다시 '우주일기론' 을 전개하여 그 토대에서 주자의 '리일분수설' 을 '기일분수설' 로 변환시킨 것이 주자 형이상학 체계에서 어떻게 가능하며, 또 그 의미는 무엇일까 하는 문제의식에서이다. 우주에 가득 찬 것이 기이므로 우주를 설명하는 데 일기면 충분하다는 기의 우주론은 그 연원을 거슬러 올라가면 횡거 장재에 이르고, 더 거슬러 올라가면 중국 고대부터 자연을 기로써 해석하려는 전통에서 비롯된다.

그의 유기론은 정암 나흠순의 영향이 크다. 나흠순의 우주일기론의 이론도 그대로 수용하였고, '리기혼일론' (우주일기론에서는 리를 원리로 보지 않으므로 리기혼일론이 된다), '심성일치론' (심과 성이 별개가 아니고 하나이면서 둘이라는 설) 등도 수용하였다. 이 관점에서 주자의 리일분수설을 비판하여 기일분수론을 주창하였다.

유기론, 즉 기의 우주론을 과정철학과 비교해서 말하면, 이 우주의 기본적인 요소를 '기' 라고 보는 것은 과정철학에서 우주 만유의 존재 실상이 사물의 기본구성체인 '현실적 존재' (actual entity)의 연쇄(사회)로 보는 것과 유사하다. 다시 말하면 유기론이 우주 만유의 생성과 존재를 말하면서 '이 우주에 가득 찬 것은 기 아님이 없다' (그리하여 이 기에 의해 만유의 생성과 존재와 소멸이 이루어진다)는 명제와 과정철학의 '이 현실적 존재(actual entity) 이상으로 나아가서 존재의 근거를 찾을 필요가 없다' 는 명제는 매우 유사한 발상이다(본문 참조).

유기론이 우주 설명에 지나치게 기의 범주에 너무 의뢰한 나머지 반형이상학적 입장을 취하므로 리기이원론의 형이상학에서 운위되는 '리' 를 부정하고 있다(기의 조리로 보거나 하위 범주로 본다). 이는 리와 유사한 범주인 과정철학의 '영원적 객체' (eternal object)의 역할을 부정하는 것이 되는데, 유기론을 과정철학과 비교해 봄으로써 그 반형이상학적 입장을 고찰할 수 있다. 또한 유기론에서 주자 리기론의 중요한 존재 범주인 '태극' 도 부정하는데(기론자들은 태극을 기의 시초로 본다), 이를 과정철학의 신(God)의 범주와 비교해보면 그 반형이상학적 입장을 더욱 분명히 알 수 있다.

그러나 유기론자는 기의 본체(근원)를 상정하고, 이 본원의 기는 '담일청허(湛一淸虛)하다' 고 하여 특수화시킨다. 이는 유기론에서도 존재의 궁극자를 요청하고 있다는 것을 알 수 있다. 유기론자들은 왜 이렇게 기에 절대적으로 의뢰할까? 그것은 기의 범주 속에 '생명성' (임성주는 生意라고 한다)이라는 개념이 원초적으로 들어 있고, 또한 기에 '자체운동인' (임성주는 自然이라고 한다)이 있다고 보는 데서 기인한다. 이 자체 운동성이 기에 대해 '시키는 자', 즉 '원인자' 의 설정을 불필요하게 만든 것이다. 이는 바로 형이상학의 '이데아' 의 세계에 대한 필요를 무화(無化)시킨 것이다.

그러면서 유기론자들은 기의 본체로서 '담일청허의 氣' 를 상정한다. 이는 형이상학적 궁극자에 대한 '요청' 이라고 볼 수 있다. 리기이원론자(형이상학자)들은 리와 태극을 상정하면서 기에 대해서는 '기는 항상 새롭게 태어난다' 고 하며, 기는 '이미 움직였으므로' '이미 청탁수박(淸濁粹駁)이 있다' 고 하면서 기의 본체 상정을 거부한다. 이러한 점이 양자의 차이점이다. 임성주의 유기론에 이러한 간단하지 않은 철학적(종교적이기도 하다) 아포리아가 내재되어 있다.

사단칠정론을 둘러싼 철학적 아포리아가 도덕론적 의미라면 이 유기론은 존재론과 우주 형이상학을 둘러싼 여러 철학적 아포리아를 제기하고 있다. 다만 이 유기론과 아울러 노사 기정진의 유리론을 함께 다루면 바람직한데, 지면 관계상 위의 두 문제만 다루었다.

2. '사칠논쟁' 과 주자학의 철학적 아포리아(난문제)

1) 논쟁의 주제(主題)와 논쟁의 주체(主體)

퇴계 이황과 고봉 기대승 사이 논쟁은 '사단칠정' 을 주된 논제로 시작하였으나, 이어 일어난 율곡 이이와 우계 성혼 사이의 논쟁에서는 '인심도심' 의 주제가 부가되었다. 그러나 대체로 "사칠논쟁' 이라 총칭한다. 이 논쟁을 통해서 중세 자연법사상으로서의 주자학이 가지고 있는 철학적 난문제, 즉 아포리아가 잘 드러났다. 그러나 논쟁에 참여한 네 사람은 논쟁에 열중한 나머지 이를 뚜렷이 의식하지 못하였다. 물론 주자 자신도 의식하지 못하였다. 그것은 무엇인가?

사칠논쟁은 사단과 칠정을 선악(善-惡)으로, 즉 상호 대립적으로 평가하지 않고, 리기(理-氣)라는 성리학에서 매우 중요시한 형이상학적 범주로 표시한 데서 문제가 생겼다. 선-악은 이것 아니면 저것이 되어 일종의 배중률(排中律)의 논리이지만, 리-기로 표현하면 전연 그렇지 않다. 즉 '리=선, 기=악' 이라는 논리가 성립되지 않는다. 리는 '순선무악(純善無惡)', 기는 '가선가악(可善可惡)' 이 된다.

여기에 두 가지 의미가 내포되어 있다. 리는 '순선' 이므로 기보다 가치가 더 높은 것이 되고, 반면에 기는 선-악의 두 요소가 다 있으므로 그만큼 가치적으로 리보다 못하다. 그런데 형이상학 범주로서의 리-기는 동등하고 가치 우열이 없다. 여기에 모순이 생긴다.

다른 하나는 기가 '절대적 악' (불변적 악)이 아니라고 하는 점에 있다. 선할 수도 있고 악할 수도 있는 것이다. 성리학에서 악은 절대 악이 아니고, 선의 결핍태, 선으로 향하는 과정의 악으로 본다.[1] 이는 서양 중세 신학 체계의 선악론이나 유기체우주론의 선악론에서 공통으로 나타나는 일종의 형이상학적 규정이다. 유기체주의 우주론은 우주(자연)를 하나의 살아 있는 생명체로 보기 때문이다. 즉 이 우주(자연)는 생명의 끊임없는 자기 회복성을 가지고 있다고 보기 때문에 그 속의 악은 생명성의 잠깐의 결핍, 곧 회복하는 중의 부족한 점으로 간주하는 것이다.

그러나 가치평가는 항상 이원적으로 대립된 형식으로 논하지 않으면 안 된다. 선-악이 바로 그런 개념으로 쓰였다. 그러나 리-기로써는 이러한 이원적 가치대립을 잘 나타낼 수 없다. 그렇다면 리-기로 논하는 목적은 무엇인가? 성리학은 기의 교정(기질의 수정)을 통하여 본성이 잘 발휘되도록 한다는 도덕적 목적이 있다.[2] 이것이 소위 수양론인데, 요점은 기의 컨트롤이다. 그러므로 수양의 가능성을 인간의 기질에 (가능성으로) 열어 두는 것이 논리적으로 요청된다. 여기에서 리-기 개념이 선-악 개념과 병행하여 사용하게 된 이유이다.

그러나 두 개념은 성격이 다르므로 부딪치게 된다. 이것이 존재론적 범주(개념)인 리-기로 도덕론을 표현할 때 부딪치는 아포리아이다. 이것이 주자 당시에는 분명하게 드러나지 않았다. 조선조의 사칠논쟁을 통하여 분명히 드러나게 된 것이다.

2) 퇴계 이황과 고봉 기대승의 논쟁상의 문제

퇴계 이황은 추만(秋巒) 정지운(鄭之雲, 1509~1561)의 『천명도설』의 "사단은 리에서 발하고 칠정은 기에서 발한다〔四端發於理, 七情發於氣〕."

1) 여기에 대해서는 이동희, 「성리학의 선악관 : 와이-와이(y-Y)사고 양태」, 『동양철학연구』 제50집, 동양철학연구회, 2007 참조.

2) 이 점은 율곡 이이의 사상에 잘 나타나 있다. 이동희, 「율곡은 주기적이 아니면서 주기적이다」, 『동양철학연구』 제29집, 동양철학연구회, 2002 참조.

라는 말을 고치면서 '사단은 리의 발(發)' '칠정은 기의 발(發)' 〔四端是理之發, 七情是氣之發〕이라고 하였는데,[3] 이에 대해 고봉 기대승은 "만일 '사단의 발은 순수한 리이므로 불선(不善)이 없고, 칠정의 발은 기를 겸했으므로 선악이 있다' 라고 한다면 이는 리와 기를 두 물건으로 나누는 것입니다. 이것은 칠정이 성으로부터 나오지 않는 것이며 사단이 기를 타지 않는 것입니다." 라고 하였다.[4] 리-기라는 존재론적 개념으로 인간의 정의 발로의 메커니즘을 이야기할 때는 리-기가 동등하게 작용해야 하는데, 사칠을 리-기로 나누어 말하면 이러한 문제점이 생긴다는 뜻이다.

고봉은 나아가 또 말하기를 "이제 서로 작용이 있다고 하면서 그 발용이 다시 서로 함께 있어야 한다고 하면, 리가 감정이 있고 생각이 있고 무슨 작용이 있는 것이 됩니다. 이는 마치 리-기가 두 사람처럼 하나의 마음 안에서 각처에 있다가 번갈아 작용하면서 주-종이 되는 것과 같습니다." 라고 하여[5] 리-기를 실체로 파악하면 호발설이 성립될 수 없다는 것을 말하였다. 퇴계가 다음에 말하는 '강조점에 따라 나누어 말할 수 있다' 는 점과는 다른 시각에서 말하였다. 두 시각은 전연 다른 시각으로서 두 사람이 서로 그것을 이해하지 못했다. 즉 존재론과 도덕론의 입론의 형식의 차이를 인식하지 못했기 때문에 생긴 오해이다.

그러므로 퇴계 이황은 이런 면을 약간 의식했던지 이렇게 말하였다: "(사단과 칠정) 모두 리기를 벗어나는 것이 아니라 하겠지만, 그 연원〔所從來〕에 근거하여 그 주된 바〔所主〕와 중요하게 여기는 바〔所重〕을 가리켜 말한다면 어느 것이 리이고 어느 것이 기라고 왜 못하겠는가?"[6] 가치

---

3) 『퇴계전서』 권41, 1-11면. 이하 『퇴전』이라 약함. 나중에 이황은 기대승과의 논쟁하면서 "四端, 理發而氣隨之, 七情, 氣發而理乘之" 라고 고쳤다.

4) 『퇴전』 권16, 13면.

5) 『고봉집』, 「사칠리기왕복서(하편)」, 22면. 今曰互有發用, 而其發又相須, 則理却是有情意; 有計度; 有造作矣. 又似理氣二者, 如兩人然, 分據一心之內, 迭出用事, 而互爲首從也.

입론(價値立論)의 형식으로서는 '리발-기발'로 말할 수 있다는 것이다. 가치입론과 존재적 사실에 대한 설명 방식은 다르다는 뜻인데, 기대승의 질문에 대해 답하는 과정에서 자신의 원래 의견을 설득하기 위해 말한 것이므로 가치입론과 사실입론의 차이를 분명하게 이황이 의식하고 있었다고 보기는 어렵다.[7)]

주자는 "측은·수오에도 중절·부중절이 있다."라고 하고,[8)] 또 "사단이 시시로 발동하는데, 바른 것도 있고, 바르지 않은 것도 있다."라고 하였다.[9)] 이것은 사단은 순선, 칠정은 가선가악이라는 도덕적 명제와는 다른 사고방식이다.[10)] 다시 말하면 사단과 칠정을 가치평가하는 것이 아니라 사단과 칠정이라는 인간 정의 메커니즘(作用機制) 내지 현상을 말하는 것이다. 이는 '사실'을 말하는 것이다.

---

6) 『퇴전』 권16, 10면. (四端七情)皆不外乎理氣, 而因其所從來各指其所主與所重而言之, 則謂之某爲理某爲氣何不可之有乎.

7) 오히려 퇴계는 심성론에서 심의 도덕적 기능의 발로, 즉 인간의 주체적 도덕의 작용이 심에 의해 이루어진다는 점을 매우 강조하여 '리발'을 주장하였다. 왜냐하면 심의 도덕적 근거는 성이고, 심은 성정을 통섭하기 때문에 '심의 도덕적 활동의 자발성'을 매우 중시하여 '리발'이라고 생각(표현)했다. 이것은 유가의 도덕론에서 이해될 수 있는 주장이다. 그러나 존재론(우주론)에서 퇴계는 '리선기후', '리발'을 주장한 경우도 있는데, 이는 성리학의 형이상학 이론에서 볼 때 맞지 않다. 도덕론적 관점이 존재 해석에 투영되었다거나, 아니면 가치와 사실의 혼재(불구분)의 자연법사상 체계에서 필연적으로 그렇게 될 수밖에 없었다고 할 수 있지만, 여하튼 성리학 이론에서는 맞지 않다. 형이상학적 범주로서의 리-기는 존재론에서는 가치우열이 없고, 선후가 없다. 퇴계의 호발론은 이러한 두 가지 자신의 사고방식과 동일한 연장선상에 있다. 이동희, 「퇴계 尊理說의 과정철학적 의미」, 『조선조 주자학의 철학적 사유와 쟁점』, 성균관대학교 유교문화연구소, 2006 참조.

8) 『주자어류』 권53, 중화서국, 1986, p.1285. 이하 『어류』라 약함. 惻隱羞惡也有中節不中節

9) 『어류』 권53, p.1293. 四者時時發動特有正不正

10) 그러므로 호발설을 주장한 퇴계는 "사단도 부중절이 있다는 것은 매우 신기하지만, 맹자의 본지가 아닙니다."〔四端亦有不中節之論, 雖甚新然, 亦非孟子本旨也〕라고 한 바 있다. 『퇴전』 권16, 41면.

그러므로 주자는 사단과 칠정을 서로 비슷한 것 끼리 견줄 수 있다는 식으로 말한 적도 있다.[11] 즉 "희로애오(喜怒愛惡)는 인의(仁義), 애구(哀懼)는 예(禮)에, 욕(欲)은 수(水)에 속하므로 지(智)에 견줄 수 있다.(그러나 대략 그렇게 말할 뿐 나누기 어렵다)"라고 하였다.[12] 주자의 이 말도 인간 정(情)의 발로(發.露) 방식이라는 현상을 말한 것이라 할 수 있는데, 이를 보면 주자 역시 가치입론과 사실입론의 차이를 의식하지 못하고 있었음을 알 수 있다.

사단에도 중절-부중절이 있다면 중절 속에 다시 두 가지로 '좋은 것-나쁜 것' 으로 구분할 수 있다. 그렇게 되면 논리가 무한정(無限定) 계속된다. 사단을 리발이라고 한 것은 칠정에 대해 상대적으로 말한 것이다. 같은 논리로 칠정도 그렇게 말할 수 있다. 즉 칠정이 '가선-가악' 이라면 칠정에 선한 것이 있을 수 있다(칠정을 전적으로 악하다고 할 수 없다). 이때 칠정의 선과 사단은 같은 것인가 다른 것인가 하는 문제가 또 생긴다.[13]

이렇게 되면 철학적 논의는 무의미하게 된다. 이것이 사단칠정론 속에 내재된 철학적 아포리아, 즉 가치와 사실의 대립 문제이다. 이런 문제가 조선조 사단칠정 논쟁을 통하여 드러난 것이다. 이후 조선조에서는 학파를 형성하면서 계속 이것을 철학적 사유의 주제로 삼았다.

---

11) 『어류』 권87, p.2242; 2245; 권53, p.1297.

12) 『어류』 권87, p.2242. 喜怒愛惡是仁義, 哀懼主禮, 欲屬水則是智. (且粗恁地說, 但也難分)

13) 여기에 대해서는 두 개의 시각이 평행선을 달릴 수밖에 없다. 퇴계식의 '사단 존중론' 이 '호발론' 이며, 인간 정은 한 가지 칠정인데, 사단은 그 중에서 특별한 것을 골라낸 것이라는 '七包四論' 이 된다. 이것이 사단칠정론의 결론이라고 모두 생각하면 문제는 생기지 않는다. 그러나 어느 것도 '사실이 그렇다' 정도로 생각한 결과일 뿐 도덕적 의미는 결코 가지지 못한다. 그러므로 논쟁이 불가피하게 일어날 수밖에 없는 것이고, 그 논쟁 자체가 도덕적 의미가 있는 것이다.

3) 율곡 이이와 우계 성혼의 논쟁상의 문제

퇴계 이황과 고봉 기대승의 논변 이후 율곡 이이와 친구 우계 성혼 간에 논쟁이 또 이어졌는데, 이이는 기대승의 말이 옳다 하고, 성혼은 이황의 말이 옳다고 하여 서로 논쟁을 벌였다. 이때 '인심도심' 문제가 추가되어 함께 논의되었다. 이이는 사단과 칠정을 대립시켜 말할 수 없다고 하였다. 그 이유는 칠정은 인간 감정의 총칭(總稱)이고, 사단은 그 가운데서 맹자가 특별히 골라내어 말한 것이므로 두 가지로 나누어 말할 수 없다고 하였다.[14] 이것 역시 기대승의 관점과 같이 인간 심리 작용의 메커니즘을 말한 것이다. 인간 정(情)의 발현(發現)은 한가지라는 설은 물론 타당하다고 볼 수 있다. 그러나 사단과 칠정을 두 가지로 말하는 것은 도덕적 가치를 대립시켜 말하고자 하는 윤리적 요청이지 심리적(心理的) 작동기제(作動機制)를 말하려고 한 것은 아니다. 다만 가치 대립을 말하는데 선-악 대신에 리-기라는 개념(기호)을 사용한 데서 문제가 야기된 것이다. 그러므로 이이가 말한 것은 원래의 사단칠정론과 취지가 다른 것이다.

이이 역시 유가의 도덕론을 벗어나지 않았으므로 도덕론적 입론(立論)의 필요성이 없어진 것은 아니다. 그러므로 이이는 성리학의 인심도심론(人心道心論)을 빌려 이 문제를 해결하려고 했다. 즉 그는 인심-도심은 상대적으로 입론한 것이라고 말하였다. 즉 그는 말하기를 "심은 하나인데 인심이니 도심이니 말하는 것은 성명(性命)과 형기(形氣)의 차이인 것이다. 정은 하나인데 사단이니 칠정이니 말하는 것은 리를 전언(專言)한 것과 기를 겸언(兼言)한 것이 서로 다르기 때문이다. 그러므로 인심·도심은 서로 겸(兼)할 수 없고 서로 시종(始終)이 된다. 그러나 사단은 칠정을

---

14) 『율곡전서』 권9, 35면. 이하 『율전』이라 약함.

겸할 수 없으나 칠정은 사단을 겸한다."라고 하였다.[15] 여기서는 이이의 사단칠정에 대한 견해도 함께 나타나 있다. 인심-도심은 사단-칠정의 관계와 달리 상호 대립(對立)한다고 하였다. 그것은 성명-형기의 대립에서 연유한 것으로 사단-칠정처럼 서로 겸할 수 없다고 본 것이다. 그런데 문제는 인심-도심은 서로 시종이 된다고 한 점이다.[16] 그것은 무슨 뜻인가?

이에 대해 이이는 말하기를 "사람 마음이 성명의 올바름에서 바로 나오다가도 끝까지 순하게 나가지 못하고 사사로움에 막히면, 이는 처음에 도심이었으나 나중에 인심으로 끝나게 된 것이고, 처음에는 형기에서 나왔으나 바른 이치를 어기지 않았으면 분명 도심에서 어긋나지 않는다. 또 혹 바른 이치에서 어긋났더라도 잘못을 알고 억제하고 욕망을 따르지 않았다면 이것은 처음에 인심으로 시작했으나 나중에는 도심으로 끝난 것이다."라고 하였다.[17] 이것은 인심과 도심을 인간 감정의 발로에서의 두 측면(방향; 길)으로 본 것이다. 두 개의 방향이 있다는 것은 두 개의 마음으로 실체화(實體化)시켜 보았다는 것은 아니지만 두 개의 인간 감정의 발로(發露)를 대립하는 가치로 본 것은 틀림없다. 인간 마음의 선-악 갈림길에서 선택 과정을 거쳐 어느 한 방향으로 가게 된다는 의미이고, 선택을 도덕적으로 선(善)의 방향으로 가기 위해 인간은 노력, 즉 수양을 해야 한다는 메시지를 담고 있다. 그러므로 실재하는 두 개의 감정은 시종이 된다고 했다. 이것을 보면 이이는 인심도심론으로 그의 도덕가치론(道德

---

15) 『율전』 권9, 34면. 心一也而謂之道謂之人者, 性命・形氣之別也. 情一也而或曰四或曰七者, 專言理兼言氣之不同也. 是故人心道心不能相兼, 而相爲終始焉. 四端不能兼七情, 而七情則兼四端.

16) 율곡이 참조한 정암 나흠순은 '인심도심체용론' 을 주장하였다.

17) 『율전』 권9, 34-35면. 人之心直出於性命之正, 而或不能順而遂之, 閒(=間)之以私意, 則是始以道心而終以人心也. 或出於形氣而不咈乎正理, 則固不違於道心矣. 或咈乎正理而知非制伏, 不從其欲, 則是始以人心而終以道心也.

價値論)을 전개하고 있었음을 알 수 있다.[18] 이러한 입장은 퇴계 이황의 리발-기발 형식으로 도덕가치론을 입론한 것과 별다른 차이가 없는 셈이다. 그런데 인심-도심의 가치 대립은 선-악의 가치평가와는 다른 면이 있다. 여기에서 이이가 어려움에 부딪혔다.

선-악이라 하면 하나의 평가어(評價語)로서 순수한 개념(概念; 記號)에 불과하지만, 인심-도심이라 하면 이는 인간 감정의 실재(實在)이며 마음의 발로라는 현상이다. 단순한 개념이나 부호로 사용할 수 없는 측면이 있다. 단순히 부호로 사용한다면 별문제가 없지만, 이 용어는 사람들이 그렇게 사용할 수 없다. 즉 도심은 순수한 도덕심, 인심은 인간의 욕망이 개재된 나쁜 '마음(감정)'의 '실재'로 보게 된다. 그런데 이때 '인심'을 과연 악으로 볼 수 있느냐 하는 문제가 생긴다. 주자도 "인심을 전적으로 좋지 않다(악하다)고 하면 안 된다. 그러면 인심은 위태롭다고 하지 말았어야 했다. 인심은 악으로 가기 쉬우므로 위태롭다고 했다."라고 한 바 있다.[19]

이이 또한 인심을 인욕(人慾)이라 보지는 않았다. 즉 그는 "도심은 순수한 천리(天理)이므로 유선무악〔선만 있고 악은 없다〕이지만, 인심에는 천리도 있고 인욕도 있으므로 선하기도 하고 악하기도 하다."라고 하였다.[20] 또 그는 "인심이 어찌 불선(不善)하리요. 과불급(過不及)이 있어서 악에 흐른 것이다."라고 규정하였다.[21] 또한 율곡은 "칠정은 인심·도심을 합하여 말한 것이다."라고 하면서,[22] "(발하는 것은 기이고, 발하게 하

18) 이이는 인심-도심을 말하면서 주리-주기로 나누어 말하지 않을 수 없다고 했다. 『율전』 권10, 4-5면; 28면. 이러한 대립적 입론 방식은 이황 호발론의 입론 방식과 취지가 같다.

19) 『어류』 권78, p.2010.

20) 『율전』 권14, 4면. 道心純是天理, 故有善而無惡; 人心也有天理也有人欲, 故有善有惡.

21) 『율전』 권10, 13면. 人心亦豈不善乎. 由其有過有不及而流於惡矣.

는 것은 리이다. 발할 때 바른 이치에서 바로 나와서 기가 작용하지 않았다면 도심이고, 칠정의 선한 부분이다.) 발할 때 기가 이미 작용하면 인심인데, 바로 칠정이고, 그 속에 선과 악이 다 있다."라고 하였다.[23] 그러므로 결국 인심은 선·악이 다 있는 것(선-악의 合)으로 도심과 선-악으로 대립하는 것이 아닌 셈이다.

주자는 말하기를 "인심은 전적으로 인욕이 아니다.(……) 목마르면 마시고 배고프면 먹는 것이나 눈이 보고 귀가 듣는 것과 같은 것인데, 나쁘게 흐를 위험이 있으므로 위태롭다 하는 것이다."라고 하였다.[24] 주자는 또 "인심·도심은 교계(交界; 상대적으로 엇물려 消長)이지 두 개의 사물이 아니다. 천리·인욕도 교계처(交界處)이지 두 개의 사물이 아니다. 호오봉(胡五峰)이 '천리와 인욕이 같이 가지만 내용은 다르다' 라고 한 것은 맞는 말이다."라고 하였다.[25]

주자의 이러한 설을 보면 인심·도심(천리·인욕도 마찬가지이다)은 형기-성명, 리-욕, 공-사처럼 대립하지만, 또 서로 '소장(消長; 엇물려 변화)' 관계에 있는 것이 된다(즉 천리 아니면 인욕, 인욕 아니면 천리 이런 식이 소장 관계이다). 그러나 우리가 윤리적 가치 판단을 할 때는 상대적으로 평가할 수밖에 없으므로 자연 선-악처럼 대립하게 된다. 대립시키면 '실재화(實在化)' 하여 보게 된다(實在的 定位). 선-악을 소장관계로 보는 것은 유교에서 악을 '절대악' 이라 보지 않고 선의 '결핍태' (과·불급)로 보고자 하는 선악관과 유관하다. 그러므로 유교에서는 선-악(인심-도심

---

22) 『율전』 권10, 7면. 七情, 合人心道心而言之也.

23) 『율전』 권9, 36면. (發者氣也, 發之者理也. 其發直出於正理, 而氣不用事, 則道心也, 七情之善一邊也.) 發之之際氣已用事, 則人心也, 七情之合善惡也.

24) 『어류』 권118, p.2864.

25) 『어류』 권78, p.2015. 大抵人心道心只是交界, 不是兩箇物. 天理人欲是交界處, 不是兩箇. 嘗愛五峰云: 天理人欲, 同行而異情.

등) 관계는 이중적(二重的) 관계가 설정(設定)되고 있다고 할 수 있다. 따라서 율곡의 인심도심상대종시론(人心道心相對終始論)은 유교와 주자의 이러한 취지를 반영한 것이라고 하겠다.

그러면서 율곡은 앞에서 말한 대로 "인심은 선악이 다 있다.", "칠정은 인심 · 도심의 합이다.", "인심은 칠정으로 선악의 합이다."이라 하여 인심을 전적으로 악하다고 하지 않았다. 이것은 '칠정기발(七情氣發)' 이라 하여 칠정의 선에로의 가변성(可變性)을 기대하는 것과 같이 인심의 '선의 가능성' 을 기대하는 것이 아니겠는가? 여기에 가치론적 입론에서는 선-악으로 대립시키지만 동시에 선-악은 소장 관계, 즉 절대악을 인정하지 않는 사고방식이 이중적(二重的)으로 겹치고 있다.[26] 율곡의 인심-도심 상대종시론(相對終始論)과 인심겸유선악론(人心兼有善惡論)은 입론 형식에서는 모순인 것은 사실이지만, 이는 율곡설의 착오라기보다 악에 대한 중세종교적(中世宗教的) 견해와 도덕론에 필요한 입론(立論) 형식(가치 대립적 입론) 사이의 충돌이라는 주자학(성리학) 본래의 아포리아라고 보아야 할 것이다.

3. 유기론(唯氣論)의 철학적 아포리아(난문제)

1) 기(氣)의 '생의(生意)'

녹문 임성주의 사상 형성에 영향을 준 것은 '우주일기(宇宙一氣)' 에서 기의 우주론을 전개한 송대 횡거 장재와 명대 리기혼일을 주장한 정암 나

---

26) 이에 대한 자세한 설명은 전게 이동희, 「성리학의 선악관 : 와이-와이(y-Y)사고 양태」 참조.

흠순이다.[27] 그는 당시 유행한 인물성론에서는 인물성이론을 주장했지만, 호론의 그러한 주장과 취지가 약간 달랐다.[28] 그러므로 그의 사상의 핵심은 우주일기론에서 '기일분수(氣一分殊)'를 주장하고, 심성일체론에서 기질지성-본연지성 구분을 부정한 데 있다. 심성일체론은 심과 성의 밀접한 관련성을 논한 것으로 이미 나흠순이 주장하여 당시 여러 학자들에게 리기혼일론과 더불어 영향을 널리 미쳤다.[29] 이는 주자학의 리의 철학, 즉 리를 지나치게 강조한 데 따른 반형이상학 경향에서 나온 것으로 명대 16세기 이후 하나의 시대사조로서 유행하였다. 그 기저는 역시 리의 초월화, 실체화 반대, 기의 현실성, 구체성의 강조라는 사상적 전환을 함축하고 있다. 기의 강조는 거슬러 올라가면 장재의 기론에 가닿는다. 또한 기의 우주론은 이미 고대 중국에서부터 자연을 설명하는 중요한 사고방식이었다(나중에 음양오행론의 패러다임으로 세련화되었다).

리기론에서 녹문은 우주일기론을 강하게 내세웠는데, 이는 기의 자연현상 속에 '생의'가 있다는 데서 착안하였다. 그는 말하기를 "그렇게 하지 않아도 저절로 그러하여 스스로 하나의 '허원성대(虛圓盛大)한' 사물〔物事〕이 있어서 아득히 광대하게 퍼져서 안과 밖도 없고 나뉨도 없으며 경계도 없고 시작과 끝도 없이 전체가 밝게 혼융되니, 모두 생의가 유행

27) 이에 대해서는 이동희, 「녹문 임성주 유기론의 과정철학적 의미 고찰」, 『철학논총』 제32집 2권, 새한철학회, 2003 참조.

28) 임성주의 유기론은 나흠순의 리기혼일의 관점을 계승한 것인데, 나흠순의 리기혼일론은 우주론보다 심성론에서 더 큰 역할을 하였다. 그러나 나흠순의 우주론은 오히려 유기론적이었다. 임성주의 유기론도 이러한 리기혼일적 심성론과 연관이 있다. 당시의 심성론은 인물성동이논쟁이었는데, 임성주의 리기혼일적 관점은 이 인물성동이논쟁을 종합 지양하려는 노력의 일환으로 나온 것이다. 최영성, 『한국유학사상사 IV』, 아세아문화사, 1995, p.342 참조.

29) 이에 대해서는 이동희, 「나흠순 성리설의 특성」, 『유학연구』 제8집, 충남대 유학연구소, 2000 참조.

불식(流行不息)하고 생물불측(生物不測)하는 것이다. 그 본체〔體〕를 천(天), 원기(元氣), 호기(浩氣), 태허(太虛)라 하고, 그 생의를 덕(德), 원(元), 천지지심(天地之心)이라 하고, 그 유행불식은 도(道), 건(乾)이라 하고, 그 불측(不測; 알 수 없음)은 神이라 하고, 그렇게 하지 않아도 그러한 것은 명(命), 제(帝), 태극(太極)이라 한다. 모두 이 허원성대한 사물에 있어서 나누어 이름 붙인 것일 뿐 내용은 하나이다.(小注: 그렇게 하지 않아도 그러한 것을 소위 자연이라 한다)"라고 하였다.[30)]

그렇다면 임성주는 주자학의 리는 어떻게 처리하고 있는가? 그는 리를 '소이연(所以然)', 즉 원리나 원인으로 보는 것을 거부한다. 이는 리를 형이상학적 실재로 보는 것을 거부함을 의미한다. 즉 그는 말하기를 "주자가 천(天)을 리(理)로 해석한 것은 일음일양(一陰一陽)을 도(道)로 생각하는 것과 같으니, 이는 '기역도, 도역기(器亦道, 道亦器)'[31)]의 묘를 들어내기 위한 것이다. 어리석은 자는 이를 알지 못하고 푸른 것이 하늘이 아니고 그 위에 별도로 소이연의 리가 있어 천이 된다고 생각하니 매우 허황하다."라고 하였다.[32)]

그는 이러한 리를 기의 '자연히 그러함' 바로 그것이지 기에 원인을 제공하는 어떤 실재로 보아서는 안 된다는 것이다. 즉 그는 말하기를 "우주에는 위아래, 안과 밖, 끝도 시작도 없이 가득 차서 수많은 조화와 수많은 만물을 만들어 내는 것이 하나의 기일 뿐이다. 리자를 들여놓을 조그만 틈도 없다. 기의 능(能; 기능)이 이와 같이 성대하고 이와 같이 작용하는 것은 누가 시키는 것이겠는가? 자연히 그러함에 불과하다. 이 '자연이라

30) 『녹문집』 권19, 1면, 「녹려잡지」.

31) 이 말은 명도 정호의 말인데, 나흠순도 정호의 이 말을 좋아하였다. 왜냐하면 理氣渾一的 발상이 자기와 같기 때문이었다. 임성주도 이 말을 좋아하였다. 『녹문집』 권10, 38면, 「散錄」.

32) 『녹문집』 권19, 2면, 「녹려잡지」.

는 곳' 에서 성인은 도라든가 리라고 이름하였다. 그리고 그 기는 공허한 것이 아니고 전체가 밝게 융화되고 안팎이 꿰뚫었으니, 이는 모두 생의(生意)이다."라고 하였다.[33] 그가 리를 이렇게 부정하고, 우주의 작용에는 기에 의해서만 이루어진다고 한 때문에 사람들은 그를 '유기론자(唯氣論者)' 로 보게 된 것이다.

원래 중국 고대 기 사상에는 '생명성', 즉 '생의' 로서의 기의 작용성이라는 발상이 있었다. 그러므로 이 생의로서의 기 속에 리나 도, 다시 말하면 자연의 섭리 자체가 해소되었다. 그것은 고대인들이 기 자체에 운동성이 있음은 물론 그 작용이 신성하며, 시공간을 초월해 있다고 생각했기 때문이다.

유기론자들은 기로써 우주를 충분히 설명할 수 있는데, 리기론자들이 왜 리를 원리나 원인으로 요청하는지 이해를 하지 못했다. 이는 앞에서 말한 대로 과정철학에서 존재의 근거를 찾기 위하여 원자와 같은 불변의 실체를 상정할 것이 아니라 존재의 기본 구성체인 '현실적 존재' (actual entity) 이상으로 나아갈 필요가 없다는 것과 유사한 발상이다.[34]

임성주나 기론에서는 기의 이 생명성이 바로 자연이며, 생의며, 자연의 섭리며, 또한 신(God) 자체여서 따로 초월자를 필요로 하지 않았다. 그러므로 그는 주자학에서 최고의 궁극자로서 과정철학의 신에 비견되는 태극을 기라고 규정하였다.[35]

그리하여 그는 심지어 기의 자연성에 대한 신뢰가 너무 강한 나머지 성

---

33) 『녹문집』 권19, 2-3면, 「녹려잡지」.

34) 화이트헤드(A. N. Whitehead)는 실재의 궁극 단위를 '현실적 존재' 라고 하여 이 현실적 존재를 떠나서는 아무것도 존재하지 않고, 이 현실적 존재를 넘어서 보다 더 실재적인 것을 찾으려 해도 소용없다고 하였다. 화이트헤드, 오영환 역, 『과정과 실재』, 민음사, 1991, p.73.

35) 『녹문집』 권19, 3-4면, 「녹려잡지」.

리학의 다른 한 축인 도덕론에서도 이 이론을 적용하였다. 즉 그는 말하기를 "리자의 뜻을 생각해 보면 '자연' 이란 두 글자로 족하다. 당연이나 소이연 같은 것도 그 귀결점은 모두 자연이다. 자식은 효도하고 부모는 자애로우며, 임금은 어질고 신하는 공경하는 것이 소위 당연이다. 이것은 모두 천명(天命)과 인심(人心)의 자연에서 나와서 그치지 않는 것으로 이것이 소위 소이연지고(所以然之故)라는 것이다." 라고 하였다.[36] 그러나 여기서 임성주는 소이연지고라는 원인(존재의 영역)과 소당연이라는 당위(가치의 영역)를 구분하지 않고 있다. 원래 성리학이 천인합일의 자연법사상이어서 존재와 당위를 일치시켜 보지만, 입론할 때는 구분하여 말하지 않을 수 없는 것이다. 또 그는 당위를 자연과 일치시켜 설명하는데, 이는 자연이라는 개념을 도덕론에까지 지나치게 확대한 것으로 주자학의 소이연-소당연 체계에서 보면 지나치게 기의 우주론에 치중한 것이 된다. 주자학 측면에서 보면 후퇴한 것이라 할 수도 있다.

2) 기일분수(氣一分殊)

임성주의 이러한 유기론적 발상은 나아가 기를 리라고 해도 된다는 데까지 나아갔다. 즉 그는 말하기를 "자연, 당연이라는 것도 별개의 것이 아니고, 다만 기 위에 나아가 말하는 것이다. '연(然)' 자는 바로 기를 가리키고, '자(自)' 자 '당(當)' 자는 부질없이 붙어서 그 뜻을 형용한 데 불과하다. 진실로 이 뜻을 알면 기를 가리켜 리라고 해도 안 될 것이 없다." 라고 하였다.[37]

임성주의 경우 이 우주에 가득 찬 것이 기라고 보았으므로 그 기의 분

---

36) 『녹문집』 권19, 2면, 「녹려잡지」.

37) 『녹문집』 권19, 3면, 「녹려잡지」.

화로서의 기의 개별화를 생각하면 기일분수라는 주장이 가능하다. 그러나 여기에는 하나의 조건이 부가될 것이다. 즉 '기일(氣一)' 이라는 것이다. 이 '기의 일' 은 흔히 유기론자인 장재나 서경덕의 경우 '기의 본체', 즉 '태허(太虛)' 를 상정한다. 임성주의 경우도 예외가 아니다.

그렇다면 임성주의 기의 일, 즉 기의 본체는 어떻게 나타나고 있는가? 그는 이것을 '담일청허지기' 라고 하였으며, 이 입장에서 이이의 리통기국을 비판하였다. 즉 그는 말하기를 "율곡 선생은(……) 리통기국을 논하면서 기를 만수에 돌리고, 또 담일청허지기는 있지 않은 곳이 많다 하였다. 그런데 그 귀결처를 보면 리기를 이물(二物)로 보는 혐의를 면하지 못한다." 라고 하였다.[38] 이와 같이 임성주는 기를 보편성의 근거로 보아 담일청허지기를 기의 본체로 보았다. 이는 우주의 궁극자를 기로 대체한 것이다. 이러한 발상의 배경에는 나흠순처럼 리기를 혼일하게 보려는 관점이 있고, 이 관점에서 이이를 비판한 것이다.

원래 이이가 리통기국이라 한 것은 리일분수에 대한 설명이다. 즉 리에는 보편성의 근거(원인)를, 기에는 개별성(분수성)의 근거(원인)를 갖다 대기 위한 설명 도구이다. 이는 리와 기는 항상 밀접한 관련이 있다는 형이상학적 원리 자체를 전제로 하고 있다. 임성주가 리와 기의 밀접한 상관성을 전제로 하면서 설명의 편의상 리-기를 나누어 상대적으로 설명하는 방식 자체를 거부한다면 결국 논의는 원점으로 돌아가고 우리는 리와 기에 대해 한마디도 할 수 없거나 아니면 동어반복(同語反復; 토톨로지)만 하게 될 것이다.

임성주처럼 기의 본체를 상정하고 리를 형이상학적 실재로 보지 않는

38) 『녹문집』 권19, 7면, 「녹려잡지」. 그런데 「녹려잡지」 후반부에 보면 리통기국이 리기를 둘로 나누는 것이 아니라는 것을 알게 되었다고 피력하고 있다. 『녹문집』 권19, 24면, 「녹려잡지」. 그러나 그의 기본사상인 우주일기론에는 변함이 없다.

다면 기일분수로써 우주의 생성 변화를 설명할 수 있다. 그런데 이 기는 리기이원론자들이 개별성의 원인으로 보듯이 움직이는 과정에서 청탁수박과 같은 여러 편차가 생기게 되어 있다. 유기론자들은 이를 어떻게 받아들이는가? 유기론자들도 이 움직인 기를 장재의 설명과 같이 '유기분요(遊氣紛擾)' 라 하여 기의 편차 생성을 인정한다.[39]

그렇다면 기의 본체와 움직인 기, 즉 유기는 어떤 관계에 있는가? 양자는 동일 차원에 있는 것으로밖에 볼 수 없는데, 양상은 달라도 본질은 변함이 없을 것이다. 그렇다면 양자의 차이는 어떠한가? 질적인 차이는 없다고 보아야 한다. 그럼에도 기의 본체를 상정하는 것은 기가 가지고 있는 '생의(生意)' 때문이다. 그러므로 임성주는 말하기를 "각기 일기로 된다 할지라도 기의 근본은 개물(個物)에 즉하여 있지 않음이 없으니, 그 응취에 따라 기의 근본이 발현한다. 응취하여 물이 되면 그 윤하(潤下)하여 곧 기의 발현으로 물의 성질을 이루고, 불이 되면 염상(炎上)하여 불의 성질을 이룬다. …… 이 기의 생의의 작용 아님이 없다." 라고 하였다.[40]

기의 본체의 성격에 이 생의라는 특성이 들어 있다는 것에 유의할 필요가 있다. 이렇게 되면 기의 본체와 유기는 '생의' (생명성)에 의해 동질적인 것이 되는 것이다. 즉 '기일분수' 인 셈이다.

담일지기가 유기분요하여 사물의 다양성을 만들어 내는데, 그것이 기의 자체 운동인에 의해 가능하다고 한다면 과연 거기에 질서는 있는가, 또 우주 전체의 조화는 미리 계획된 바가 없는가, 개물의 개체화와 우주 자체의 계획과는 아무런 관계가 없는가 하는 것이 문제로 대두된다. 또 기의 자연이라는 것이 질서성을 전제로 한다면, 그것은 기의 차원과는 다른 소위 이데아의 세계를 말하는 것이 아니겠는가 하는 의문도 일어날 수

39) 『녹문집』 권19, 6면, 「녹려잡지」.

40) 『녹문집』 권19, 6면, 「녹려잡지」.

있다.

리기이원론자들의 우주론은 리, 기, 그리고 태극이라는 세 개념을 가지고 형이상학 체계를 구성했다. 이것은 과정철학과 유사한 발상이다. 그러나 이 형이상학 체계 속에 기의 유기체론은 그대로 잔존하여 우주의 생성과 변화, 만물의 다양한 존재 양태를 기로써 다 설명한다. 그런데 이 기 속에 '생명성' (생의)이라는 속성이 원래부터 부여되어 있었다. 왜냐하면 이 생명성으로 인하여 기의 유기체론 자체가 성립하기 때문이다. 그러므로 기론자들은 이 생명성을 중시하여 기의 운동의 목적성과 질서성을 절대적으로 믿었다.

그뿐만 아니라 유기론자들은 더 나아가 기의 근본(본체)을 상정함으로써 기의 이 생명성과 질서성을 더욱 특성화하였다. 그리하여 이 기의 본체로서 리기이원론의 리의 원리성을 대체할 수 있다고 생각하게 되었다. 원래 기론자들은 리의 실체화를 강하게 부정한다. 그렇다면 그들이 상정하는 기의 본체는 실체인가 아닌가? 만일 기의 생명성을 강조한다면 기의 본체도 이미 움직인 유기와는 달리 추상화(초월화)되고 실체화하게 될 것이 아니겠는가?

주자는 장재의 기론을 흡수하여 우주를 자연철학적으로 설명하는 데(음양오행론) 중요한 방법으로 응용하였다. 그러면서 도덕의 근거를 말하기 위하여 리의 '소이연-소당연' 이라는 이중 구조론을 방법으로 사용하였다. 여기에 리기이원론이라는 형이상학이 필요하였고, 우주의 궁극자로서 다시 태극(리 중의 리=통체태극)을 상정하였다. 그리하여 만물의 다양성을 리일분수로 설명하고, 본연지성-기질지성이 같다는 것을 '통체태극-각구태극' 과 같은 논리로써 설명하였다. 임성주처럼 장재의 기론(우주일기론)을 취하여 '담일청허의 기의 본체' 를 주자의 리에 대신하여 초월화시키면(이데아처럼 생각하면) '기일분수'도 가능하게 된다. 그리하여 '리일분수'도 '기일분수'를 전제하고 있다는 논리도 나온다. 인간을 포함하여 우주 만유를 평등하게 논하는 존재론과 인간의 우주에서의 월등한 위치를 논하는 도덕론 사이에 괴리가 존재하는 것이다. 다시 말하면 자연법칙에서 인간 도덕 규범을 연역해 내는 천인합일적(天人合一的)인 자연법사상에서는 불가피하게 제기되는 문제이다. '리기는 불상리잡이다', '심성은 하나이면서 둘이다'라는 명제가 이런 중세적 사상을 잘 나타내고 있다. 이것은 하나의 단순한 논리로 풀 수 없는 철학적 아포리아로서 주자학에 내포된 것인데, 임성주의 사유의 논리상에서 표출된 것이다.

4. 결어

이상을 요약하면 다음과 같다.

먼저 사단칠정론에 내재된 아포리아는 가치와 사실의 상충 문제가 있다. 이황의 호발론 내지 주리론은 가치론에 치중하여 사단의 가치를 칠정에 비해 상대적으로 높이려는 시도이며, 이이의 칠정의 사단 포함론(칠정단일론)은 심성의 구조, 즉 마음의 작동기제(감정의 발로 작용)를 중시한 설명 방식이다. 일종의 이상주의적 도덕론과 현실주의적 도덕론의 대립이라고도 할 수 있다.

여기에 선악 대신 리기 개념을 형이상학적 범주에서 원용하여 사용함으로써 존재론적으로 동등한 개념인 리-기가 도덕론에서는 가치우열을 자연히 노정하게 되는 모순이 드러난 것이다. 또한 칠정 규정에 기 개념을 사용함으로써 칠정을 전적으로 악한 것으로 보지 않고, 가선가악(可善可惡)이라 하여 선(善)에의 가능성을 열어놓으려는 점이 함께 고려됨으로써 논리가 한층 복잡하게 되었다는 점이다.

여기에 더하여 주자가 사단에도 중절(中節)하지 못한 것(善하지 못한 것)이 있다고 하여 사단과 칠정을 가치 대립으로 보려는 논리에 혼선을 야기하기도 했다. 이러한 것이 원래 주자학에 내재되어 있던 것이고, 주자 역시 유기체우주론, 자연법사상 등 중세적 사유방식의 한계를 당시에는 스스로 인식하지 못했기 때문에 그를 존숭하는 후학들이 논의를 계속한 것이다. 특히 주자를 신격화하는 조선조에서는 더욱 주자학의 한계를 객관적으로 보지 못하고, 주자학을 깊이 천착하였는데, 그 과정에서 이러한 철학적 아포리아가 잘 드러난 것이다(철학적 사유 문화로 보면 큰 소득이라고 할 수 있다).

조선조 후기에 유기론, 유리론이라는 주자 리기론을 양극단으로 전개한 이론이 있는데, 여기서 녹문 임성주의 유기론의 특성과 한계를 살펴보았다.

임성주는 나흠순의 영향을 받아 우주일기론을 제창하였다. 그 연원은 횡거 장재에 있고, 우리나라에서는 조선조 화담 서경덕이 이러한 사상을 가지고 있었다. 그러나 이 우주일기론은 주자의 우주론 속에 이미 수용되어 형이상학 체계인 리기이원론과 병행하여 주자학의 우주론을 형성하였다.

주자의 형이상학적 이론으로서 리일분수론(理一分殊論)이 있는데, 이는 중세 종교론과 같이 만유의 존재 방식을 설명하는 수단이다. 즉 우주의 궁극자(종교적으로는 창조자나 절대자에 해당)가 어떻게 만유와 관계를 맺느냐 하는 것을 나타내는 이론이다. 달리 말하면 궁극자의 초월과 내재가 되는 셈이다. 우주의 궁극자는 만유에 대해 자기의 본질 그대로(온전히) 분유(分有)시켜 주었다고 하는 것이 핵심이다. 이를 성리학에서는 리일분수, 또는 통체태극과 각구태극이 같다는 식으로 표현한다. 불교의 비유를 빌려 월인만천(月印萬川)이라 설명하기도 한다. 인간을 포함한 만유의 본성(본질)이 더할 나위 없이 선하고 훌륭하고 모두 동등하다는 중세적 종교 이념을 나타내고 있다.

임성주는 우주일기론 입장에서 리일분수는 기일분수 전제 위에 서 있으므로 기일분수(氣一分殊)라고 해도 된다고 하였다. 그가 우주일기론을 주장하는 주요 이유는 기의 운행이 이루어지고 있는 이 자연에서 '생의(生意)' (생의 에너지)를 보았기 때문이다(이 생의를 기론=유물론적이 아니라 이데아=원리로서 본다면 유리론=唯理論이 될 수도 있다). 원래 기는 이미 움직였고, 그리하여 청탁수박(淸濁粹駁)이 있기 때문에 자연의 섭리라든가 원리, 이데아, 우주의 궁극자 등을 말할 때는 리로써 표현하는 것이 적당하다.

그러나 나흠순식의 리기혼일(理氣渾一; 理氣不相離)이라는 관점이 허용된다면 리일분수를 기일분수로 표현해도 될 것이다(우주일기론에서는 원리로서의 리가 부정되므로 자연히 리기혼일이 된다), 다시 말하면 리일분수론이 기일분수론 위에 서 있다는 설을 완전히 부정하기는 어렵다. 왜냐하면 '생의' 로 충만한 유기체 우주는 기로도 설명할 수 있고 리로도 설명 할 수 있기 때문이다(화이트헤드의 과정철학과 비교해 보면 분명히 알 수 있다).

이러한 논리적 전개의 여지는 이미 주자학 속에 내재되어 있다. 다만 임성주의 사유에 의해 좀 더 논리적으로 전개된 것뿐이다. 이 역시 간단하게 해결할 수 있는 것이 아니라면 철학적 아포리아가 이 속에도 숨어 있다.

제10장

다카하시 도루(高橋亨)의 조선조 주자학 연구의 허와 실

—오늘날 철학적 관점에서의 비판적 고찰

1. 서언

다카하시 도루(高橋亨, 이하 다카하시라 약칭)의 조선조 주자학 연구에 대한 장점과 단점은 그동안 여러 사람에 의해 거론이 많이 되었다.[1] 본 글에서 말하는 '허'와 '실' 역시 장점과 단점을 말한다. 그런데 단점에 대해서는 소위 '식민지 사관'을 중심으로 조선조 학술을 폄하한 점을 비교적 자세히 언급하였으나, 장점에 대해서는 평가가 인색하다 할 정도로 지적한 논문도 적고, 그 지적도 피상적이다. 또 최초의 근대 서구 학문적 방법론을 원용한 조선조 유학 또는 주자학 연구라고 하는 장점을 포괄적으로 표현했을 뿐이다. 다시 말하자면 단점을 말하기에 급급하여 장점을 철학

1) 이에 대하여 본 논문이 참조한 그와 같은 논문을 자세히 각주에 '목록'을 또 붙이는 것은 번거로운 일이라 생각하여 생략한다. 다른 여러 논문의 앞부분에 나오는 각주, 또는 '참고문헌'을 참조 바란다.

적 시각에서 자세히 언급하지 못하였다. 특히 「조선 유학사에 있어서 주리파 · 주기파의 발달」(이하 「주리파 · 주기파」라 약함)[2]을 자세히 들여다보면 장점과 동시에 또한 단점을 동시에 볼 수 있다. 이때 단점은 식민지 사관이 아니라 철학적 해석이 부족하다는 것이다. 먼저 쓴 「조선 유학대관」[3]은 제목 그대로 조선조 유학사를 계몽용으로 거칠게 소묘한 것이고, 동시에 그 속에서 조선의 학문상의 특성과 민족성을 들어 조선을 폄하하였지만,[4] 위 「주리파 · 주기파」 논문은 그가 '사단칠정설' 에 흥미를 느껴서 쓴 것이기 때문에 그 속에 그의 조선조 유학(주자학)을 보는 시각과 논술의 장단점이 들어 있다. 이 장단점을 보려면 그 논문을 '현대 보편 철학적 관점' 과 서양 철학의 여러 이론을 동원하여 보지 않으면 안 된다. 왜냐하면 다카하시가 이 논문을 쓸 때는 조선조 '사칠논쟁' 을 '철학적 주제' 라고 평가하고 자신이 그에 대해 관심을 가지고, 자신이 배운 서구적

---

2) 이 논문은 1929년 9월 발행 경성제국대학 법문(法文)학회 제2부 논찬(論纂) 제1집 『조선지나문화의연구(朝鮮支那文化の硏究)』에 발표된 논문이다(141-281쪽. 이하 「주리파 · 주기파라 약칭함). 「조선유학대관」에 비해 17년 뒤에 나온 것으로 그의 조선조 성리학에 대한 지식이 확대된 시기의 저작이라 할 수 있다. 여기서는 조선조 사상 및 민족성 폄하는 지양되고 순수 학문적 관심만 보이고 있다. 그가 배운 근대적 사상사 시각에서 조선조 '사칠논쟁' 이라는 철학적 문제에 관심을 가진 나머지 그의 서양철학과 지나철학에 대한 지식을 발휘하여 분석(연구)하고 있는 점이 눈에 띈다. 이것이 그의 장점인데, 본고에서 이를 '실(實)' 이라 하였다. 그러나 그의 연구가 역사적 서술에 치중하여 '현대 철학적 비판적 분석' 에는 부족한 점이 있어 이 점을 본고에서는 '허(虛)', 즉 단점(한계)이라 하였다. 좀 더 그의 연구를 현대 철학적 시각에서 허실 양면을 함께 논하여 보완한다면 그의 연구의 진면목이 드러날 뿐만 아니라 조선조 주자학의 가치 또한 새롭게 인식될 수 있고, 앞으로 한국유학(주자학) 연구에도 도움이 될 것이다.

3) 본 논문은 1912년 4월에서 12월까지 『조선급만주(朝鮮及滿洲)』에 연재한 것을 보완하여 1927년 8월 조선사학회에서 발간한 『조선사강좌특별강의』에 수록한 것이다. 서설적, 통시적, 계몽적 강의용의 원고이다.

4) 다카하시 도루, 이형성 역, 「조선유학대관」, 다카하시 도루, 이형성 역, 『다카하시 도루의 조선유학사』, 예문서원, 2001, pp.95-96.

의미의 '철학' 내지 '지나철학(支那哲學)' (중국철학) 소양을 동원하여 연구했기 때문이다. 본 논문에서 말하는 허실(장점과 한계)은 바로 이 점을 말하는 것이다. 그동안의 연구에서 이 논문에서 드러나는 다카하시의 철학적 장점과 단점(한계)을 비교적 소상하게 다루지 못하였다고 생각하여 문제를 다시 제기하는 것이다.

다카하시에 대한 연구는 1990년대 중반부터 그의 '식민지성' 을 비난하면서 나오기 시작하여 2000년대 붐을 이루다가 그 이후 2010년대에 이르러서는 별로 논하지 않았다. 다만 최근에 이르러 김기주의 논문[5]이 다시 나왔을 정도이다. 거슬러 올라가면 일본에서는 한국의 유학생 권순철이 1997년에 비교적 자세하게 다카하시에 대한 연구 결과를 장편의 논문으로 집필 소개하였다.[6] 권순철은 이 논문에서 그의 생애부터 그의 사상 형성까지 논하고, 이어 그의 논저(위에 든 2개 논문)를 분석하였는데, 특히 철학 방면에서 「주리파 · 주기파」 논문은 객관적 시각에서 그의 장점을 분석하였다. 여느 국내 논문에는 볼 수 없는 다카하시에 대한 종합적 정보를 담고 있다.[7] 그러나 「주리파 · 주기파」 논문에 대해서는 철학적 분석이나 비판이 양이나 내용이 조금 부족하다. 이는 권순철도 그의 논문에서 「조선유학대관」, 「조선인론」[8] 등에 나타난 식민지 사관, 즉 조선조

5) 김기주, 「다카하시 도루의 조선유학관을 다시 논함」, 『퇴계학보』 제132집, 퇴계학연구원, 2012.

6) 권순철, 「다카하시 도루(高橋亨)의 조선사상사 연구」, 『사이타마대학기요(埼玉大學紀要)』 제33권(제1호), 사이타마대학(埼玉大學) 교양학부, 1997.

7) 권순철은 다카하시의 주리파-주기파 분류는 장점과 한계가 동시에 있고, '절충파' (농암문파) 설정은 창의적이며, 특히 자기 주관적 평가나 이데올로기 편향의 어떤 견해 표명 없이 객관적 입장에서 조선조 학자의 학술적 업적에 대한 높은 평가를 하고 있다고 하였다. 권순철, 전게 논문, p.97.

8) 대정 6년(1917)에 발표된 다카하시의 저작으로 대정 9년(1920) 조선 총독부에 의해 계몽용 별책자로서 출판되었다. 여기에서 그는 "조선의 철학에는 진보도 없고 발달도 없고, 처음부터 화석이었다." 고 하였다. 또 조선인의 특성을 "사상의 고착, 사상의 종

학문과 민족성 폄하를 함께 다루었기 때문에 「주리파 · 주기파」 논문에 대해서는 지면의 제약이 있어 충분하게 작업하지 못한 것 같다.[9]

김기주는 다카하시의 「조선유학대관」(1912년 집필) 말미에 나오는 문장을 인용하여 조목화하고 거기에 대해 비판하였다.[10] 다카하시의 식민지사관은 주로 「조선인론」에 체계적으로 서술되어 있고, 위 「조선유학대관」에 조금 언급되었다. 「주리파 · 주기파」 논문에서는 학술적인 동기로 접근하여 이 자료와는 다르기는 하지만, 조선조 학자들이 불필요한 사칠 논쟁에 몰두하였다고 몰지각한 언설을 하고 있다. 또 하나 그의 학술적 연구의 허실을 분석하는 데는 「이황의 충실한 조술자 권상일의 학설」이 있다.[11] 이 논문도 우수하여 분석 대상으로 삼지만, 퇴계를 매개로 한 식민지 경략의 의도가 있다는 점 독자는 놓쳐서는 안 된다. 다만 본고에서는 분량의 제한으로 다카하시의 논평 부분만 인용한다.

「주리파 · 주기파」 논문(1929년 출판)과 「권상일의 학설」(1934년 간행)에서는 식민지성을 가지고 연구한 것이 아니고 학술적인 관심을 가지고 연구한 것이기 때문에 별로 식민지사관이 보이지 않는다. 이 「주리파 · 주기파」 논문에서 '장점' (實)을 주목하고 그러면서 현대철학적으로 부족한 점, 미진한 점, 즉 '한계' (虛)를 찾아내려는 것이 본고의 목적이다.

그동안 그의 공로로 지적되어온 학문 방법론으로는 조선유학을 '주리-주기' 이분법적 틀(dichotomic type)로 유형화하여 파악했다는 것이

속" 이라고 단정하고, 일본의 식민지가 될 수밖에 없다고 말하고 있다.

9) 다카하시의 논문은 퇴고우율 간에 벌어진 사칠논쟁 초기 논쟁(학파 간 논쟁 이전)과 '영남학파의 사칠설' 이하 학파 성립 후의 서술이 반반인데, 권순철 경우 후반부에 대해서는 간단히 서술하고 있다.

10) 김기주, 전게 논문, p.284-285.

11) 다카하시, 「가장 충실한 퇴계 조술자 권청대의 학술」, 『오다선생송수기념조선논집(小田先生頌壽記念朝鮮論集)』, 1934, pp.417-467; 다카하시, 「이황의 충실한 조술자 권상일의 학설」, 조남호 옮김, 『조선의 유학』, 소나무, 1999, pp.235-277.

다. '이분법(dichotomic)' 이란 동양의 '음양법' 처럼 두 사물을 대비하여 나타내는 가장 초보적이고 원초적인 인간의 인식 패턴이라고 할 수 있다. 왜냐하면 인간의 기본적 인식방법 자체가 '비교인식' 이기 때문이다. 그러므로 다카하시가 조선조 주자학을 '주리-주기' 유형으로 파악했다는 것은 좋은 아이디어라고 할 수 있다. 그 이전에 나온 우리나라 유학사 서술(중국도 마찬가지)이 소위 '학안류(學案類)' 서술 방식이라 하여 학술 내용 보다, 사승 관계, 학맥 관계 같은 소위 인물과 학파 위주로 학술사를 정리했기 때문이다.

이러한 당시 상황을 보면 다카하시의 저작은 완전히 새로운 시각과 방법으로 조선유학사를 서술한 것을 알 수 있다.[12)]

그는 리-기를 이용한 역사적 갈래 서술만 한 것이 아니라 사칠리기론을 중심으로 철학적 논쟁을 서술하고 자기 주견으로 간간이 해설한 것이 매우 중요하다. 이것은 종전의 사상사 기술과 비교하면 발전한 것이므로 그의 공로이고, 더 이상 이의를 달 필요가 없다. 그러나 이 논문에서 전개된 그의 해석과 설명에는 탁견(實)도 있지만 오늘날 볼 때 철학적으로 설명이 미진하고 부족한 점(虛)도 있다. 이제 그 허실을 한번 구체적으로 살펴보고자 한다.[13)] 주로 그의 '해석' 과 사상 '논평' 에 초점을 맞추었다. 편의상 그의 서술 순서대로 주제(해석과 논평)를 지적하여 논평하였다.

---

12) 다카하시는 동경제국대학 한학과(漢學科) 졸업생(1902; 명치 35년)으로 당시 한학과는 한문으로 이루어진 동양 전통 학문을 포괄적으로 가르쳤다. 주목할 만한 것은 그가 수강한 당시 '지나(支那)철학' 이라고 하는 것이 이미 서양철학사의 서술방식을 적용한 것이라는 점이다. 그리하여 그가 들은 이노우에(井上哲次郎)의 강의는 이노우에가 서구 방법론을 적용하여 연구하여 출판한 『일본양명학파의 철학』, 『일본고학파의 철학』, 『일본주자학파의 철학』 3부작을 자료로 진행한 것이라 종전의 한문 위주의 공부와는 전연 다른 것이었다. 권순철, 전게 논문, p.77.

13) 권순철 역시 다카하시의 조선유학사 연구 가운데는 평가할 만한 것이 적지 않다고 말하고 있다. 권순철, 전게 논문, p.93.

2. 이퇴계와 기고봉의 사칠논쟁

다카하시의 조선조 주자학 해석에 대해 분석을 하려면 먼저 주자 리기론에 대한 이해를 먼저 살펴보지 않으면 안 된다.

1) 리가 조리(條理)이다

다카하시는 주자의 리에 대해 말하기를

> 주자의 우주 인생관이 리를 한층 근본적이라고 보는 리기이원론이라는 것은 말할 필요도 없다. 그런데 리는 '조리(條理)' 이고, 모든 일에 마땅히 그러한 법칙, 즉 소당연지칙(所當然之則)을 가리키는 것이기 때문에 본질적으로 악을 용납하지 않는다. 그렇다면 인생의 악은 오로지 기로부터 일어나며 기가 곧 악의 싹이 된다.

라고 말하고 있다.[14] 그는 그렇다면 왜 기에 악의 싹을 인정해야 하는가라고 묻고 그 이유를 주자가 채계통에게 답하는 편지[15]를 예로 들었다. 주자는 말하기를

> 사람은 태어나면서 본성(性)과 기(氣)가 합쳐질 따름이다. 이미 합쳐진 것을 다시 쪼개어 말하면 본성은 리를 주로 하지만 형체(形)가 없고, 기는 형체를 주

14) 다카하시 도루, 「조선 유학사에 있어서 주리파 · 주기파의 발달」(이하 「주리파 · 주기파」로 약칭함). 조남호 옮김, 『조선의 유학』, 1999, pp.28-29. 인용문에 밑줄 친 것은 필자가 하였다. 이하 같음.

15) 주희, 『주희집』 권44, 「답채계통-2」, 중국 사천성: 사천교육출판사, 1998, pp.2057-2058.

로 하면서 바탕(質)이 있다. 리를 주로 하지만 형체가 없기 때문에 공평하여 선하지 않음이 없다. 공평하여 선한 것은 그 발동이 모두 천리가 움직이기 때문이다. 사적이며 때때로 선하지 않은 것은 그 발동이 모두 사람의 욕심이 만들기 때문이다. 이것이 순임금이 우에게 경계한 것이니 인심과 도심을 구별한 까닭이다.

라고 하였음을 인용하고 있다.

주자가 우주자연과 인간을 통합적으로 리와 기로 설명함은 주지의 사실인데, 그 리-기 개념에 '형질(形質)'의 유무를 가지고 설명하기도 하고, 또 한편으로는 '공사(公私)', 그리고 '천리-인욕'을 가지고 이분법적으로 대립시켜 가치 유무를 가지고 논하기도 하였다. 전자는 존재를 설명한 것이며 후자는 도덕 가치를 설명한 것이다. 리-기라는 개념 세트로 우주-인간 모두 설명하고, 그 설명의 논리는 이분법적 논리이다. 그러면서 리를 '조리'라고 해석했다.[16] 옥에 무늬가 질서 있게 퍼져 있는 것을 보고 조리, 즉 질서 있고 균형 있게 되어 있다는 의미에서 리의 원초적 의미가 있는 것은 사실이지만, 단순히 조리라고 하면 '기의 조리', 즉 '기의 법칙'도 의미하기 때문에 용어 사용이 부정확하다. 기론자들이 기의 법칙을 강조하지만, 그것이 바로 리라고 하면 주자의 리기이원론에서는 받아들일 수 없는 정의가 된다.

다카하시가 조선조 주자학을 연구하는 입장은 고전을 해석하는 일종의 해석학(hermeneutics)적 입장인데, 단순히 해석하여 서술할 뿐이라면

16) 주자는 '질서'(條緖)를 잃지 않은 것이란 의미로 조리라고 하기도 했으나, 형이상학적 의미로 말한 것은 아니다. 『주자어류』 권18, p.414, 북경: 중화서국, 1986. 그리고 '소당연지칙(所當然之則)'은 '소이연지고(所以然之故)'와 세트로(짝지어) 함께 말해야 한다.

굳이 소위 '철학적' 이해가 필요 없을지도 모른다. 그러나 다카하시가 조선조 주자학의 '사칠논쟁'을 연구하게 된 동기가 그것이 철학적 문제를 다루고 있다고 보았기 때문인데, 단순히 해석에만 그친다면 별 의미가 없고, 또한 그렇게만 하면 사칠논쟁의 내역과 맥락을 철학적으로 설명할 수가 없다. 그러므로 주자학 내용부터 정확한 철학적 이해가 필요하다. 그렇다면 주자학의 리-기 개념은 어떻게 해석해야 할까?

위에 든 예문은 주자의 여러 언명 중 일부이고, 주자의 리기론이라는 우주론을 말하면 일종의 형이상학이라고 할 수 있다. 그 형이상학적 범주가 '리-기'이고, 그것이 우주만상의 존재를 설명하는 중요 개념이다. 거기에 하나 더 보태면 태극이라는 범주가 있다. 인간의 심성과 마음의 움직임, 즉 사단칠정에 대해 리-기로 설명하는 것은 리-기라는 존재론적 개념을 빌려온 것이다. 이러한 체계적 이해가 선행되어야 조선조 사칠논쟁도 해석할 수 있다. 주자의 형이상학에 대한 이해를 심화시키려면 현대 철학자(형이상학과 신학) 화이트헤드(A. N. Whitehead, 1861~1947)의 과정철학과 과정신학을 참고하고 비교하여 주자학을 이해하는 과정을 거치는 것이 좋다. 그래야 주자 리기론을 현대적 맥락에서 이해할 수 있다. 본고에서 다카하시의 조선조 사칠논쟁에 대한 설명과 해석을 분석하는 것도 그 시각에서 하는 것이다.

2) 퇴계의 '리-기'는 '이성-감성'이다

다카하시는 말하기를

이퇴계의 리-기는 '이성(理性)'과 '감성(感性)' 같이 생각되고, 이는 플라톤이 『파이돈』에서 주장한, '영혼'에서 나오는 의식(식識)과 '육체'에서 나오는 의식(식識)이라는 사상과 유사하다.

고 하였다.[17)]

이는 서양철학 용어를 빌려 리-기를 해석한 것이지만, 이와 유사하게 국내에서도 리-기를 아리스토텔레스의 '형상'과 '질료'에 비견하여 이해하기도 했다. 여기서 방편상 '의식'이라고 번역했지만 정확한 것은 아니고, 원문은 '식(識)'이다. 이는 불교 유식학의 '식'처럼 기저에 있는 기본적인 힘, '근본 동력'이라는 뜻이다. 왜냐하면 육체에 어떤 의식이 있다고 말할 수는 없기 때문이다. 퇴계에게 있어서의 리-기는 주자의 리-기와 다름없다. 그렇다면 비록 퇴계가 사칠논쟁에서 사용하는 리-기이지만 그 원의는 주자와 같으므로 근본 개념에 대해 이해해야 한다. 다카하시의 이 말은 퇴계의 사단리발-칠정기발의 소위 호발론의 성격을 두고 말한 것인데, 퇴계 호발론의 원의가 과연 이성과 감성인지는 재고해 봐야 한다. 퇴계 호발론의 원의는 '가치상대입론'이라는 데 중요한 포인트가 있다. 기고봉의 질의에 성리학의 기본 명제인 '리기불상리잡(理氣不相離雜)'이 있고, 또 마음의 작동기제가 '성발위정(性發爲情)'이며 '심합리기(心合理氣)'이기 때문에 퇴계가 처음 사칠론에 보완을 하는 바람에 리-기 관계가 밀접하게 된 것을 보고 다카하시가 그렇게 생각한 모양이다. 즉 퇴계는 '사단리발-칠정기발'이라 처음 명제를 정했으나 '리기불상리잡'이라는 리기론 원칙에 어긋나므로 '리발기수-기발리승'이라 고친 것이다. 그러나 퇴계의 호발론은 사칠을 평가하는데, 선악 대신 리-기 개념을 빌려왔을 뿐 가치를 대립시키려는 뜻은 변함없으므로 가치상대 입론의 성격이 있는 것이다. 그러므로 이는 일종의 은유법(metaphor)으로서 기호학

---

17) 전게서, 「주리파 · 주기파」. p.37.

(semiology)으로 풀어야 한다. 감성은 육체적 기와 연관시킬 수 있지만, 사칠논쟁에서 말하는 '리발'은 서구적 개념의 '이성'이라기보다는 '인간 본성 그대로'라는 의미가 강하다. 즉 인간의 본질인 도덕성, 양심의 발로로서의 사단-리발을 의미하므로 서구 근대의 합리적 사유를 동반한 이성과는 다르다고 보아야 한다. 그리고 리-기가 원래 우주론에서 존재론적 개념으로 쓰인 것을 먼저 이해해야 그것이 도덕론에 원용될 때 기능(상징적 기능)의 변환이 일어난 내용을 알 수 있게 된다. 그러므로 리-기에 대한 형이상학적 범주로서의 이해가 선행되어야 한다. 이러한 초보적인 이해로써 고전 해석학적으로 원전을 해석할 수는 있지만, 철학적 의미는 완전히 드러나지 않는다.

3) '리-기'와 '산소-수소'

다카하시는 말하기를

> 본연지성은 기질 속에 있더라도 기질을 떠나 순수한 리체(理體)를 추상하여 말하는 것이다. '사단은 리의 발, 칠정은 기의 발'도 그런 의미로 해석해야 된다. (……) 기질지성은 본연지성은 포괄할 수 있음에도 본연지성의 발동을 인정하는 것이다. 그러나 마음은 리-기를 겸하고 있기 때문에 함께 발동하지 않으면 안 된다. 그런데 이와 같이 리-기를 분별하여 대립시키는 것은 형이상의 원리를 구체적인 마음에 대하여 기계적으로 응용하는 것이다. 예를 들면 물의 작용에 대하여 산소와 수소의 대립을 인정하려고 하는 것과 같은 것이다.

라고 하였다.[18]

여기서 다카하시는 형이상의 원리(정확하게 말하면 형이상학적 범주)

를 마음에 '기계적으로 적용했다' 고 했는데, 그렇지 않다. 마음도 이 우주자연과 같다고 보는 것이 주자학의 우주론이다. 즉 '유기체우주론' 인데, 여기에서는 인간과 자연을 일체로 본다. '기계적' 이라는 말이 적절하지 않다. 그런 중요 개념을 인간-자연 통합적으로 사용한 이유는 무엇이며 그 의미는 어떻게 되는가 하는 문제에 대해서까지 다카하시는 설명하지 못했다.[19] 또 산소와 수소는 동등한 자격의 원소이지만 리와 기는 그런 것 같지만 실은 형이상-형이하로 차원(dimension)을 달리한다. 그러므로 적절한 비유가 되지 못한다. 비록 리-기 개념을 선-악 대신에 도덕론에 적용했다 하더라도 단순한 대립이 아니고 '가치' 를 대립시켜야 하며 동등한 위상으로 비슷하다고 비유하면 안 된다.

4) 고봉의 '칠정-기발' 반대 입장

다카하시는 퇴계와 고봉의 논쟁을 소개한 다음 고봉은 사단은 '리발' 이라고 한 퇴계설에 찬동하지만, 칠정은 리기를 겸한다고 보고 '기발' 이라 할 수 없다는 주장이어서 퇴계설과 합치되지 않는다고 하면서,

> 고봉 주장대로라면 『주자어류』의 호발설은 오류라고 보아야 하고, 더 나아가 칠정은 사단에 배당하지 않으면 안 되고 맹자 사단 역시 절도에 맞지 않을 수 있게 된다. 한편 퇴계설 대로라면 '성발위정(性發爲情), 심겸성정(心兼性情)' 과 어긋나서 칠정을 설명하기 곤란해진다. 두 사람의 의견을 밀고 나가면 난점에 봉착한다.

18) 동서, p.38. 원문을 요약하여 말하였다.

19) 이에 대해서는 이동희, 「퇴・고 사칠논쟁에 대한 윤리학적 고찰」, 『조선조 주자학의 철학적 사유와 쟁점』, 성균관대 출판부, 2006 참조.

라고 말하고 있다.[20]

다카하시의 이 지적은 맞는 말이다. 그렇다면 주자와 퇴계의 설을 어떻게 해석해야 하는가 하는 문제가 대두된다. 퇴계 연구자들이 그를 옹호하는 입장에서 그의 '호발설' 의 의미를 도덕론적 측면에서 이해하려고 많은 논문을 작성하였다.[21] 거기다 호발설에서 유추하여 퇴계의 존재론적 리(=태극) 중시의 설과 연관하여 리를 고찰하기도 하였다.[22] 한편 퇴계의 리는 마음의 리이므로 '퇴계 심학' 이 성립됨도 밝혔다.[23] 다카하시는 '퇴계 심학' 에 대해 더 이상 설명하지 않았지만, 퇴계에게 있어서 리는 심의 리를 은연중 생각한 것인데, 유신론이 없는 동아시아 성리학에서 우주자연의 태극의 리와 심의 리를 같다고 보기 때문에 심은 매우 중요한 의미가 있다. 곧 신성(Godness)의 구체화(incarnation)로서 심을 상정하였던 것이다.[24] 퇴계를 이해하려면 이 측면을 보지 않으면 안 된다. 퇴계가 리를 보더라도 절대적인 리로서 태극과 같은 것을 생각하면서 마음의 리를 강조한 데서 그의 호발론의 저변에 놓인 생각을 읽을 수 있다. 사단-리발을 마음의 리를 전제하지 않고는 말하기 어렵다.

다카하시는 퇴 · 고 사칠논변을 분석한 다음 "두 사람이 애매한 결과를 낳고 말았다." 하고,[25] 또 "퇴계의 '심통성정도(제6도)' 는 중도는 사단만

20) 전게서, 「주리파 · 주기파」 p.48. 원문 문장 요약함.

21) 이에 대해서는 위에서 언급한 이동희, 「퇴 · 고 사칠논쟁에 대한 윤리학적 고찰」 참조.

22) 이에 대해서는 이동희, 「퇴계 尊理說의 過程哲學的 의미」, 이동희, 『조선조 주자학의 철학적 사유와 쟁점』, 성균관대 유교문화연구소, 2006 참조. 이 논문 속에서 여러 사람의 유사한 문제의식을 언급하였다.

23) 이에 대해서는 이동희, 전게 논문 「퇴계 존리설의 과정철학적 의미」 참조.

24) 주자는 "마음의 이치는 태극이고, 마음의 동정은 음양이다" 라고 하고(『주자어류』, 권5, 84조), 또 "본성은 태극과 같고, 마음은 음양과 같다" 라고 하였다(같은 책, 권5, 87조).

25) 전게서, 「주리파 · 주기파」, p.53.

싣고, 하도는 칠정만 실었으면 분명했을 것인데, 하도에도 사단을 함께 실어 헤아리기 어렵게 만들었다."라고 말하고 있다.[26] 한편 또 두 사람을 비교하여 말하기를 "고봉은 성이 발현하여 정이 되고, 마음은 리기를 겸한다는 대전제를 세워 논리적으로 추리, 연역하였으므로 …… 논리적인 면에서 고봉이 뛰어나다고 하는 것이다."라고 하여 고봉의 논리가 분명하다고 느낌을 말하고 있다.[27]

논리 전개의 측면을 보면 이 말이 맞는다. 이 논리의 명석함(문장의 논리가 클리어하다는 뜻도 있다)은 율곡에게 그대로 전해져 나중에 율곡이 고봉의 학설을 지지하게 된 것은 다 아는 사실이다. 그렇다면 문제는 여기서도 퇴계의 호발설 의미를 어떻게 해명해주느냐 하는 문제가 대두된다. 다시 말하면 사단과 칠정을 주리-주기로 이분법적으로 나누어 말할 수 있다는 것, 그 근거인 주자의 말을 어떻게 해석하는가 하는 철학적 문제가 남게 된다. 단순히 주자도 틀렸다 하면 되지만, 간단한 문제가 아니다. 퇴계의 도덕론적 입장, '가치상대 입론'의 취지를 도외시할 수 없다. 고봉의 논리는 성리학의 원칙을 세워서 이것을 연역하여 사실관계를 입증하는 식이므로 클리어하게 느껴지고, 퇴계의 경우는 가치를 상대입론하여 보여주고 선택하기를 기다리는 형식이므로 논리가 선명하다고 생각 안 되는 것이다. 또 퇴계의 언명에는 '리기불상리잡'의 원칙이 은연중 개입되어 모순되는 듯이 느껴지므로 더욱 그렇다.

---

26) 동서, p.58. 상도는 심의 구조(체용, 이발-미발), 중도는 기질 속의 사단, 하도는 정으로 발현된 것에 사단-칠정의 두 개의 이름이 있다는 것을 말했다. 중도는 기질-본연지성 관계를 말하는 것이 목적이므로 사단-칠정을 상대 입언하기 어렵다. 그런 점을 보면 다카하시의 이 말은 퇴계의 의도를 모르는 틀린 말이다.

27) 전게서, 「주리파 · 주기파」, p.47.

3. 이율곡의 사칠설

1) 율곡의 '리선기후' 부정

다카하시는 율곡 사상을 설명하기에 앞서 주자의 리기에 대해 설명하기를

> 우주는 조리(條理), 즉 당연(當然)의 법칙(法則)이 성립하고 그 조리를 구체화하는 움직임과 형질(形質)은 그다음에 성립하는 것이다. 율곡은 리, 즉 조리가 주(主)이고 기, 즉 활동 및 형질은 종(從)이라는 것을 인정한다. 그러나 먼저 리가 성립한 뒤에 기가 성립한다는 것을 부정한다.

라고 말하고 있다.[28] 또 그는 말하기를

> 율곡은 리선기후도 반대하고 태초에 하나의 원기(元氣)가 있고, 그 원기에서 음양 이기(二氣)가 생기고, 이 두 기의 동정에 즉(卽)하여 리가 드러난다는 원기설(元氣說)에도 반대한다. (……) 하나의 티끌, 하나의 미생물에 이르기까지 리기 이원(二元)이 합체(合體)하지 않음이 없다고 생각하고, 관념적으로는 리는 형이상으로서 무위(無爲), 무작용(無作用)의 형식적 법칙에 지나지 않고, 기는 형이하로서 유위(有爲), 유작용(有作用)의 활동적 형질로서 판연히 구별된다고 본다. (……) 율곡은 우주의 체를 리로 보고 용을 기로 보는데, 리와 기는 처음부터 동시에 존재하여 영원무궁하여 서로 떨어질 수 없다고 하고, 조선의 학자들이 그 때문에 율곡은 리기가 나누어질 수 없다는 것 이상을 간파했다고

28) 동서, pp.73-74.

하는 것이다.

라고 말하고 있다.[29)]

여기서 주자의 '리기'에 대해 설명한 것에는 문제가 있다고 앞에서 말했으므로 생략한다. 일반적으로는 리는 '원리', 기는 '질료' 정도로 풀이하는 것이 무난하다. 물론 철학적으로 고찰하면 좀 더 서양 철학 이론을 원용해야 한다. '지나철학' 개념을 쓰던 때의 서양철학 방법론으로는 조금 부족하다. 가장 큰 문제는 리-기 관계 설명(리선기후, 리약기강, 리기불상리잡 등)에 애로점이 있고, 존재론적 개념이 도덕론적 개념으로 원용될 때 생기는 의미의 모순 충돌 이유에 대해 확실한 이해를 할 수 없다. 방편상 아리스토텔레스 형이상학의 '형상'과 '질료' 개념을 빌려와 설명하기도 했는데, 상황은 마찬가지다.[30)] 주자의 형이상학, 즉 리기론을 제대로 이해하려면 현대 과정철학자 화이트헤드의 형이상학인 '과정철학'(process philosophy)의 이론을 빌려와 비교해 보는 것이 가장 무난하다.[31)] 이 비교를 한번 거치면 주자학의 우주자연 설명, 즉 존재론, 이 개념을 원용한 도덕론과 수양론(인간 심리론) 등에 대해 확실한 이해를 할 수 있다.

다카하시가 말한 율곡의 성리학 이해는 매우 정확하다. 리기의 존재론

---

29) 동서, p.76.

30) 여기 대해서는 초보적 이해를 돕는 데 도움이 되는 책으로 이동희, 『한국의 철학적 사유의 전통』, 계명대학교 출판부, 1999, 제1장(pp.11-84); 이동희, 『동아시아 주자학 비교연구』, 계명대학교 출판부, 2005, 제1장(pp.17-61) 및 제2장(pp.62-98) 참조. 또는 『주자학 신연구』, 문사철출판사, 2012, 제2부 제1장 및 3, 4장 참조.

31) 이에 대한 설명은 이동희, 『한국의 철학적 사유의 전통』, 계명대 출판부, 1999 및 이동희, 『동아시아 주자학 비교연구』, 계명대학교 출판부, 2005 참조. 그 외 화이트헤드 및 과정철학, 과정신학에 관한 저술이나 번역본이 많이 출판되어 있으므로 참고하기 용이하다. 또는 전게 『주자학 신연구』 제2부 제1장 및 3, 4장 참조.

일반에 대한 율곡의 설명은 매우 논리적이고 성리학 우주론의 정곡을 찌르고 있다. 리-기의 이해부터 리-기를 둘러싼 관계에 대한 형이상학적 설명이 정확하다. 물론 율곡의 도덕론에서 사칠논쟁에 가면 하나의 입장이 나타나며 반대 학설인 퇴계의 호발론, 논쟁의 상대였던 우계 성혼의 설과의 마찰이 생겨난다. 이것이 리-기 한 세트의 개념으로 존재론과 도덕론을 함께 설명하면서 생기는 차이, 즉 곤란한 문제이다.

2) 율곡 이이의 사칠설

율곡은 고봉보다 한 걸음 더 나아가 칠정 외에 사단이 별도로 있는 것이 아니라 하여 사단과 칠정을 서로 견주어 보았다〔配屬〕.[32] 그러나 선명하게 되지 않고 일찍이 주자도 하다가 그만 둔 일이 있다. 그러나 율곡이 이 주장을 포기하지 않는다면 첫째, 퇴계의 호발설은 어떻게 평가해야 하는가, 둘째, 사단은 어떻게 발생하는가 하는 그 메커니즘에 대한 설명이 있어야 하고, 셋째, 주자의 인심-도심 설명인 '혹원(或原)-혹생(或生)' (주자의 『중용장구』 서문)은 어떻게 보아야 하는가 하는 문제가 남는다. 두 번째 문제에 대해 다카하시는 매우 어려운 질문이라 전제한 다음

> 율곡은 주자 기질론의 청탁수박론(淸濁粹駁論)에서 한 걸음 더 나아가 기에도 '본연' 이 있다고 판단하였고,[33] 본연지기(本然之氣)는 순수하고 청명하여 리를 태울〔승乘〕 수 있고 그 리가 발동하여 정을 구성할 수 있다고 보았는데,

---

32) 율곡이 「답성호원」에서는 배속을 시도했지만(이이, 『율곡전서』 권10, 7면), 「어록」에서 제자의 질문에는 '할 수 없다' 고 답했다(이이, 『율곡전서』 권31, 31면).

33) 율곡은 '리통기국' 설명하면서 "기의 근본은 담일청허(湛一淸虛)할 뿐인데, 어찌 찌꺼기, 재, 거름, 오물이 있겠는가? 오직 쉬지 않고 움직이기 때문에 변화가 생긴 것이다."라고 하였다. 이이, 『율곡전서』 권10, 25-26면, 「답성호원」.

이는 모든 정은 리기공발(理氣共發)이라는 자기 설을 뒷받침하기 위해서 나온 것이다.

라고 하고 있고,[34] 또 영남의 주리론자들은 "율곡의 담일청허에서 담일 속에 청탁이 모두 감추어져 있다."고 하여[35] 수용하지 않는다는 것을 예리하게 지적하였다.[36] 그리하여 다카하시는

율곡이 퇴계의 사단-리발을 부정하면서 자신은 본연지기를 말하고 이 본연지기가 성과 합치하여 순선한 정을 만든다고 하면 아직 기질에 떨어지지 않은 본연지성이 단독으로 발하는 것은(퇴계의 사단-리발을 말함=필자) 왜 인정하지 않는가?

라고 의문을 제기하였다.[37]

여기서 다카하시가 잘못 본 것이 있다. 율곡이 주장한 '본연지기'는 주기론 철학에서 '철학적 요청'으로 나온 개념임을 놓치고 있다. 주리론자들의 호발설을 율곡이 부정하면서 우주자연과 인간 모두 '기발리승'일 뿐이라고 하였으므로 이데아적인 의미의 리(본연지성; 리)가 약화되고, 화담 서경덕의 주기론, 녹문 임성주의 '유기론'에 가면 부정되기도 한다. 주자학에서 리는 매우 중요하게 생각하기 때문에 율곡에게는 그런 경우가 없지만, 후학에게 내려가면서 그런 기 중시 경향이 농후해진다. 그러므로 이 리와 짝할 수 있는 '본연지기'를 율곡 때부터 요청하지 않을 수

34) 전게서, 「주리파 · 주기파」, p.82.
35) 이진상, 『한주집』, 권39, 31면, 「隨錄 을미」.
36) 전게서, 「주리파 · 주기파」, p.85.
37) 동서, p.86.

없었다. 송대 성리학이 불교의 영향으로 원래 중국 사상사에서 '리(理)'라는 '이데아'의 세계를 고안해 내었는데, 기를 중요시한 중국 전래의 주기론에서는 리의 필요성을 배제하려고 한다. 그러나 철학적 사유에서 이데아의 세계는 부정할 수 없으므로 주기론에서는 기의 본래 모습, 즉 어머니의 기(원초의 기)를 상정하지 않을 수 없다. 이를 주기론자들은 '태허'라 한다.

본연지기 요청의 철학적 의미는 모른다 해도 다카하시의 위의 의문은 정당한 것이다. 영남학파 주리론자의 본연지기 부정도 일리가 있다고 할 수 있다. 그러면 율곡의 설은 틀렸다고 봐야 하는가? 주기론의 요청이지만, 이데아를 구체적인 기를 가리켜 말하는 것은 부적절하다고 할 수 있다. 역시 이데아적인 것은 추상적인 원리인 리를 가지고 해야 된다. 왜냐하면 기는 이미 움직였고, 변화하기 때문에 이데아적인 원리성(필자의 표현이다)을 부여하기 적절하지 않은 것이다. 그만큼 추상성도 떨어진다. 율곡 자신이 기의 청탁수박을 말하면서 "기가 많이 움직여 변화를 일으킨 결과"라고 한 말이 이를 입증한다. 그러므로 율곡은 '리통기국' 설을 창안하여 리의 원리성을 보강하려 했다.[38] 다카하시의 해명 논리는 일관되기 때문에 틀린 것은 아니지만 철학적으로 볼 때 이론이 미흡하다고 할 수 있다. 그가 위에서 "리기공발의 자기설을 뒷받침하기 위해 나왔다."는 말이 그런 것을 입증한다. 이렇게 하면 남는 문제는 퇴계의 호발설을 어떻게 해석하는가, 율곡이 비판하듯 그런 의미가 아니라는 것을 논증할 수 있느냐 하는 문제가 남는다.

---

38) 이이, 『율곡전서』, 권10, 26면, 「답성호원」.

3) 우 · 율논쟁과 인심-도심

퇴 · 고 논쟁은 사칠론으로 진행했지만, 우계 성혼과 율곡 사이 논쟁에 가서는 인심-도심 문제가 추가되었고, 우계가 자신의 사칠론에 대한 생각(율곡과는 다른 해석)을 기준으로 퇴계설을 지지하자 우 · 율 간에 새로운 성격의 논쟁이 벌어졌다. 다카하시는

> 율곡은 사단은 도심을 말한 것이고, 칠정은 인심-도심을 합하여 말한 것으로 주장한다. 율곡은 인심-도심은 서로 대립하는 명칭으로 보아 얼핏 보면 퇴계가 주장하는 리발-기발과 같지만 그렇지 않다고 한다.

라고 말하고 있다.[39] 율곡이 퇴계 호발설을 부정하고, 퇴계의 수정설인 '리발기수-기발리승' 의 설에서 '기발리승' 만 긍정하여 우주자연만 그런 것이 아니라 인간 소우주에서도 이 원리가 동시에 적용된다고 했다. 그리하여 이 원리가 인심-도심, 리발-기발 이분법과는 다르다는 것을 율곡은 설명해야 할 과제를 안게 되었다. 율곡은 리는 변하지 않고, 기는 변한다고 하였으므로 인심-도심도 기의 변화로 이야기할 수밖에 없다. 이때 인심 또한 표준의 리(리의 순수성)에서 멀어진 과불급의 기를 탄〔승재乘載〕것이지만 리는 원리로서 불변이므로 리의 작용이 관여하지 않았다고 하기는 곤란하다. 그렇다면 인심-도심이 이분법적 표현으로 가치를 상대입론하려는 도덕론이라 할 때 퇴계의 리발-기발과 같은 형식의 입론이라 아니할 수 없다. 그렇다면 율곡이 호발론을 도덕가치론 측면에서는 부정할 이유가 없게 된다.

---

39) 전게서, 「주리파 · 주기파」, p.90.

우계는 퇴계 호발설을 해석하기를

미발일 때는 각각 발용하는 싹이 없다 하더라도 발동할 때〔재발지제才發之際〕 주리-주기로 말할 수 있다. 각각 나온다고 한 것이 아니라 그 중요한 것을 취하여 말한 것이다.

라고 하여[40] 상당히 설득력 있는 안을 내놓았다고 다카하시는 지적하고 있다.[41]

다카하시는 위의 네 사람의 사칠논쟁에 대한 이러한 분석적 고찰은 비록 주자의 형이상학 체계와 범주에 대한 정확한 이해가 부족했다 하더라도 서양철학 양식에 의해 서술된 지나철학에 대한 소양과 그 자신의 재능이 유감없이 발휘되었다. 국내 학계의 논문도 여기에서 문제 제기한 것을 철학적으로 부연해도 좋을 정도로 핵심을 잘 말하였다.

4. 사칠논쟁과 주자의 학설

다카하시는 진북계(陳北溪, 이름은 淳, 1483~1544)의 『성리자의(性理字意)』에 나오는 "리와 기가 합하여 마음을 만드는데, 마음은 허령지각이 있어 몸을 주재한다. 이 허령지각이 리를 따라 발동하는 경우가 있고, 기를 따라 발동하는 경우가 있다."는 예문을 들고,[42] 마음에 '리발-기발'을 인정하는 것은 타당하지만, '사단-리발, 칠정-기발'이라 하면 곤란하다

40) 성혼, 『우계문집』, 권4, 29면, 「與栗谷論理氣 제6서」.
41) 전게서, 「주리파 · 주기파」, pp.90-93.
42) 동서, p.103.

고 말하고 있다.[43] 그리고 이어서 퇴계, 고봉, 율곡, 우계 4인의 사칠논쟁을 평가하기를

> 사단과 칠정을 대립시켜 리발, 기발로 한 것은 주자의 잘못이다. 논리적으로 내용을 달리하는 것을 같은 정(情)으로 취급함으로써 오류에 빠졌다. 이를 정정하여 사단은 리발, 불측은 · 불수오 등 네 가지는 기발이며, 칠정이 절도에 맞는 것은 리발, 절도에 맞지 않는 것은 기발이라고 해야 한다.

라고 말하고 있다.[44]

다카하시는 또 말하기를

> 칠정에 리의 발동과 기의 발동이 있다. 절도에 맞는가 아닌가에 달렸으니, 이는 도덕의 형식론으로 나눈 것이다. 사단은 리의 구현이지만 은폐될 때가 있고, 그 원인은 개인적인 사욕에 달려 있다. 그러므로 기발이다. 따라서 사단에도 리발-기발, 칠정에도 리발-기발이라 해야 하는 것이다. 이렇게 보면 퇴계의 '호발론', 사단과 칠정은 이름은 다르지만 다 같은 정이라 한 고봉의 설, 사단은 칠정에서 선정했다는 율곡의 '혼륜설(渾淪說)' 모두 타당하지 않다. 동시에 사단을 도심에, 칠정은 인심에 배당하는 것도 타당하지 않다.

라고 지적하고 있다.[45] 그리하여 결론적으로 다카하시는

> 인심-도심은 감성과 이성의 사상이고, 그것이 리로부터 일어난다거나 기로

43) 동서, p.104.

44) 동서, p.114.

45) 동상. 그의 문장은 원의가 훼손되지 않는 범위 내에서 '요약하여' 인용하였다.

부터 일어난다거나 해도 지장이 없다. 사칠리기 배당에서 한번 잘못되면 인심-도심과 사단-칠정을 배당하는 것도 잘못을 반복하는 것은 당연하다. 퇴계와 고봉 모두 주자가 '논리적으로 철저하지' 못한 것을 답습했다. 이것이 사단을 세우면 칠정에서, 칠정을 세우면 사단에서 모순을 낳아 결국 논리상 난점을 벗어날 수 없게 된 까닭이다.

라고 논평하고 있다.[46]

마지막으로 다카하시는 명도(明道) 정호(程顥)의 "온 세상의 선악은 모두 천리이다. 악이라는 것은 본래 악한 것이 아니고, 과불급과 같은 것이다."라는 설[47]을 인용하고 나서 주자 철학의 한계를 지적하기를 "도덕의 형식과 내용, 행위와 동기를 구분하지 않고 말하면 안 된다. 공평한 마음을 가지고 인의예지를 실천하고자 하는데 중용을 약간 벗어났다고 칠정과 같은 악에 빠졌다고 단정하는 것은 타당하지 않다."라고 말하고 있다.[48]

다카하시의 이 말 속에는 분명 예리한 지적이 들어 있는데, 전적으로 받아들이기는 어렵지만 의미 있는 지적도 있다. 그는 주자의 "사단은 리발이요, 칠정은 기발이다."라는 말[49]은 틀렸다고 했다. 그러면 퇴계 호발도 틀린 것이 된다. 마음의 두 갈래 방향이라는 것과는 다르다는 것이다. 오히려 선-악은 사단, 칠정에 각각 다 있다고 해야 한다는 것이다. 인심-도심은 상대적이라는 것을 인정한다. 그리고 마지막에 주자학의 한계를 지적했다.

---

46) 동상.
47) 정호 · 정이, 『하남정씨유서』, 권2상, 11면.
48) 전게서, 「주리파 · 주기파」, p.115.
49) 전게서; 주희, 『주자어류』, 권53, p.1297.

사단-칠정에 각각 리발-기발이 있다고 한다면 각각 선-악이 있다는 것과 같은 말인데, 그렇다면 도덕적 가치는 리-기로 나타내는 것이 된다. 즉 리-기가 선-악과 같은 '평가어'가 된다. 주자의 사칠론이나 퇴계의 호발론이 모두 가치를 상대적으로 입론하는 형식이 된다. 그렇다면 왜 선-악 대신 리-기라는 존재론적 용어를 빌려 쓰게 되었는지, 그 목적은 무엇인지에 대한 설명이 빠져 있다. 이는 다카하시가 지나철학 지식으로는 설명하기 어려운 문제이다. 선-악 대신 리-기를 빌려 쓰면 칠정-기발에서 칠정이 전적으로 악하다는 의미가 아니고 기가 '가선가악(可善可惡)'이므로 칠정도 가선가악이 된다. 즉 칠정이 전적으로 '절대적으로 악하다'는 뜻이 아니게 된다. 정명도의 말처럼 '절대악'(악 불변)이 이 세상에 없으므로 칠정이 선할 수 있다는 가변성을 말할 수 있는 것이 된다.

한편 퇴계 호발론과 같은 형식으로 주자가 원래 "사단-리발, 칠정-기발"이라고 한 것은 대략 나누어 비교한 것이고,[50)] 퇴계가 리발-기발 나눈 것은 '소주(所主)', '소중(所重)'에 따라 나눈다는 주장이므로 사칠을 더 엄격하게 분리하여 말한 것이다. 이것은 사단의 가치를 더욱 강조하려는 퇴계의 뜻이다. 이것이 퇴계 호발론에 나타나 있는 의미이다. 다만 칠정-기발이라 할 때의 절대악에 대한 의미를 퇴계가 알고 있었는지는 알 수 없고, 그것은 별개 문제이다.

다카하시는 「주리파 · 주기파」 논문에서 주자의 우주론은 다루지 않아 존재론적 의미(개념)의 리-기에 대한 고찰이 부족하였다. 퇴계 호발론의 의미를 파악하려면 존재론적 리, 우주론적 최고 궁극자로서의 리를 퇴계가 어떻게 생각하고 있었는지 아울러 생각해야 사칠론의 진정한 해석이

50) 율곡은 "사단은 리에서 발하고 칠정은 기에서 발한다는 주자의 말은 대강(大綱)을 말한 것인데, 후세 사람들이 그렇게 심하게 나눌 줄 생각이나 했겠느냐?"라고 말한 바 있다. 이이, 『율곡전서』, 권9, 35면, 「답성호원」.

가능하다.[51] 다시 말하면 퇴계가 사단의 가치를 더 높이려는 생각은 리에 대한 생각이 남달랐기 때문이다. 그 리의 숨은 뜻을 다카하시는 몰랐으므로 그야말로 형식적으로 보고 퇴계의 설이 틀렸다고 한 것이다. 마찬가지로 덧붙여 말하면 다카하시는 율곡의 태극-음양 관계 설명의 창의적 해석도 보지 못했으므로 율곡 사칠론의 인간-자연 통합적 시각이나 '기발리승일도설' 의 철학적 의미 등도 놓치고 말았다.

한편 다카하시가 말한 인심-도심, 감성-이성, 이렇게 나눈 것은 역시 이분법인데, 율곡은 퇴계 호발은 '기발리승일도설' 로써 부정했으면서도 자신은 인심-도심으로써 가치 상대입론을 시도했다. 그러면서 율곡은 칠정은 전적으로 인심, 즉 악이 아니고, 인심-도심 다 포함한다고 모순되는 말을 했다.[52] 이는 정명도의 말처럼 성리학의 칠정을 기발이라 하지만 '절대악' 이라 할 수 없다는 것이다. 기가 '가선가악' 이기 때문에 '악' 대신 '기' 를 원용한 것이다. 그러므로 율곡의 인심도심론은 퇴계의 호발론과 상통하는 면이 있다.[53] 성리학은 결국 존재론적 개념을 빌려 쓰더라도 '도덕론' 이기 때문에 그렇다고 할 수 있다. 이런 점을 역시 다카하시는

---

51) 퇴계 사칠론 해석에서는 그의 리에 대한 다른 생각을 함께 고려해야 한다. 그가 태극동정을 어떻게 보았는가, 리를 사물(死物)로 볼 뻔했다든가, (태극의) 리가 극존무대(極尊無對)하다는 설 등을 참조해야 그가 사단의 가치를 높이려는 도덕론의 의미, 즉 호발론의 의미를 알 수 있다. 학계에서는 퇴계의 존재론을 '리동설(理動說)', 인식론(격물치지설)의 '리도설(理到說)' 을 호발론과 함께 비교하며 말한다. 이에 대해서는 이동희, 전게 논문 「퇴계 존리설의 과정철학적 의미」 및 이동희, 「퇴계 이황과 율곡 이이의 성리설 비교」, 이동희, 전게서, 『조선조 주자학의 철학적 사유와 쟁점(속편)』, 2010 참조.

52) 이에 대해서는 이동희, 「우계 성리설의 특징과 사상사적 의의」, 이동희, 앞의 책, 『조선조 주자학의 철학적 사유와 쟁점』, p.112; 이동희, 「퇴계 이황과 율곡 이이의 성리설 비교」, 이동희, 앞의 책, 『조선조 주자학의 철학적 사유와 쟁점(속편)』, pp.78-79 참조.

53) 이에 대해서는 이동희, 「율곡 성리학 해석의 새로운 관점」, 이동희, 앞의 책, 『조선조 주자학의 철학적 사유와 쟁점』, p.159; 이동희, 「퇴계 이황과 율곡 이이의 성리설 비교」, 이동희, 앞의 책, 『조선조 주자학의 철학적 사유와 쟁점(속편)』, p.81 참조.

철학적으로 설명하지 못했다. 마지막의 주자학 한계는 맞는 말인데, 주자학의 중세신학적 성격을 예리하게 지적한 것이다. 그의 높은 안목이다. 그러나 중세신학으로서 주자학을 본다는 그의 입장이 빠져 있다. 이는 지나철학과 같은 철학의 영역에서만 말할 수 없는 '종교론' (중세신학)의 측면에서도 보아야 하기 때문이다.[54)]

5. 영남학파와 기호학파의 사칠설, 그리고 농암문파의 사칠설

1) 영남학파의 전개

다카하시는 말하기를

> 퇴계 이후 두 파로 나뉘었다. 마음속에서 리로부터 발동하는 정과 기로부터 발동하는 정이 달리 존재한다고 생각하고, 사단을 본연지성, 칠정을 기질지성에 비유하여 설명하는 학파, 그리고 다른 하나는 고봉의 비판을 받아들여 사칠 모두 '리기공발' 이지만 중점을 두는 데 따라 리발-기발이라고 하는 것인데, 다만 칠정이 사단을 포함하는 것은 아니고 각각 다른 정이라고 보는 학파이다. 두 파 중 후자가 우월하다.

54) 성리학은 송대 성립된 중세신학의 성격, 즉 유교의 종교적 성격을 보강한 학문으로 보아야 한다. 주자 역시 로고스적인 리를 많이 사용하지만, 자연섭리로서의 우주원리를 절대자로서 대하는 종교적 태도가 있다. 이에 대해서는 이동희, 「주자 태극론의 철학적, 종교적 의미」, 『한국의 철학적 사유의 전통』, 계명대출판부, 1999, pp.58-84; 이동희, 「주자 우주론에 대한 과정철학적 분석」, 『동아시아 주자학 비교연구』, 계명대 출판부, pp.62-98, 2005 참조. 또한 전게서 『주자학 신연구』, 제2부 제3장 참조.

라고 말하고 있다.[55] 전자의 설은 퇴계가 "묘맥에서부터 다르다, 즉 리기로 나뉘어 정이 나온다."는 설과 같다.[56] 다카하시는 영남학파의 계보를 적은 다음 퇴계학설의 미비점(호발론과 주자의 리 무위설=無爲說의 충돌)을 보완하기 위해 노력하는 과정, 기호학파의 퇴계설 공격(사계 김장생에서 시작)에 대해 갈암학파(갈암 이현일과 그 주변 인물)가 방어하는 과정을 서술하고, 그중에서 정재 유치명과 한주 이진상, 그리고 청대 권상일이 특색 있다고 논하였다. 그는

> 유정재의 사칠설도 대산 이상정을 계승했지만, 그는 리에도 동정이 있다는 점을 강조하여 리의 신묘한 작용을 역설했다. 그리고 리를 '우주의 주체'라고 하고, 더 나아가 마음의 본체는 리이지 기는 아니라고 하는 곳까지 이르렀다.[57] 다음에 오는 한주 이진상이나 면우 곽종석의 '심즉리'의 법문을 열었다.

라고 말하고 있다.[58] 그리하여 다카하시는 정재 유치명을 평하기를 "주리파의 최고의 가르침을 열어 조선 유학사에서 광채를 발했다."고 말하고 있다.[59]

이한주의 성리설에 대해 다카하시는

---

55) 전게서, 「주리파 · 주기파」, p.121.

56) 퇴계가 말하기를 "소종래(所從來)로 인하여 소주(所主), 소중(所重)을 가리키는 바를 말하면 어떤 것은 리이고 어떤 것은 기라는 말을 왜 못하겠는가?"라고 하였다. 이황, 『퇴계전서』, 권16, 10면, 「답기명언 논사단칠정 제일서」.

57) 유치명, 『정재집』, 권19, 7면, 「리동정설」.

58) 전게서, 「주리파 · 주기파」, p.129. 같은 맥락으로 밀암 이재도 비슷한 말을 했다: "태극에 동정이 있어 음양이 나누어지고 오행이 갖추어진다. (…) 이 하나의 태극이 하지 않는 바가 없다. 어찌 기에 관계하겠는가?"라고 했다. 이렇게 태극을 우주 자연의 최고 섭리, 즉 절대적 원인으로 보면 神學(종교론)이 되는데, 퇴계의 주리론이 尊理說이 되는 것과 궤를 같이한다. 이동희, 전게 논문, 「퇴계 존리설의 과정철학적 의미」 참조.

59) 전게서, 「주리파 · 주기파」, p.130.

그의 성리설은 '심즉리'와 '미발은 성이고 리발은 정이기 때문에 사단칠정 모두 리발이고 차이는 리가 씨줄의 기를 타느냐 날줄의 기를 타느냐에 달려 있다. 심즉리는 유정재가 이미 그 의미를 제창한 바와 같이 마음의 본체는 리이기 때문에 곧바로 마음의 본체를 가리킨다면 리라고 부르는 사상이다. 이한주와 곽면우는 노론파가 주장하는 성리설은 모두 주기설이고, 그것을 미루어 나가면 선불교나 양명학이 된다. (……) 주리파가 절정에 이르러 양명과 같은 표어를 사용하게 된 것은 매우 흥미롭다.

라고 말하고 있다.[60]

그런데 한주 이진상은 성리학의 인식논리로 수간(竪看), 횡간(橫看), 도간(倒看)이라는 세 가지 리기 관계를 보는 방법을 제시하여 조선조 성리학에서 이채를 띄었는데, 다카하시는 미처 언급하지 못한 것은 하나의 큰 실수로 보인다.

2) 기호학파의 전개

기호학파의 사칠설에서 다카하시는 먼저 사계 김장생에 대해 설명하면서 "김장생도 학파의식이 스승 율곡보다 훨씬 강렬했다. 이미 그 시대가 되어서는 당쟁이 심해져 소용돌이에 빠져 율곡의 설을 받들게 되었다. (……) 사계의 시대가 되면 기탄없이 퇴계설을 비판했다."라고 말하고 있다.[61] 우암 송시열에 이르러 당인의 편견을 가지고 학설을 세워 다른 학설을 공격했기 때문에 퇴계 당시 보였던 순수한 학문적 주장에 접하기 어려운 것은 유감이라고 말하고 있다.[62] 다카하시는 송우암이 『주자어류』의

60) 동서, 「주리파 · 주기파」, p.132.
61) 동서, 「주리파 · 주기파」, p.141; p.146.

'사단은 리의 발이고, 칠정은 기의 발이다'는 구절이 마음에 걸려 이는 기록자의 잘못이라고 보고 『주자언론동이고』 저작에 착수했다고 소개하고, 그 책은 조선 유학사에서 자랑할 만한 업적이라고 칭송하는 한편 우암을 평하기를 그는 주자를 거의 성인처럼 받들고 그의 주장과 학설을 정계나 학계에서 모든 행위의 기준으로 삼았다고 서술하고 있다.[63] 우암은 율곡의 '심시기' 설을 받아들였고, 우암이 착수한 『주자언론동이고』를 그 후 50년 걸려 완성한 손제자 남당 한원진 역시 우암의 학설과 같았다.

다카하시는 말하기를

> 율곡은 사단칠정에서 리발-기발을 인정하지 않았지만, 인심-도심에서는 하나는 형기에서 발하고 하나는 성명에서 발한다는 것을 거부하지 않았다고 앞에서 말했다. 결국 사람의 마음에서 리에서 일어나는 지각과 기에서 일어나는 지각 둘이 있음을 인정하지 않을 수 없었고, 여기에서 파탄이 드러나게 되었다.

고 말하고 있다.[64] 또 그는 말하기를

> 한수재 권상하, 농암 김창협, 남당 한원진 등 노론파 학자가 형기의 기와 리기의 기는 뒤섞어 볼 수 없다고 주장한 것은 하나의 궁여지책에서 나온 방편설에 지나지 않는다.

라고 말하고 있다.[65] 또 남계 박세채의 말도 인용하고 있다. 박남계는

---

62) 동서, p.148. 학설과 당파 관계는 조선조 사회 시스템과 관련이 있지 사람이나 학문 성격과는 관계가 없고, 또 어느 문명권이든 있을 수 있는 일이므로 다카하시의 지적은 이성적으로 받아들일 수 있다.

63) 동서, p.150.

64) 동서, p.159.

“『주자어류』에 또 하나의 주장이 있다. 의리에서 나온 것은 호연지기이고, 신체에서 나온 것은 혈기의 기이다.”라고 하였는데,[66] 당시 기를 구분해 보려는 경향을 이를 통해 엿볼 수 있다.

특이하게도 다카하시는 녹문 임성주의 ‘유기론(唯氣論)’이 명나라 정암 나흠순의 영향을 받았음을 논하면서 나정암의 주기적 일기설(一氣說)에서 한 걸음 더 나아가 주기설의 정상에까지 올랐다고 말하고 있다.[67] 다카하시는 조선유학사에서 주기파는 세 사람을 들 수 있다고 하면서 장횡거에서 깨달음을 얻은 서화담, 정명도를 이은 이율곡, 나정암을 사숙한 임녹문을 들었다.[68] 성리학에서 리, 기를 상대적으로 중요시한 경우 일반적으로 주리론, 주기론이라 하는 것은 별문제가 없다. 왜냐하면 주자 형이상학이 리-기 두 개념으로 이루어져 있기 때문이다. 그런데 조선조 주자학사에서 녹문 임성주는 ‘기일분수(氣一分殊)’까지 말하면서 기로써 우주자연을 다 설명할 수 있다는 식으로 ‘유기론’을 주장했고, 노사 기정진은 리의 절대화로 ‘유리론(唯理論)’을 주장하였다. 다카하시는 성리학에서 왜 이런 사유방식이 가능한지에 대한 철학적 설명은 하지 않고 있다.[69] 이는 지나철학이나 고전해석학 연구 방법으로는 해석에 한계가 있고, 현대 철학적 이론을 원용하여 비교 설명하지 않으면 알 수 없다. 여기에 주자학에 대한 현대철학적 비교 연구가 필요한 이유이기도 하다.

---

65) 동서, p.162.

66) 박세채, 『남계집』, 권37, 18면, 「답남기지상문학答南起之相問學」.

67) 전게서, 「주리파 · 주기파」, p.167.

68) 동서, p.165.

69) 주자 형이상학을 화이트헤드의 형이상학과 비교하면 특히 이 유리론, 유기론이 왜 가능한지 설명할 수 있다. 이에 대해서는 이동희, 「녹문 임성주 유기론의 과정철학적 의미」, 「노사 기정진 유리론의 과정철학적 의미」, 이동희, 앞의 책, 『조선조 주자학의 철학적 사유와 쟁점』, 2006 참조.

3) 농암문파의 사칠설

농암문파(농암학파)의 사칠설을 둔 것은 다카하시의 탁견인데, 이는 그가 학설(주리-주기)을 중심으로 사상사의 흐름을 보았기 때문에 가능하였다. 그런데 이는 그가 영남학파-기호학파를 퇴계학파-율곡학파로 인식하였기 때문에 이런 명칭을 생각해 낸 것이고, 이 역시 학파적 분류로 나누는 것이 편리했다는 증거이다. 학설의 내용으로 말하면 양 학파, 즉 퇴·율 양인의 학설을 절충했다고 보고 '절충파'라고 부르기도 했는데, 다른 측면에서 보면 이는 조선조 주자학의 발전적 측면임을 알 수 있다. 왜냐하면 퇴·율의 학설의 차이, 혹은 갈등 관계를 화두로 하여 학파 간 경쟁으로 사유가 깊어졌기 때문이다. 그러므로 주자학이 그 속에서 조선조 성리학적 사유로 발전적 전개를 보인 것이다. 물론 그런 가운데는 주자의 원의와 스승의 계승이라는 측면에 구애되어 동어반복의 지루한 논쟁의 일면을 노출한 점도 무시할 수는 없지만, 전체적으로 볼 때 조선조 지성의 사색의 파노라마라고 말하여 과언이 아니다. 이 점에서 다카하시의 주자학 일변도 고착, 조선조 주자학의 사대성과 고착성을 말하는 것은 지나친 편견이다. 또 주자학을 동아시아 한자 문화권에서 중세 철학과 신학(종교론)으로서 군림한 사실을 일본 근대화의 입장에서 이해하는 당대 중심적 평가의 폐해라고 할 수 있다.

농암문파가 어느 한 사람에 의해 시작되었다고 하기는 어렵지만, 기호학파에서 율곡설을 미진하다고 여겨 보완하려는 학자들에 의해 시작되었다는 것은 말할 수 있다. 퇴계의 고제인 서애 류성룡의 제자 우복 정경세가 자기는 율곡 학설을 따른다고 했고 여헌 장현광이 영남에서 이채를 띠었는데, 기호학파에서 그런 학자에 농암 김창협이 있고, 동시대 소론 학자에 졸수재 조성기, 창계 임영이 있는데, 농암에게 영향을 주었다. 졸수재와 창계는 소론인데, 역시 소론계 남계 박세채도 사칠론에 이들과 같은 의견을 가지고 있었다. 농암의 동생 삼연 김창흡은 조성기와 오래 교류한 사이이다.

창계는 율곡의 기발리승일도설에 의하면 리는 본체나 작용도 없이 오직 기에 수반하는 것이 되어 주자학의 리기 원리에 어긋나고, 선악은 리기 이원으로부터 일어나는 것이라 하더라도 상대할 때는 주리-주기로 구분할 수밖에 없다고 하였다.[70)]

삼연은 졸수재의 학설을 그의 '묘지명' 에서 소개하기를 "일찍이 율곡의 학설을 읽고 연구한 지 3년 만에 그 잘못된 곳을 알았다. 그는 네 종류로 리를 논해야 한다고 말했다. 하나는 본연으로 사물에 명령하는 것이고, 둘째는 기를 타고 유행하는 것이고, 셋째는 두루 섞여서 하나가 되는 것이고, 넷째는 나누어 각기 주장하는 것이다. 마땅히 이와 같이 본다면 율곡의 견해는 유행하고 두루 섞이는 데 그쳤다."라고 하였다.[71)] 졸수재는 사칠에 대해 말하기를 "칠정은 뒤섞어서 말하면 사단이 그 가운데 있다. 사단과 상대하여 말하면 비로소 리기로 나눌 수 있다. (……) 사단과 칠정을 리발과 기발로 나누어 그 명칭이 비록 다르게 되었다 하더라도 인심-도심을 겸하고 리-기를 합한 칠정에 처음부터 해가 되지 않는다."라고 하였다. 이 말을 보면 율곡의 의견과 퇴계의 의견이 다 들어있는 것을 볼 수 있다.

농암 주장의 핵심은 사단칠정 모두 리기 공발임은 인정하지만, 사단이 리를 주로 하여 이름을 세우고 칠정이 기를 주로 하여 이름을 세우는 점에서 퇴계를 두둔한다는 것이다. 또 율곡의 사칠배속을 비판하여 불가능하다고 한다. 농암은 말하기를 "사단은 선한 쪽이고 칠정은 선악을 겸한

70) 임영, 『창계집』 권25, 26면, 「일록日錄」.

71) 김창흡, 『삼연집』 권27, 12면, 「졸수재조공묘지명」.

다. 사단은 오로지 리를 말하고 칠정은 기를 아울러 말한다. 율곡의 이 주장은 명백하다. 내 생각과 다른 것은 '기를 겸한다'는 한 구절에 달려 있다. 칠정은 리기를 겸한다 하더라도 기를 주로 한다. 칠정 중 선한 것은 기가 리를 따르는 것이고, 불선한 것은 기가 리를 따르지 않는 것이다. 칠정이 선악을 겸한 것은 이와 같을 뿐이다. 처음부터 칠정이 기를 주로 한다고 해도 문제가 될 것이 없다. 퇴계는 이 점을 잘 보았지만, 정밀하고 은밀해서 말하기 어려웠다. 그러므로 퇴계의 리발기수, 기발리승이라는 것은 설명을 잘못한 것이다〔名言之差〕. 올바른 견해에 오히려 누가 되었다. 그러나 의미의 정밀하고 상세함은 후인들이 살피지 않을 수 없다."라고 하였다.[72)]

농암이 퇴계의 설을 비판하면서도 그 취지를 충분히 발휘하고 있는 높은 식견을 잘 보여준다. 농암은 "율곡설에 의한 '악은 기의 청탁에 달렸다'는 데 대하여 이의를 제기하여 '유자입정'의 경우 측은지심은 보통 사람의 기로도 가능하니 기의 청탁을 따질 것이 없고, 또 남이 자기 부모를 해칠 때 화내는 것도 역시 같은 경우이며, 여기서 사람 마음의 본성이 선함을 볼 수 있는데 구태여 기의 맑음을 찾을 필요가 있겠는가?"라고 말하였다.[73)] 이는 율곡설을 비판한 것이다. 여기에서 다카하시는

> 농암의 리는 기의 청탁과 관계없이 자체 발동하여 기를 주재하는 힘으로 생각한 것이고, 농암의 사칠설도 결국 리기호발에까지 나아간다.

고 말하고 있다.[74)]

---

72) 김창협, 『농암집』 속집, 권하, 68면, 「사단칠정설」.
73) 동서, 69면, 「사단칠정설」.
74) 전게서, 「주리파 · 주기파」, p.184.

다카하시는 농암문파는 학문에 조예가 깊고 관직도 청현직에 이른 자가 많아 예를 들면 도암 이재, 섬촌 민우수, 미호 김원행, 아우 삼연 김창흡 같은 이들이고, 이들은 남당 한원진의 주기파와는 다른 학파를 형성하였다 소개하고, 그들의 학설에 대해

> 그들은 주기설은 성인의 본뜻이 아니고 성선설과도 통하지 않는다고 하고, 다만 리기호발을 분명히 인정하지는 않고 또한 심즉리라고 말하지도 않는다. 마음은 리기를 겸하고 리기는 서로 떨어지지 않는다고 말할 뿐이다. 기는 마음의 발동하는 힘이고, 리 또한 기의 주인이 되어 명령하고 주재하는 자연적인 능력을 가진다. 그래서 요컨대 마음은 어디까지나 리기를 겸하여 '심즉기' 나 '심즉리' 라고 말하는 것을 허용하지 않는, 리기를 대립시키는 학파이다. 역사적으로 본다면 퇴계학파와 율곡학파의 절충적 지위에 있다고 할 수 있다.

라고 논술하고 있다.[75] 그리고 말미에

> 농암문파의 6대 제자를 거쳐 간재 전우에 이르는데, 한말에 면우 곽종석과 쌍벽을 이루었고, 주기설을 극력 배척하였다. (……) 농암 문도는 남당문도와 서로 화합할 수 없는 관계가 되고 오히려 뜻하지 않게 영남학파 한주 이진상 등이 주장하는 '심즉리' 와 합류하게 된다.

라고 말하고 있다.[76] 농암문파의 성리설(사칠설)이 절충적이라 하여 후세 농암문파를 '절충파' 라고도 부르는데, 그 학설이 퇴계설과 율곡설의 일부를 수용 긍정하기 때문에 그렇게 말하는 것이다. 그러나 두 학설을 수

---

75) 동상.

76) 동서, pp.186-187.

용하면서 사칠론을 둘러싼 성리학에 대한 사색과 논쟁을 거치는 과정을 자세히 고찰하면 이는 성리학적 사유의 진화 발전이라고 할 수 있다. 이 점을 '절충' 이라 하여 놓치면 곤란하지 않을까 생각한다. 그러나 다카하시는 이 점을 말하지 않고 다만 '절충' 이라고만 말하고 있다. 그가 성리학이나 주자학을 '지나철학' 이라 하여 중국유학 중 소위 서양적 의미의 '철학' 은 이것이라 했음에도 '철학적 고찰' 이 제대로 이루어지지 않은 것이라 할 수 있다. 이 점에서 그의 부족한 점, 즉 '허점' 이 있고, 오늘날 볼 때 지나철학을 해명한 서양철학에 대한 지식도 빈약했음을 알 수 있다. 물론 시대적 제약으로 돌릴 수도 있고, 그의 원래 관심이 문학이었다는 점을 한계로 들 수도 있다. 그렇다면 그의 이러한 빈약한 서양 철학 지식으로 조선조 사상사나 민족성에 대해 지나치게 자만심을 가졌던 것이 아닌가 한다.

다카하시는 사칠논쟁을 약간 다른 시각에서 말하기를

> 대상과 주관을 차별하지 않는 마음속의 리가 반응할 때 도심과 사단이 생기고, 대상과 주관에 틈이 생겨 마음속 기가 대상에 반응함으로써 인심과 칠정이 생긴다. 무엇이든지 그 마음을 점령하기에 이르면 리와 기는 합동 작용을 일으켜 리발-기발 구별이 없게 된다. 리발-기발이라는 것은 단순히 정이 일어난 계기의 차별 이외 다른 것이 아니다. 따라서 물론 보통 심리학에서 취급하는 심리적 현상 이상에 속한다.

라고 말하고 있다.[77]

다카하시의 분석과 해석은 상당히 철학적인데, 마음의 발동에 리-기가

---

77) 다카하시, 「이황의 가장 충실한 조술자 권상일의 학설」, 조남호 옮김. 전게서, 『조선의 유학』.

합동 역할을 하지만, 리발-기발이라고 말을 하는 것은 그 '발동의 계기'를 구분하는 것이라고 한 것은 무엇을 말하는가? 또 '심리적 현상'으로는 설명할 수 없는 그 이상의 영역이라는 것은 무엇을 말하는가? 이것이 바로 사단-리발, 칠정-기발은 '기호학적 비유'로서 가치를 대립시켜 판단하고자 하는 '도덕론적 논리'라는 것을 말한다. 그러므로 이에 대한 해석은 기호학의 방법으로 해명해야지 심리학 이론이나 철학의 존재론 이론을 가지고 할 수 없다는 것을 말한다.

다카하시는 조선조 사칠논쟁 연구의 결론 비슷하게 마지막에 가서

> 사단-칠정의 설명은 도심-인심과 결부되어 공적인 정과 사적인 정으로서 본질적인 구별이 된다. 공적인 것은 마음속의 리가 느껴서 발동하는 것이다. 사적인 것은 마음속의 기가 느껴서 발동하는 것이라고 간명하게 딱 잘라 말하는 것이 도리어 온당하니 주자의 참된 뜻을 얻었다고 생각된다. 오히려 주자 철학의 우주론에서 리를 가지고 한층 근본적으로 보는 리기이원론을 수립한 것은 원래부터 하나의 형이상학으로서 엄연히 한 체계를 이루어 존경할 만하다. 그러나 이 리기 이원의 유치한 원리를 모든 인간의 도덕 현상의 구체적 심리적 설명에 적용하여 선-악의 근본 관념을 세우고자 하는 데 이르러서는 어쩐지 공중누각에 있는 듯한 느낌을 갖지 않을 수 없다.

라고 말하고 있다.[78]

매우 날카로운 지적으로 주자의 우주론, 즉 형이상학적 체계에 대해 칭송하고 있다. 그러면서 그것으로 도덕론을 수립한 것은 당시 서양철학과 서양문명을 어느 정도 섭렵한 그의 안목에서 볼 때 지나치게 추상적 이론

78) 동서, p.274.

처럼 느껴졌던 모양이다. 이 점에서 그의 소위 철학적 식견의 수준을 짐작할 수 있다.

그는 여기서 한 걸음 더 나아가 이 논리로 조선조 유학에 대해 총평하기를

> 아무리 교묘하게 설명하더라도 비학문적인 견강부회에 빠짐을 피할 수 없다. 여기까지 가지 않고 때때로 인심-도심이라든가, 중용이라든가, 인(仁)이라든가, 예(禮)에 머무는 쪽이 오히려 온순하고 착실하다. 적어도 뒤에 주자학을 공부하는 자들이 쓸데없는 연구를 하지 않도록 하는 일이 매우 중요하다. 그러나 주자 철학의 오히려 쓸데없는 부분이라 할 수 있는 사칠론이 우연히 조선 학자의 최고 연구 대상이 되어 시끄러운 논쟁이 일어나고, 집 위에 집을 짓고, 가지에 가지를 꽂고, 꽃에 꽃을 피우는 반복을 거듭하여 350년 동안 해결되지 않은 숙제를 남겼다. 나는 오히려 조선 유학을 생각하여 그것을 안타까워하고 슬퍼하지 않을 수 없다.

라고 제법 비장한 어조로 말하고 있다.[79] 이는 우리가 경청해야 할 충고로 받아들일 만하다.

6. 결어

다카하시의 조선조 주자학에 장점도 있고 단점, 혹은 한계(부족한 점)도 함께 있는데, 이를 잘 검토하면서 그곳에서 문제를 제기하여 조선조

79) 동상.

주자학(성리학; 유학) 연구에 활용해야 할 것이다. 우선 그가 사용한 용어의 불합리가 눈에 띈다. 주자의 리를 '조리' 라고 한 점, 퇴계의 '리-기' 를 '이성-감성' 으로 본 점, 또 '리-기' 와 '산소-수소' 의 비유, '영혼' 에서 나오는 의식(식識)과 '육체' 에서 나오는 의식(식識)이라는 표현 등은 모두 적절하지 못하다. 한문으로 된 중국과 한국의 고전 문헌을 단순히 해석한다 하더라도 그러한 용어는 적절하지 못하고, 단순한 해석도 문제에 부딪친다. 주자학의 현대철학적 해명이 먼저 이루어져야 '사칠논쟁' 의 진면목도 알 수 있다. 이를 위해서는 주자학의 우주론과 현대 과정철학자 화이트헤드의 형이상학을 비교하는 작업이 필요하다.

그가 퇴고 사칠논쟁에서 야기된 문제점은 잘 지적하였다. 고봉의 논리대로 하면 주자와 퇴계의 호발론이 틀렸고, 그것이 맞는다고 하면 칠정에 대한 설명이 곤란해진다고 했다. 다카하시는 율곡의 '본연지기' (담일청허지기)에 대해 모든 정은 '리기공발' 이라는 자기 논리(칠포사)를 뒷받침하기 위해 나온 것이라 해석했는데, 율곡의 본연지기는 칸트적 의미의 '요청개념' 임을 잘 몰랐던 것 같아 그런 표현이 나온 것 같다. 그러면서 그는 율곡은 리-기가 나누어질 수 없다는 것 이상을 간파했다고 하여 칭송하기도 했다.

다카하시는 퇴계의 호발과 율곡의 인심-도심 상대 입론은 형식은 달라도 입론의 취지는 같다고 지적했는데, 이는 그의 탁견이다. 그리고 율곡이 호발설을 비판하면서 자기는 인심-도심 입론을 했다고 비판받을 수 있다는 것도 잘 지적했다. 율곡과 논쟁한 우계 성혼의 퇴계설 지지의 핵심을 집어낸 것도 그의 안목을 잘 보여준다.

다카하시가 사칠논쟁을 검토한 뒤 내린 결론은 퇴 · 고 · 우 · 율, 그리고 주자의 설이 모두 잘못된 입론이라고 했다. 즉 그들 논리대로 라면 논리적 난점을 벗어날 수 없다는 것이다. 중세신학으로서의 주자학이 가진 원초적 한계를 지적한 것이라 일면 타당성이 있다. 유교의 송대 종교철학으로서의 주자학이니만큼 논리적 결함이 없을 수 없고, 또 유교가 원래 도덕학이므로 실천이 전제된 언명이 대부분이어서 철학의 논리로 따지면 모순이 드러날 수밖에 없다. 이런 지적은 당시 현대적인 서양철학적 방식으로 번역된 지나철학의 지식으로 고찰한 결과 조선조 유학의 한계로 보였을 것이다. 그러나 주자학의 '유기체우주론' 으로서의 장점은 그것을 기반으로 한 인간론과 도덕론과는 다른 각도에서 조명할 필요가 있다. 즉 종합적으로 보아야 한다.

다카하시는 앞에서도 언급한 바와 같이 주자의 리기론에 대해 사칠논쟁에 한정해서 응용하고 형이상학적 근본 의미 탐구에 소홀하여 존재론적 개념인 리-기 용어가 도덕론에 응용되어 가치상대 입론에 와서는 그 개념의 기능이 어떻게 바뀌었는지, 왜 선-악 대신 리-기를 가지고 와서 대립입론의 수단으로 삼았는지에 대한 정밀한 철학적 고찰이 부족하다. 그러기 때문에 위에서 언급한 바와 같이 퇴계 호발과 율곡의 인심-도심 입론이 만난다는 말을 하면서 주자 이하 여러 설을 또 부정하는 결과를 낳았고, 나아가 퇴계 리 강조와 심학의 취지, 율곡의 인간-자연 통합적 시각에서 말하는 '기발리승일도설' 과 '인심도심종시설' 의 의미 등을 놓치고 말았다.

그가 '농암문파' (절충파)라 하여 독립 단원을 두고 농암 등 그 학파(문파)의 성리설을 다룬 것은 탁견이라 할 수 있다. 그가 '퇴 · 율 절충' 이라 보았지만, 단순한 절충이 아니다. 그가 성리학 사유의 한층 심화 발전된 모습을 볼 수 있다고 하지 않은 것은 유감이다. 그가 농암문파의 사칠설을 고찰하면서 리발-기발이라는 것은 단순히 정이 일어난 '계기의 차별' 이라 정의하고, 보통 심리학에서 취급하는 '심리적 현상 이상' 에 속한다고 한 것은 애매하지만 어떤 의미를 담고 있는데, 내 생각에는 사칠-리기

입론이 가치입론이면서 은유법적 표현이므로 그 언표(言表)의 의미는 반드시 기호학적으로 해석해야 무난하다고 본다. 다카하시의 '심리적 현상 이상' 이 그런 의미라면 필자와 동감일 뿐만 아니라 예리한 지적이다.

다카하시는 사칠논쟁은 주자학의 '쓸데없는 부분' 으로서 조선조 학자들이 붙들고 에너지와 시간을 낭비했다고 했는데, 이는 주자학의 성격을 잘 모르고 하는 말이고 인류 문명사를 객관적으로 고찰하는 학자의 말로서는 적절하지 않다. 주자학에 유기체 우주론과 우주종교론도 있고, 도덕론도 있고, 윤리강령과 수양론도 있다. 조선조 학자들이 다 받아들였다. 다만 사칠논쟁이, 이렇게 말해도 되고 저렇게 말해도 되며 반드시 틀렸다고 하기도 어려운 묘한 논리 싸움거리가 그 속에 들어 있다. 그가 사칠논쟁을 철학적이라 생각하여 좋아했다 해놓고 '쓸데없는 데 몰두했다' 운운한 것은 오늘날 버전으로 바꾸면 '철학은 필요없다' 고 하는 것이 되어 자가당착이 된다.

다카하시의 조선조 사칠논쟁 연구는 상당히 예리한 분석과 해석을 보였다. 이 점은 그의 탁월한 안목이라 할 수 있다. 그러나 한편 자세히 들여다보면 주자학에 대한 근본적 이해, 특히 유기체우주론에 대한 이해의 부족으로 사칠논쟁 속에 보이는 개념의 설명이나 논리적 충돌과 모순에 대한 분석에 미진함을 보였다. 그의 논문을 읽다 보면 종래 '학안류' 에서 보이는 인물사, 학파 관계, 학파 간 정치적 대립 등에 대한 서술도 제법 지면을 할애한 것을 볼 수 있다. 물론 이런 정보는 당시 유로들에게 들은 것으로 부지불식간에 인물 서술에 인용되었을 것이다. 이는 그가 완전히 철학적 주제에만 집중하지 않았다는 징표이기도 하다. 근자 나온 '한국유학사' (특히 조선조 주자학 부분) 관련 서술도 이 다카하시의 체계와 맥락, 서술방식과 매우 유사함을 볼 수 있다. 그래도 다카하시는 지나철학에서 배운 서양철학적 개념(용어)을 사용하여 현대적 해석을 하려고 노력하고 있지만 국내 연구에는 이런 면이 다카하시보다 못한 것 같다. 아직 다카하시를 넘어서지 못하고 고전해석학 수준에 머무는 것이 아닌가 염려된다. 다카하시의 어용성을 비판하는 것과 별도로 그의 연구 수준을 넘어서는 일이 시급하다.

〈참고 문헌〉

■ **원전류**

看羊錄　艮齋私藁(後篇)　葛庵集　康齋先生文集　居業錄　景賢錄　高峯集
困知記　圭齊文集　近思續錄　南溪集　蘆沙集　鹿門集　農巖集　大學章句補遺
大學或問　道東篇　道園學古錄　讀書錄　讀書續錄　勉齊集　明儒學案　牧庵集
師山集　三淵集　象山全集　性理大全　續近思錄(海東近思錄)　續大學或問　宋史
宋元學案　睡隱集　新元史　陽明全書　與猶堂全書　吳文正集　龍溪全集
牛溪文集　愚潭集　元史　栗谷全書　二程全書　傳習錄　正蒙　靜庵集　定齋集
曺月川先生遺書　朱書百選　朱子語類　朱子大全　朱子大全箚疑輯輔　朱子全書
中庸章句集注　中宗實錄　蒼溪集　太極圖說　太極圖說解　退溪全書　下學指南
寒洲集　許遺書　華西雅言

■ **단행본 및 논문류**

岡田武彦(오까다 다케오), 「陸王學譜」(上), 『陽明學入門』(陽明學大系, 제1권), 東京: 明德出版社, 1971.

高橋亨(다카하시 도루), 「조선 유학 대관」, 『조선사강좌특별강의』, 조선사학회, 1927.

高橋亨(다카하시 도루), 「조선 유학사에 있어서 주리파·주기파의 발달」, 경성제국대학 法文학회 제2부論纂 제1집 『朝鮮支那文化の硏究』, 경성제국대학 法文학회, 1929년.

高橋亨(다카하시 도루), 「가장 충실한 퇴계 조술자 권청대의 학술」, 『小田先生頌壽記念朝鮮論集』, 1934.

高橋亨(다카하시 도루), 「이황의 충실한 조술자 권상일의 학설」, 1934, 조남호 옮김, 『조선의 유학』, 소나무, 1999.

權淳哲, 「高橋亨의 조선사상사 연구」, 『埼玉大學紀要』 제33권(제1호), 埼玉大學 교양학부, 1997.

김경재, 김상일 편, 『과정철학과 과정신학』, 전망사, 1988.

김기빈, 「수은 강항 연구」, 민족문화추진회, 『민족문화』 13집, 1990.

김기빈, 「수은 강항 연구」, 성균관대학교 대학원 한문학과 석사, 1985.

김기주, 「다카하시 도루의 조선유학관을 다시 논함」, 『퇴계학보』 제132집, 퇴계학연구원, 2012.

김용운, 『한·중·일의 역사와 미래를 말한다』, 문학사상사, 2000.

唐君毅, 「陽明學과 朱子學」, 『中國哲學思想論集』(宋明篇), 臺北: 牧童出版社, 1977.

島田虔次(시마다 겐지), 김석근 역, 『주자학과 양명학』, 도서출판 까치, 1986.

柳承國,『東洋哲學硏究』, 槿域書齋, 1987.
모종삼,『심체와 성체』, 양승무 · 천병돈 역, 예문서원, 1998.
武內義雄(타케우찌 요시오), 이동희 역,『중국사상사』, 驪江출판사, 1987.
박균섭,「강항이 일본 주자학에 끼친 영향」, 한국일본학회,『일본학보』 37집, 1996.
박충석 외,『조선조의 정치사상』, 평화출판사, 1980.
박충석,『한국정치사상사』, 삼영사, 1982.
배종호,『한국유학의 철학적 전개』(중), 연세대 출판부, 1985.
福田 殖(후꾸다 후에루),「강항과 등원성와」, 부산퇴계학연구원,『퇴계학논총』 4집, 1985.
山井湧(야마노이 유),「陸王學譜」(下),『陽明學入門』(陽明學大系, 제1권), 東京: 明德出, 1971.
山下龍二(야마시다 류지), 陽明學の硏究(제2권), 동경: 현대정보사, 1971.
山下龍二,『陽明學の硏究』(下), 東京: 現代情報社, 1971.
성해준,「일본 주자학의 전개와 수용」,『동아시아 유교문화의 새로운 지향』, 청어람미디어, 2004.
蘇斗永,『상징의 과학 기호학』, 인간사랑, 1992.
송석구,『율곡의 철학사상연구』, 형설출판사, 1987.
송인재,「1980년대 이후 중국의 전통독법」,『유교사상문화연구』 58집, 2014.
松田弘(마쓰다 히로시),「李栗谷における理氣論の特質とろの思想史的位置」, 筑波大學 哲學 · 思想學系論集 第5號, 1979.
市川安司(이찌가와 야스지),「程明道の理について」, 東京: 東京敎養學部人文科學紀要 第七輯.
阿部吉雄(아베 요시오),『日本朱子學と朝鮮』, 동경: 동경대학출판회, 1976.
安田二郎(야스다 지로),『中國近世思想硏究』, 東京: 弘文堂, 1948.
양승무,「중국 유학부흥 운동의 발전과 전망」,『간재학논총』 12집, 2011.
葉適,『中國歷代思想家』(6), 臺北: 商務印書館, 1978.
오영환,「화이트헤드의 神觀」,『기독교사상』 18권 1호, 1974.
友枝龍太郞(토모에다 류타로),「近世思想」, 金谷治,『中國思想史』, 東京: 大修館書店, 1967.
友枝龍太郞,『朱子の思想形成』, 東京: 春秋社, 1969.
유명종,『퇴계와 율곡의 철학』, 동아대 출판부, 1987.
尹南漢,『朝鮮時代의 陽明學硏究』, 集文堂, 1982.
이동영,「강항의 일본에서 유학 전수와 그의 시 세계」, 한국국어교육학회,『새국어교육』 54호, 1997.
李東俊,「16세기 한국성리학파의 역사 의식에 관한 연구」, 성균관대학교 대학원 박사학위 논문, 1975.
이동희,「나흠순 성리설의 특성」,『유학연구』 제8집, 충남대 유학연구소, 2000.

이동희,「녹문 임성주 유기론의 과정철학적 의미 고찰」,『철학논총』 제32집 2권, 새한철학회, 2003.
이동희,「동양철학에 있어서 철학적 개념의 다의성에 대한 연구」,『유교사상연구』 제3집, 유교학회, 1988.
이동희,「명초 주자학과 조선 전기의 주자학」, 계명대 동서문화연구소,『동서문화』 제20집, 1988.
이동희,「성리학의 선악관 : 와이-와이(y-Y)사고 양태」,『동양철학연구』 제50집, 동양철학연구회, 2007.
이동희,「왕양명과 이퇴계」,『동양철학연구』 제9호, 동양철학연구회, 1988.
이동희,「율곡 성리학과 고봉 성리학 비교」,『동양철학연구』 제44집, 동양철학연구회, 2005.
이동희,「율곡은 주기적이 아니면서 주기적이다」,『동양철학연구』 제29집, 동양철학연구회, 2002.
이동희,「퇴계 尊理說의 과정철학적 의미」,『조선조 주자학의 철학적 사유와 쟁점』, 성균관대학교 유교문화연구소, 2006.
이동희,『조선조 주자학의 철학적 사유와 쟁점』, 성균관대 동아시아학술원 · 유교문화연구소, 2006.
이동희,『주자-동아시아 세계관의 원천』, 성균관대 출판부, 2007.
이동희.「우계 성리설의 특징과 사상사적 의의」.『조선조 주자학의 철학적 사유와 쟁점』, 성균관대학교 유교문화연구소, 2006.
이동희.「퇴계 이황과 율곡 이이의 성리설 비교」.『조선조 주자학의 철학적 사유와 쟁점(속편)』, 성균관대학교 유교문화연구소, 2010.
이동희,「노사 기정진 유리론의 과정철학적 의미」,『조선조 주자학의 철학적 사유와 쟁점』, 2006.
이동희,「녹문 임성주 유기론의 과정철학적 의미」,『조선조 주자학의 철학적 사유와 쟁점』, 2006.
이동희,「퇴 · 고 사칠논쟁에 대한 윤리학적 고찰」,『조선조 주자학의 철학적 사유와 쟁점』, 성균관대 출판부, 2006.
이병도,『한국유학사』, 아세아문화사, 1987.
李佑成,「李退溪와 書院創設運動」, 李佑成,『한국의 역사상』, 창작과 비평사, 1982.
이재호 역,『看羊錄』, 양영각, 1984.
이형성 역,『다카하시 도루의 조선유학사』, 예문서원, 2001.
임성철,「일본 유학에 있어서 수은 강항의 족적」(日文), 부산외대,『외대논총』 6집, 1988.
長尾剛(나가오 다케시), 박규태 역,『일본사상 이야기 40』, 예문서원, 2002.
정재식,『한국유교와 서구문명의 충돌: 이항로의 척사위정 이데올로기』, 연세대 출판부, 2005.

陳來, 안재호 역, 『송명성리학』, 예문서원, 1997.
진성수, 「중국과 대만의 경전읽기운동 연구」, 『유학연구』 27집, 2012.
陳榮捷, 「元代之朱子學」, 『朱學論集』, 臺北: 學生書局, 1982.
陳榮捷, 「早期明代之程朱學派」, 『朱學論集』, 臺北: 學生書局, 1982.
陳榮捷, 「朱熹集新儒學之大成」, 『朱學論集』, 臺北: 學生書局, 1982.
최영성, 『한국유학사상사 IV』, 아세아문화사, 1995.
馮耀明, 「중국 유학의 패러다임 전환」, 『유교문화연구』 제11집, 성균관대 동아시아학술원 · 유교문화연구소, 2007.
玄相允, 『朝鮮儒學史』, 玄音社, 1949(초판); 1986(재판); 이형성 역주, 심산, 2010.
戶川芳郞(도가와 요시오) 外, 『儒敎史』, 東京: 山川出版社, 1987.
화이트헤드, 오영환 역, 『과정과 실재』, 민음사, 1991(초판); 2003(재판).
丸山眞男(마루야마 마사오), 『日本政治思想史硏究』, 東京: 東京大學出版會, 1962.
황갑연, 「현대신유학자 모종삼의 주자 도덕철학 이해에 대한 재고」, 『중국학보』 56집, 2007.
侯外廬 等 編, 『宋明理學史』(下), 北京: 人民出版社, 1987.

■ **각 논문의 원 게재처**

제1장 : 「元代 및 明初 朱子學의 전개 양상: 도덕적 실천주의」, 동양철학연구회, 『동양철학연구』 제22집, 2000.

제2장 : 「조선전기 주자학의 성격」, 충남대학교 유학연구소, 『유학연구』 제3집, 1995.

제3장 : 「朱子 理氣論의 형이상학적 함의와 그 전개 양상-理氣不相離雜에서 主理論까지」, 동양철학연구회, 『동양철학연구』 제25집, 2001.

제4장 : 「王陽明과 李退溪」, 동양철학연구회, 『동양철학연구』 제9집, 1988.

제5장 : 「羅欽順의 理氣渾一의 철학과 李栗谷의 理氣之妙 철학과의 비교 연구」, 계명대 한국학연구소, 『한국학논집』 제16집, 1989.

제6장 : 「睡隱 姜沆의 애국정신과 일본에의 주자학 전파」, 한국유교학회, 『유교사상연구』 제12집, 1999.

제7장 : 「동아시아 삼국의 한자문화의 역사와 미래 전망」, 『동서인문학』 49, 대구: 계명대 인문과학연구소, 2015.

제8장 : 「동아시아 주자학의 보편성과 특수성」, 『동아인문학』 제12집, 동아인문학회, 2007.

제9장 : 「조선조 주자학의 철학적 아포리아」, 『동양철학』 제32집, 한국동양철학회, 2009.

제10장 : 「다카하시 도루(高橋亨)의 조선조 주자학 연구의 허와 실-오늘날 철학적 관점에서의 비판적 고찰」, 『한국학논집』 제60집, 대구: 계명대학교 한국학연구원, 2015.

〈저자 논저 목록〉

■ 저술

1. 『한국의 철학적 사유의 전통-화이트헤드와 성리학의 만남』, 대구: 계명대 출판부, 1999.
2. 『동아시아 주자학 비교 연구』, 대구: 계명대 출판부, 2005.
3. 『조선조 주자학의 철학적 사유와 쟁점』, 서울: 성균관대 출판부, 2006.
4. 『주자-동아시아 세계관의 원천』, 서울: 성균관대 출판부, 2007.
5. 『동아시아 전통문화와 현대한국』, 대구: 계명대 출판부, 2008.
6. 『조선조 주자학의 철학적 사유와 쟁점(속편)』, 서울: 성균관대 유교문화연구소, 2010.
7. 『유교문화의 전통과 미래』, 서울: 문사철 출판사, 2011.
8. 『주자학 신연구』, 서울: 문사철 출판사, 2012.
9. 『유학이란 무엇인가』, 서울: 전통문화연구회, 2014. #문고본
10. 『현대인, 동양고전에서 길을 찾다』, 서울: 전통문화연구회, 2015. #문고본

■ 역서

1. (역서) 『중국사상사』 (武內義雄 저), 서울: 여강출판사, 1987.
2. (역서) 『논어』 (공자; 중국고전), 대구: 계명대 출판부, 1997.
3. (역서) 『사소절-선비 집안의 작은 예절』, 서울: 전통문화연구회, 2013. #문고본

■ 연구논문

1. 朱子學에 있어서의 理와 實의 相涵性에 관한 연구, 성균관대 대학원 석사학위논문, 1980. 12
2. 朱子 『大學章句』에 대한 연구-格物說을 중심으로, 『동양철학연구』 제2집, 동양철학연구회, 1981. 12
3. 朱子의 已發未發說에 대하여, 『도원 유승국 박사 화갑기념논문집: 東方사상논고』, 道原柳承國 박사 화갑기념논문집 간행위원회, 1983. 11
4. 朱子의 『大學章句』에 대한 변증 연구, 『민족문화』 제9집, 민족문화추진회, 1983. 12
5. 晦齋 李彦迪의 經學思想 연구, 『한국학연구』 제11집, 계명대 한국학연구소, 1984. 12
6. 중국 고대 인간 이해의 일단면, 『중국학지』 제3집, 계명대 중국학연구소, 1987. 2
7. 동양철학에 있어서의 철학적 개념의 多義性에 대한 연구, 『儒教思想硏究』 제3집, 儒教學會, 1988. 2
8. 明初 朱子學과 조선 전기의 朱子學, 『동서문화』 제20집, 계명대 동서문화연구소, 1988. 12

9. 王陽明과 李退溪,『동양철학연구』 제9집, 동양철학연구회, 1988. 12
10. 羅欽順의 理氣渾一의 철학과 栗谷의 理氣之妙 철학과의 비교 연구,『한국학논집』 제16집, 계명대 한국학연구소, 1989. 12
11. 朱子 實踐論의 기본정신,『동양철학연구』 제10집, 동양철학연구회, 1989. 12
12. 朱子學의 철학적 특징과 그 전개 양상에 관한 연구-退栗 사상 형성과 관련하여", 성균관대 대학원 박사학위논문, 1990. 8
13. 朱子 太極說의 정립과 그 체계,『동서문화』 제22집, 계명대 동서문화연구소, 1990. 12
14. 高峰의 經世사상과 栗谷의 經世사상,『高峰의 철학과 사상』(2), 광주직할시, 1991. 11
15. 조선조 朱子學史에 있어서의 主理 · 主氣 용어 사용의 문제점에 대하여",『동양철학연구』 제12집, 동양철학연구회, 1991. 12
16. 朱子學이 한국철학 형성에 끼친 영향,『유교사상연구』 제4 · 5집, 유교학회, 1992. 7
17. 羅欽順의 '理氣渾一' 의 철학,『道原 柳承國 박사 고희기념논문집: 동방철학사상연구』, 東方문화연구원, 1992. 8
18. 朱子 理氣論과 過程哲學,『철학논총』 제8집, 영남철학회, 1992. 10
19. 退 · 高, '四七論爭' 에 대한 윤리학적 일고찰,『향산 변정환 박사 화갑기념 한국학논총』, 香山 卞廷煥 박사 화갑기념논총 간행위원회, 1992. 10
20. 晦齋 李彦迪의 생애와 사상,『한국학논집』 제19집, 계명대 한국학연구소, 1992. 12
21. 그의 詩를 통하여 본 朱子 사상의 일단면,『철학논총』 제9집, 영남철학회, 1993. 9
22. 退溪學의 心學的 특성과 理의 의미,『현대와 종교』 제16집, 현대 종교문화 연구소, 1993. 10
23. 朱子의 氣의 개념에 대하여 - 화이트헤드의 過程哲學과의 비교,『정신문화연구』 제16권 4호 (통권 53호), 한국 정신문화 연구원, 1993. 12
24. 陳建의 學蔀通辨과 그의 朱子學,『유교사상연구』 제7집, 유교학회, 1994. 3
25. 畿湖 性理學의 형성과 전개,『儒學硏究』 제2집, 충남대 儒學연구소, 1994. 12
26. 南冥의 한국사상사적 위치,『南冥學硏究』 제4집, 경상대 南冥學연구소, 1995. 2
27. 전통윤리와 현대의 가족윤리 문제,『철학연구』 제54집, 대한철학회, 1995. 5
28. 朱子의 理에 대한 一考察-화이트헤드의 過程哲學과의 비교,『철학연구』 제55집, 대한철학회, 1995. 11
29. 朱子 心性論의 특징과 그 繼承性,『孔子學』 창간호, 한국공자학회, 1995. 11
30. 전통윤리와 현대의 가치관 문제, 曉頂 채수한 박사 고희기념논문집; 愛智點燈錄, 대구: 우신출판사, 1995. 11
31. 荀子와 宋明理學,『동양철학연구』 제15집, 동양철학연구회, 1995. 12
32. 조선전기 朱子學의 성격,『儒學硏究』 제3집, 충남대 儒學연구소, 1995. 12
33. 義理사상의 전개와 生存을 위한 倫理,『국민윤리연구』 제35호, 한국국민윤리학회, 1996, 12
34. 주자학 형성에 관한 일고찰,『동서문화』 제29집, 계명대 인문과학연구소, 1997. 2

35. 맹자의 인성론, 『계명철학연구』 제5집, 계명대 인문과학연구소, 1997. 2
36. 한말 외세 침략에 대한 영남 유림의 의리학적 대응, 『철학논총』 제13집, 영남철학회, 1997. 11
37. 여말선초 주자학의 도입과 유 · 불 교섭, 『동양철학연구』 제17집, 동양철학연구회, 1997. 12
38. 영남 성리학의 형성과 전개-퇴계 성리설에 대한 그의 후계자들의 새로운 해석을 중심으로, 『동양철학』 제8집, 한국동양철학회, 1997. 12
39. 유교, 개화기의 갈등과 모색, 『유교사상연구』 제9집, 유교학회, 1997. 12
40. 우계 성리설의 특징과 사상사적 의의, 『한국학논집』 제24집, 계명대 한국학연구소, 1997. 12
41. 儒教與現代韓國社會-探索理想的家族倫理與家族形成", 亞文編輯委員會, 『亞文』 제2집, 中國社會科學出版社, 1997. 12
42. 율곡 성리학과 사회정책론-理氣之妙論과 得中合宜論, 『동양철학연구』 제18집, 동양철학연구회, 1998. 6
43. 주자 〈태극론〉의 철학적, 종교적 의미, 동 논문집 간행위원회, 『青谷 安亨寬 교수 화갑기념논문』, 대구: 이문출판사, 1998. 10
44. 복제 양의 탄생과 유교의 입장, 동 논문집 간행위원회, 『青谷 安亨寬 교수 화갑기념논문집』, 대구: 이문출판사, 1998. 10
45. 花潭 서경덕의 자연관-그의 氣論의 過程哲學的 분석, 동 논문집 간행위원회, 『尙虛 安炳周 교수 정년기념 논문집 II: 자연과 인간』, 아세아문화사, 1998. 11
46. 성리학 명제에 대한 과정철학적 분석-주자의 형이상학을 중심으로, 『화이트헤드연구』 창간호, 한국화이트헤드학회, 1998. 12
47. 퇴계 성리설의 철학적 함축, 『동양철학연구』 제20집, 동양철학연구회, 1999. 6
48. 유교전통과 21세기 한국의 '민족문화' 문제, 『유교사상연구』 제11집, 한국유교학회, 1999. 6
49. 수은 강항의 애국정신과 일본에의 주자학 전파, 『유교사상연구』 제12집, 한국유교학회, 1999. 12
50. 儒家倫理的道德命題之特性-以孟子的 '性善' 和朱子的 '性卽理' 爲中心, 『동양철학연구』 제21집, 동양철학연구회, 1999. 12
51. 한주학파의 퇴계 성리학 계승, 『한국학논총』 제26집, 계명대 한국학연구원, 1999. 12
52. 공자 비판과 그 반론에 대한 종합적 고찰, 『현대와 종교』 제22집, 현대종교문화연구소, 1999. 12
53. 분단시대의 윤리의식 개혁, 『현대와 종교』 제22집, 현대종교문화연구소, 1999. 12
54. 원대 및 명초 주자학의 전개 양상: 도덕적 실천주의, 『동양철학연구』 제22집, 동양철학연구회, 2000. 6
55. 나흠순 성리설의 특성, 『유학연구』 제8집(지산 김길락 선생 정년기념논문집), 충남대

유학연구소, 2000. 8
56. 한국 성리학의 환경철학적 시사, 『동양철학』 제13집, 한국동양철학회, 2000. 9
57. 주희의 형이상학과 그 현대적 의미, 『동양철학』 특집호, 한국동양철학회, 2001. 3
58. 주자 리기론의 형이상학적 함의와 그 전개 양상-리기불상리잡에서 주리론까지, 『동양철학연구』 제25집, 동양철학연구회, 2001. 6
59. 조선 후기 '절충파' 의 성리학설에 대한 연구, 『동양철학연구』 제26집, 동양철학연구회, 2001. 9
60. 주자의 생애와 사상, 『동서문화』 제34집, 계명대 인문과학연구소, 2001. 12
61. 朱子 理氣論과 과정철학-우주 형이상학으로서의 유사성, 한국화이트헤드학회 편집위원회, 『知隱 吳榮煥 명예교수 고희기념논집 : 화이트헤드와 현대』, 도서출판 동과서, 2002. 2
62. 율곡은 '주기적' 이 아니면서 '주기적' 이다, 『동양철학연구』 제29집, 동양철학연구회, 2002. 6
63. 퇴계 연구의 성과와 반성, 『동양철학연구』 제30집, 동양철학연구회, 2002. 9
64. 나흠순의 공부론, 『동양철학연구』 제32집, 동양철학연구회, 2003. 3
65. 녹문 임성주 유기론의 과정철학적 의미 고찰, 『철학논총』 제32집 2권, 새한철학회, 2003. 4
66. 율곡 연구의 성과와 반성-철학 사상을 중심으로, 『동양철학연구』 제34집, 동양철학연구회, 2003. 9
67. 우계 성혼의 성리설과 조선 후기 절충파, 『동양철학연구』 제36집, 동양철학연구회, 2004. 2
68. 퇴계학파는 퇴계의 성리학을 어떻게 이해하고 계승했는가?-갈암 이현일의 율곡 비판을 중 심으로, 『철학연구』 제89집, 대한철학회, 2004. 2
69. 유교의 종교적 성격과 오늘날 종교적 수행에의 활용 방안-퇴계 이황의 『성학십도』의 경우, 『유교사상연구』 제20집, 한국유교학회, 2004. 2
70. 노사 기정진의 유리론에 대한 과정철학적 고찰, 『철학논총』 제36집, 새한철학회, 2004. 4
71. 조선전기 성리학자 퇴계학파 연구의 현황과 과제, 『한국인물사연구』 창간호, (사)한국인물사연구소, 2004. 3
72. 화이트헤드의 형이상학적 神觀에서 본 퇴계의 독특한 리 관념, '尊理說', 『퇴계학보』 제116집, 퇴계학연구원, 2004. 12
73. 한국 전통사상의 주체성 탐색과 미래 전망, 『동양철학연구』 제40집, 동양철학연구회, 2004. 12
74. 윤리교육에 있어서 '전통윤리' 교육 문제, 『동서철학연구』 제37호, 한국동서철학회, 2005. 9
75. 율곡 성리학과 고봉 성리학의 비교, 『동양철학연구』 제44집, 동양철학연구회, 2005.

11

76. 한국 유교의 현대적 과제, 『유교사상연구』 제24집, 한국유교학회, 2005. 12
77. 율곡학과 퇴계학의 리기론, 『율곡사상연구』 제12집, 율곡학회, 2006. 8
78. 성호좌파 성리설의 전개와 변용, 『동양철학연구』 제47집, 동양철학연구회, 2006. 8 (공동 저자 안영석)
79. 우담 정시한의 성리설에 대한 연구, 『인물사연구』 제6호, 한국인물사연구소, 2006. 9
80. 주자학의 현실인식과 미래 비전, 『간재학논총』 제5집, 간재학회, 2006. 8
81. 성리학의 선악관 : 와이-와이(y-Y)의 사고 양태, 『동양철학연구』 제50집, 동양철학연구회, 2007. 5
82. 퇴계학파의 퇴계의 리 개념 이해의 한 단면, 『한국학논집』 제34집, 계명대 한국학연구원, 2007. 6
83. 주자의 사창법(社倉法)이 주는 사회복지학적 시사점, 『유교사상연구』 제29집, 한국유교학회, 2007. 8
84. 동아시아 주자학의 보편성과 특수성, 『동아인문학』 제12집, 동아인문학회, 2007. 12
85. 장지연의 『조선유교연원』의 특징에 대하여-다카하시의 「조선유학대관」과의 비교, 『한국학논집』 제35집, 대구: 계명대 한국학연구원, 2007. 12
86. 艮齋 田愚의 性理說에 대한 철학적 분석, 『간재학논총』 제8집, 간재학회, 2008. 2
87. 조선조 실학자들은 성리논쟁을 해결하였는가?-성호와 다산의 경우, 『한국학논집』 제37집, 계명대 한국학연구원, 2008. 12
88. 이언적의 주자 『대학장구』에 대한 비판적 연구, 『유교사상연구』 제34집, 한국유교학회, 2008. 12
89. 근현대 고령의 유학사상, 『철학과논술』 제4호, 계명대 논리윤리교육센터, 2008. 12
90. 한국사회에 있어서 '가족'의 의미와 '가족이기주의' 문제, 『유교문화연구』 제14집, 성균관대 동아유교문화연구소, 2009. 2
91. 고봉 기대승의 『주자문록』 편찬과 당시 그의 사상의 일단면, 『유교사상연구』 제36집, 한국유교학회, 2009. 6
92. 유가사상에 있어서 '자아'와 '개인'의 문제, 『유교문화연구』 제15집, 성균관대 유교문화연구소, 2009. 8
93. 조선조 주자학의 철학적 아포리아, 『동양철학』 제32집, 한국동양철학회, 2009. 12 〔영문 번역〕 "Philosophical Aporia of Neo-Confucianism during the Chosun Dynasty", Acta Koreana 13-2, ACADEMIA KOREANA Keimyung University, 2010. 12
94. 明齋 尹拯의 유학사적 위상, 『유학연구』 제20집, 충남대 유학연구소, 2009. 12
95. 동양고전(경전)의 현대적 가치와 그 활용, 『유학연구』 제21집, 충남대 유학연구소, 2010. 4
96. 동양 윤리교육의 현황과 진로-2007 개정교육과정의 윤리교과와 관련하여, 『윤리교

육연구』 제21집, 한국윤리교육학회, 2010. 4
97. 주희와 화이트헤드의 신관, 『화이트헤드연구』 제20집, 한국화이트헤드학회, 2010. 6
98. 과정철학에서 본 주자학과 양명학, 『동양철학연구』 제64집, 동양철학연구회, 2010. 11
99. 한국에서의 동양사상 연구의 새로운 방향과 문제점-중국의 '현대신유학' 연구동향과 관련하여, 『퇴계학과 유교문화』, 경북대 퇴계연구소, 2011. 2
100. 하서 김인후의 도학과 성리학, 『퇴계학논총』 제8호, 영남퇴계학연구원, 2011, 6
101. 조선조 주자학의 인물성동이론의 종교적 의미 탐구, 『유교사상연구』 제45집, 한국유교학회, 2011. 9
102. 켄 윌버 시각에서 본 양명학과 주자학-양명의 종교적 영성의 문제와 그 한계를 중심으로, 『양명학』 제30호, 한국양명학회, 2011. 12
103. 高峯 奇大升과 栗谷 李珥의 經世論 비교, 『퇴계학논총』 제11호, 영남퇴계학연구원, 2012, 12
104. 艮齋의 朱子, 退溪, 栗谷의 性理說에 대한 詮釋-〈雜著〉「晦, 退, 栗 세 선생의 설에 대한 질의」를 중심으로, 『간재학논총』 제15집, 간재학회, 2013. 2
105. 동아시아 삼국의 한자문화의 역사와 미래 전망, 『동서인문학』 49집, 대구: 계명대 인문과학연구소, 2015, 6
106. 다카하시 도루(高橋亨)의 조선조 주자학 연구의 허와 실-오늘날 철학적 관점에서의 비판적 고찰, 『한국학논집』 제60집, 대구: 계명대학교 한국학연구원, 2015. 9
107. 간재의 퇴계사상 연구의 특징과 의의-퇴계 尊理說과 간재 性尊說의 同實異名, 『간재학논총』 제20집, 간재학회, 2013. 2

〈찾아보기〉

ㄴ

ㄷ

ㄹ

ㅇ

ㅈ

ㅊ

ㅌ

ㅍ

ㅎ